Dem lieben Günter Quedbeck und
Hochverehrten Professor Dr. med. Dr. rer. nat.,
dem ersten der toten Neurochemiker
mit dem ersten Heidelberger Lehrstuhl
für Pathochemie –
mit allerherzlichstem Dank für die
unermüdliche, treue Unterstützung meiner
Entwicklungsarbeiten an dem Zytozentrifugen-
container –
und in Erinnerung an seine liebe Frau
Irengard, von Deinen Hannes und Dora

Johannes Sayk

Von den Masurischen Seen über Königsberg nach Jena und Rostock

Stationen eines Arztes und Forschers

Altstadt Verlag Rostock

Besuchen Sie uns im Internet!
Internetadressen:
http://www.edition-digital.com/altstadtverlag
http://www.edition-digital.com/edition-kultur

1. Auflage
Altstadt Verlag Rostock
Dr. Christa Prowatke
Roswitha Prowatke
Copyright © 1998 by
Altstadt Verlag Rostock
Alle Rechte vorbehalten
Satz: Manfred Wegner
Umschlaggestaltung: Werbe-Grafik-Design
Andrea Mannke
Printed in Germany
ISBN 3-930845-38-5

Die Ruhe ist eine liebenswürdige Frau
und wohnt in der Nähe der Weisheit.

Epichorm

Für meine liebe Frau Dora
        und ihre unendliche Geduld

Inhaltsverzeichnis

Im Elternhaus 5
Hannek ist klug, aber faul 15
Du wirst sehen und erleben, wohin das führen wird 26
Mut hilft auch dem Schwachen 33
Am Anfang steht die Bewährung 39
Die Bewährung ist ausreichend 50
Im Langemarck-Studium 66
Alles steuert auf ein Chaos hin 78
Ein neuer Anfang in Doras Elternhaus 98
Das Studium in Jena 109
Die Fachausbildung in der Chirurgischen Universitätsklinik
    Jena 133
In der Inneren Medizin 151
In der Jenaer Nervenklinik unter der Leitung von Professor
    Rudolf Lemke - Die zweite Weichenstellung 156
Die Zellsedimentierkammer 181
Sie müssen umgehend habilitieren! 191
Im Hirnforschungsinstitut in Neustadt 215
Der internationale Neurologenkongreß 1957 in Brüssel 230
Rudolf Lemke erkrankt schwer und stirbt 238
Unter der kommissarischen Leitung der Klinik von
    Helmut Rennert 244
Die Vertretung in der Erfurter Nervenklinik 251
Die Neurologische Abteilung und das Hirnforschungs-
Laboratorium in der Nervenklinik unter dem
Direktorat von Professor Graf Hugo von Keyserlingk 269
In der Rostocker Neurologie - Ein klinischer Neubeginn 316
Zu Besuch in der Heimat 346
Die Weiterentwicklung in Rostock 361
Bemerkenswerte Auslandsreisen 390
Die Londoner Vortragsreise 424
Die letzten Dienstjahre mit der Emeritierung 447
Der noch aktive Emeritus 457
Anhang 466

Im Elternhaus

Das Elternhaus, in dem ich geboren wurde, hatte mein Vater von seinem Onkel Friedrich Nasgowitz, einem Böttcher, in dem masurischen Dörfchen Sgonn am Mucker-See geerbt. Es war vor dem ersten Weltkrieg eines der ersten massiv gebauten Häuser unter den masurischen Holzhäusern des Dorfes, das seine Entstehung nach der historischen Überlieferung der Existenz einer der Jagdbuden in der pruzzischen Wildnis der masovisch-polnischen Herzöge verdankt, um die sich Waldläufer und Wildhüter angesiedelt hatten.

Der masovische Herzog Konrad II., römisch-katholischen Glaubensbekenntnisses, dem es nicht gelang, das kriegerische Treiben der heidnischen Pruzzenstämme, die noch ihren Göttern Perkunos, Pikollos und Potrimpos opferten, einzudämmen, hatte 1225 den deutsch-römischen Kaiser Friedrich II. und den Hochmeister des Ritterordens Hermann von Salza mit einem großzügigen, vom Papst besiegelten Gebietsangebot um Unterstützung gebeten.

Den Ordensrittern war es zwar gelungen, die gefürchtetsten Stämme zu unterwerfen und durch die Komtureien der Burgen zu befrieden und um Siedler aus den westlichen Landen Deutschlands zu werben, die aber nur zögernd dem wunschvollen Spruch folgten:

> Naer Oostland willen wy ryden,
> Naer Oostland willen wy mee
> Al over die groene heiden
> Frisch over die heiden,
> Daer isser een betere stee.

„Dort ist ein besseres Leben" hatten die Ordensritter versprochen. So war bereits 1348 die Sensburg im gleichnamigen Kreisgebiet, zu dem Sgonn gehörte, entstanden. Eine zügige Besiedlung begann aber erst 100 Jahre später durch den aktiven und wohl auch großzügigen Herzog Albrecht von Brandenburg-Preußen.

Im Bestreben um eine Versöhnung und Anerkennung der Tapferkeit der heidnisch-kriegerischen Pruzzenstämme hatte er ihren Namen übernommen, der im Preußentum beargwöhnt und gebrandmarkt, aber auch mit einer unermüdlichen Entwicklungsförderung der deutschen Staats- und Wirtschaftspolitik verbunden war. Als Förderer der Bildung und Wissenschaft begründete Albrecht bereits 1544 die Albertus-Universität Königsberg.

Der Vater Johann Sayk, ältester Sohn von sechs Kindern eines Kleinbauern, sollte nach dem Wunsch seines Lehrers einer einklassigen Dorfschule die Aufbauschule in Hohenstein besuchen und Theologie studieren. Da er aber die Aufnahmeprüfung nicht bestehen konnte, lernte er den Beruf eines Maurers. Nach Beendigung der Lehre wurde er Soldat und 1914 in der Schlacht bei Tannenberg verwundet. Nach der Genesung leistete er als Versehrter seinen Militärdienst im heimatlichen Wehrmeldeamt Johannisburg, aus dem er 1918 entlassen wurde.

Wegen der Verwundungsfolgen für den Maurerberuf ungeeignet, versuchte er - was lag sonst wohl in Masuren näher -, in der Fischerei unterzukommen. Das gelang ihm auch. 1920 hatte er die Mutter geheiratet und den 80 Hektar großen Kurwig-See bei Waldersee, an der Südwestgrenze des Kreises Sensburg, gepachtet und eine sehr bescheidene kleine Fischwirtschaft errichtet. Dieser See sollte zehn Jahre später eine entscheidende Bedeutung für die Weichenstellung zu meiner Berufsausbildung bekommen.

Eine meiner ältesten Erinnerungen aus dieser Zeit, charakteristisch für die damaligen wirtschaftlichen Verhältnisse in der Weimarer Republik, ist eine traurige Episode. Der alte Fischer Krause mußte einen Kasten wertvoller Fische, Hechte, Schleie und Barsche, vergraben, weil ihm nicht einmal ein Direktverkauf am See, zu billigsten Preisen gelang und die Fische bereits verdorben waren. Die Arbeitslosen holten sich ihre Fische selbst mit der Angel.

Die Mutter, Ida Kalisch, entstammte einem alten Bauerngeschlecht aus Grünwalde im Nachbarkreis Ortelsburg, 12 Kilometer von Sgonn entfernt. Ihr Vater Gottlieb war frühzeitig an den Folgen eines Schlaganfalls verstorben. Die Großmutter Wilhelmine wurde 90 Jahre alt. Sie starb auf der Flucht 1945 vor der russischen Roten Armee, wenige Kilometer von dem Ort, der Uklanker Mühle, entfernt, in dem sie 1914 mit ihren drei Töchtern, auch auf der Flucht vor einer russischen Armee des Zarengenerals Samsanow, Unterkunft bei der großzügigen Familie Burdinski finden und nach kurzer Zeit, als die Samsanow Armee bei Tannenberg vernichtend geschlagen wurde, wieder nach Grünwalde zurückkehren konnte.

Onkel Emil, der Bruder meiner Mutter, und Tante Auguste, eine hervorragende Köchin und sehr tüchtige Wirtschafterin, gastfreundlich und stets hilfsbereit, hatten den Bauernhof übernommen. Ihr ältester Sohn August, nach dem im ersten Weltkrieg gefallenen Bruder des Vaters benannt, war ein Jahr älter als ich, Elisabeth, seine sehr intelligente und adrette Schwester, drei Jahre jünger.

Während der zweiten Schwangerschaft meiner Mutter hatte ich das Glück, den größten Teil meines fünften Lebensjahres auf dem Grünwalder Bauernhof, im sogenannten Altenteil der Oma Wilhelmine, zu verbringen. So wurde August, mein großer Bruder, zu dem ich aufschaute und auf den ich hörte. Merkwürdigerweise hat sich daran bis heute über Jahrzehnte hinweg nichts geändert.

Wir spielten auf dem großen Hof, der unzählige und vielfältige Möglichkeiten bot, kletterten auf die alten Bäume der Gärten, tollten auf den nahen Wiesen mit einem Wassergraben, auf dem wir in einem Trog paddelten, und trieben allerlei Streiche, die trotz Elisabeths Ermahnungen in schlimmen Unfug hätten ausarten können, wenn nicht Onkel Emils Strenge unserer Ausgelassenheit Grenzen geboten hätte. Dazu gehörte gelegentlich auch eine Tracht Prügel, die allein August einstecken mußte, weil er der ältere war. Doch fühlte ich mich ebenso hart bestraft.

Es gab aber auch Pflichten auf dem Hof. Das Heranschaffen des Brennholzes für die Küche, das Schuheputzen, kleine Hilfsarbeiten im Garten, auf dem Feld und die abwechslungsreichen Botendienste. In den Sommermonaten oblag uns das Kühehüten auf der Olsowa, einer großen Wiese am Rand eines Erlenwaldes. An kostspieligen Spielzeugen besaßen wir lediglich einen alten, klapprigen Roller und beneideten die Söhne des Rektors der Schule, die ein Kinderfahrrad und ein Luftgewehr hatten. Uns diente ein alter Fahrradreifen, ohne Radlager und Speichen, der mit einem Knüppel vorwärts geschlagen oder durch Druck in der Rille einfach geschoben wurde. Erlebnisreicher war das erwähnte Kühehüten auf der Wiese am Erlenwald. Hier waren wir allein. Niemand konnte uns gängeln oder maßgeblich beeinflussen, mit Ausnahme der Kühe, die uns gelegentlich Ärgernisse bereiteten. Weil wir erst gegen Abend zurückkehrten, wurde uns ein Korb mit Butterbroten und eine Kanne Milchkaffee mitgegeben. Oma Wilhelmine spendierte uns einen Hütegroschen, für den wir im Gasthof Rieger eine Rolle Trüller-Kekse oder eine Tüte Bonbonbruch und manchmal auch ein paar geräucherte Sprotten, die August so gern mochte, erstanden. Ich bevorzugte einen Waffelbruch, eine Tüte für fünf Pfennig, den es beim Kaufmann Hinz gab.

Die Kühe fanden von selbst ihren Weg. Lisa, die älteste Kuh, stapfte vorweg. Acht geben mußten wir aber am Bahnübergang auf der Strecke zwischen Schwentainen und Grünwalde, der Bahnlinie Allenstein-Lyck. Hier mußte August vor den Kühen gehen, um sie vor einem unerwarteten Zug anzuhalten. Zwar kannten wir die Fahrzeiten der Personenzüge, doch die Grubenholz-Güterzüge verkehrten zu verschiedenen Zeiten und davor hatten wir Angst. Ein Jahr zuvor war eine Kuh aus der Herde eines benachbarten Bauern von einem Güterzug erfaßt und getötet worden.

Ein besonderes Erlebnis war es, wenn Kusine Margot, die Tochter des Onkel Fritz und der Tante Emma aus Allenstein, der Bezirksstadt, zu Besuch war und mit uns hütete. Sie war eine liebreizende Schönheit und spielte, da sie fünf Jahre älter war, die Mutterrolle. Von uns beiden und auch in der Verwandtschaft wurde Margot sehr verehrt, ebenso ihr Bruder Werner. Beide hatten nach dem Abitur ein Studium absolviert, Margot ein Musik- und Werner ein Chemiestudium. Von einem kleinen Tümpel, der an der flacheren Waldseite nicht eingezäunt war, abgesehen, gab es keine Probleme beim Hüten. Das Waldufer mußte aber bewacht werden.

Als ich an einem heißen Sommertag Tümpelwache hatte, mußte ich in der Mittagshitze erschöpft eingeschlafen sein. Plötzlich erwacht, soll ich geschrien haben, die Kühe sind weg, und in meiner Verzweiflung nach Hause gerannt sein, um Hilfe zu holen. Margot hatte mein Schreien gehört und war, laut Lisa rufend, in den Wald gelaufen und völlig verzweifelt wiedergekommen. Plötzlich rief August, die Kühe kommen aus dem Wald! Alle neun Kühe trotteten gemächlich, wie immer Lisa voran, zurück auf die Wiese. Margot rief entrüstet, wo haben die Biester bloß gesteckt. Ich habe sie doch im Wald gesucht. In der Hitze hatten die Tiere Schatten gesucht. Lisa hatte sie in den Wald geführt, wo ihnen auch das kühlere Waldgras besser behagte.

Ein anderes Mal war eine von den jüngsten Kühen in den Teich geraten und nur mit viel Mühe wieder herausgekommen.

Eine andere Art an Überraschungen erlebten wir, als wir im Geschäft des Herrn Hinz für unseren Hütegroschen Erdnüsse kaufen wollten. Das Ladenschild war entfernt. August hatte es bemerkt. An der Tür hing ein Schild. August buchstabierte: „Geschlossen!" Onkel Emil erklärte uns am Abend, daß Herr Hinz bankrott gemacht haben soll. An heißen Sommertagen tobten wir in der langsam fließenden, einhalb bis einen Meter tiefen Rossoga, einem kleinen Flüßchen mit verwachsenen, kleinen Buchten, Schilf und Binsen am Ufer, auch Stellen mit hellem Sand. Gespannt beobachteten wir die Schwärme kleiner Weißfische, wenn sie von einem Hecht oder einem Barsch aufgescheucht wurden. In dem herrlichen Bach lernten wir auch schwimmen. Und zwar mit Hilfe von Ratschlägen der großen Jungen und selbstgebastelten Binsenbündeln, die masurisch Snopki genannt wurden. Zwei oberschenkeldicke Bündel frischer Binsen wurden mit einem Bindfaden so miteinander verbunden, daß die Brust des Schwimmers hineinpaßte, wenn er sich auf dem Wasser zwischen die beiden Bündel legte. So konnte er, wie im Schwimmgürtel, mit beiden Beinen strampeln. Auf diese Weise lernten damals alle masurischen Kinder in ihren Seen das Schwimmen. Wer es mit den Bündeln durch die große, tiefe Bucht des Flusses gegen die Strömung geschafft hatte, versuchte es unter Aufsicht der großen Jungen zurück mit dem Strom, ohne Bündel. Das war nicht allzu schwer, auch wenn er dabei etwas Wasser schlucken mußte. Die Disziplin, die von den Großen ausging, war bewundernswert.

Ein spannendes Ereignis war die alljährliche Wiederkehr eines Storchenpaares zu dem immer höher gewordenen Nest auf der großen Scheune. Während der Ausbesserung des Nestes fand auch die Hochzeit statt, wie Tante Auguste es nannte. Nach Pfingsten war dann das Gekrächze der Jungen zu hören. Diesmal waren es vier. Einmal sollen es sogar fünf gewesen sein. Doch hatte dann eines Tages ein Junges tot auf der Erde gelegen. Auf den ausgedehnten Wiesen der Flußniederung und im Moor am Lonzig-See gab es reichlich Nahrung für die Störche. Einmal fanden wir eine große, tote Ringelnatter unter dem Nest auf der Erde. An heißen Sommertagen sahen wir staunend zu, wenn die Altvögel aus den dicken Kröpfen Wasser in das Nest spritzten. Und dann kamen die spannenden ersten Flugübungen. Das kleinste Junge versuchte es, seinen Geschwistern nachzumachen und landete anstatt auf dem nahen Stalldach auf dem Misthaufen. Flügelschlagend und klappernd wurde es vom Storchenvater beschimpft. Mopsi, der Hofhund, lag jaulend vor dem Misthaufen. Sehr leicht hätte er auf den Haufen springen können. Offenbar kannte er derartige Schaustücke und begnügte sich damit, den gestrauchelten Flugschüler zu bewachen, bis der mit Vaters Ansporn wieder auf das Nest kam.

So waren die Monate bei der Oma durch die nahezu fließenden Abwechslungen und vielen spannungsvollen Erlebnisse rasch dahingegangen. Ein Heimweh hatte ich nie empfunden. Um so wehmütiger war der Abschied. Aber wir hatten einen baldigen Gegenbesuch mit einer Kahnpartie auf dem Kurwig-See verabredet und die Trauer dadurch verdrängt.

Im Elternhaus, nach Sgonn zurückgekehrt, war ich in eine mir völlig verändert erschienene Umgebung geraten. Nicht nur, daß die in der Wiege liegende winzige, kleine Schwester Liesbeth heftig zu schreien begann, als ich sie berührt hatte, auch von den heftigen Liebkosungen des Onkel Nasgowitz und der Tante Lotte, die ich Ole und Talo nannte, war ich sehr überrascht. Sie schienen ihren Sohn wiederbekommen zu haben. Vor vielen Jahren hatten sie zwei Kinder im Alter von 2 und 4 Jahren verloren, die damals an der schrecklichen, tödlich endenden Rachenbräune, der Diphtherie, erkrankt waren. Beide waren sehr kinderlieb. Wir waren oft bei den Gräbern auf dem Friedhof.

Oles Böttcherei hatte ich in Grünwalde völlig vergessen. Jetzt sah und erlebte ich die Werkstatt mit ganz anderen Augen. Ich bewunderte die eigenartigen Geräte, die verschiedenen geraden, schwach und stark gekrümmten Zugmesser, die Winkeleisen, die vielen Hobel und Sägen, vielerlei Stemmeisen, die hohen Stellagen und die fertigen Wannen und Gefäße aus verschiedenartigem Holz.

Damals war Oles Böttcherei ein einträgliches Geschäft. Die Zeit der Metallwarenindustrie begann aber schnell voranzuschreiten. Ole war sich der Bedeutung dieser Entwicklung für sein Image voll bewußt. Die Zahl der Bestellungen war bereits rückläufig. Zunächst aber freute er sich über meine Begeisterung in seiner Werkstatt und zeigte mir sogleich an der Klemmbank, wie man mit dem einfachen, geraden Zugmesser umgeht.

Auch der Vater, der zwar andere Sorgen hatte, als sich um die Erziehung seines Sohnes zu kümmern, meinte, daß der früher so verträumte Junge jetzt so hellwach und sehr aufmerksam sei.

Draußen in der Natur war der Herbst rasch vorangeschritten. Die goldfarbenen Blätter der Birken leuchteten mit den spätreifenden Äpfeln im Garten um die Wette. Und die roten Vogelbeeren lockten die Drosselschwärme. Allabendlich fielen die sich in riesigen Schwärmen sammelnden Stare ins Schilf der Sgonner Bucht des Mucker-Sees. Ein herbstlich kurzes Gewitter überraschte uns auf einem Spaziergang. Ein Signal für die letzten Pilze, sagte Ole.

Am nächsten Morgen stapften wir durch das welkende Gras an den Kuschelkiefern der Benschofska-Wiesen, die Glowienkas gehörten. Hier wuchsen die zart-rot beringelten, am abgeschnittenen Stengel blutenden Edelreizker und weiter im Wald die beliebten Steinpilze und Rotkappen. Ole kannte die ertragreichen Stellen. Eine Rotte Wildschweine mit ihren Jährlingen kreuzte unseren Weg. Ich war erschrocken, als ein Überläufer, so sagte es Ole, dicht an mir vorbeigerast war. An den weißen Zäunen, masurisch hießen sie białe płoti, deutete er auf eine Stelle und schob ein Grasbündel zur Seite. Ich sah die gelben Pilzränder und rief begeistert: Pfifferlinge. Es waren die letzten. Er hatte sie kurz vor meiner Wiederkehr gefunden und mit Grasbüscheln bedeckt. Wahrscheinlich freute er sich noch mehr als ich. Noch ein paar Schirmpilze und braune Stockschwämmchen und der Korb war voll. Talo hatte daraus mit Rührei, Speck und Kartoffelpüree eine köstliche Mittagsmahlzeit bereitet. Dazu gab es den letzten Salat aus dem Garten. Die Erinnerung an die Pilzmahlzeit ist so verinnerlicht, daß sie mir noch nach sieben Jahrzehnten gelegentlich immer wieder einfällt.

In Erwartung der herbstlichen Nässe und Kälte machte Ole mir in seiner Werkstatt ein paar Holzpantoffeln. Alle Kinder im Dorf trugen im Herbst und Frühjahr Holzpantoffeln, masurisch Korki genannt. Im Winter trugen wir Klumpen. Das waren Holzschuhe mit einem einfachen billigen Oberleder und zwei Schnallen. Sie hielten sehr lange und wurden von den heranwachsenden Geschwistern aufgetragen, bis die Holzsohle zu dünn und brüchig wurde. Wenn das Oberleder noch tragbar erschien, wurde lediglich die Holzsohle erneuert. Lederschuhe wurden damals nur an Sonn- und Feiertagen und zu besonderen Anlässen getragen. Fünfeinhalb Stunden hatte Ole für die Anfertigung der Klumpen benötigt. Ich hatte sehr interessiert zugeschaut und mit dem flachen Zugmesser auf der Klemmbank auch ein paar Schnitte an der Sohle gemacht. Er meinte, nun könnte ich auf der Sohle besonders gut laufen. Bedauerlicherweise war es nicht der Fall. An die harte, steife Sohle konnte ich mich nur mit viel Mühe gewöhnen, auch wenn das Oberleder die Härte etwas milderte. Ich hatte mich zwar nicht darüber beschwert, er schien es an meiner Miene vernommen zu haben und hatte die Holzsohle an der Spitze und am Absatz etwas abgerundet. Allmählich gewöhnte ich mich an das starre, unbequeme Holz, und Ole hatte sich darüber gefreut.

Mit dem Einsetzen der Nachtfröste verblaßte und verschwand schließlich die herbstliche Farbenpracht. Die Kartoffelernte auf den Feldern des Dorfes, bei der alle Kinder mithelfen mußten, war noch nicht beendet, als der alte 92jährige Kaminski meinte, daß Schnee in der Luft sei, er würde es in seinen alten Knochen spüren. Im Dorf wurde der Spürsinn der Alten geachtet. Das Tempo der Ernte hatte sich gesteigert. An einem Morgen war es nicht nur der gewöhnliche Reif, sondern auch eine zarte Schneedecke, die die Erntegänger überrascht hatte. Der Frost nahm zu, und die Schneedecke wuchs.

Der erste erlebnisreiche Winter meiner Kinderzeit war auf mich zugekommen. Mein Klassenlehrer Kowalewski, ich war im ersten Schuljahr, war ein profilierter Skiläufer. Ole hatte ihn auf langen, glänzend polierten Brettern, die vorne spitz und angebogen waren, am Hang des Schiefen-Berges gesehen und sich gewundert, daß er auf den langen Brettern so schnell und geschickt heruntergleiten konnte. Das war der erste Skiläufer im Ort, im Jahre 1929.

Die Bewunderung ließ Ole keine Ruhe. Er hobelte geheimnisvoll an schmalen, langen Brettern und antwortete auf meine neugierige Frage, für wen diese Bretter wären, die hätte die Frau Rudnik für ihre Küche bestellt. Eigenartige schmale Bretter, die an den Enden etwas gebogen waren. Als die Bretter verschwunden waren, glaubte ich, daß es wohl doch die Bretter für Frau Rudniks Küche gewesen sind. Kurz darauf war ich aber völlig überrumpelt und sprachlos, als er mir auf dem Hof die vorn und hinten gebogenen Bretter, die fein poliert waren, mit Haken und Riemen an die Klumpen schnallte. Immer noch fast sprachlos, rutschte ich auf dem Hof herum, fiel auch ein paarmal hin, gewann aber doch Gefallen an der Rutscherei und zog schließlich begeistert auf den Rodelberg, einen Doppelberg, zwischen den Häusern von Czekalla und Bednarz. Alle Kinder johlten: „Äh, was hat der da an den Füßen?" Die Stimmen überschlugen sich. Ich rutschte, wohl etwas blaß aber gefaßt, den Hang herunter und kam sogar ein kleines Stück auf dem Gegenberg hoch, rutschte dann aber, da die Bretter auch hinten gebogen waren, wieder rückwärts herunter und drehte mich unten auf der Stelle. Erna Bednarz aus meinem Schuljahr schrie: „Der dreht sich wie unsere Ziege, Kosä mäh." Beim zweiten Dreh war ich gestürzt. So schrien jetzt alle: „Kosä mäh, Kosä mäh!" Willi Bednarz half mir wieder hoch, weil ich mich mit den Brettern verheddert hatte und beschimpfte seine Schwester und die schreienden Kinder und fragte, ob er es auch versuchen könnte. Da sich nach dem Sturz ein Ski gelöst hatte, sagte ich zu und schnallte die Bretter an seine Klumpen. Plötzlich war es am Berg still geworden. Willi rutschte den Berg herunter und stürzte, so daß ich ihm helfen mußte. Ich hatte aber meinen Spitznamen: Ziege, masurisch, Kosä. Und wer meinte, meinen Ärger steigern zu müssen, fügte das Mäh hinzu. Meine Schwester Friedel behauptete dagegen, ich hätte mich nie darüber geärgert.

Hannek ist klug, aber faul

Die Endung „ek" stellte ein masurisches Deminutiv dar, das dem deutschen „chen" entspricht. Obwohl die masurische Mundart beargwöhnt wurde und lediglich noch der Konversation der großelterlichen Generation diente, schien das Deminutiv sich noch zu erhalten, und wurde gelegentlich sogar von den Pädagogen in den Gymnasien benutzt.

In der Sgonner Dorfschule begann ich 1930 die alten, aber immer noch gut gepflegten Bänke zu drücken. Meine blassen Erinnerungen an das erste Schuljahr sind durch die Bemerkung des Schulleiters Sakowski „Hannek ist klug, aber faul" im Versetzungszeugnis festgehalten worden. Eine Versetzung in die 2. Klasse war aber nicht gefährdet. Dennoch erregte die Bemerkung Bestürzung bei meiner sensiblen Mutter, während der Vater wortlos darüber hinwegsah. Furore machte die Beurteilung vor allem durch die Befürchtung der Tante Emma: Hoffentlich wird der Junge später wenigstens durch seiner Hände Arbeit sein Brot verdienen können und euch nicht zur Last fallen oder im Armenhaus enden. Onkel Fritz, ihr Mann, der Regierungsinspektor aus Allenstein, bemerkte dazu, daß auch berühmt gewordene Persönlichkeiten im Armenhaus gelandet seien. Mein Vater hatte ihm recht gegeben, lediglich meine Mutter war verdrossen und stumm geblieben.

Die gebrandmarkte Faulheit schien mir etwas übertrieben. Ich kann mich dunkel erinnern, daß ich ein paarmal meine Schularbeiten nicht ernst genug genommen und versäumt hatte, sie zu erledigen, weil ich sie lächerlich und überflüssig fand. Dafür mußte ich auch nachsitzen. Im Schreib- und Rechendiktat erreichte ich die besten Noten in der Klasse. Doch hatte ich gegen Ende des Schuljahres etwas nachgelassen. Das Interesse an Oles Böttcherei war größer als das an der Schule.

Es war etwas auf und ab gegangen. Mit Max Sayk, einem Großvetter, saß ich in einer Bank. Er bot in der zweiten Klasse miserable Leistungen und war sogar versetzungsgefährdet. In der dritten Klasse hatte er nicht nur aufgeholt und meine Leistungen übertroffen, sondern auch meinen Eifer entscheidend angeregt. Mit den Nachbarn Alfred Piotrowski und Herbert Bidassek waren wir die Besten der Klasse. In der vierten Klasse ließ das schulische Interesse wieder etwas nach. Dafür war der Hang zu Beobachtungen in der Natur gestiegen, Beobachtungen der Wasserpflanzen im See, der Fische und Wasservögel. Aber auch die Böttcherei fesselte mich immer wieder. Wenn es möglich war und ich die mir im Fischerhof zugeteilten Arbeiten rasch erledigt hatte, half ich in Oles Werkstatt. So war es kein Wunder, als der Vater mich eines Tages ernsthaft fragte, was ich nun eigentlich werden wollte. Schließlich sollte ich später seine mühsam aufgebaute Fischwirtschaft übernehmen. Meine Unschlüssigkeit hatte ihn ratlos gemacht. Offenbar erinnerte sie ihn an seine Schulzeit.

Gegen Ende der fünften Klasse, unter dem neuen Schulleiter Horst, einem sehr tüchtigen, über das Niveau einer kleinen masurischen Dorfschule weit hinausragenden Pädagogen, war mir ein entscheidender Aufschwung gelungen. Horst erreichte mit der Zustimmung meines Vaters über den Kreisschulrat eine Anmeldung für die Aufbauschule in Stuhm. Ich hatte die mir eher leicht als schwierig anmutende Aufnahmeprüfung, die sich aus mehr Mut- als Intelligenz- und Fleißproben zusammensetzte, bestanden. Dabei war mir das militärisch, subordinative Klima an der Schule aufgefallen. Es wirkte ziemlich abstoßend, obwohl ich annahm, durch den Dienst im Jungvolk mich daran gewöhnt zu haben. Ich wurde zunehmend unsicher und mißmutiger. Und als der Aufnahmetermin eintraf, hatte meine Abneigung gegen die Schule so zugenommen, daß ich Vater händeringend bat, mich nicht nach Stuhm zu schicken. Ich versprach ihm, Fischer zu werden und bat, zu Hause bleiben zu dürfen. Darüber freute er sich sehr. Möglicherweise erinnerte er sich an sein Mißgeschick während der Aufnahmeprüfung in der Hohensteiner Emil-Behring-Schule. Es waren aber auch Bedenken aufgekommen, weil Stuhm eine Adolf-Hitler-Schule werden sollte, und er gegen politische Schulen eine Abneigung hatte, die er mit seinem christlichen Glauben nicht vereinbaren konnte. Da er kein Anhänger des Nationalsozialismus war und eher zur Sozialdemokratie neigte, war er auch mit seinen Glaubensbrüdern und Schwestern der Freien Evangelischen Gemeinde, die der Königsberger Theologe Julius Rupp 1846 gegründet hatte, von dem Wahlsieg der braunen Partei unangenehm überrascht. Er hielt sich an den Wahlspruch: „Wer die Wahrheit, die er bekennt, nicht lebt, ist der gefährlichste Feind der Wahrheit selbst." Zu diesem Bekenntnis kam er durch seine Verwundung, die er erlitt in der Tannenbergschlacht 1914, und die zunächst nicht heilen wollte. Nach seiner Bekehrung im Lazarett im thüringischen Bad Köstritz war die Wunde geheilt. Als er hörte, daß auf einer Fahrt Hitlers im Wahlkampf 1932 durch Masuren, auch durch Sgonn, zwei Sozialdemokraten, die ihre Fäuste erhoben hatten, und zwei daneben stehende Jungen von Schlägern aus einem nachfolgenden Wagen der Kolonne verletzt worden waren, meinte er prophezeiend, daß es noch viel schlimmer kommen würde.

Im Dorf war das sozialpolitische Klima mehr oder weniger ausgewogen. Unter den 214 Einwohnern waren es in der Mehrzahl Waldarbeiter, denen der Reihe nach Handwerker, Kleinbauern, Landarbeiter und Fischer folgten. Wegen der imposanten Lage des Dorfes an der südlichen Bucht des idyllischen Mucker-Sees, einer wundervoll gemischten Feld- und Waldlandschaft, einer befestigten Straße, den sauberen Holz- und massiven Häusern und Gärten, wurde Sgonn schon immer beneidet. Aus früherer Zeit stammten zwei mehr neidvolle als zutreffende Schimpfwörter, an die ich mich noch erinnern kann. „Sgonaki-Bujaki" und „Sgonki-Chodaki". Die aus dem Masurisch-Polnischen stammenden Wörter bedeuten soviel wie eine Bezeichnung wandernder, umherziehender Schwärmer, und Chodaki sind ein Schuhwerk aus Bast und Leder. Als ich Ole damals danach fragte, hatte er mir vom Boden ein Paar alte Chodaki geholt, die noch von seinem Großvater stammten, die er selbst gemacht und bei tiefem Schnee und grimmiger Kälte getragen hatte. Sie ähnelten den Lederschalen der Trapper aus hartem, massivem Leder, die mit mehreren Fußlappen getragen wurden und die Füße warm hielten und vor Erfrierungen schützten.

Eine Industrie hatte es seinerzeit in Masuren, mal abgesehen von einigen Säge- und holzverarbeitenden Werken, wie dem Werk von Richard Anders in Niedersee, Puppen und Ortelsburg und dem Bauholzwerk in Wigrinnen, nicht gegeben. Die Waldarbeiter waren eigentlich durchweg kinderreiche Kleinbauern mit einem Holzhäuschen, einem kleinen Garten, einem Stall mit einer Milchkuh, einem Schwein, oder auch mehreren, wenn das Stück Ackerland es zuließ. Eine kleine Geflügelschar gehörte auch dazu. Die Kühe der Waldarbeiter des Dorfes wurden jeweils von einem schulentlassenen Jungen mit Zustimmung der Forstbehörde sommersüber gegen ein geringes Entgelt gehütet. Damit war zumindest die Grundversorgung der Familien gesichert. So gab es im waldreichen Masuren mit den fischreichen Seen und den verhältnismäßig preiswerten Fischen, die schon immer sehr preiswert waren, wie mein Vater meinte, keine Notstandsgebiete. Die Industrie war auf Ostpreußens Hauptstadt Königsberg, Elbing und die wenigen Bezirksstädte beschränkt geblieben.

Seinerzeit wurde im Dorf eigentlich wenig masurisch gesprochen, verglichen mit anderen, von den Verkehrsadern entfernter liegenden Ortschaften. Sicher hat auch die nach 1933 verordnete Abkehr von der zum slawischen Sprachstamm gehörenden masurischen Mundart dazu beigetragen. In der Weimarer Regierungszeit wurde die alte Verordnung des Schulkatalogus I und II, Friedrichs II., aus dem Jahr 1766 mit der Anweisung, „Buchstabieren und Lesen i. deutsch und polnisch" aufgehoben. Ich erlernte die masurische Mundart von Ole, so daß ich sie noch heute beherrsche und mich mit den polnischen Kollegen auf meinen Vortragsreisen hinreichend gut verständigen konnte. Im Elternhaus wurde, so weit ich mich erinnern kann, stets deutsch gesprochen. Die Großeltern, die in der Schule deutsch und polnisch gelernt hatten, bevorzugten untereinander das Masurische. Der Vater meines alten Freundes Hellmut Skrotzki lehrte als Schulleiter in Sgonn noch zweisprachig.

Hellmut, ein hochbegabter Junge, Absolvent des Hohensteiner Emil-von-Behring-Gymnasiums, bekam als Klassensprecher und Redakteur der Schülerzeitung wegen seiner Aktivität in einer sozialistischen Schülergruppe erhebliche Schwierigkeiten. Er hatte sich gewünscht, in die Fußstapfen des masurischen Schriftstellers Ernst Wiechert zu treten und eine Masuren Saga begonnen.

In den Sommerferien 1931 versuchte er, in Sgonn, seinem Geburtsort, eine Masurische Freischar, angelehnt an die Literarische Gemeinschaft Masovia in Lötzen, zu gründen. Unter der Sgonner Jugend fand das Vorhaben einen großen Zuspruch. Von den liberal-demokratischen Ideen waren alle begeistert. Auch ich hatte ein Jahr später an den Freischarabenden in der Sgonner Schule teilgenommen. Nach der Machtübernahme Hitlers wuchsen aber die Schwierigkeiten. Als die Drohungen zunahmen, mußte Hellmut Skrotzki schließlich die vielversprechende Idee aufgeben.

In seinem Lied „Sgonn am Mucker-See" hatte er das romantische Heimatdorf und seine erste Liebe schwärmerisch besungen. Und im Gedicht „Die Mucker-Eiche" verewigte er ein fünfhundert Jahre altes urwüchsiges und ehrwürdiges Naturdenkmal. Sehr rührungsvoll sind die Verse über den Tod eines masurischen Fischers in seinem Kahn „So stirbt ein Fischer im See". Seiner Tante Emmy Schulz-Skrodzki widmete er die Verse „Abschied für immer" mit tiefer, herzvoller Wehmut über seine Erinnerungen. Vor ein paar Jahren habe ich angeregt und ihn sogar inständig gebeten, die Fäden zu seinem verlorengegangenen Erstlingswerks der Masuren Saga zu suchen und wieder aufzunehmen. Das Manuskript war auf der Flucht 1945 verlorengegangen. Voller Verzweiflung beklagt er dazu in lyrisch-wehmütigen Zügen sein Unvermögen in den acht herrlichen Versen „Es ist zu spät".

Die Mucker-Eiche

Uralte, stolze Muckereiche,
Du hast sie alle überlebt,
Die Ordens-, Kaiser-, Hitlerreiche
Weil solch ein Baum nach Freiheit strebt!
Schau ich empor, ist es, als throne
Dort noch Rumowes Götterdreigestirn.
Umwölbend schützt die Blätterkrone
Die harte Rinde, Holz und Hirn.

Gottlob, an den Gigantenriesen
Hat nie sich eine Axt gewagt!
Des Herzogs Jäger bliesen
Vor langen Zeiten dort zur Jagd.

Ein Kronprinz war sogar zu Gast,
Heut halten Fischer, Flößer Rast,
Dorfhirte ließ die Rinder saufen,
Baptisten ließen sich hier taufen.

Fischadler, Reiher im Geäste,
Am Fuße frohe Kinderfeste:
Fürwahr, ein Denkmal sondersgleichen,
Perkun mit Dir, Du Königin der Eichen!

So stirbt ein Fischer in Masuren

Es kann die Nacht den schwarzen Flor
Nicht übers tiefe Wasser spannen.
Noch glüht der See, noch glänzt das Rohr,
Noch schimmern die grünblauen Tannen.

Der Venusstern, das späte Abendrot,
Sie wollen zweisam heller scheinen.
Gemeinsam bangen sie um jenen einen
Getreuen Fischer tief im dunklen Boot.

So netzeleer, mit trägem Ruderstoß
ist er noch nie zum Fang gefahren.
Was ist dem greisen Alten bloß,
Was soll sein seltsames Gebaren?
Ihn kümmert nicht der Fischlein Spiel,
Ihn kümmern nicht die ersten Sterne,
Sein trübes Auge sucht als Ziel
Fata Morganas Erdenferne.

Noch einmal schweift sein müder Blick
Über die weiten Wasserfluren,
Urplötzlich fällt sein Haupt zurück---
So stirbt ein Fischer in Masuren.

Jetzt kann die Nacht den schwarzen Flor
Wohl übers tiefe Wasser spannen.
Die Toteneule klagt im Moor,
Und leise rauscht es in den Tannen.

Abschied für immer

Nach all den leidgetränkten Jahren,
Nach harter Arbeit, bitt'rer Fron
Bist Du ins Heimatland gefahren,
Und unser Dörflein heißt jetzt Zgon!

Und des Mulastas Riesenquell
Rinnt noch wie einst vorbei am Windmotor,
Und auch des Muckers Gletscherquelle
Braust sturmgewaltig Dir ins Ohr!

Noch immer ist das Dörfchen eingebunden
In Kiefernheide, Berg und See---
Doch was Du noch gesucht, Du hast es nicht gefunden
Ach altes Herz, wie tat das weh!

Das Elternhaus..., ein Trümmerhaufen!
Kein Baum, den Du als Kind erklettert hast,
Der Steg, wo Du als Barfüßle gelaufen,
Ist längst vernarbt, ist längst vergrast.
Du schreitest durch die kargen Häuserzeilen,
Vor jeder Hütte, grau und altenklein,
Möchtest Du gerne noch verweilen,
Doch ach, es ruft Dich keiner dort hinein.
Von alten Freunden, allen Lieben
Ist niemand mehr daheim geblieben!

Zum Friedhof bist Du raufgegangen,
Fürwahr, kein leichtes Unterfangen,
Zu finden noch das Muttergrab---
Dir ist's, als wenn sie Abschiedshände gab.

Nun schweift Dein Blick über die Heimatfluren,
In Deinen Augen glänzen Tränenschimmer;
Leb wohl, leb wohl, getreues Land Masuren!
Der Abschied war's, der Abschied wohl für immer!

Es ist zu spät

Ein Freund, einer der großen Weisen
Hat mich bestürmt und angefleht,
Erneut ins Jugendland zu reisen,
Mit Wissenschaft will er beweisen,
Zum Dichten wär es nie zu spät.

Nun soll man Freunde niemals kränken,
Vor allem nicht, wenn es auf achtzig geht.
Ich nahm mir Zeit, um nachzudenken,
Bis ich mich endlich selbst beschwor:
Willst du vom Füllhorn Freude schenken,
Mußt du erneut durchs Jugendtor!

Entschlossen stand ich jetzt davor,
Es war verriegelt und verrammelt,
Gar vieles hat sich angesammelt
Das eine reif zum aussortieren,
Das and're schade zum Verlieren.

Das welke Laub auf morschen Planken
Und die verdorrten Dornenranken,
Sie alle lasse ich in Ruh',
Sie decken Tod und Trauer zu.

Doch all das übrige Gerümpel
Muß fort! Fort auch der Modertümpel
Voll Schlamm und Unflat knüppeldick-
Sein richt'ger Name wäre Politik.

Ob ich auch schufte, wuchte, räume,
Nur schwerlich werde ich gelangen
Ins Sehnsuchtsland der Heimwehträume,
Wo schluchzend einst die Sprosser sangen.
Held S'isyphos wälzt neue Trümmer,
Ich gebe auf, ich schaff es nimmer!

Mit soviel Rost am stumpfen Schwert
Ist's schwer als Don Quichotte zu streiten.
Der Pegasus, mein müdes Pferd,
Läßt mich nur ungern reiten.
Schlaff schleifen Zügel und Kandarre,
Und lautlos bammelt die Gitarre.

Drum mit Verlaub, Professor Doktor Hans
Sezier ich nüchtern die Bilanz:

Die Saat vor fünfzig, sechzig ausgesät
in Prosa und in Reimen
Ist taub, weil es auf achtzig geht.
Der alte Samen kann nicht keimen.
Es ist zu spät.

In der dritten Klasse, durch die schmeichelhaften Zensuren des Lehrers Schimmelschulze verwöhnt, schien ich, worüber sich besonders meine Mutter beklagt hatte, „ins Kraut" zu schießen. Ich kann mich erinnern, daß ich damals nicht nur oft verwarnt und gerügt, sondern auch streng zurechtgewiesen wurde. Ich müßte so bald wie möglich, und sei es auch nur vorübergehend, in andere Hände, in eine andere Umgebung mit günstigeren, mehr Achtung gebietenden Einflüssen kommen. Da Tante Emma in Allenstein sich erboten hatte, mich in den Ferien für ein paar Tage unter ihre Fittiche zu nehmen, hatte mein Vater mich zu ihr gebracht. Tante Emma nahm sich meiner ins Kraut geschossenen Manieren an. Obwohl es mir nicht leicht gefallen war, all die Unartigkeiten abzulegen, habe ich mir sehr viel Mühe gegeben. Sicherlich trugen auch das Heimweh, das sich bald einstellte, und auch die Kusine Margot mit ihrem Charme zu der raschen Einsicht und Besserung bei.

Als ich nach drei Wochen wiedergekehrt war, soll ich ein ganz anderer Junge gewesen sein: gehorsam, aufmerksam, nahezu schüchtern. Die Eltern waren sehr zufrieden. Und meine lieben Schwestern freuten sich über den vernünftigen Bruder. Am meisten freuten sich Ole und Talo über ihren Hannek. Der Vater hatte mich gelobt, als ich ihm beim Reusenstellen geholfen und mich dabei kräftig und auch flink angestellt hatte.

Kurz darauf war Ole an einer Lungenentzündung erkrankt. Das Fieber wollte nicht weichen. Auch die Atemnot und der schlimme Husten. Der Arzt Dr. Lewinson schaute täglich nach ihm. Talo brachte mich an sein Bett. Bei seinem Anblick muß ich erschrocken sein, wollte ihm aber trotzdem um den Hals fallen. Talo verhinderte es sanft. Mit beiden Händen hatte ich seine Hand umfaßt und gedrückt. Lieber Hanku flüsterte er. Dr. Lewinson machte Talo und meinem Vater keine Hoffnungen. Ich muß völlig verzweifelt gewesen sein. Meine Mutter hat mich in der Schule entschuldigen müssen. So habe ich das erste, erschütternde Begräbnis in der Familie erlebt.

Die Trauer um Ole dauerte lange. Die liebe, gute Talo mußte mich immer wieder trösten. In der Werkstatt fand ich zwei sauber gehobelte Bretter. Er hatte mir wieder ein Paar Skier machen wollen.

Du wirst sehen und erleben, wohin das führen wird

Kurt Leckzig, ein liberaler Pädagoge, hatte 1932 die Leitung der Sgonner Schule übernommen. In der einklassigen Dorfschule wurde in zwei Stufen unterrichtet. In der Oberstufe, den Klassen fünf bis acht, am Vormittag und in der Unterstufe, den Klassen eins bis vier, am Nachmittag.

Der Unterstufenlehrer Schimmelschulze, ein strammer, energischer, aber auch sehr kameradschaftlicher HJ-Gefolgschaftsführer, aus dem Ruhrgebiet stammend, erläuterte uns in der Unterstufe, in der vierten Klasse, den Kampf seines „Führers" um das „Dritte Reich" für Freiheit, Arbeit und Brot. Mit Hilfe eines Albums und fesselnden Beispielen hatte er uns für das „Jungvolk", die Unterstufe der HJ, begeistert. Nahezu geschlossen waren wir Mitglieder dieser Organisation geworden, bis auf die beiden Biedassek-Jungen, Horst und Herbert, und Albert Podbielski, den Sohn eines fleißigen, rechtschaffenden und beliebten Fischhändlers.

Albert war nicht nur einer der fleißigsten, sondern auch begabtesten Schüler der Klasse. Ungeachtet der jüdischen Abstammung wurden wir bald unzertrennliche Freunde. Es störte niemanden, wenn Albert uns beim Jungvolkdienst auf dem Schulhof zuschaute und wir anschließend zu Podbielskis zogen, um auf dem großen Hof zu spielen. Damals war das Pinkern mit Pfennigstücken an der glatten Podbielskischen Hauswand, besonders mit den damaligen großen Vier-Pfennig-Stücken, sehr beliebt.

Alberts Mutter war sehr gastfreundlich und kinderlieb. In Abwesenheit des strengeren Vaters durften wir auf dem Hof sogar Fußball spielen. Wenn eine Scheibe zu Bruch ging, holten wir den alten Wlotzka, der den Schaden umgehend behob. Albert war ein eifriger, sehr geschickter und beliebter Torwart. Auch bei den beliebten „preußischen Kriegsspielen" mit Patrouillen und Patrouillenführer hatte er begeistert mitgemacht und war sogar ein umsichtiger, erfolgreicher Führer. Schließlich waren das auch die Kinderspiele unserer Väter. Wenn wir die Spiele und das Umhertollen satt hatten, hörten wir bei Albert Schallplatten auf dem Grammophon aus dem Plattenschrank der älteren Schwester Ida, die die Handelsschule in Johannisburg besuchte. An den Schlager vom „Gingang Gingeling am Bodensee", kann ich mich noch gut erinnern.

Für die großen Ferien bekommen wir an Stelle des sonst üblichen Ferienaufsatzes von Schimmelschulze den Auftrag, ein Gedicht aufzuschreiben, zumindest einen vierzeiligen Vers zu dichten. Schimmelschulze verehrte die klassischen deutschen Dichter, Möricke, Uhland, Raabe. Eichendorf und Storm waren die Bevorzugtesten. Der tüchtige Lehrer hatte uns sogar zur Vorbereitung in die griechische Kunst des Versmaßes eingeführt.

In der ersten Stunde nach den Ferien hieß es: Jeder liest sein Gedicht vor. Ich war heftig erschrocken, weil ich das Gedicht völlig vergessen hatte und meldete mich, daß ich es zu Hause liegen gelassen hätte. Ich sollte es holen und rannte verzweifelt nach Hause. Glücklicherweise war die Mutter da, die mir zu einem sechszeiligen Vers verholfen hat. An die letzten Zeilen dieses Verlegenheitsverses kann ich mich heute noch erinnern:

„Sie duften aus der Erde,
sind blau und rot,
die Königsberger Blauen,
unser täglich Brot."

Schimmelschulze meinte, daß ich mich zwar nicht angestrengt hätte, aber für eine „drei" reiche es noch. Albert Podbielski und Herbert Biedassek wurden mit einem sehr gut belobigt.

Zu meiner Jungvolk-Uniform fehlte noch ein Fahrtenmesser. Zwei Mark hatte ich bereits gespart. Um die noch fehlenden zwei Mark bat ich meinen Vater, der aber, als ich ihm gestehen mußte, daß es für ein HJ-Fahrtenmesser sein sollte, empört antwortete: Dieser Dolch gehöre nicht in Kinderhände. Er kritisierte auch den Jungvolkexerzierdienst, den er auf dem Schulhof gesehen hatte. Die Mutter, die sonst alle meine Wünsche erfüllte, war der gleichen Meinung. Als Tante Auguste aus Kurwien zu Besuch war, beklagte ich mich über die Strenge ihres Bruders. Aber mein

Junge, flüsterte sie, dein Vater war zu unserer Kinderzeit der größte Anführer bei den Soldatenspielen der Jungen im Dorf. Sie schenkte mir das Fahrtenmesser, ohne daß es mein Vater wußte.

Ihre beiden Töchter Ruth und Edeltraut, in meinem Alter, waren oft bei den Großeltern und bei uns zu Besuch. Ruth, meine mir liebste Kusine, war ein Jahr jünger als ich. Sie hatte mir das Fahrtenmesser eines Tages mitgebracht. Aber auch schon vorher waren wir ineinander verliebt. Im Vater-Mutter-Kind-Spiel war Edeltraut unsere Tochter. Die strenge Oma Regina hatte oft Mühe, uns zur Räson zu bringen. Dafür halfen wir ihr im Hof und Garten und auch in ihrem Kolonialwarenladen, so stand es damals noch in großen Lettern über dem Eingang. Und im Sommer bei schönem Wetter auf der sogenannten Bleiche, auf dem kurz gehaltenen Rasen, wurde damals noch die Wäsche gebleicht. Ich schleppte das weiche, zum Bleichen vorzüglich geeignete Wasser aus dem nahen Mucker-See in Eimern an einem Tragebalken, und Ruth besorgte das wiederholte, sorgfältige Gießen.

Als ich wieder zum Jungvolk-Dienst mußte, präsentierte ich stolz das neue Fahrtenmesser am Koppel. Zufällig sah es auch mein Vater, und ich spürte förmlich seine strengen, bösen Blicke. Er schüttelte mit dem Kopf und sagte, mir immer noch unvergeßlich: „Junge, eines Tages wirst du noch sehen und erleben, wohin das führen wird." Der Nachbar Mosdzen, ein alter Sozialdemokrat, meinte: „Na, die Uniform, das geht ja noch, aber das Ding da", damit meinte er das Fahrtenmesser, „muß das sein?" Als Alfred Klein, der Führer des Sgonner Jungzuges, zum Reichsarbeitsdienst ging, wurde ich sein Nachfolger und mußte nun allmonatlich an einem Samstag zur Fähnleinbesprechung nach Aweyden.

Auf dem herrlich romantischen Landweg, einem alten Pruzzenpfad und späteren Ordensweg aus feinstem masurischen Rieselsand, radelte ich am Mucker-See entlang, bis zu der alten, aus der Ordensritterzeit stammenden, historischen Walk- und Mahlmühle Uklanken, einer sogenannten Erbmühle, die bis 1945 der Familie Burdinski gehört hatte. Hier hatte, wie bereits erwähnt, die Großmutter Wilhelmine aus Grünwalde im August 1914, auf der Flucht vor den Russen, Unterkunft gefunden. Und ich bekam von der vornehmen Frau des Hauses an heißen Sommertagen ein köstlich, erfrischendes Kirschwasser.

Trotz erheblicher Anstrengungen der HJ-Führerschaft, zumal des Bannführers Helves, hatte die anfänglich große Begeisterung spürbar nachgelassen. Offensichtlich hatten alle Bestrebungen der vormilitärischen Erziehung und Ertüchtigung der ideologischen Überzeugung gedient. Viele Eltern hatten den subordinativen, ins Absolute abgleitenden, Dienstjargon verabscheut.

Es war ein Bilderbuchsommer in Masuren, im zweiten, schicksalentscheidenden Jahr 1934. Die Fischerei auf dem Kurwig-See war miserabel. Die Reusenfischerei hatte nicht einmal die Unkosten decken können. Und auch die gewöhnlich alles wieder aufholende Herbstfischerei war enttäuschend. Im November hatte es anhaltend geschneit und anschließend anhaltend gefroren, so daß wir auf den überschwemmten Dorfwiesen ausgiebig Schlittschuhlaufen konnten. Dabei gingen meine alten Schlittschuhe zu Bruch. Ein paar neue zu Weihnachten konnte ich mir schlechthin wünschen. Die Stimmung war tief gesunken und sank schließlich immer tiefer. Ende November hatte ein überraschendes Tauwetter eingesetzt. Es war sogar warm geworden. Und die Fischer dankten Petrus für das Verständnis und das Wettergeschenk.

Der alte Lasarz, ein unermüdlicher Antreiber, brachte meinen Vater und Großvater dazu, es bei dem günstigen Wetter mit dem großen Zugnetz zu versuchen. Der erste Tag brachte nicht mehr als einen Korb gemischten Beifang, der nicht einmal für die Löhne reichte.

Am Nachmittag des zweiten Tages hatte meine Mutter mich mit dem Fahrrad losgeschickt, um fangfrische Fische zu holen. So erlebte ich die herbe Enttäuschung an Ort und Stelle. Eine erschreckend trostlose Stimmung. Der Großvater stöhnte und riet zur Beendigung des vergeblichen Unterfangens, während der alte Lasarz sich bereits mit der Flasche getröstet hatte und wohlgemut kommandierte: „Übermorgen probieren wir es mit der Nachtfischerei, wenn das Wetter so bleibt. Los, wir müssen noch alles dafür vorbereiten. Jetzt müssen wir es schaffen, Petrus zu überlisten, es bei Nacht zu versuchen." Daran hatte sonst niemand gedacht. Ich konnte die überraschten Mienen der Männer sehen und alles mithören. Zu dem alten Fischer, der so barsch kommandiert hatte, sagte der Vater: „Und du trägst die Unkosten, wenn wir nicht einmal die Löhnung erreichen." Das macht der liebe Gott, hatte der darauf geantwortet. Und der Vater konterte flüsternd: „Jetzt muß ich auch noch für deine Lästerung aufkommen."

Doch dann gingen die rauhen Männer wortlos an die Vorbereitungen für die Nachtfischerei, der Großvater schritt voran, während der alte Lasarz mich an der Schulter packte und raunte, wenn du uns kein Unglück bringen willst, dann darfst du übermorgen nicht wieder zum Fischeholen kommen. Ich versprach es ihm durch Handschlag und machte, daß ich fortkam. Die Mutter zu Hause war sehr enttäuscht, als ich ihr darüber berichtet hatte. Im Sommer hätte ich zur Angel gegriffen oder ein paar Reusen gestellt. An die Reusen hatte ich bei dem schönen Wetter schon am See gedacht.

Am nächsten Tag waren die Fischer bereits in der Dämmerung auf dem See. Der erste Fischzug wurde auf Stoki bei Kurwig angelegt, einer großen Bucht mit einer Wassertiefe von 15 Metern, in unmittelbarer Nähe des Dorfes, nach dem der See benannt worden war. Es sollte der alles entscheidende Fischzug sein. Darüber waren sich alle einig. Als der größte Teil der Netzflügel in den Booten lag und der sonst kraftaufwendige Stoki-Zug diesmal auffallend leicht gezogen werden konnte, war eine Spannung über die Männer gekommen, die mit der Zunahme der Leichtigkeit gestiegen war. So hatte der Großvater danach berichtet. Niemand hatte darüber auch nur ein Wort verloren, bis der Lasarz zu unken begann, da hat wohl der Teufel den Sack getrennt, jetzt haben wir die Bescherung und müssen den Sack mit Fischen suchen. Als dann auch noch der junge Klos böse Sprüche losließ, war die Spannung kaum noch zu ertragen. „Beherrschung, Beherrschung Leute", soll der Vater gerufen haben. Und als plötzlich der Sack des Zugnetzes auftauchte, soll der alte Lasarz die Beherrschung verloren haben. „Der Teufel ist im Netz, er hat es doch nicht geschafft, das Netz abzutrennen, jetzt steckt er drin, der Verderber", rief er. „Der kommt gleich aus dem Sack gekrochen und wird dich holen", antwortete der schlaue Klos. Und dann schrie der lange Kuschmirz: „Schaut mal dort, die Spitzen von Flossen." Der alte Lasarz war auf den Netzberg ins Boot gestiegen. „Das sind große Bressen, Riesendinger", schrie er, „die kommen jetzt aus dem Sack zurück und wollen ausreißen, der Stert ist voll davon." Das sind einige Tonnen, frohlockte der Großvater. Der zerrissenen Spannung war ein lauter Freudentaumel gefolgt. Die Rufe überschlugen sich. Leiser, leiser, bat mein Vater, sonst haben wir gleich das ganze Dorf am Ufer. Der Großvater und Vater hatten ihre Mützen vom Kopf genommen und kurz die Hände gefaltet, das taten auch die anderen Fischer.

Am Ufer standen bereits die Kurwiger, und der Gastwirt Kompa winkte mit der Flasche. Der alte Lasarz hatte es auch im Dunkeln gesehen und war wie immer der erste, der sich bediente. Aber auch mein Vater, der zumindest während der Arbeit dagegen war, hatte zurückhaltend getrunken. In der gehobenen und scheinbar nur kurz aus der Kontrolle geratenen Stimmung waren alle wieder vernünftig und vor allem sehr zufrieden. Der Riesenfang war nämlich nicht so ohne weiteres zu bergen. Der volle Zugnetzsack mußte behutsam zur Fischereibaracke gerudert werden.

Am späten Abend kam der Anruf, ich müßte so rasch wie möglich die Fischhändler, die telefonisch nicht zu erreichen waren, benachrichtigen und anschließend zur Fischereibaracke kommen, wo jetzt jede Hand dringend gebraucht wurde. Gegen Mitternacht waren die Fischhändler da. Im Fangbuch hatte ich 25 Zentner abgebucht. Am Vormittag war der große Wagen der Allensteiner Fischereigenossenschaft vorgefahren. Wir hatten 25 Zentner verladen. Das Netz war aber immer noch nicht leer. Für die restlichen 10 Zentner mußte ein alter Hüttkasten repariert werden. Das waren dann die „Bauernkarpfen" für den Silvester-Markt. So bin ich doch noch zu den neuen Schlittschuhen gekommen und wurde sogar mit einem Paar Ski mit einer neuartigen Bindung überrascht. Und der Überraschungen nicht genug, bekam ich auch noch ein neues Fahrrad.

Der Ertrag eines derart großen Fischfangs gehörte, trotz des

Fischreichtums in den masurischen Seen, zur Seltenheit. Er mußte für mehrere Jahre reichen. Glücklicherweise war das Fleisch der Bressen aus dem Kurwig-See von sehr guter Qualität, die sich auf den Preis übertrug. Nach der Abrechnung in der Fischereigenossenschaft hatte der Vater aus Allenstein einen großen Korb köstlicher Macoun-Äpfel kommen lassen, die ein unverwechselbares Aroma hatten, an das ich mich heute noch gut erinnern kann. Sie haben sich über mehrere Monate frisch und appetitlich gehalten.

Während meines ersten Fischereilehrjahres 1938, von einem Vorbereitungslehrgang für Fischereischulbewerber zurückgekehrt, erfuhr ich von einem schrecklichen Unglück im Dorf. Plötzlich und ohne irgendeine Ankündigung wurde die jüdische Familie Podbielski mit ihrer notwendigsten Habe, in wenigen Koffern verstaut, auf einem Lastwagen abgeholt; es hieß, in ein Arbeitslager. Der Bruder meines Vaters, Onkel Julius, wußte von einem Zusammenhang mit der Ermordung Rathenaus in Paris und der Kristallnacht, dem Überfall auf die Juden und die Plünderung ihrer Geschäfte. In Ukta, zu dessen Kirchbezirk Sgonn gehörte, war die Praxis von Dr. Levinson geplündert worden.

Im gleichen Zusammenhang aus denselben Gründen herrschte in der Familie eine trübe, beklommene Stimmung. Onkel Julius, mein sehr vertrauter Patenonkel, war am Verzweifeln. Er hatte sich 1932, obwohl mein Vater ihn gewarnt hatte, mit der SA eingelassen und war ein Jahr später zum Truppführer befördert worden. Der Röhm-Putsch hatte ihn bereits heftig erregt und infolge der Kristallnacht war er, völlig zusammengebrochen, aus der SA entlassen worden. Er befürchtete, seinen Arbeitsplatz zu verlieren.

Mut hilft auch dem Schwachen

Im Kurwig-See war zwei Jahre nach dem großen Bressenfang eine Fischkrankheit unter den karpfenartigen Fischen, den Bressen, aufgetreten. Die davon vorwiegend betroffenen drei bis fünf Pfund schweren Fische schwammen kraftlos an der Wasseroberfläche, so daß sie mit dem Kescher leicht gefangen werden konnten. Normalerweise waren sie weder zu sehen noch zu hören, es sei denn während der Laichzeit. Die Fische hatten an den Schwanzwurzeln rötliche, blutunterlaufene Schuppen, mitunter sogar bis zu den Bauchflossen hin. Die Unfähigkeit der großen Bressen unterzutauchen und in der Tiefe zu verschwinden, war erschreckend. Im Schilf und am Ufer lagen die verendeten Fische. Es war ein erschütternder, jammervoller Anblick.

Tief ergriffen und verzweifelt machte ich ein paar Skizzen und Notizen, die ich mehrmals ergänzen mußte, zu Hause sorgfältig ausarbeitete und mit Tuschefarben naturgetreu kolorierte. Den Aufzeichnungen nach, konnte ich ohne viel Mühe drei Verlaufsstadien zusammenfassend erkennen.

Das Anfangsstadium beschränkte sich auf die blutunterlaufenen Schuppen an der Schwanzwurzel. Die Fische konnten nur leidlich schwimmen und von der Wasseroberfläche wegtauchen.

Das zweite Stadium war durch die Ausbreitung der Rötung der Schuppen bis zu den Bauchflossen und durch auffallende schuppenlose Stellen geprägt, und es ging einher mit einem erschwerten Schwimmen und Wegtauchen.

Im dritten Stadium fielen die Wunden der zerfallenen Schwanzmuskulatur und das kraftlose Schwimmen an der Wasseroberfläche mit der herausragenden Rückenflosse auf. Der schwerkranke Fisch konnte, bei einigem Geschick, mit beiden Händen gefangen werden. Nachdem der Vater die Krankheit gemeldet hatte, war eine Inspektion durch das Oberfischmeisteramt Ostpreußen - in Personalunion mit dem Institut für Fischereiwesen der Albertus-Universität Königsberg - mit dem Direktor Professor Dr. Willerund Oberassistent Dr. Karcher, in Gegenwart eines Vertreters des Forstamtes Kruttinnen, Forstanwärter Hundrieser, erfolgt.

Nach den Aufnahmen und Notizen Dr. Karchers zeigte der Vater meine kolorierten Skizzen und Ausarbeitungen. Großartig, meinte Professor Willer und fragte nach meinem Alter. Schüchtern antwortete ich 12 und mußte es noch einmal wiederholen. Dr. Karcher musterte meine Ausarbeitungen und meinte zu seinem Chef gewandt, unsere Doktoranden können es nicht besser. Der Forstvertreter Hundrieser hatte das Urteil gehört, musterte mich von oben bis unten und fragte, in welcher Klasse des Sensburger Gymnasiums ich sei und nach dem Namen meines Klassenlehrers. Diese Fragen hatten mich völlig aus der Fassung gebracht, obwohl ich das Urteil Professor Willers gehört hatte, wußte ich nicht was ich antworten sollte und stammelte schließlich, daß ich nicht nach Sensburg in die Schule gehe. Der Vater ergänzte, ich würde die einklassige Dorfschule in Sgonn, einem kleinen Nachbardorf, besuchen. Donnerwetter, entfuhr es Dr. Karcher. Auch Professor Willer und der Forstvertreter waren überrascht, hatte der Vater berichtet und auch über die Bedenken, die Dr. Karcher geäußert und dazu gefragt hatte, ob mir jemand von meinen Lehrern dabei geholfen hätte. Ich muß ein sehr schüchternes Nein geäußert haben, worauf Professor Willer mich nach Einzelheiten aus den Zeichnungen und Notizen fragte. Ich soll zwar sehr primitiv, aber ohne Zweifel fließend geantwortet und einzelne Besonderheiten ergänzt haben, so daß Professor Willer sich sogar kopfnickend bedankt hatte. Noch am Abend hatte Forstmeister Böhm meinem Vater zu dem tüchtigen Jungen gratuliert und sehr daran gezweifelt, ob es ihm gelingen wird, mich in der Fischerei festzuhalten.

Ein paar Tage später, beim Heben von Krebsreusen auf dem Skarp-See, hörte ich vom Ufer meinen Namen rufen. Es war der Forstanwärter Hundrieser. Ich habe mich sehr gefreut, ihn wiederzusehen. Es war ein sehr langes, ausführliches Gespräch. Immer wieder wunderte er sich über meine Schüchternheit und Furchtsamkeit. Mut mußt du haben, um dein Glück beim Schopfe zu fassen. Du mußt deine Feigheit überwinden. Es gibt einen alten lateinischen Spruch: „Fortes fortuna adiuvat." Dem Tapferen hilft das Glück. Der Mut zu einem Unternehmen war stets ein entscheidender Faktor. Das haben bisher alle Völker in der Geschichte dieser Welt bewiesen. Es gibt überall Aufbauschulen, die auch zum Abitur führen. Und mit dem Abitur wird es dir gelingen, ein Studium aufzunehmen. Bei deiner Begabung könntest du Biologie studieren. Es wäre gelacht, wenn du es nicht schaffen würdest. Du kannst jetzt schon mit dem Lateinpauken beginnen. Ich werde dir dabei etwas helfen. Er schenkte mir ein Latein-Lehrbuch und half mir auch bei den Konjugationsübungen. Das Pauken der Vokabeln machte mir keine Schwierigkeiten. Ich kam gut voran.

Bedauerlicherweise wurde er nach wenigen Wochen zum Militärdienst einberufen. Und eines Tages stand er in der Uniform der Ortelsburger York'schen Jäger vor der Fischereibaracke am Kurwig-See. Er hatte Urlaub und war auf dem Weg, um seinen Lehrmeister, Forstmeister Böhm, zu besuchen. Nach der freudigen Begrüßung war er in seinen sonst immer sehr lebhaften Gebärden und Äußerungen zunehmend nachdenklich, nahezu gehemmt. Er hatte vernommen, daß die Aufrüstung der gesamten Wehrmacht ungeahnte Formen erreichen und daß alles auf einen Krieg hinauslaufen wird. Demzufolge sei auch seine Dienstzeit verlängert worden. Viele, die an Hitler geglaubt haben und ihm treu ergeben gefolgt waren, sind darüber sehr enttäuscht. Sein Vater hatte Andeutungen gemacht, daß es auch in der Partei nicht mit rechten Dingen zugehe. Hubert Hundrieser war Stammführer der HJ gewesen und hatte den Nationalsozialismus verehrt.

Ich berichtete ihm von dem Angebot Professor Willers, nach Königsberg an sein Institut zu gehen, worüber er hocherfreut war. Jetzt mußt du dran bleiben und denke an den Spruch! Wir wollten ein Treffen in Sensburg vereinbaren und verabschiedeten uns. Ich hatte dabei das Gefühl, daß es ein Abschied voller Ungewißheit sei. Aus Hannoversch-Münden kam noch mal eine Karte. Ich hatte einen Brief an seine Sensburger Adresse geschickt, wie verabredet. Der Brief war mit dem Vermerk, nach unbekannt verzogen, zurückgekommen. Viele Jahre später erfuhr ich von

seinem schweren Schicksal durch seine Schwester Gundel.
 Als die Nachricht aus dem Fischerei-Institut Königsberg eintraf, ich könnte meine Fachausbildung zunächst als Hilfsarbeiter im Institut am 2. Mai 1940 beginnen, war die Freude sehr groß. Erst als der Abschied näher rückte, schien der Begeisterung eine Ernüchterung und Beklommenheit zu folgen. Mit Hubert Hundriesers Worten versuchte ich, mir Mut zu machen. Einerseits hing ich am Elternhaus, andererseits drängte ein unbestimmtes Gefühl mich hinaus aus der Einsamkeit der Wälder und Seen, weg von zu Hause, weg von den Freunden, wobei der liebste Freund, Albert, fehlte. Die Bindungen an die Familie waren enger, als ich glaubte, und die genetischen Wurzeln waren stärker, als ich dachte. Alle meine Vorfahren väterlicher- und mütterlicherseits waren ihrer Heimat treu geblieben und schienen mich festzuhalten.
 Ich erlebte und genoß mit den neuen Schlittschuhen und Skiern meinen letzten masurischen Winter. Das Eis auf den Seen war einen knappen halben Meter dick, und der Schnee lag fast ebenso hoch. In der nächtlichen Stille war das Donnern des im Frost berstenden Eises zu hören. Ich half beim Eisschneiden und Einbringen in den Eiskeller am Kurwig-See - eine Knochenarbeit. Die eine gemütlich, angenehme Wärme spendenden Kachelöfen mußten bei der Kälte zwei- bis dreimal am Tag, früh, mittags und abends, geheizt werden. Der masurische Wald bot reichlich billiges Brennholz, sogenanntes Abfallholz der Waldarbeiter. Der Holzwerbeschein für etwa vier bis fünf Fuder Holz kostete 50 Pfennig. Die anstrengende Arbeit war finanziell bedeutungslos. Alle mußten dabei helfen, alt und jung. Dafür durfte aber nur die Axt benutzt werden. Eine Säge wurde von den Forstleuten dabei nicht gerne gesehen. Obwohl ein gewogener Förster oder Haumeister schon mal ein Auge zudrückte. Auch wir konnten uns die Gelegenheit zu sparen, nicht entgehen lassen. So hatte auch ich eine kleine Säge dabei und schwang fleißig die Axt, ohne dabei die Kälte zu spüren.
 An den langen Abenden saß ich bei dem Licht einer kleinen Petroleumlampe, da es in den meisten masurischen Dörfern damals noch keine Stromversorgung gab, und paukte Latein und

Mathematik oder las in den Kosmos-Naturführer-Bänden, die ich aus dem Nachlaß eines verstorbenen Lehrers erworben hatte.

Dem sehr strengen Winter folgte ein um so wärmerer, bezaubernder Frühling im Masurenland, der plötzlich mit einem sich überschlagenden Tauwetter gekommen war. Die sehr warmen Sonnenstrahlen lockten die ersten Schneeglöckchen im Garten hervor. Die Amseln flöteten und die Buchfinken schlugen um die Wette. Und in der Abendstille trug der warme Westwind die Trompetenrufe der Kraniche aus dem Mulasta-Moor bis in die Stuben. Kurluuu, kurluuu hörte ich es so laut, als ständen sie auf dem Hof und konnte nicht einschlafen, weil ich an den lieben Albert Podbielski denken mußte. Vor ein paar Jahren, nachdem wir auch an einem Frühlingsabend Schallplatten gehört hatten, waren die Kranichrufe auch so laut zu hören. Albert, der die Rufe schon gehört, aber nicht gewußt hatte, von wem sie stammten, hatte danach gefragt. Ich hatte ihm im Mulastamoor, der Brutstätte der im Verborgenen nistenden Frühlingsboten, einen Kranich, der auf der Nahrungssuche war und von uns dabei gestört und sofort abgeflogen war, zeigen können. Wohin mag die Familie verschleppt worden sein. Onkel Julius hatte es geahnt. Ich konnte nicht einschlafen und war voller Unruhe aufgestanden, hatte mich angezogen und bin umhergewandert. In der zunehmenden Abschiedsstimmung zog es mich noch einmal in die verwunschene Waldeinsamkeit, an die einzigartigen Kruzki-Seen, vier kleinen Hochmoorseen aus der Eiszeit, mit dem typischen Wollgras, mit roten Moosbeeren und dem herb-ätherisch duftenden Porst. Um einen dieser Seen, den Sakrenter Kruzki, rangt eine sagenumwobene Legende, in deren Mittelpunkt eine seltsame, schwimmende Moorinsel mit einer zwei Meter hohen Moorkiefer steht, die uralt sein soll. Der Dorfälteste, der damals 98jährige Kaminski, der Steinige genannt, wußte über eine alte Kruzki-Sage zu erzählen, die aus dem Tatarenüberfall des Jahres 1657 stammen soll. Wenn die fünf mal fünf Meter große Insel mit der Kiefer in der Mitte im See schwimmt, heißt es, der Tatar reitet die Kiefer. Damals soll sich Folgendes zugetragen haben:

Die Jäger des Kurfürsten hatten in der Nähe der Jagdbude Puppen eine plündernde Tatarenrotte geschlagen. Der listige und unmenschlich kräftige Anführer war aber nur leicht verletzt worden und konnte entkommen. Auf dem uralten, historischen, noch aus der Zeit des Herzogs Konrad stammenden Jagd-Pfad zwischen den Jagdbuden Puppen und Kruttinnen - die 250 Jahre später zu Forstämtern avancierten - war er bis an den Krutzki-See geflohen. Hier hatte er seinen Durst gestillt und war dabei von den Jägern gestellt worden. Einer der Jäger, der den Tatar gestellt und verwundet hatte, war im Moor versunken. Dem Tatar hatte das gleiche Schicksal gedroht. Mit letzter Kraft gelang es ihm, auf die bewußte Kiefer auf eine Moorzunge zu springen. Dabei hatte sich die kleine Moorzunge mit der Kiefer, auf der sich der Tatar hielt, gelöst und schwamm nun im See. Der Tatar aber soll auf der Kiefer hängen geblieben und zugrunde gegangen sein. Die bleichen Knochen seien noch jahrelang auf der nun umherschwimmenden Insel zu sehen gewesen, als ein Zeichen der Gerechtigkeit Gottes, hieß es.

Durch die Uferströmung und die Segelwirkung der Kiefer trieb die Insel mit einem nahezu orakelhaften Unwesen auf dem See. Mal verschleppte sie die Stellnetze, mal die Reusen oder beschädigte sogar das Boot in der Kahnbucht. Der Großvater Michael mied den See mit der sagenhaften, er meinte, teuflischen Insel. Von weitem sah ich die Insel mit der Kiefer mitten im See. Das wurde als gutes Omen gedeutet. Es war Windstille im Wald und auf dem See. So völlig in der Mitte hatte ich sie noch nie gesehen. Ein gutes Omen? Zaghaft hatte ich zum Abschied gewinkt.

Am Anfang steht die Bewährung

Im Fischerei-Institut Königsberg war die Aufnahme freundlicher als erwartet. Lediglich der geringschätzige Blick der Chefsekretärin, die mir nicht einmal die Hand reichte, offenbarte meine Stellung und minimale Bedeutung. Da ich von der vornehmen Tante Emma in Allenstein in die Knigge'schen Regeln eingeführt worden war, war es mir nicht schwer gefallen, zu vermeiden, ihr die Hand zu reichen. Doch machte ich einen tiefen Diener, der sie zu beeindrucken schien.

Um so freundlicher, ja kameradschaftlicher war der technische Assistent Helmut Henschel, auch ein Fischersohn, aber von den Brandenburger Seen. Ohne bereits zu ahnen, daß ich von ihm Entscheidendes für meine künftige Entwicklung zu erwarten hatte, bildete sich zwischen uns vom ersten Augenblick an ein Vertrauensverhältnis. Er war in der glücklichen Lage, die ersten Stufen einer steilen Bildungsleiter erfolgreich erklommen zu haben. In einem Jahr wollte er in Abendkursen, die mit Hilfe von Professor Lehmann, dem Nachfolger von Professor Willer, dem ich vor drei Jahren am Kurwig-See aufgefallen war und der an die Reichsanstalt für Fischerei nach Berlin berufen worden war, beantragt und von der Provinzial-Schulbehörde bewilligt wurden, die Sonderreifeprüfung bestehen und dann Biologie studieren.

Er war mein Vorgesetzter und Betreuer. Professor Lehmann beauftragte ihn, mich zunächst durch das Institut zu führen und mir anschließend Königsberg zu zeigen und dann an meinen ersten Arbeitsplatz in die Versuchsteichwirtschaft des Instituts der Albertus-Universität Königsberg nach Perteltnicken zu bringen und mich in meine Arbeitsaufgaben einzuweisen.

Die Straßenbahn brachte uns von Tragheim zur Grünen Brücke am Pregel, der Lebensader Königsbergs. Wir spazierten dann zur Dominsel, mit den Resten der alten Universität und dem Kant-Grabmal, zum Schloß mit der bekannten Gaststätte, dem Blutgericht und schließlich über die Junkerstraße zurück, zum Paradeplatz mit der neuen gravitätischen Universität, dem Kant-Denkmal und der größten Buchhandlung Europas, Gräfe und Unzer. Mit meinem Gepäck pilgerten wir vom Institut an den Ost-Messe-Hallen vorbei zum Nordbahnhof, dem Tor Königsbergs, zu den sehr beliebten Seebädern der Samlandküste. Vom Perteltnicker Bahnhofswartehäuschen führte ein Landweg zu der bewundernswerten Anlage der Versuchsteichwirtschaft am Rande eines alten Laubwaldes.

Mit einem Hallo wurden wir von dem Teichmeister Steinke und seiner Frau empfangen. Frau Steinke brachte mich sogleich mit meinem Gepäck in das Verwaltungshaus mit meinem Wohnraum und einer kleinen Schlafkammer. Nach der Abendmahlzeit muß ich nach all den neuen Eindrücken und dem Marsch durch Königsbergs Innenstadt todmüde ins Bett gefallen und auf der Stelle eingeschlafen sein.

Am nächsten Morgen früh um sechs Uhr begann ein völlig neuer Lebensabschnitt. Helmut Henschel und der Teichmeister Steinke führten mich durch die über 32 Hektar ausgedehnte, großzügig angelegte Versuchsteichwirtschaft und erklärten die einzigartige, kombinierte Hydroarchitektur der oberen, halbkreisförmig angeordneten Forellen- und unteren Karpfenteichanlage. Um einen einprägsamen Überblick zu bekommen, hatte ich mir an Ort und Stelle eine Skizze mit den Namen der Teiche und den Besonderheiten gemacht, um mich so früh wie möglich zurechtfinden zu können. Das Quellwasser des zu oberst gelegenen Teiches, des Schiemens-Teiches der Karpfenanlage, endete im letzten und untersten, dem Bölsche-Teich, der zu Versuchszwecken wenig genutzt wurde. Die Forellenteich-Anlage dagegen wurde mit dem sogenannten Bruthaus für das Brüten der Eier und Heranwachsen der Forellen aus den befruchteten Eiern in besonderen Brutkästen, aus einer speziellen, vor Verunreinigungen durch die Landwirtschaft oder heftigen Regengüsse mit Überschwemmungen geschützten Quelle im oberen Buchenhain versorgt.

In der Perteltnicker Forellen-Anlage hatten die Königsberger Fischereibiologen schon frühzeitig die Robustheit der Regenbogenforellenstämme erkannt und zur Nutzung in der Fischwirtschaft empfohlen. Nach der Einführung hatte Helmut Henschel mir meine speziellen Aufgaben, die zu einem Forschungsprogramm gehörten, vorgeführt und ausführlich erläutert, so daß ich sie ohne Beanstandungen, vom ersten Tag an, übernehmen konnte. Das dadurch rasch gewachsene Vertrauensverhältnis bewog ihn, mir auch einige seiner Arbeitsaufgaben zu überlassen. Dafür konnte er sich um so intensiver den Verpflichtungen in der Abendschule zur Vorbereitung der Sonderreifeprüfung zuwenden, von denen auch ich profitieren konnte, da er mich nahezu brüderlich daran teilnehmen ließ. So hatte sich zwischen uns sehr rasch ein wachsendes Vertrauensverhältnis aus dem permanenten Geben und Nehmen entwickelt.

Der Chef, Professor Lehmann, hatte mir aufgetragen, ein Diarium zu führen. Ich tat es sorgfältig, und er hat meinen Eifer gelobt. Als er auf meinem Arbeitstisch das Latein- und Biologielehrbuch liegen sah, meinte er, zu Helmut Henschel gewandt, er könnte mich später in seine Vorlesung mitbringen.

Vor Jahren hatte Professor Willer, der Vorgänger von Professor Lehmann, eine Fütterung der dreisömmrigen, erwachsenen Karpfen in kleinen, gut kontrollierbaren Mastteichen eingeführt. Nun sollten die Fütterungsversuche bereits an den zweisömmrigen Karpfen begonnen werden, entsprechend den Forderungen des Reichsnährstandes nach größeren Erträgen in der Fischwirtschaft im zweiten Kriegsjahr. Am 1. September 1939 war das eingetreten, was viele befürchtet hatten. Der Führer und Reichskanzler hatte mit der fieberhaft aufgerüsteten Wehrmacht die Republik Polen, die 1919 nach dem ersten Weltkrieg gegründet worden war, überfallen. Und am 3. September hatte der britische Premierminister Chamberlain, einem englisch-polnischen Beistandspakt zufolge, in einer Rundfunkansprache Hitler-Deutschland den Krieg erklärt. Damit begann der schrecklichste aller bisherigen Kriege, der zweite Weltkrieg. Zwei Wochen später war ein Aufhorchen um die Welt gegangen. Hitler und Stalin hatten einen Pakt geschlossen und das polnische Territorium unter sich aufgeteilt.

Professor Lehmann hatte über die Eröffnung des kriegswirtschaftlichen Forschungsprogramms berichten müssen. Seine ironische Bemerkung darüber war mir nicht verborgen geblieben. Für den bestimmten Teich mußten der Wassertiefe angepaßte Futtertische gebaut werden, auf den die futternden Karpfen beobachtet werden konnten. Diese Aufgabe hatte ich übernommen und in einer Woche vier Futtertische aus auf natürliche Weise verwitterten Kiefernholzbrettern angefertigt.

Zu meinen regelmäßigen Aufgaben, auch im Rahmen der Fütterungsversuche, gehörte die Bedienung der verschiedenen FEUS-Meßgeräte, eine kontinuierliche Registrierung der Luft- und Wassertemperatur, des Luftdrucks, der Luftfeuchtigkeit, des Niederschlags und der Sonnenstrahlung. Besondere Änderungen oder Vorkommnisse mußten in einem Protokollbuch fixiert und beurteilt werden. Die Beurteilungen oblagen Helmut Henschel. Im übrigen hatte ich alle möglichen Hilfsarbeiten in der gesamten Versuchsteichwirtschaft zu verrichten, die mir von Helmut Henschel oder dem Teichmeister aufgetragen wurden. Dazu gehörten auch die Arbeiten auf dem Kartoffelfeld für die Fischfuttersilage, die Pflege der Teichdämme, die auch gemäht werden mußten, die Wartung der Fischbehälter und die verschiedenen Hilfsarbeiten im Bruthaus mit der Pflege der Salmonideneier, die Brutpflege der kleinen Jungfische bis zum Aussetzen, worauf vor allem der Teichmeister Steinke achtete.

Helmut Henschel hatte sich auf eine Empfehlung von Professor Lehmann und einen genehmigten Antrag bei der Provinzial-Schulbehörde in Königsberg vorgenommen, über die Fütterungsversuche eine Prüfungsarbeit für die Sonderreifeprüfung zu verfassen und einzureichen. Lehmann meinte, ich könnte dabei nicht nur zuschauen, sondern auch helfen und dabei soviel wie nur möglich lernen, um meiner persönlichen Fortbildung willen. Das brauchte er nicht zu betonen. Ich hatte mich von Anfang an darum eifrig bemüht.

Aus Kartoffelsilage, vermischt mit Sojaschrot in der I. Versuchsreihe und mit einem Zusatz von Fischmehl in der II. Reihe, wurden tennisballgroße Kugeln geformt, gewogen und auf die Futtertische 30 bis 40 Zentimeter unter der Wasseroberfläche gelegt. Auf den hell getönten Tischen konnten die zweisömmrigen Karpfen gut beobachtet werden. Die Fische wurden vor dem Besetzen gewogen und dabei die kleinsten und größten markiert, um den Gewichtszuwachs exakt bestimmen zu können und Schlußfolgerungen zu ziehen.

Interessant schien das Verhalten der Fische. Während die zweisömmrigen Karpfen im Teich A bereits am ersten Tag auf den Tischen zu sehen waren, tauchten die dreisömmrigen im Teich B erst nach 4 Tagen in Schwärmen auf, nachdem am zweiten und dritten Tag nur vereinzelte, sogenannte Pilotfische zu beobachten waren, die, ohne sich auf den Tischen aufzuhalten, wieder verschwanden. Dem gegenüber ließen die dreisömmrigen Fische bereits am vierten Tag eine Futteraufnahme erkennen. Schwarmweise hielten sich die zweisömmrigen Fische auch auf den futterleeren Tischen auf, während die dreisömmrigen Karpfen von den leeren Tischen fernblieben und nur dann und wann ein oder zwei Pilotfische zu sehen waren. Helmut Henschel glaubte, seine dreisömmrigen Karpfen auf den Futtertischen schmatzen gehört zu haben. Wöchentlich einmal wurden die Tische mit Futter belegt.

Professor Lehmann war von den Protokollen, die Henschel geführt hatte, sehr angetan und drängte ihn, sich an die Ausarbeitung für die Jahresarbeit zu machen, um sie sobald als möglich einzureichen. Gute Jahresarbeiten hätten erfahrungsgemäß schon vielen einen wesentlichen Vorteil verschafft. Das hohe Lob des Chefs wirkte sich auch sehr günstig auf die Bemühungen Helmut Henschels um meine Weiterbildung aus. Er stellt mir seine Skripten aus der Fischereischule in Lötzen, die er 1938 mit einer Auszeichnung absolviert hatte, zur Verfügung. Nun konnte ich regelmäßig, Abend für Abend, etwas für meine Weiterbildung tun, zu der er durch Erläuterungen auf den verschiedenen Gebieten der Hydrobiologie der Süßwasserseen mit der Regulation der Wassertemperaturzyklen, den Voraussetzungen für die Nahrungsbedingungen in den verschiedenen Fischregionen, der Anatomie und Physiologie der wichtigsten Fischarten, den Ansprüchen der neuzeitlichen Fischwirtschaft, der Lagerhaltung und dem Transport, vor allem den Lebendtransport betreffend, mit viel Geduld beigetragen hatte. Die Bedeutung seiner hilfreichen Bemühungen konnte ich, ein Jahr später in der Fischereischule, nicht hoch genug einschätzen.

Eines Tages war ein HJ-Bannführer aus Königsberg in der Versuchsteichwirtschaft erschienen, der nach mir fragte. Helmut Henschel war dabei und mußte mithören, daß ich zu Hause Hauptjungzugführer und stellvertretender Fähnleinführer im Jungvolk gewesen war und jetzt beauftragt werden sollte, das Fähnlein Bobethen zu übernehmen. Daß Helmut dabei war und sich die Äußerungen über meine politische Vergangenheit anhören mußte, darüber war ich sehr erschrocken. Und Helmut noch viel mehr, weil er von meiner „braunen" Vergangenheit bisher nichts wissen konnte, und weil ich bis dahin keine Gelegenheit gefunden hatte, darüber Rede und Antwort zu stehen. Völlig überrascht und vollkommen ratlos wußte ich nicht, was ich dem braunen Führer antworten sollte. Glücklicherweise half mir Helmut mit der Behauptung, daß es wenig Sinn hätte, hier eine Führungsposition zu übernehmen, weil ich Anfang nächsten Jahres eine Fischereischule im Reich besuchen würde und wir derzeit an ein wichtiges, fischereiwirtschaftliches Forschungsobjekt des Reichsnährstandes gebunden seien, wobei Spät- und auch Nachtarbeiten notwendig wären. Nachdem Helmut auch noch zur Bestätigung sein dickes Protokollbuch gezeigt hatte, äußerte der hohe Führer nachdenklich, daß die Angelegenheit im Stab besprochen werden müßte. Ich war so froh, der braunen Gewalt entronnen zu sein und mußte nun erleben, daß sie mich wieder eingeholt hatte.

Da ich Helmut gegenüber ein schlechtes Gewissen empfand, hatte ich mich in meiner Verzweiflung förmlich überschlagen und wußte nicht ein noch aus. Hinzugekommen war noch eine Nachricht von zu Hause, daß meine Mutter schwer erkrankt sei. So kam zu der Misere auch noch ein heftiges Heimweh hinzu. Ich hing sehr an meiner Mutter. Mehrere Nächte nacheinander hatte ich nahezu schlaflos im Bett gelegen und über mein Mißgeschick gegrübelt und war in eine depressive Reaktion geraten, in die ich immer tiefer rutschte. Die Nachricht, daß es meiner Mutter wieder besser ging, hatte meinem Zustand keine Besserung gebracht. Auch der verständnisvolle Beistand Helmuts, sein Trost und seine Hilfe, waren bedeutungslos geblieben. Meine Ausarbeitungen waren unberührt auf dem Tisch liegen geblieben. Nur mit größter Anstrengung schaffte ich mein Diarium und sah zeitweise in leidlichem Trost über meine bewältigten Aufgaben eine Besserung, leider aber nur vorübergehend. Allabendlich hatte sich der Depressionszustand vertieft, auch wenn ich tagsüber eine Erleichterung gespürt zu haben glaubte.

Im Bemühen, über einen Tapetenwechsel eine Besserung einzuleiten, nahm Helmut mich in die Seefischereistation nach Neukuhren an die Ostsee mit, in der Hoffnung an eine auflösende Wirkung durch die frische Seeluft. Doch auch ein Wochenende bei herrlichem Badewetter am Neukuhrener Strand brachte keine Erleichterung, obwohl Helmut in meinem Bemühen, wieder in sein Skriptum zu schauen, Anzeichen einer Besserung sah und deshalb das Wochenende gerne verlängert hätte. Aber ein Anruf des Teichmeisters aus Perteltnicken hatte uns zurückbeordert. Da eine Schlechtwetterfront im Anzug war, mußte das trockene Heu von den Teichdämmen so schnell wie möglich eingebracht werden. Weil die schmalen Dämme der kleinen Teiche nicht befahrbar waren, mußte das Heu in Bündeln auf dem Buckel zum Fahrdamm oder in die Scheune getragen werden.

Eine harte, schweißtreibende Arbeit. Am nächsten Vormittag war sogar eine Gruppe von Biologie-Studenten aus Königsberg zu Hilfe gekommen. Das schweißreiche Schuften ermüdete kolossal. Nach langer Zeit habe ich ohne Unterbrechungen durchschlafen können und habe früh nicht einmal den Wecker gehört. Unter der Dusche spürte ich eine Erleichterung, die von Stunde zu Stunde und von Tag zu Tag deutlicher wurde. Über die Besserung freute sich Helmut Henschel mehr, als ich es selbst glauben wollte. Herr Steinke, der Teichmeister, bestand darauf, daß ich jetzt lediglich die Teichaufsicht und meine Meßgerätebetreuung fortsetzen sollte, bis ich wieder ganz auf dem Posten sei.

Nach einer Samland-Rundfahrt mit dem Fahrrad am Wochenende war der Rest der Depression gewichen. Die Weiterbildung machte wieder Fortschritte. Ich konnte sogar Helmut Henschel beim Zeichnen der Skizzen für seine Prüfungsarbeit helfen. Der prächtige Teichsommer endete mit einer fischereibiologischen Exkursion, die Professor Lehmann diesmal in seiner Versuchsteichwirtschaft hielt. Ich durfte daran teilnehmen und die Bedienung, Wartung und Auswertung der Meßgeräte vorführen. Eine Gruppe von Landwirtschaftsstudenten hatte sich für das Karpfenfütterungsprojekt Helmut Henschels interessiert. Sie waren von seinen Darbietungen so begeistert, daß er eine Nachexkursion für eine noch größere Gruppe wiederholen und ich ihm dabei helfen mußte.

In Königsberg auf dem Messegelände fand die große Ost-Messe, diesmal mit der Teilnahme der UdSSR, statt. Die russischen Hallen waren aufsehenerregend ausgestattet. Riesige Schautafeln kündeten von den Wirtschaftserfolgen und den neuen, technischen Fortschritten der Sowjetrepubliken. Noch größere Plakate luden zum Besuch der Sowjetunion ein. In jeder Halle wurden auffallend großzügig schmackhafte Milchgetränke und Süßigkeiten angeboten. Die Besucher drängten sich danach. Trotzdem schien die Stimmungslage recht beklommen. Der Wunsch, uns im nächsten Jahr wieder zu treffen, scheiterte an den Einberufungen der Freunde zum Kriegsdienst.

Indessen hatte Hitler seine Okkupationspläne verwirklicht, Dänemark annektiert, den britischen Stützpunkt in Norwegen beseitigt und die Balkanstaaten mit einem Feldzug überzogen. Davor aber Frankreich in einem vierwöchigen, harten Kampf, nach einem beispiellosen Bombardement der Flug- und Nachschubbasen, besiegt. Mit Mühe und Not konnten sich die britischen Streitkräfte über Dünnkirchen zurückziehen. Die Siegeszüge beflügelten das tod- und verderbenbringende Charisma Hitlers und seiner Paladine, und verleiteten auch einige seiner Gegner zum Nachdenken, ja sogar zum Einlenken.

Der Herbst brachte mit dem Abfischen der Teiche die Hauptarbeit des Jahres, verglichen mit anderen Arbeiten von zu vergleichender Härte. Das Tageslicht reichte für die Bewältigung des festgelegten Pensums nicht aus, da gleichzeitig die Sicherheitsmaßnahmen gegen den nahenden Winter vorgenommen werden mußten.

Das Jahresprojekt der Fütterungsversuche konnte erfolgreich abgeschlossen werden. Professor Lehmann, einer der wenigen parteilosen Professoren der Universität, war darüber sehr froh, weil er den hohen fachlichen Anforderungen vollauf genügen konnte. Ich sah, wie er sich mit Helmut Henschel um den Bericht an den Reichsnährstand bemühen mußte. Jede freie Stunde an den Wochenenden nutzte Helmut für seine Prüfungsarbeit. Da bestimmte Ergebnisse den Wert einer solchen Arbeit erhöhen, half ich ihm bei der Zusammenstellung der Tabellen. Am 2. Dezember konnte er die Arbeit einreichen.

Im Januar begannen die Saisonarbeiten im Bruthaus. Der Teichmeister Steinke war kaum noch ansprechbar. Das behutsame Abstreichen der Forelleneier und das Befruchten mit dem Samen, der Milch der männlichen Forellen, besorgte er allein. Beim Beobachten und der Pflege der Brut, allenfalls beim Umsetzen und Versorgen der Jungfische durfte ich ihm helfen.

Professor Lehmann hatte aus Königsberg angerufen, in Posen und Zirke, im jetzigen Warthegau und früheren preußischen Regierungsbezirk Posen-Westpreußen, sei eine Fischereischule des Reichsnährstandes errichtet worden. Der erste Lehrgang würde am 1. April 1941 beginnen und voraussichtlich bis November dauern. Leiter der Schule sei der Fischereibiologe Dr. Klust. Professor Lehmann kannte ihn aus seiner Universitätszeit in Münster und hatte mich in der Vermutung, daß der Andrang sehr groß sein würde, bereits angemeldet, weil es jetzt im großdeutschen Reich nur noch eine Reichsfischereischule gäbe, die der Reichsanstalt für Fischerei, also Professor Willer, unterstellt werden sollte. Die frühere Fischereischule der Albertus-Universität Königsberg war nach der Berufung Professor Willers an die Reichsanstalt für Fischerei in Berlin geschlossen worden. Helmut Henschel hatte noch den letzten Lehrgang absolvieren können. Als Schließungsgrund wurde die konservative Haltung des Lehrkörpers vermutet. Zudem seien alle Lehrer, einschließlich Professor Lehmann, parteilos gewesen. Demnach müßte Dr. Klust, der neue

Schuldirektor, Parteigenosse sein, mutmaßte Helmut Henschel. Professor Lehmann meinte, daß Dr. Klust die Parteimitgliedschaft nahegelegt worden sei. Der Winter begann in den Weihnachtsfeiertagen, die ich zu Hause verbrachte. Es hatte kurz vorher geschneit. Ich konnte Ski laufen. Dann setzte anhaltendes Frostwetter ein. Während der Rückreise waren es 20 Grad unter Null. Perteltnicken lag im tiefen Schnee. Hier hatte es viel mehr geschneit.

Meine Winterarbeitsaufgabe bestand nun aus dem Anlegen und Ausheben eines Forellenteiches, dem sogenannten Gesellenstück. Der lockere Humusboden war 20 Zentimeter tief gefroren und mit der Spitzhacke ohne besondere Kraftanstrengung zu bearbeiten. Schwieriger war die darunter gelegene Lehmschicht mit der weiter tieferen, sehr harten Tonschicht, so daß ich bei den hohen Minusgraden ins Schwitzen kam. Bei der schweren körperlichen Arbeit durfte ich bereits um 15 Uhr aufhören.

Die langen Winterabende nutzte ich für die Weiterbildung, für die mir Helmut Henschel genügend Literatur aus dem Institut mitgebracht hatte. An den Wochenenden besuchte ich Helmut in Neukuhren. Er versorgte in den Wintermonaten dort die Seefischereistation des Instituts mit den kostbaren Sammlungen, die von einem sehr tüchtigen Fischereibiologen, dessen Namen ich vergessen habe, angelegt worden war. Helmut spielte den Lehrer und war dabei nicht zimperlich. Dennoch meinte er, wenn ich so weitermachen würde, könnte ich die Fischereischule in Zirke sparen.

Henschels Prüfungsarbeit war angenommen und mit „sehr gut" zensiert worden. Der Chef hatte es erfahren und war der Meinung, daß er die Sonderreifeprüfung bereits bestanden hätte. Eines Abends war er glückstrahlend aus Königsberg gekommen, und hatte sich bereits für das laufende Wintersemester immatrikulieren lassen. Da er einen Bereitstellungsbescheid für eine Marineschule bekommen hätte, beantragte Professor Lehmann eine UK-Stellung.

Helmut Henschel besuchte eine Zoologie- und organische Chemie-Vorlesung, während ich an dem neuen Forellenteich arbeitete und auf die Nachricht aus der Fischereischule wartete und abends und an den Wochenenden eifrig büffelte. Im Bruthaus mußte ich jetzt die Betreuung der kleinen Jungforellen übernehmen. Herr Steinke hatte eine hervorragende Arbeit geleistet, und ich bewunderte die Freßgier der kleinen Forellen, die nicht aufhören wollten, nach den Futterbrocken zu schnappen.

Endlich kam die Nachricht aus der Fischereischule. Anreisetage waren der 2. und 3. April. Wegen der abgelegenen Teichwirtschaft der Schule wurde auf das Mitbringen eines Fahrrads hingewiesen. Kurz vor meiner Abreise hatte sich in der Teichwirtschaft plötzlich über Nacht einiges verändert. In der großen, waldgeschützten Kiesgrube, in der die Errichtung einer zweiten Brutanlage für ein Meerforellenprojekt des Reichsnährstandes geplant wurde, war ein umfangreicher Bautrupp einer Pioniereinheit unter riesigen Tarnnetzen eingezogen. Das gesamte Terrain war gesperrt und wurde bewacht. Unter den Tarnnetzen war im Handumdrehen ein Gebäudekomplex entstanden. Auf dem Vorwerk des benachbarten Gutes hatten sich Transportverbände der Wehrmacht mit großen, mehrachsigen Lastwagen breit gemacht. Es kursierte das Gerücht, wonach der größte Feldherr aller Zeiten, nachdem er das halbe Europa unter seine Gewalt gebracht hatte, jetzt auch den baltischen Ländern im Kampf um ihre Rechte helfen wollte. Herr Steinke meinte, das sei nur durch einen Krieg mit Rußland möglich.

Ein paar Monate später schrieb mir Frau Steinke, daß Helmut Henschel doch noch zur Marine gemußt und ihr Mann einberufen worden war. Zwei kriegsversehrte Teichwirte würden jetzt mit zwei Lehrlingen die gesamte Wirtschaft führen. Professor Lehmann ist über die Situation verzweifelt gewesen.

Die Bewährung ist ausreichend

Die Fischereischule des Reichsnährstandes in Zirke an der Warthe, einem Nebenfluß der Oder, befand sich in einem vierstöckigen Gebäude klassizistischen Stils der Gründerzeit im Wilhelminischen Bezirk Posen Westpreußen. Die Räume waren zweckmäßig umgestaltet worden. Im Erdgeschoß waren der geräumige Hörsaal, das Direktorat, der Speisesaal und die Küche, im Kellergeschoß ein Laboratorium und ein geräumiger Netzboden, der Arbeitsraum für die Fischereigeräte. Im zweiten und dritten Geschoß lagen die Schlafräume und ein Aufenthaltsraum für die Schüler.

Die 16 Schüler des ersten Lehrgangs stammten aus nahezu allen deutschen Provinzen. Es waren Heinz Abel vom Ratzeburger See, Martin Haesen von den Havel-Seen, Martin Decker vom Drausen-See, Mathäus Gaberl vom Attern-See und Walter Christ aus Wurzen an der Mulde. Die Lehrer waren der Direktor, Fischereibiologe Dr. Klust, der Fischereibiologe Dr. Baer von der Universität Posen, Dr. Bauch, ein Volkswirtschaftler aus Posen, und für die praktische Ausbildung der Fischermeister Kuhnke. An den Namen des Teichmeisters kann ich mich nicht mehr erinnern.

Im Aufnahmegespräch brauchte ich mich kaum zu äußern. Dr. Klust schien durch Professor Lehmann hinreichend informiert und fragte lediglich nach meinen Vorfahren und nach Akademikern in der Familie, die ich bedauerlicherweise nicht vorweisen konnte. Offenbar vermutete er, wie später in Jena Professor Busse, meine Abstammung aus einem alten Rittergeschlecht, dachte aber auch an eine französische oder flämische Herkunft. Ich wußte, daß ein Verwandter bei der Erbringung eines sogenanntenAriernachweises in einem Salzburger Archiv herausfand, daß der Name von einem hugenottischen Einwanderer stammte, der durch des Erzherzogs Ferdinand rigorose Vertreibung der Salzburger Protestanten nach Ostpreußen gelangt war. Beiläufig bemerkte Dr. Klust, daß es günstig wäre, wenn ich in der Schule eine kleine Aufgabe übernehmen könnte, beispielsweise eine Vorlesung über Gegenwartskunde. Damit könnte er die Bewerbung für das Studium, und zwar das sogenannte Langemarck-Studium, mehr als befürworten. Es war also offensichtlich, daß es sich um eine politische Bewährung handeln müßte. Ohne Zweifel hatte meine politische Jungvolkführer-Vergangenheit mich wieder eingeholt. Dr. Klust war Mitglied der NSDAP, seiner Überzeugung nach zu urteilen vorwiegend konservativ. Von Professor Lehmann hörte ich über ihn, daß er sich gewünscht hatte, die Abteilung der Fischpathologie in der Reichsanstalt für Fischerei zu übernehmen. Doch war seine Lobby im Reichsnährstand zu schwach. Schließlich war auch Meister Kuhnke der Meinung, daß ein Jungzugführer bei Vorlesungen Assistent sein könnte, dennoch beargwöhnte er die Empfehlungen Professor Lehmanns, da er Protektionen grundsätzlich nicht leiden konnte.

Drei Wochen nach der Eröffnung des Lehrgangs hatte die Evakuierungsaktion der polnischen Staatsbürger, die keine deutschen Vorfahren nachweisen konnten, begonnen. Wir sahen erschütternde Szenen. Zwei Fischereigehilfen der Schule mußten mit ihren Familien die Stadt verlassen. Einer der Gehilfen hatte eine deutsche Mutter. Meister Kuhnke hatte sich für ihn eingesetzt. Gerüchte über einige schikanöse Entgleisungen gelangten in Umlauf. Wir fragten uns, ob hier alles mit rechten Dingen zugegangen sei.

Die praktische Ausbildung begann mit Arbeiten auf dem Netzboden, der Herstellung des Gezeuges, wie es Kuhnke nannte, und zwar sinnvoll mit einer Einführung in die Effektivität, Wirtschaftlichkeit und Sparsamkeit bei der Planung der Fischereigeräte und Materialien. Er erläuterte uns die Vor- und Nachteile der verschiedenen Materialien. Dabei ging er besonders auf das neue PVC-Garn und die daraus gefertigten Netze ein, die sich unter Berücksichtigung des geringen Erhaltungsaufwandes und der bedeutend längeren Haltbarkeit auch kleinere Betriebe durchaus leisten konnten. Die alten Baumwollnetze würden sicherlich bald verschwinden. Auf keinen Fall aber sollte die Sorgfalt auf eine angepaßte Wartung, Säuberung und Trocknung außer acht gelassen werden. Auch in der Fischerei sei das gute, zwar etwas teuere Material immer noch rentabler als das billigere.

Schließlich führte er uns die Kalkulation eines Zugnetzes mit einer Flügellänge von 50 Metern und einer Fangtiefe von 2 bis 3 Metern vor und besprach die Austattungsmittel, die Maschenweite am Anfang, in der Mitte und am Übergang zum Sack oder Stert des Netzes, die Art der Netztaue, der Hilfsleinen des Sterts und das Schwimm- und Belastungsmaterial; ließ uns dann das Nähgarn und die Arbeitsstunden berechnen. Besonderen Wert legte er auf die Fahrzeug- und Bootsausrüstung. Ein Boot aus Hartholz sei sehr teuer, könnte aber auch vom Nachfolger übernommen werden. Sein Steckenpferd war die Bootspflege. Das Boot muß schließlich alles tragen und ertragen, meinte er und klärte uns an praktischen Beispielen über die vielfältigen Bemühungen auf, um die sich jeder Betriebsleiter kümmern muß. Das regelmäßige Teeren wird heutzutage niemandem behagen. Die beste Haltbarkeit wird aber immer noch durch das regelmäßige Teeren erreicht. Die Haltbarkeit der neuen Konservierungs- und Imprägnierungsmittel ist noch ungenügend und viel zu teuer. Zwar verabscheute er das Teeren und beschimpfte es als eine Schweinearbeit, hinsichtlich der Bootspflege schien er aber immer noch daran zu hängen. Eine optimale Haltbarkeit sei durch einen Voranstrich mit heißem Karbolineum zu erreichen. Die Fischer der Welt konnten froh sein, daß sie ihre Netze nicht mehr zu teeren brauchten.

Nach den Berechnungen und der Konstruktion eines Zugnetzes ging es an die praktische Arbeit, die mit dem Netzeflicken begann. Dazu hatte er in alle möglichen alten Netzstücke und auch neue, nicht mehr verwendbare Reste, kleine und große Löcher geschnitten. Herr Schünke, unser Lehrgangsältester, hatte ein kleines Loch, wie er es bislang gewöhnt war, einfach zusammengezogen. Alle lachten laut schallend. Mein Lachen schien dem Meister nicht gefallen zu haben. Er hatte mich an das größte Loch geführt und raunte etwas hämisch: „Na dann zeigen Sie mal was Sie können." Ich hatte mein Maschenmaß-Holz von zu Hause mitgenommen, nahm Maß und legte in einer günstigen

Ecke des Loches los. Mit einem Blick auf mein Maßholz, mit dem ich zügig die Maschen knüpfte, stutzte er - offensichtlich überrascht - und sagte laut: „Guck einer an, der Masure, wo haben Sie das gelernt?" Ich hatte nicht erwartet, daß es etwas Besonderes sei und war sehr überrascht. Alle Schüler standen neben uns und schauten auf meine Knüpferei. Ich gestand, daß ich das Knüpfen von meinem Vater gelernt hatte. „Einfach meisterhaft", sagte Kuhnke. Kleiner Meister war nun mein Spitzname, der aber bald durch einen anderen ersetzt wurde, der recht höhnisch wirkte.

Die praktische Ausbildung wurde durch das Anfertigen von einfachen Reusen fortgesetzt, die wir dann unter Anleitung des Meisters selbst im Schul-See stellen und auch den Fang heben mußten. Die Zander, die wir gefangen hatten, gab es zur Mittagsmahlzeit. Frau Elsbeth, die Köchin, hatte köstliche Schnitten daraus gemacht, die mit einer hellen ebenso köstlichen Soße serviert wurden.

Die Schule erwartete hohen Besuch, den Gauleiter des Warthegaus. Dr. Klust war sich der Ehre bewußt und überschlug sich förmlich in den emsigen Vorbereitungen. Wir waren im Hof der Schule angetreten und bewunderten die vor Gold strotzende und leuchtende Uniform des Gauführers, der jedem von uns die Hand drückte.

Meister Kuhnke hatte darauf bestanden, aus der praktischen Ausbildung mein Netzknüpfen als Attraktion vorzuführen. Um ihn nicht zu enttäuschen, hatte ich fleißig geübt. Kuhnke urteilte, ich hätte die Maschen geknüpft, als ob mir der Teufel im Nacken gesessen hätte. Nach der Verabschiedung fand ein Kameradschaftsabend statt, auf dem es sehr lustig zugegangen war. Es gab einen billigen Rotwein, der für eine zünftige Stimmung unter uns Petrijüngern gesorgt hatte, eine Stimmung zum Fischergarnspinnen, meinte unser Lehrmeister und fragte, ob einer von uns eine amüsante Fischer-Story zum besten geben könnte.

Deckert begann mit einer Hecht-Story vom Drausen-See: Ein alter Fischer hatte in der Buchenbucht Aalschnüre bis dicht ans Ufer gelegt, weil er hier im Spätsommer schon oft die besten

Aale an den Haken hatte. Das Wetter war sehr günstig. Als Köder hatte er Gründlinge genommen, die er den Aalen schmackhaft zerschnitten hatte. In der Bucht angekommen, sah er ein großes Stück Birkenholz im Wasser schwimmen. Zum Deiwel, woher kommt das Birkenholz in die Buchenbucht, wo es schon seit Jahren keine Bäume gibt. Ein großer Aal am Haken hatte ihn abgelenkt. Und dann waren die Haken leer. Die hat der Teufel abgefressen, dachte er und sah plötzlich das Stück Birkenholz wieder. Das ist ja gar kein Holz. Oh mein Gott, stammelte er zu Tode erschrocken und bekreuzigte sich. Was ist das? Er traute seinen Augen nicht, es war ein Riesenhecht, und was hat der da im Maul? Eine Ente. Ein dreißigpfünder Hecht mit einer Ente im Maul. Jesus Maria, stöhnte der Fischer. Die Ente hatte nach dem Gründlingstück geschnappt und war wohl verendet. Aber der Hecht, was hatte der bloß für einen Appetit?

Bei der nächsten Gelegenheit war ich mit dem Fischergarn-Spinnen an der Reihe. Es war aber kein Gespinst, sondern ein persönliches Erlebnis. Da die Eltern zu Hause Gäste erwarteten, die die Mutter mit einem gefüllten, masurischen Hecht überraschen wollte und der Vater in der Allensteiner Fischereigenossenschaft zu tun hatte, wurde ich mit dem Großvater mit der Bitte um einen sechs- bis achtpfünder Hecht auf den See geschickt. Der Großvater war der Meinung, es zunächst mit dem Staknetz zu versuchen. Das Ergebnis waren ein paar kleine Schleie und Barsche. Ich hatte es mit vier Reusen versucht, und auch hier waren es nur ein paar kleine Schleie und ein kleiner Hecht. In der Verzweiflung versuchte ich es mit einem Hechtblinker und bat auch den Großvater, es noch einmal zu probieren. Wir hatten Pech und trösteten uns mit den Schleien und hofften noch auf ein paar in den Reusen. Während der Großvater den Blinker einholte, sah ich am Waldrand unseren bekannten Konkurrenten, einen alten, großen Fischadler, ins Wasser stürzen. Es dauerte einige Sekunden bis er wieder hochkam, mit leeren Fängen, also auch erfolglos. Ich ruderte zu den Reusen, in denen sich ein paar große Plötze befanden. Da rief der Großvater, ich solle mal vorn aufs Wasser schauen, er könne nicht erkennen, was es sei. Es war der Bauch eines großen Hechtes, den der gefiederte Konkurrent vorhin geschlagen hatte, aber nicht herausheben konnte, weil er einige Nummern zu groß war. So war meine Mutter doch noch zu ihrem Füllhecht gekommen, wir verrieten aber nicht auf welche Weise, obwohl der Mutter die Verletzungen am Rücken des Hechtes aufgefallen waren. Er wog achteinhalb Pfund. Dr. Klust und der Lehrmeister hatten zu der Erlebnisstory gratuliert und geraten, ich sollte sie der Fischereizeitung zur Publikation anbieten, sie würden es gern befürworten.

Ich hatte bedauerlicherweise andere Sorgen.

Die katastrophale Kriegswalze war, wie es viele befürchtet hatten, weitergerollt. Hitler hatte seinem „Verbündeten" Stalin den Krieg erklärt und war plötzlich über Rußland hergefallen. Dr. Klust hielt vor seiner Vorlesung eine kurze Ansprache darüber. Ich mußte in der Pause zu ihm und bemerkte seine Erschütterung. Ich spürte förmlich, daß er mir seine Eindrücke mitteilen wollte und kam zu seinem Anliegen. Er eröffnete mir ein prekäres Anliegen, nämlich eine Sonderaufgabe, die auch für die Delegierung von der Schule zum Langemarck-Studium nach den Wünschen von Professor Lehmann von Bedeutung sei, und bat mich, einen Vortrag auszuarbeiten, in dem eine Verherrlichung des hitlerschen Führerprinzips im Vergleich zu dem mangel- und fehlerhaften, monarchistischen Kommandostil Kaiser Wilhelms und seines Generalstabs, zum Ausdruck kommen sollte. Der siegreiche Vormarsch der Wehrmacht Hitlers sei ein für die ihm von der Vorsehung verliehenen Eigenschaften eines der größten Feldherren aller Zeiten zukommender, unumstößlicher Beweis. Er übergab mir einen Packen Zeitschriften und erwähnte, daß an dem Tag auch Dr. Bauch aus Posen, einer der wichtigsten Persönlichkeiten, dabei sein würde. Die politischen Fäden hatten mich merkwürdigerweise weiter verfolgt und nun sogar ziemlich sicher im Griff.

Die beliebteste Vorlesung hielt Dr. Klust über die Fischereibiologie. Ich durfte ihm von der ersten Stunde an dabei assistieren. Es war zwar eine Belastung, die mir aber nicht schwer gefallen war. Glücklicherweise hatte Helmut Henschel mich dafür präpariert. Ich kannte das Stoffgebiet und konnte einigen Schülern Hilfe leisten. Der erste, beliebte Spitzname wurde mit dem „kleinen Doktor" abgelöst. Da ich mir nichts daraus machte, hatte ich bald meinen Vornamen wieder.

Am Ende des zweiten Monats bildeten sich unter uns Schülern zwei Gruppen, eine große Praktikergruppe, mit dem alten Schünke an der Spitze, und eine kleine Theoretikergruppe, die ich gerne führte und auch verteidigte. Daraus entwickelte sich eine gezielte Problembearbeitung umstrittener Antworten auf spezielle Fachfragen, die nicht nur die theoretischen Schwächen der Praktiker und die praktischen der Theoretiker behob, sondern auch Anregungen für die Ausbildung und Schulung ergaben, die vom Lehrmeister und auch von Dr. Klust begrüßt und gefördert wurden. Zwei Jahre später lobte Dr. Klust immer noch das ersprießliche Klima des ersten Lehrganges der Schule.

Vor allem hatten sich keine politisch akzentuierten Polarisierungen bilden können. So ergab es sich, daß der Hitlergruß an der Schule nicht zu hören und zu sehen war. Das änderte sich aber in Gegenwart des Posener Stabschefs Dr. Bauch. Eine Organisationsgruppe der HJ soll es erst vom dritten Lehrgang ab gegeben haben.

Die praktische Ausbildung erfolgte in der Regel in drei Arbeitsgruppen, einer Zug-, Stell- und Staknetzgruppe, einer Reusen- und einer Aalfanggruppe im Wechsel. Dem Lehrmeister war eine bewundernswerte Anpassung der Ausbildung an die Vorlesungen gelungen. Obwohl er für die Wissenschaft nicht viel übrig hatte, ließ er sie gebührend gelten. Auch wir profitierten von dem Vorteil, daß er seine Ausbildung und spätere Tätigkeit in Klein- und Großbetrieben absolviert hatte, und wie es so vortrefflich darüber hieß, mit allen Wassern gewaschen war. Neben einem sorgfältigen Arbeitsschutz achtete er stets auf die Möglichkeiten einer Arbeitserleichterung. Denn die Binnenfischerei war immer noch eine harte Knochenarbeit, wenn sie nicht zumindest teilweise motorisiert war, wie in den Großbetrieben. Bis auf Abel vom Ratzeburger See vermißte niemand von uns die Motorisierung. So kam es unter uns oft zum Wettrudern. Und über das Ziehen am kleinen oder großen Zugnetz urteilte unser Lehrmeister, man müsse die Kraft des Zugnetzes in den Händen spüren.

Romantisch fanden alle die Nachtfischerei. In kleinen Seen wird man darauf nicht verzichten können, meinte der Meister. Unangenehm war dabei die gegen Morgen aufkommende Müdigkeit. Erstaunlich hoch war der Anteil an Aalen unter den Edelfischen, Zandern, Schleien und Hechten. Unser Lehrmeister schmunzelte. Die Nachtfischerei hat schon so manchem braven Fischer aus der Klemme geholfen, lobte Kuhnke. In den nächsten Tagen gab es Aal in Aspik und Räucheraal. Die Theoretiker urteilten, der Aal führe ein Doppelleben, er sei zwar ein nachtaktiver Raub- zugleich aber auch ein Friedfisch, der Chironimus- (Zuckmücken-) und Köcherfliegenlarven bevorzuge, und tagsüber im Schlamm vergraben ruhe. Deshalb müsse der Fischer seine Nachtruhe opfern.

Wie bereits erwähnt, hielt der Chef Dr. Klust die beliebtesten Lektionen im Fach der Fischereibiologie. Seine lebendigen wohldurchdachten Erläuterungen zum Binnenseegewässer erreichten sogar den alten, etwas begriffsstutzigen Schünke. Ihm dabei zu helfen, gehörte zu meinen Aufgaben. Sein mangelhaftes Hochdeutsch bereitete ihm hin und wieder Schwierigkeiten, die ich beheben mußte. Und dabei halfen mir die Kenntnisse der masurisch-polnischen Sprache, die mir Ole in der Kindheit spielend beigebracht hatte. Die Schünkes waren seit mehreren Generationen Großgrundbesitzer mit mehreren Seen. Fritz Schünke hatte im Alter von 18 Jahren, nach dem frühen Tod seines Vaters, das Erbe übernehmen müssen. Er war zwar ein sehr alter, aber um so dankbarer Schüler. Das Lieblingsthema Dr. Klusts waren die Fischkrankheiten und die Fischpathologie. Mit liebenswürdiger Akribie demonstrierte er uns die Krankheiten vom Nematodenbefall, den Fischbandwürmern mit den Wasservögeln als Zwischenwirte, der Kiemenerkrankung durch Dactylogyren (Saugwürmer), über die sich erschreckend rasch ausbreitende Bauchhöhlenwassersucht der Karpfen, bis zur Aalrot-Seuche. Fritz Schünke war verzweifelt und Dr. Klust sehr froh, daß ich dem ältesten Schüler mit Hilfe masurisch-polnischer Brocken die pathophysiologischen Zusammenhänge erklären konnte. Erschütternd wirkten auf uns seine Darstellungen mit Photographien über die Bauchhöhlenwassersucht der Karpfen, die ursprünglich im Gefolge der ersten Fütterungsversuche mit Kartoffelsilage und Schrotmehl aufgetreten sein sollen. Dr. Klust hatte bei der Forschung nach den Ursachen die ersten pathologischen Forschungsergebnisse erzielt. Er erläuterte uns die aber immer noch nicht geklärte Frage des Erregers der Seuche, vermutlich durch Viren, die von einem Teich in den anderen übertragen wurden. Am Ende der letzten Pathologie-Lektion hatte Dr. Klust den Vortrag eines Mitschülers angekündigt, der in einem masurischen See im Alter von 13 Jahren eine Fischkrankheit der Bressen entdeckt und akkurat beschrieben hatte. Ich saß mit hochrotem Kopf da und wußte nicht, was ich sagen sollte. Das war auch nicht nötig, denn Dr. Klust nahm mich in sein Kabinett und gab mir ein paar Ratschläge, wie ich den Vortrag vorbereiten und halten sollte. Merkwürdigerweise hatte er vorher nie darüber gesprochen, nicht einmal andeutungsweise erwähnt.

Den kleinen Vortrag hielt ich mit den alten, inzwischen etwas verblichenen Zeichnungen. War aber ein paarmal ins Stottern geraten. Auch Dr. Baer aus Posen und Meister Kuhnke hörten zu. Dr. Klust lobte: „Ich halte es für möglich anzunehmen, daß wir eben einen der zukünftigen Fischpathologen gehört haben." Unser Lehrmeister war mit einer derartigen Herausstellung und Präsentation eines Schülers nicht einverstanden. Dr. Klust war da anderer Meinung und vertrat den Standpunkt der Anregung und Motivation.

Des Lehrmeisters Steckenpferd war und blieb die Rentabilität des Fischereihofes. Es gäbe nur wenige kleine Fischerbetriebe, die es allein durch Fleiß und eine raffinierte Kalkulation zu einem ansehnlichen Wohlstand gebracht hätten. Die meisten kleinen Betriebe hätten mit einem Existenzminimum zu kämpfen, weil sie sich von Anfang an übernommen hatten. Die Fischernahrung, so wie sie vom Reichsnährstand jetzt verkündet wurde, hing aber nicht allein von der Größe des Gewässers ab. Die Güte des Gewässers ist mitentscheidend, der Nährstoffgehalt der Uferregionen spielt eine wichtige Rolle für die Würmer und Krebstierchen, also für die Nahrung der Fische. Hier lagen die Zusammenhänge mit der Biologie, die der Chef lehrte. Aber der Trophotropie-Faktor (Ernährungsfaktor) muß nicht immer entscheidend sein. Ein kleiner oligotropher See mit einem guten Maränenbestand kann dem Fischer zum Wohlstand verhelfen, wenn er rentabel wirtschaftet, also auf ein kostspieliges Zugnetz verzichtet und seine Arbeit auf die Stellnetzfischerei konzentriert. Die von einigen Experten als notwendig erachtete Zugnetzfischerei, nach dem Motto, der See müßte mit dem Zugnetz durchgepflügt werden, dürfe nicht übertrieben werden. Wir dürfen nicht vergessen, daß die Zugnetzfischerei im Grunde genommen eine Raubfischerei sei, wetterte er. Sie könne das Zeichen einer verfehlten Fangkalkulation sein. Da er nahezu ostentativ immer wieder darauf zu sprechen kam, nannten wir es das „Kuhnke Kalkül". Es war mir einmal schnell über die Lippen gerutscht. Kuhnke hatte davon erfahren, und seitdem war ich nicht sein Freund. Er beharrte auf dem Standpunkt: Der Jäger ist zunächst ein Heger und Pfleger. Nach diesem Grundsatz müsse auch der Fischer seine Handlungsweise bedenken. Dr. Baer, der Posener Biologe, räumte dem schweren Zugnetz durch die Auflockerung des Bodenschlamms eine Auffrischung und Förderung der Nahrungskette, der Würmer, Krustentiere und des bodenständigen Planktons ein. Er neigte aber zur Befürwortung des „Kuhnke Kalküls", indem er den Standpunkt vertrat, daß die Zugnetzfischerei nicht häufiger als in Jahresabständen einmal, und zwar im Herbst, vertretbar sei. Und betonte auch, daß der Fischbestand nicht nur während der Laichzeit absoluter Ruhe bedürfe, auch die kleinen Jungfische hätten sie nötig. In sehr großen Gewässern würde man kaum umhin können, auch in den Sommermonaten außerhalb der Schonzeit die Zugnetzfischerei zu betreiben, müßte aber auf die Brut- und Jungfischplätze unbedingt Rücksicht nehmen.

Eine Sonderstellung nehmen die Coregonen- oder Maränengewässer, die Felchen- und Äschen-Seen ein. Hier wird die eigentliche Ertragsfischerei im Sommer bis in den Spätherbst mit

Stellnetzen betrieben und die gelegentliche Zugnetzfischerei auf die Brachsenplätze dieser Seen beschränkt. Die Maränenstellnetzfischerei erfordert hinreichende Kenntnisse über die Plätze der Plankton-Regionen des Maränensees. Danach richtet sich die Justierung der Stellnetze auf eine bestimmte Fangtiefe, die durch einen Probefang festzustellen ist.

Kleinere Gewässer von zwei bis fünf Quadratkilometern können mit den größeren von zehn bis zwanzig keineswegs konkurrieren. Hier ist die Kalkulation großwirtschaftlich, unter besonderer Berücksichtigung der Motorisierung und Technik, nur mit Hilfe der technischen Berater verantwortungsbewußt möglich. Hier wird der Betriebsführer ohne eine technische Hilfskraft, einen Motorenschlosser, wohl kaum auskommen. Die größeren Gewässer werden heute ohnehin genossenschaftlich bewirtschaftet.

Wegen einer Erkrankung des Teichmeisters hatte Meister Kuhnke die Aufgaben des Teichmeisters übernehmen müssen, der die vorbereiteten Laichteiche mit Laichkarpfen noch vor seiner Erkrankung versorgt hatte. Das Laichgeschäft mit den Kontrollen des Teichwassers, die ich übernehmen mußte, da ich mich darin auskannte, verlief nach meinen Beobachtungen ohne Störungen. Fischadler hatte es in der Umgebung nicht gegeben. Außerdem waren die Laichkarpfen sogar für einen Seeadler zu groß. Fischotter kamen hier nicht vor, so daß ich mit einer einträglichen Brut rechnen konnte. Meister Kuhnke vertraute meiner Prognose. Sorgfältig und behutsam hatte ich an den Laichplätzen mit Gaze-Keschern nach der Karpfenbrut gesucht. Es war vergeblich, so sehr ich mich darum bemühte. Verzweifelt hatte ich zwei Brutreusen, wie ich sie von Perteltnicken her kannte, gebastelt, auch damit hatte ich keinen Erfolg. Versuchsweise hatte ich Meister Kuhnke vorgeschlagen, einen Teich abzusenken und in den Rinnen nach den Kleinfischen zu suchen. Auch dieser letzte Versuch war erfolglos geblieben. Der Chef hatte noch einmal die Laichkarpfen untersucht, ohne irgendwelche pathologischen Veränderungen feststellen zu können. Mein Protokollbuch wurde revidiert, und ich mußte wiederholt darüber Rede und Antwort stehen. Meister Kuhnke meinte, ich hätte sicher etwas übersehen. Die Folge waren schlaflose Nächte. Mein Ehrgeiz hatte mir keine Ruhe gelassen. Es war bei diesem Mißerfolg geblieben.

Das gesellschaftspolitische Klima an der Schule entsprach durchaus dem einer heilen Welt. Es existierte weder eine Gruppe der HJ, der SA oder eine einer anderen nationalsozialistischen Organisation.

Der Direktor der Schule, der Lehrmeister und die Küchenleiterin waren Mitglieder der Partei. Unter uns Schülern gab es weder Mitglieder der Partei noch deren Nebenorganisationen. Lediglich der jüngste Schüler Haesen und ich waren Jungvolkführer und hocherfreut darüber, daß wir unbehelligt bleiben konnten. Ein Parteiabzeichen sahen wir lediglich an dem Posener Dr. Bauch und dem Landesfischmeister Bauer. Beide verherrlichten die Führungsqualitäten des Führers des großdeutschen Reiches und nun ganz Europas. Im Mittelpunkt ihrer Lektionen stand die Steigerung der Kriegswirtschaft mit allen notwendigen Mitteln, ohne Rücksicht auf die Bedürfnisse der überbeanspruchten menschlichen Arbeitskräfte. Begriffe, die wir weder von Dr. Klust noch von Dr. Baer und auch nicht von unserem Lehrmeister Kuhnke hörten.

Dr. Baer hatte bedeutungsvolle Lektionen über die Nahrungskette in einem nährstoffreichen, trophotropen Binnensee gehalten und zu Beginn angekündigt, daß darüber eine Arbeit geschrieben wird. Deshalb hatte ich mich bemüht mitzuschreiben, um Schünke, unserem Ältesten, die Lektionen so zu erläutern, daß er ein mündliches Testat, das Dr. Baer ihm an Stelle der schriftlichen Arbeit empfahl, ohne kapitulieren zu müssen, bestehen konnte. So machte ich Schünke plausibel, daß in den meisten Gewässern der Seenplatten in den deutschen Niederungen die Trophotropie, der Nahrungsreichtum, überwiegen würde, deren Nahrungskette mit einem üppigen Pflanzenbewuchs, den wertvollen Potamogeten, den Laichkräutern, beginne. Die Laichkräuter seien die Produzenten des Sauerstoffs für die Tierwelt der Nahrungskette, die mit dem Plankton anfängt. Das Plankton, ich hatte es ihm im Mikroskop gezeigt, ist die Basisnahrung der Jung- und Kleinfische und zugleich auch die Hauptnahrung der Coregonen, der wertvollen Maränen im Goplo-See und auch der Felchen und Äschen in den bayerischen Seen und Flüssen. Das auf dem Seeboden zerfallende Plankton schließlich ist die Nahrung des nächsten Kettengliedes der Schlammwürmer, der Strudel-, Ringel-, Saug- und vielen anderen Würmer und Insektenlarven, wie den von den Aalen sehr begehrten Chironimus- und Köcherfliegenlarven, die Hauptnahrung unserer Cypriniden, der karpfenartigen Fische, in der Brachsen- und Scharkantenregion und der Uferzone, von der letztlich auch die Qualität und der Geschmack der Fische abhängig sind. Die Arbeit war sehr gut ausgefallen, erklärte Dr. Baer und lobte auch Schünke.

Dagegen glichen die Lektionen des parteiabzeichentragenden Landesfischmeisters eher einer staatspolitischen Argumentation. Er pries den Einmarsch in die Sowjetunion als eine wichtige Erweiterung des Lebensraumes Großdeutschlands und erhob den Führer zu einem der bedeutendsten Staatsmänner der Weltgeschichte, dem das gelingen wird, was Napoleon mißlungen war. Ich erinnere mich noch an die fragwürdige Miene unseres Lehrmeisters, der sich hin und wieder eine seiner Lektionen angehört, sich nur sehr selten darüber geäußert oder gar befürwortet hatte. So beispielsweise die Lohn- und Preisstoppverordnung Hitlers nach seinem Regierungsantritt, die der Fischwirtschaft einen markanten Aufschwung gebracht haben soll, nachdem die Zahl der sechs Millionen Arbeitslosen gesunken war und die Bauern und Fischer ihre Produkte wieder verkaufen konnten. In seiner letzten Partei-Lektion, so hatten wir die Vorlesungen genannt, sprach er von einem Vermächtnis im Glauben an den Sieg und endete mit einem Appell an die Steigerung der Produktion in allen Wirtschaftszweigen, auch in der Fischereiwirtschaft. Es dürfe aber kein Raubbau betrieben werden. Der Führer habe den Reichsnährstand angewiesen, darauf zu achten. Wir waren heilfroh, daß wir in dem Partei-Fach unsere Kenntnisse nicht zu beweisen brauchten.

Der Lehrabschnitt der Exkursionen begann mit einem Praktikum in einem Fischereigroßbetrieb, auf einer Wasserfläche von achtzehn Quadratkilometern. Hier lernten wir die neuzeitlichen

Fischereitechniken und die Motorisierung kennen. Sämtliche Netzgeräte bestanden hier bereits aus PVC-Garnen, sogar die Aalschnüre. Die Seilwinden wurden von einem kleinen Bootsdiesel angetrieben. Behinderungen des Zugnetzes, beispielsweise Findlinge am Seeboden, mußten durch Prüfen der Seilspannung erfühlt werden. Wir sahen zwei kleine Bojen, die den Standort großer Steine markierten. Auch beim Ziehen der 70 Meter langen Netzflügel half das Seil der Dieselwinde, mit einem praktischen Haken in eine feste Öse des Netztaues eingehängt, in beiden Booten, das schwere Zugnetz zu bergen. Ein Kutter mit Hüttkästen und Fischkübeln schleppte die Zugnetzboote von einem Fischzug zum anderen. Schließlich konnten wir sehen, daß die Fangerträge etwa der Größe des Sees und Netzes entsprachen. Der Fangmeister meinte aber, es würde schon mal vorkommen, daß das große Netz leer wäre.

Sehr interessant war die Exkursion in einer benachbarten Flußfischerei an der Warthe, wo uns die beträchtlichen Erschwernisse im fließenden Wasser und gleichzeitig auch die Vorteile des stationären Fischens mit den Flußreusen demonstriert wurden. War die Reuse einmal ausgesetzt, befestigt und gesichert, so brauchte das Reusenende mit dem Fang lediglich geleert zu werden. Die Erschwernis bestand also in der Errichtung der Befestigungen für die Reusen. Jede Jahreszeit hätte so ihre Probleme, meinte der Flußfischermeister. Und dann muß man zum lieben Gott beten, daß kein Hochwasser kommt, denn dann müssen die Reusen im Galopp raus, und dabei muß man aufpassen. Da geht meist etwas schief, und dann hat man die Bescherung und man muß auch gut und kräftig schwimmen können, hatte er ausdrücklich betont. Nach den Erträgen befragt, nickte er vielsagend mit dem Kopf und äußerte: „Wenn der Aal zieht, haben wir goldene Zeiten, manche Nacht bis zehn Zentner, aber dann wochenlang, auch monatelang nichts, paar Rotfedern und oft nur Dreck und Mist, Holz, Müll, Kadaver, manchmal auch eine Leiche, da gibt's dann immer Scherereien mit der Kripo. Ja, die Flußfischerei ist kein leichtes Geschäft!"

Mit den Exkursionen neigte sich der Lehrgang dem Ende zu.

Der Lehrmeister prophezeite uns gute und sehr gute Abschlußexamina. Seine gegen mich über längere Zeit gehegten Ressentiments, die zur Zeit meines Pechs mit den Laichkarpfen einen Höhepunkt erreicht hatten, waren offensichtlich abgebaut, nachdem er von einem Bauern des Nachbarortes erfahren hatte, daß zu der Zeit ein heftiges Unwetter mit vogeleigroßen Hagelkörnern niedergegangen war und auch Dr. Klust darin die Ursache des Laichmißgeschicks zu erkennen glaubte. Dennoch war sein Ärger über mein Bravourstück beim Netzflicken noch nicht vollkommen verflogen. Er legte es offenbar darauf an, mir bei günstiger Gelegenheit seine meisterhafte Überlegenheit zu beweisen, und zwar im Examen. Er fragte nach der Anzahl der Maschen eines 30-Millimeter-Netzes eines Zugnetzflügels mit einer Tiefe von 2 Metern. Etwa sechshundert, hatte ich geantwortet. Und genau sind es wieviel? Ich hatte zu lange gezögert. Kopfrechnen schwach, bemerkte er sarkastisch. Als ich es bejahte, lächelte er zufrieden. Er war zweifellos ein hervorragender Kopfrechner. Für die Berechnung eines Zugnetzes, gleichgültig welcher Größe, konnte er auf jegliche Hilfsmittel verzichten. Die nächsten Fragen betrafen seine geliebte Rentabilität. Er freute sich, daß ich davon sehr viel behalten hatte. Na, Sie werden es brauchen, meinte er schließlich. „Wenn Sie das Studium bestehen und alles so weiter klappt wie bisher, werde ich wohl Herr Doktor zu Ihnen sagen müssen." „Das werden Sie nicht nötig haben", hatte ich kurz geantwortet.

Die Anmeldung zum Studium war unterwegs, und die Abschlußzensuren waren bekannt. Martin Haesen, der Jüngste, und ich hatten mit sehr gut bestanden. Schünke, dem ich geholfen hatte, mit befriedigend. Unmittelbar nach dem Bekanntwerden der Zensuren hatte er uns zu einer Abschlußfeier eingeladen, von der wir erst am nächsten Morgen heimgekehrt waren. Ich hatte einen Kater, an den ich mich noch heute erinnern kann. Zum Abschluß hatten wir das neu eröffnete Posener Fischereiinstitut besichtigt, wobei die lieben Mitschüler es nicht vermeiden konnten, mich zu foppen.

Dr. Klust hatte mir eröffnet, meine Bewährung für die Anmeldung zum Langemarck-Studium sei unter Dach und Fach, vom Lehrgang I in Königsberg/Bledau bereits bestätigt. Ich müsse aber trotz der Delegierung an einem Ausleselager in Bledau teilnehmen. Der Termin würde mir noch mitgeteilt werden. Die Abschiedsfeier des ersten Lehrgangs, der offenbar zur vollsten Zufriedenheit aller Beteiligten überstanden war, wurde von Dr. Klust und Lehrmeister Kuhnke mit feierlich-rührenden Ansprachen eröffnet. Nach dem offiziellen Teil hatten wir Schüler amüsante Erinnerungen aus dem Lehrgang schauspielhaft deklamierend dargeboten. Es war in feuchtfröhlicher Stimmung schließlich sehr spät geworden. Während der Heimreise hatte ich immer noch hinderliche Kopfschmerzen.

Im Langemarck-Studium

Nach zwei Jahren wieder ein paar Tage zu Hause, wurde ich von Veränderungen überrascht, die ich nicht erwartet hatte. Nicht allein das Elternhaus war durch Umbauten verändert. Die Geschwister schienen erwachsener, das liebe Heimatdorf dagegen kleiner und unscheinbarer. Von früher her vertraute, liebliche Winkel und Spielplätze wirkten fremd, verändert klein. Ich mußte mich wundern und war darüber etwas betrübt. Von meinen Freunden war nur noch Herbert Biedassek da. Er lernte bei der Reichsbahn in Niedersee (Rudzanny) und war Anwärter im Fahrdienst. All die anderen waren eingezogen, wie es hieß, und der ältere Freund, Johannes Armgard, in Norwegen gefallen. Wegen seiner Spiel- und Spaßfreudigkeit gab es immer viel zum Lachen, aber er hatte auch schwierige Ecken und Kanten, die seine Mutter sehr beklagte. Eine Ausbildung zum Musiker hatte er geschmissen, ebenso eine anschließende Kaufmannslehre in Johannisburg und auch noch eine Büro-Lehre. Danach soll er sich kurz entschlossen zur Waffen-SS gemeldet haben und bei Narvik gefallen sein. Sein weit besonnener und auch fleißigerer Bruder Ewald lernte in der Forstwirtschaft. Ich wollte ihn während meiner Radtour in die Johannisburger Heide besuchen.

Auf dem Kurwig-See mußte ich beim Staken aushelfen. Die schwere körperliche Arbeit tat mir gut. An den langen Abenden paukte ich Mathematik, Physik und Latein. Am Wochenende hatte ich Oma Wilhelmine in Grünwalde besucht. Auch hier hatte sich viel verändert. Onkel Emil hatte den Bauernhof verpachtet und arbeitete als Angestellter im Forstamt in Ratzeburg, war aber mit seinem Los nicht zufrieden. Mein lieber brüderlicher Vetter August, ein Jahr älter als ich, war bereits an der Ostfront. Kusine Elisabeth besuchte eine Handelsschule in Elbing. Lediglich die jüngeren Geschwister Gertrud und Heinrich waren da. Sie gingen noch zur Schule. So war ich vereinsamt in die Kindheitserinnerungen geflüchtet. Die Tränen standen mir näher als das Lachen. Oma Wilhelmine war mit 86 Jahren noch sehr rüstig.

Wieder zu Hause, freute ich mich auf die Radtour in die Johannisburger Heide, die bis heute immer noch aussteht. Die Aufforderung zum Ausleselehrgang, so hieß es jetzt, durch den Umweg über die Fischereischule verzögert, war eingetroffen. Dr. Klust hatte mich noch einmal an die Suchenwirth'sche Geschichte des deutschen Reiches erinnert. So nutzte ich noch die restlichen freien Stunden.

Das herrliche masurische Spätherbstwetter wurde durch die Nachtfröste schnell beendet. Ein dichter Rauhreif auf der Reise nach Königsberg hatte der verträumten Landschaft ein vorweihnachtliches Bild verliehen, während das Eis sich mir auf die Seele gelegt zu haben schien. Zu jenem Zeitpunkt nahm auch das Bangen um das Bestehen des Ausleselehrgangs zu.

Im Fischerei-Institut habe ich versucht, mir etwas Zuversicht zu verschaffen. Professor Lehmann war aber verreist. Und Fräulein Dr. Krüpers verdrossene Miene vermochte mir keine Hoffnungen zu suggerieren. Über Helmut Henschel konnte ich leider nichts Näheres erfahren. Das Schloß Bledau, in dem der Lehrgang Königsberg des Langemarck-Studiums untergebracht und der Albertus-Universität angegliedert war, kannte ich bereits aus meiner Perteltnicker Zeit, von den Radtouren nach Cranz und auf die Kurische Nehrung. Ich hatte damals eine enorme Hochachtung vor dem Bauwerk und seiner Bestimmung. Im Nord-Bahnhof überraschte mich die Frage eines hochdekorierten Oberleutnants, der nach mir eine Fahrkarte nach Bledau gelöst hatte und nach dem Schloß Bledau fragte. Meine Antwort schien ihn nicht nur befriedigt, vielmehr offensichtlich erfreut zu haben, als ich ergänzt hatte, daß ich auch nach Bledau in den Ausleselehrgang des Langemarck-Studiums wollte. Ich spürte förmlich seine Freude über die Bekanntschaft eines Zivilisten mit dem gleichen Ziel. Sein Angebot, auf sein Zweibettzimmer zu ziehen, war mir allerdings etwas merkwürdig erschienen. Und die Merkwürdigkeit stieg während eines Gesprächs bei einem weichen, französischen Kognak, nach dessen Wirkung er mir das vertrauenerweckende Du anbot. Dabei war mir der erschöpfte Eindruck, den er machte, mit dem Anflug einer Resignation, einer depressiv schwingenden Stimme, nicht verborgen geblieben. Er war übrigens kriegsversehrt und trug den linken Arm in der Binde. Weshalb ich ihm, vom Nordbahnhof Königsberg an, seinen Koffer getragen hatte.

Nach der Registrierung durch den diensthabenden Studenten und einer Begrüßungsansprache des Studiendirektors des Langemarck-Lehrgangs Königsberg Dr. Waidlich hatten wir einen freien Nachmittag. Ich durfte auf dem Zimmer des Oberleutnants bleiben. Sehr erfreut darüber hatte ich ihm meinen Lebenslauf geschildert. Über den Namen Sayk hatte er schon am ersten Abend gestutzt. Als ich dann schilderte, ein Großonkel Richard sei im September über Südengland mit seiner Maschine und Besatzung abgeschossen worden, schien sich der depressive Anflug des Oberleutnants und auch seine Reserviertheit zu lösen. Er konnte sich sogar daran erinnern, von Onkel Richard gehört zu haben, daß der bekannte Luftschiff-Kapitän Max Pruß von der Zeppelin-Luftschiffgesellschaft und Major in einem Führungsstab aus Sgonn am Mucker-See stammte. Frei und offen sprach er aber nur draußen, da er Wänden nicht traute, so hatte er sich ausgedrückt. Damals hatte ich mir die Gründe der Reserviertheit eines Ritterkreuzträgers nicht denken können. Erst nachdem ich meinen Lebenslauf haarklein geschildert und einige heikle Fragen beantwortet hatte, wurde er gesprächiger und erörterte die Gründe für die Bewerbung zum Langemarck-Studium.

Er stammte aus Dresden, war begeisterter Segelflieger und hatte sich nach der Mittleren Reife freiwillig zur Luftwaffe gemeldet. Sein sehnlichster Wunsch war, an der Dresdner Technischen Hochschule Flugtechnik zu studieren. Da ihm aber die Mathematik zu schaffen machte, befürchtete er, das Abitur nicht zu bestehen. Jetzt als GvH. wollte er es über das Langemarck-Studium, einer militärischen Fördereinrichtung ohne politische Hintergründe und Bindungen und ohne Zeit- und Zensurendruck, schaffen. Seine depressiven Züge bemerkte ich wieder, als Studiendirektor Waidlich in seiner Ansprache an den Opferwillen der Studenten im Weltkrieg 1914 an der Front bei Langemarck erinnerte. Kein geringerer als der Generalstabschef des kaiserlichen Hauptquartiers von Ludendorff hatte, ehrenden Gedenkens dieser studentischen Opferbereitschaft, das Langemarck-Studium mit feierlicher Zustimmung des Führers gegründet, der sich für die Verwirklichung seiner maßlosen Expansionsbestrebungen ein zuverlässiges und schlagkräftiges Offizierskorps nationalsozialistischer Prägung gewünscht hatte. Rückwirkend betrachtet, war aber der Anteil von Langemarck-Absolventen im hitlerschen Offizierskorps sehr gering.

Wenn die versehrten Frontsoldaten lediglich eine kurze Darstellung ihrer Leistungen und Berufswünsche zu geben brauchten, mußten wir fünf jungen Zivilisten ausführlich und auf besondere Fragen hin Rede und Antwort stehen. Eine immer wiederkehrende Frage war die nach der Wehrdienstleistung und den Kriegsverdiensten der Väter. Die Antwort, daß mein Vater Unteroffizier und in der siegreichen Schlacht 1914 bei Tannenberg verwundet worden war, hatte offensichtlich genügt. Ich wunderte mich, ebenso mein lieber Oberleutnant, daß es die einzige Frage war. Erst später hatte ich erfahren, daß Professor Lehmann und Dr. Waidlich Absolventen und Klassenkameraden eines Gymnasiums gewesen waren. Aus der Nähe hörte ich die Bemerkung eines älteren Studienrates, es war unser Militär-Historiker Semerau: Die Portepee-Träger waren eine unerschöpfliche Quelle der fähigsten Frontoffiziere im ersten Weltkrieg und auch heute. Mein Oberleutnant meinte, nach den Mienen von Dr. Waidlich zu urteilen, sei ich als einziger von den Zivilisten bereits angenommen.

Der zweite Prüfungstag begann mit einer körperlichen Belastungsprobe, einem 10-km-Lauf. Studienrat Lenz hatte die Beurteilungsaufsicht. Zehn Kilometer war ich noch nie gelaufen. Ich war völlig erschöpft. Die nach dem Lauf stattgefundene Logikprüfung schien ich bestanden zu haben, wie mir der diensthabende Student, der die schriftliche Prüfung beaufsichtigte, zugeflüstert hatte. Am Nachmittag war eine gründliche ärztliche Untersuchung. Auf meinem Untersuchungsbogen las ich das mir damals noch unbekannte: o. B. Daß ich später täglich damit zu tun haben würde, hätte ich mir damals nicht träumen lassen.

Am dritten Tag fanden wieder schriftliche Prüfungen statt. Im Fach Biologie wurde ein Aufsatz über die Vererbungslehre verlangt. Worauf es hier ankam, war leicht zu erraten. Ich versuchte aber, darüber hinaus auf die mitotische und amitotische Zellteilung einzugehen und erwähnte auch die Mutation und die Ableitung haploider Sätze und schloß mit einer kleinen, mir erst vor ein paar Wochen von Dr. Klust erklärten Chromosomenanalyse. Mein Oberleutnant Hübner wunderte sich über die Länge meines Aufsatzes. Mit Hilfe des Flüsterfunks durch einen diensthabenden Studenten, der die schriftliche Prüfung beaufsichtigte, hatte er erfahren, daß ich ein Protegé des Chefs sei, woraufhin seine Zuneigung und Aufgeschlossenheit mir gegenüber etwas abkühlte. Ich hatte drei Seiten geschrieben und konnte meinem Nebenmann auf der rechten Seite, einem HJ-Gefolgschaftsführer, der in Uniform erschienen war, helfen, als der aufsichtshabende Student das Zimmer kurz verlassen hatte.

Der Nachmittag verging mit der Vorbereitung für eine militärhistorische Arbeit unter Anleitung durch einen Vortrag des Militärhistorikers, eines ehemaligen Generalstabsoffiziers, der über die Schlacht Friedrichs II. bei Leuthen sprach. Oberleutnant Hübner meinte, das sei die Bewährung der Bewerber für die Stabsoffizierslaufbahn. Er sprach darüber mit dem erwähnten HJ-Führer, der am nächsten Morgen drei Seiten darüber geschrieben hatte. Meine Niederschrift von einundhalb Seiten war ausreichend.

Für den folgenden Tag wurde die Lösung einer Denkaufgabe aus der Technik angekündigt. Dafür wurde ein Film mit einer Maschinenkonstruktion gezeigt, die drei verborgene Fehler enthielt. Unmittelbar danach verteilte der diensthabende Student Bögen und Bleistifte für die Reproduktion der Maschinenkonstruktion mit den drei Fehlern, von denen ich nur zwei finden und darstellen konnte. Den dritten hatte auch mein verehrter Oberleutnant nicht finden können. Der HJ-Führer hatte nicht einen Fehler gefunden. Auch seine Nachkonstruktion war mangelhaft. Am Abend fanden als Mut und Kraftproben Boxkämpfe unter den Bewerbern statt. Mein Gegner war der HJ-Führer. Er war mehrfacher HJ-Box-Meister und hätte mich regelrecht zusammenschlagen können, nahm aber Rücksicht auf meine geringe Boxerfahrung. Später, als ich während einesAusleselehrgangs Aufnahme-Dienst hatte, las ich in meiner Akte: „Hat vom Boxsport keine Ahnung, zeigt aber doch einigen Mut."

Nach einem Ruhetag hörten wir mit allen Bledauer Studenten und dem aktiven Lehrkörper den Vortrag eines hochdekorierten Kommandeurs aus dem Südabschnitt der Ostfront. Darüber hatten wir in zwei Stunden einen Aufsatz zu schreiben. Ich hatte mir wie immer viel Mühe gegeben. Die Frontsoldaten waren von dieser Arbeit befreit.

Eine zweistündige, physikalisch-chemische Arbeit über die Bedeutung des Wassers mit seinen Aggregatzuständen bildete den Abschluß des Ausleselehrgangs. Ich hatte sechs Seiten geschrieben und meinen Aufsatz Dr. Waidlich, der die letzte Prüfung beaufsichtigt hatte, übergeben, der die Arbeit sogleich aufmerksam las. Beim Abendessen kursierte das Gerücht, ich hätte eine wissenschaftliche Arbeit geschrieben.

Unmittelbar danach muß er seinen Schulfreund Lehmann im Fischerei-Institut Königsberg angerufen haben, der sich darüber amüsierte, weil Waidlich meinte, eine Sonderreifeprüfung hätte viel rascher zum Ziel geführt und er, Lehmann, hätte mich gleich in der Forschung behalten sollen. Lehmann muß Mühe gehabt haben, seinem Schulfreund zu erklären, daß mir aus finanziellen Gründen ein Stipendium allein nicht ausreichen würde und nur ein Langemarck-Studium eine erfolgreiche Ausbildung garantieren könnte.

Bei der Verkündigung der Ergebnisse würdigte Studiendirektor Waidlich die Lehrgangsleistungen der Frontsoldaten, drei Offiziere und sechs Unteroffiziere. Acht unter ihnen hatten den Anforderungen des Lehrgangs genügen können und würden in den nächsten Tagen mit dem Studium hier in Bledau oder einem anderen Lehrgang beginnen. Von den Zivilisten war keine Rede. Oberleutnant Hübner machte ein betrübtes Gesicht. Na endlich, flüsterte er, mein Name wurde genannt. Waidlich äußerte mit einem herablassenden Lächeln, daß ich gleich hierbleiben könne, um die Rückreise zu sparen. Die beiden forschen und äußerst disziplinierten HJ-Führer waren sehr enttäuscht. Hübner dagegen lächelte zufrieden. Den Grund erfuhr ich später. Ein sehr strebsamer und ebenso arroganter Bauernsohn aus dem Nachbarkreis Ortelsburg, der den Beginn seines Studiums in Bledau in der Ortelsburger Zeitung bereits angekündigt hatte und mir seine Visitenkarte geben wollte, war, ohne sich noch einmal blicken zu lassen, von der Bildfläche verschwunden.

Im Fischereiinstitut gratulierte Professor Lehmann zu der bestandenen Prüfung und eröffnete mir besorgt, daß es seit kurzem nur noch zwei Dringlichkeitsstufen für ein Studium bei Langemarck gäbe, und zwar für Medizin und ein Technik-Studium. Ein Biologie-Studium sei derzeit nicht möglich. Er hatte mich bereits für die Medizin vormerken lassen, wegen des zu erwartenden Andrangs von Bewerbern. Ich sah keine Nachteile, war unbesorgt und erinnerte mich, daß Dr. Klust seinerzeit von einem Humanmedizin-Studium gesprochen hatte, das für die Forschung in der Fischpathologie eine aktuelle und solide Grundlage darstellen würde. Außerdem erwähnte er die Andeutung Dr. Waidlichs, ich könnte, wenn meine Leistungsfähigkeit nicht nachlasse, sobald wie möglich zur Sonderreifeprüfung gelangen. Das war eine nahezu umwerfende Überraschung. Nun konnte ich die lächelnde Bemerkung Dr. Waidlichs verstehen. Das Holterdiepolter würde also weitergehen. Davor war mir etwas bange. Nach der anstrengenden Woche wollte ich zunächst unbedingt nach Hause.

Auf der Rückreise über Allenstein war ich in Grünwalde ausgestiegen und Oma Wilhelmine überglücklich in die Arme gefallen. Die erste Stufe hatte ich mit dem Bestehen des Lehrgangs erklommen. Die Eltern waren glücklich darüber, für das kostspielige Studium nicht aufkommen zu müssen. Der Vater sprach ein Dankgebet, dem ich mich angeschlossen und auch noch an einem Gottesdienst teilgenommen hatte. Da ich so rasch wie möglich nach Bledau zurück mußte, verzichtete ich wieder auf die Radtour durch die Johannisburger Heide. Außerdem schneite es wieder, so daß ich lediglich Zeit fand, zu einer Skiwanderung an den Kurwig-See, den Schicksalssee, an dem alles begonnen hatte. Ich konnte es kaum begreifen, daß es so rasch, ja ein wenig überstürzt, zugegangen war.

Der Beginn des Studiums in Bledau wurde zunächst durch ein Gerücht gestört, nachdem der Langemarck-Lehrgang Königsberg/Bledau eine Kriegsversehrten-Gruppe zusätzlich aufnehmen sollte. Da die Bledauer Räumlichkeiten schon jetzt nicht mehr ausreichten, wurde ich gefragt, ob ich nicht im Fischerei-Institut in Königsberg unterkommen könnte. Es war sogar beabsichtigt, die „Zivilisten" innerhalb eines Extern-Lehrganges nach Hause zu schicken. Ich zögerte, mich wegen der Unterkunft an Professor Lehmann zu wenden. Inzwischen waren die Gerüchte verstummt.

Am 11. November fand jährlich der große Gedenk-Appell zu Ehren der gefallenen Studenten in der Schlacht bei Langemarck 1914 statt. In feierlicher Haltung verlas der Studiendirektor Dr. Waidlich den damaligen Tagesbericht des kaiserlichen Hauptquartiers; „Junge Regimenter stürmten mit dem Deutschlandlied auf den Lippen gegen die feindlichen Linien bei Langemarck in Flandern und nahmen sie." Der Opferwille der „jungen Regimenter" war wieder sehr gefragt. Das Klima in Bledau war unbehaglich.

Es begann mit der ersten Lektion im Fach allgemeine Geschichte und Militärgeschichte des Oberstudienrats Semerau. Er hatte mit pathetischen Gesten über die Wurzeln des dritten, großdeutschen Reiches doziert, die er in dem Germanentum der Urfamilien der Goten im Ostseeraum erblickte, aus den sich die mächtigen Stämme der Ost- und Westgoten entwickelt hatten. Er betonte, daß dazu auch die Völkerfamilien der Arier im weiteren Sinne gehörten, einschließlich der Kelten und Griechen, der Perser und Inder. Bewundernswert sei aber die Entwicklung der Nordgermanen in ihrem Expansionsbestreben und mit ihren Führergestalten. Der Historiker Gustav Kosima hätte als einer der ersten auf die Entwicklung der Führergestalten aus der nordischen Rasse des Ostseeraumes aufmerksam gemacht. Die Lektion erweckte den Eindruck einer Kopie des ersten Kapitels der Suchenwirth'schen Geschichte des Deutschen Reiches. In der zweiten Stunde ließ Semerau bereits eine Arbeit über das Thema schreiben, das mir nicht schwergefallen war.

Oberleutnant Hübner, der nicht nur sein Zimmer behalten durfte und sogar erreichte, daß ich es mit ihm teilen durfte, hatte gehört, daß Semerau einen Lektionshelfer suchte: „Gib acht, daß er dich nicht erwischt." Er sollte recht behalten. Mein Aufsatz wurde gelobt. Semerau zitierte daraus einige Sätze, als Beispiel für eine stilvolle und sogar kritische Darstellung der Probleme. Ich wurde also sein „Kalfaktor" und pendelte nun zwischen Bledau und dem Königsberger Hufen. Hübner lobte meinen Start, während viele ihn beargwöhnten. Semerau war der Stellvertreter des Studiendirektors.

Der Deutsch-Lektor war Studienrat Lenz. Er ließ sich schlicht und recht im Langemarckschen Sinne mit Kamerad Lenz anreden und war ein umgänglicher Lehrer, dem man den SA-Sturmführer nicht anmerkte. Er galt als Literatur-Genie und hatte stets ein begütigendes Zitat bei der Hand. Er tadelte selten, dann aber allerdings mit einem vortrefflichen Zitat. Lenz ließ die Zivilisten im Regen stehen und bevorzugte die verwundeten Frontsoldaten im Gebet. Hübner war einer seiner Lieblinge. Da ich in der deutschen Literatur mangelhaft bewandert war, versuchte ich, klein und geduckt nachzuholen, was ich nur konnte. An den gehobeneren Literaturgesprächen konnte ich mich freilich nicht beteiligen. Aber als er eines Morgens wieder mit einem Zitat in die Klasse trat und nach dem Urheber fragte und keine Antwort hörte - weil am Abend ein Langemarck-Kommers etwas zu lange gedauert hatte - glaubte ich, die Ehre der Klasse retten zu müssen und sagte kleinlaut und schüchtern: Kleist in der Herrmannschlacht. „Das hätte ich Ihnen nicht zugetraut", rief Kamerad Lenz. Ja ja, die kleinen Fische aus den stillen Wassern der Masurischen Seen. Nun hatte ich auch hier einen Spitznamen. Damit ging es soweit, daß der Lektionshelfer in der Physik - ich hatte vergessen, meinen Namen auf ein neues Heft zu schreiben - einfach Fisch geschrieben hatte. Der Studienrat las den Namen laut mit einem verwunderten Blick auf die Klasse. Alle lachten lauthals, während ich mich melden mußte.

Ende November mußten wir geschlossen an einer Vortragsveranstaltung unter dem Titel „Der deutsche Student im Osten" teilnehmen. Wir Zivilisten vertauschten dazu unser Drillich-Feldgrau mit der Hakenkreuzbinde des NSDStB wie erwünscht mit unseren dunklen Anzügen. Ein hoher HJ-Führer äußerte dazu, er empfinde im Zivilanzug bei derartigen Anlässen ein Minderwertigkeitsgefühl. So hatte Hübner, der hochdekorierte Oberleutnant, ihm vorgeschlagen, sein Minderwertigkeitsgefühl durch einen Tausch mit der Luftwaffenuniform zu beheben. Völlig perplex, mit offenem Mund, ohne mit einem einzigen Wort zu antworten, stand der HJ-Führer da. Hübner traf in derartigen Situationen stets den Nagel auf den Kopf. Er hatte auch das Fiasko in Rußland vorausgesagt. In der Veranstaltung dankte der Gauleiter der braunen Partei und den Frontsoldaten für ihren heldenhaften Kampfes- und Opferwillen für das mächtige, großdeutsche Reich und dem Führer, den größten Feldherrn aller Zeiten, der nun angetreten war, um ein neues Europa zu schaffen. Mit einem grandiosen Kampfeswillen schreite er voran, und wir alle müßten ihm folgen.

Während der Veranstaltung saß ich zwischen Gerhard Hübner, dem Oberleutnant, und einem Medizinstudenten im 6. Semester aus der Königsberger Studentenkompanie. Offenbar gleichgesinnt, waren wir miteinander rasch ins Gespräch gekommen. Heinz Engelien, der Medizinstudent, hatte das Studium in Jena begonnen und in Berlin von der Studentenkompanie aus das Physikum abgelegt. Er wurde während eines Fronteinsatzes verwundet und konnte jetzt das Studium in der Studentenkompanie an der Königsberger Albertina fortsetzen. Auch zu dritt verstanden wir uns sehr gut, auch mit dem hochdekorierten Gerhard Hübner, der von seiner Dekoration nichts hören wollte, weil sie von seinem Funker und einem Bordschützen mit dem Leben bezahlt worden war. Gerhard war ein Regimegegner, der zunächst nicht das Geringste darüber verlautbaren ließ. Es hätte ihm ohnehin niemand geglaubt. Auf dem Heimweg, wir waren wieder allein, flüsterte er, der siegreiche Vormarsch des GröFaZ (größter Feldherr aller Zeiten) ist von den Russen gestoppt. Die Verluste sind sehr hoch. Der Nachschub ist zusammengebrochen. Die Front muß gestützt werden. Der sich miserabel ausdrückende Gauleiter mußte den Nachschub ankurbeln.

Am nächsten Sonntag mußten wir zum Hilfsdienst. Völlig verdreckt, mit einer verbundenen Schramme an der rechten Hand kam ich vom Verladedienst im Königsberger Güterbahnhof. Gerhard war empört, biß sich aber auf die Zunge. Als ich am nächsten Samstag gegen Mitternacht wieder arg ramponiert nach Hause kam, meinte er, jetzt muß etwas geschehen! An meinem freien Sonntag waren wir beide im Segelfliegerstützpunkt im Flughafen Dewau. Gerhard hatte mich bei dem Stützpunktleiter, einem kriegsversehrten Staffelkameraden, der erst vor kurzem den Stützpunkt übernommen hatte, mit meinem A-Schein zur Fortsetzung der Flugschulung angemeldet.

Jetzt war ich Sonntag für Sonntag am Flughafen, mitunter auch schon am Samstagnachmittag, und begegnete dabei auch einem Fluglehrer, der aus Sensburg stammte. Bei passender Gelegenheit konnte ich Heinz Engelien, den Medizinstudenten, der in der Junkerstraße ein großes Zimmer hatte, besuchen und hier, wenn es sein mußte, auch am Wochenende übernachten. So schaffte ich bei dieser Gelegenheit den B- und C-Schein und machte rasche Fortschritte in der Navigation. Damit erfolgte schließlich, wie Gerhard Hübner mir eröffnet hatte, traditionsgemäß die Bereitstellung zur Luftwaffe. Mit dem Bereitstellungsschein erreichte ich die Anmeldung zur Sonderreifeprüfung. Freilich vermutete Studiendirektor Dr. Waidlich, daß mein sehr verdienter Kamerad Hübner dahinter steckte.

Nach dem ersten Examen hatten wir Studentenausweise der Albertina, der Königsberger Universität, bekommen und konnten alle Vorlesungen und Veranstaltungen besuchen. Diese Freizügigkeit war ein großer Vorteil der an sich sonst sehr straffen Langemarck-Organisation. Die Lektionen und Zwischenprüfungen in Bledau liefen kontinuierlich weiter. Bei den Zwischenprüfungen und Arbeiten, auch bei Studienrat Lenz, der dann und wann ein Auge zudrückte, hatte ich Glück. Sogar als ich in einer Mathematikarbeit leichtsinnigerweise drei Fehler hatte, sah Studienrat Dr. Sommer darüber hinweg. Zwar waren die Zensuren nach dem ersten Examen ohne gravierende Bedeutung. Doch war ich mir nicht ganz im klaren, ob sie in der Sonderreifeprüfung doch noch von Nachteil sein könnten. Maßgeblich, und das wußten wir alle, war die Beurteilung durch den Studiendirektor.

Ende Juli bekamen vier Kameraden ihre Einberufungen. Ich war dabei. Die mündlichen Prüfungen vor dem Kollegium waren akzeptabel und wohlwollend. Wir hatten alle bestanden. Direktor Waidlich übergab mir eine Auszeichnung mit einer Widmung in der Monographie „Der deutsche Gedanke in der Welt" aus der Feder des Partei-Philosophen Rosenberg. Dieser verherrlichte den Hoheitsadler-Mythos seines Führers, welcher außer dem Hakenkreuz nun auch noch die Weltkugel tragen sollte. Gerhard hatte ein paar Seiten gelesen und darüber nur mit dem Kopf geschüttelt. Auch ich hatte mir Mühe gegeben und konnte nicht begreifen, daß der hochgebildete Dr. Waidlich derartige Sammelsurien von wirren Gedanken als Auszeichnung an seine Schüler verschenkte. Ich wollte das Buch in den Papierkorb werfen. Um Gottes Willen, aber doch nicht hier, protestierte Gerhard. Ich sollte es aufbewahren, für die Kinder und Enkel als Erinnerung an einen katastrophalen deutschen Irrweg.

Gerhard, der mich in Bledau maßgeblich unterstützte, wollte nach dem zweiten Examen, das er nicht überstürzt hinter sich bringen wollte, über den Dresdener Lehrgang an die Technische Hochschule und das ersehnte Studium beginnen. Ich besuchte ihn ein knappes Jahr später von einem Lehrgang und Kommando in Klotsche. Es war ein sehr herzliches Wiedersehen in seinem Elternhaus. Ein Jahr später besuchte er mich während eines Kommandos auf dem Erfurter Flughafen in Bindersleben. Beim Auf- und Abgehen des Flugplatzes sprach er recht gelöst und offen über den Widerstand, über den er jetzt sehr enttäuscht sei, da nur wenige maßgebliche Offiziere der Luftwaffe überzeugt mitmachen würden. Ich hatte versprochen, als Kurier zu helfen, war aber nie dazu gekommen, weil ich durch die Ausbildung und die Umschulungen verhindert war. Im Februar 1945 ist er mit seinen Eltern und einer Schwester in der Bombenkatastrophe in Dresden umgekommen.

Alles steuert auf ein Chaos hin

In der Fliegerausbildungskompanie war ich in die erste Gruppe des ersten Zuges geraten, die aus den letzten Lufthansapiloten, Fluglehrern, Bordmechanikern und preisgekrönten Segelfliegern bestand. Nun, da ich ans Ducken gewöhnt war, kam ich im preußischen Kommißmilieu einigermaßen zurecht, weil ich auch einer der Jüngsten war. Bedauerlicherweise hatten wir sehr zu leiden unter dem Gruppenführer Pörschke, einem ungeschlachten Unteroffizier, er war der bestgeeignetste Korporal, der unsere Dünkel buchstäblich zertreten sollte. Im Gegensatz zu dem gebildeten, feingliedrigen Oberleutnant Steubel, unserem Zugführer, einem Piloten aus den Kämpfen um Narvik.

Wir waren wieder mehrfach aufgefallen und mußten zum Strafexerzieren auf den lehmigen Schleifhügel am Rande des Rollfeldes eines Flughafens. Es hatte geregnet, wodurch Pörschkes Gebrüll sich von Minute zu Minute steigerte. Die Herren der Lüfte sind lahm geworden, schrie er zornig und kommandierte, weil der Regen auch ihm mißfiel, links schwenkt marsch-marsch und hinlegen, genau in die Pfützen. Das war der absolute Höhepunkt seiner Wutausbrüche. Als sich unser Gruppenältester dabei verschluckt hatte und heftig husten mußte, schien Pörschke etwas betroffen und kommandierte: „Fünf Minuten Pause!"

In der Unterkunft marschierte ich, von unten bis oben mit Lehm verschmiert, einfach in den Duschraum und die Gruppe geschlossen hinter mir her. Der UvD hatte uns mit den Gewehren im Duschraum gesehen, und plötzlich kam Pörschke in den Duschraum gestürzt und brüllte: „Sie sind wohl wahnsinnig geworden! Wer ist auf diese Schnapsidee gekommen?" Ich meldete mich prompt. „Was Sie, ausgerechnet Sie, der Jüngste. Sie sind wohl verrückt geworden. Ihre Karriere ist im Eimer. Morgen geht's in den Arrest. In die Festung müßten Sie." Er befahl mir, mich sofort umzuziehen und auf der Stube zu warten. Ich hatte Stubenarrest und hörte, daß ich mindestens „drei Tage geschärften" bekommen würde. Sofort beim Zugführer melden, hieß es plötzlich. Mein Vergehen schien Oberleutnant Steubel nicht zu interessieren. Er fragte, ob ich im Biologischen Institut in Königsberg gearbeitet hätte und ob ich etwas von Aquarienkunde verstünde: „Unser Kommandeur hat Probleme mit seinem Aquarium." „Aber warum kommen Sie mit Stahlhelm und Gasmaske?" „Unteroffizier Pörschke hatte es befohlen", meldete ich. „Sie müssen zum Chef, kommen Sie mit", befahl er.

Auf dem Weg schossen mir allerlei Gedanken durch den Kopf. Der Arrest, das Aquarium und der plötzliche Befehl zum Kommandeur. Das wird ein fürchterliches Durcheinander sein, dachte ich. Der Ordonnanzoffizier, ein junger Leutnant, reichte mir die Hand. Ja, so trifft man sich wieder, sagte er lächelnd. Ich erkannte ihn wieder. Er führte damals, nach seinem zweiten Examen, die Aufsicht im Ausleselehrgang. Du bist doch der große Fischereibiologe, meinte er und klopfte mir auf die Schulter. Wenig später erschien der Chef, räusperte sich etwas entrüstet und meinte: „Herr Leutnant, ich muß doch bitten." Der Leutnant nahm Haltung an und erwiderte: „Herr Oberst, wir sind Langemarck-Kameraden." „Ach so, ja, und was sollen der Stahlhelm und die Gasmaske?" „Das muß ein Irrtum sein, Herr Oberst", warf der Leutnant ein. „Bitte gehen Sie zur Kammer und lassen Sie unseren Biologen ordentlich einkleiden und sagen Sie dem Kompaniechef Bescheid. Ich warte in meinem Zimmer."

Das großartige, sehr gepflegte Aquarium war erst vor wenigen Tagen neu bestückt worden. Die verschiedenen Zierfische, deren Namen ich kaum kannte, schwammen ermattet an der Oberfläche. Der Oberst zeigte mir einen prächtigen toten Salmler. Im Aquarium schwamm noch einer in den letzten Zügen. Ich bat, mein kleines Biobesteck holen zu dürfen und wußte, daß im Etui auch noch ein paar Lackmus-Streifen dabeisein mußten. Es waren neue, empfindliche Streifen, die sehr schwache Säurewerte anzeigten. Das Aquariumwasser war tatsächlich sauer. Aber woher kann die Säure stammen, fragte ich den Oberst, der besorgt auf das Aquarium schaute. Ich hatte etwas Sand aus dem Aquarium auf einen Streifen gelegt. Die Färbung war kräftiger, als die des Streifens mit dem Wasser. Der Aquariumsand könnte durch einen säurehaltigen Stoff, vielleicht durch den Sandsack, in Berührung gekommen sein und der noch etwas feuchte Sand die Säure adsorbiert haben.

Der Oberst hatte mit seinem danebenstehenden Burschen und dem Leutnant aufmerksam zugeschaut und zugehört, auch als ich dann den toten Salmler sezierte und mit der Lupe keine Auffälligkeiten feststellen konnte. Er hatte mir so auf die Schulter geklopft, daß ich in die Knie ging. Und zum Leutnant gewandt sprach er: „Ihr Langemarck-Kamerad hat drei Tage Urlaub verdient." „Wo haben Sie promoviert", fragte er. Wie ein dummer Junge stand ich ratlos da. Der Langemarck-Kamerad Leutnant Bremer half mir mit seiner Antwort: „Der Kamerad S. ist vom Studium weg direkt einberufen worden." „Wie kommen Sie überhaupt als Biologe zur Fliegerei?" Bremer erzählte militärisch knapp meine Geschichte. Der Chef quittierte es mit einem gefälligen Kopfnicken. Er lud uns zum Mittagstisch ein. Es gibt heute Fisch, aber nicht den aus dem Aquarium. Nach dem Glas Rotwein gab es noch einen Kaffee, und damit waren wir entlassen, doch nicht bevor ich zum Aquarium-Pfleger befördert worden war.

Es gab ein verwundertes Aufsehen, besonders unter den älteren Kameraden, als ich in einer nagelneuen Uniform mit dem Stahlhelm und der Gasmaskenbüchse in der Hand wieder auf der Stube erschienen war. Merkwürdig, die Aquariumeskapade war so vehement über mich gekommen, daß ich den Arrest - ich sah mich schon im Keller sitzen - vollkommen vergessen hatte. Alle spitzten jetzt die Ohren über das, was ich nun ausführlich berichten mußte. Pörschke, der Gruppen-Unteroffizier, mied mich nun, wo er es nur konnte. Er nahm mich einfach nicht mehr wahr. Dafür war ich um so öfter in der Wohnung des Obersten, der ein Faible für den ehrlichen und tüchtigen Offiziersnachwuchs zu haben schien. Ich durfte sogar an einem Gesellschaftsabend teilnehmen.

So war die Rekrutenausbildung durch das Strafexerzieren für mich beendet. Ein Zugführer, Oberleutnant Schulz, der an Problemen der Biologie interessiert war, nannte mich jetzt Cheflaborant. Er war ein begeisterter Segler und schwärmte von der romantischen Schönheit der masurischen Seen und den alten Rittergütern, besonders der Lehndorf'schen Grafschaft mit dem alten Schloß Steinort auf der Halbinsel im Mauer-See. Oft mußte ich ihn mit meinen Erinnerungen an die Fischerei unterhalten, mit den amüsanten Fischergeschichten.

Die AB-Ausbildung verlief problemlos. Auch hier hatte ich „mehr Schwein als Grips" hieß es, obwohl die sehr guten Noten in der Navigation, die ich bereits in Devau hatte, zu einer Nominierung für den Fernaufklärernachwuchs führten, worüber ich mich freute, nicht in ein Bomben- oder Kampfgeschwader zu müssen. Als Voraussetzung galt jetzt aber das makellose Bestehen eines Blindfluglehrgangs, den ich in Prag-Gbell absolvieren mußte, um zur Aufklärungsausbildung nach Großenhain zu gelangen.

Während der Segelflugschulung in Devau hatte sich in mir ein besonderes Gefühl für die Erdnähe entwickelt, das sich mit der Zeit so stabilisierte, daß ich bei den Blindlandeanflügen dem Funker das ZZ-Funksignal (---··) für das Ansetzen zur Landung über die EiV-Anlage (Eigenverständigungs-Anlage) zurufen konnte, bevor das ZZ-Signal der Peilflugstelle an Bord der Maschine gelangt war. Ein Gefühl, das nicht nur über die Druckrezeptoren des Labyrinths, sondern auch der Haut, durch ein intensives Training, dem Stammhirn und der Bewußtseinsverarbeitung in der Hirnrinde vermittelt wird. Im Flieger-Jargon heißt es „der hat's im Urin". (Mag sein, daß auch die Rezeptoren des Epithels der Harnblase daran beteiligt sind).

Lauthals sangen wir die Ulkverse:
Und heißt es, Schüler über Land,
der Arschgang dafür ist bekannt.
Beim Start schon wird es kriminell,
zum Ausbrechen kommt's manchmal schnell.
Und kehren wir dann spät zurück,
ganz ohne Können, nur mit Glück.
Dann wird zur Landung angesetzt,
wobei das Fahrwerk manchmal wird zerfetzt.

Drum Schüler weine nicht,
sei auch nicht traurig,
so kann und soll ein Blindflugschüler sein.

Der Blindflugschulung schloß sich eine Spezialausbildung in der Hyperbel-Funk und Astronavigation in Erfurt an. Hier lernte ich einen literaturbewanderten, musik- und sprachbegabten Kameraden kennen, der sich auch von vulgären Vergnügungen und Komments zurückhielt, und der sich in der Freizeit literarisch betätigte. Sein Wunsch war es, später einmal aus dem Kampf um Rom eine Operette zu komponieren. So interessierten wir uns auch für die Erfurter Kulturstätten, für die Entwicklung der Stadt durch den Waid-Anbau, für die Verarbeitung und den Handel im Mittelalter, für das Franziskaner-Kloster Martin Luthers und für die Reste der alten Universität. Wolfgang Böttner war zwei Jahre älter als ich, stammte aus Leipzig und hatte eine Freundin in Sömmerda, bei Erfurt, die sich zu einem Besuch angesagt hatte und eine Freundin mitbringen wollte. Er bat mich, mitzukommen und den Damenausflug mitzumachen. Ich sagte zu und war sehr gespannt.

Die Bekanntschaft mit den Damen und der Ausflug haben alle meine Erwartungen übertroffen. Ursel Spörers Freundin Dora war eine aparte, etwas schüchterne, dafür aber um so liebreizendere junge Frau. Von Beginn unserer Bekanntschaft an hatte sich zwischen uns ein Vertrauensverhältnis angebahnt. An einem meiner freien Tage haben wir uns noch einmal getroffen und einander versprochen, uns nicht aus den Augen zu verlieren. Infolge einer Erkrankung, und zwar einer infektiösen Gelbsucht, einer Hepatitis, mußte Wolfgang Böttner ausscheiden. Er hatte sich freiwillig zur Luftwaffe gemeldet, war weder Mitglied der Partei, noch einer ihrer angeschlossenen Organisationen. Über den Expansionskrieg Hitlers waren wir der gleichen Meinung. Von den Anfangserfolgen wohl beeindruckt, später aber nach dem Pakt mit der Sowjetunion und dem kurz darauf erfolgten schockierenden Überfall und dem zunehmenden Bekanntwerden der Morde in den Konzentrationslagern kritischer geworden, wuchs in uns eine

Abneigung vor der schreckenerregenden Expansionspolitik.

Die Vormärsche in der Sowjetunion und in Nordafrika waren zum Stillstand gekommen. Eine Mobilisierung hatte eingesetzt. So kam auch die Kommandierung zu einer Aufklärungsstaffel der Luftflotte Süd früher als erwartet. Alarmierenden, geheimen Nachrichten zufolge vermutete die Aufklärungsführung die Errichtung einer alliierten Invasionsfront in Tunesien. Die Aufklärung wurde intensiviert, blieb aber erfolglos. Die Verluste der Tagesaufklärung waren erschreckend. Demzufolge wurde eine gut vorbereitete Nachtaufklärung mit einer neuen Funk- und Navigationsausrüstung eingesetzt. Die Besatzungen übten fieberhaft. Eine Maschine, die offensichtlich zu spät gestartet war, wurde über Gibraltar im ersten Morgengrauen abgeschossen. Nun mußten die jungen Besatzungen ihre Bewährungsproben bestehen.

Meine Order lautete: Peilfunk-Aufklärung mit Ortung im Planquadrat C, D, E, F mit kassettierten Funkaufnahmen. Nach Erfüllung des Auftrages: Meldung an GKdoSTZ (Kommandotaktische Zeichen). Die Wetterlage mit den Aussichten schien günstig. Ausschlaggebend war die Wolkendecke in den Auftrags-Planquadraten. Von Palermo stieg ich durch eine massive Wolkendecke bis in den Sternenhimmel und flog den Auftragskurs an der nordwestafrikanischen Küste aus südlicher Richtung an. Unser Nautiker gab das bewußte Zeichen. Wir waren am Einsatzort. Unter uns mußte Casablanca liegen. Ich ging in die Wolkendecke, und der Funker ließ seine neuartige Schleppantenne los. Helm ab zum Gebet, rief er durch die EiV. Hört euch das an, rief er wieder. Unentwirrbare Morsezeichen. Wir haben sie, rief er wieder. Unser Abwehrmann hatte seine Kassetten eingeschaltet. Ich ging noch tiefer und war immer noch in der Wolkendecke, in 3200 Meter Höhe, verboten tief. Die Funkaufnahmen müssen hervorragend sein, rief der Kommandant und gab das bewußte Zeichen. Ich konnte auf den Rückkurs gehen. Wir waren erkannt. Links vor uns feuerten offensichtlich Flakgeschütze eines schweren Kreuzers, der uns ausgemacht hatte. Augenblicklich änderte ich den Kurs und machte, daß wir fortkamen. Die

Motoren der Do 217, eines nagelneuen Modells, arbeiteten fabelhaft, 550 km/h sah ich auf der Anzeige. Der Sprit müßte noch bis Sizilien reichen. Die leeren Zusatztanks hatte der Mechaniker abgetrennt. Den geglückten Auftrag hatten wir Petrus zu verdanken, rief unser Nautiker. Nach einer knappen Stunde meldete der Kommandant einen GKdoS-Befehl: Landung in Berta II. Das muß der beschissene Flughafen bei Susa sein, da bin ich aber gespannt, wie wir da runterkommen sollen! Ich bat den Funker, seine Spezialantenne auszufahren und Verbindung aufzunehmen mit dem vorgeschriebenen Code. Er bekam keine Verbindung. Auch der Versuch des Funkaufklärers war vergeblich. Der Funker blieb aber dran und hämmerte auf seiner Taste. „Die Banditen pennen", schimpfte er. „Endlich", schrie er in die EiV, daß mir die Ohren schmerzten, und dann kam auch schon die Anflugspeilung, das „Qdm" aus etwa 100 km Entfernung. Ich ging vorsichtig herunter und tauchte in eine „fette Suppe".

Es goß, die Maschine bebte etwas. Ich erbat dringend eine QMS-Landebeleuchtung. Die Funkverbindung war plötzlich weg, weil der Funker seine Antenne einfahren mußte. Er hämmerte aber weiter auf seiner Taste. „Heiz denen da unten tüchtig ein, den Schlafmützen", ließ der Kommandant sich wieder hören. Die Maschine wurde ruhiger. Endlich kam wieder ein Qdm. Ich lag günstig, hatte Gegenwind und brauchte kaum zu verbessern, entschloß mich, direkt zu landen und ließ das Fahrwerk heraus. Bei derartigen Einsätzen hatten Platzrunden ohnehin zu unterbleiben. Flughöhe 110 Meter. Vor uns die schwache Anflugsgrundlinienbeleuchtung. Heraus mit den Landeklappen. Mein bewußtes Gefühl war da, und hoppel-di-poppel, die Erde hatte uns wieder. Hurrrraaaa, schrie unser Kommandant begeistert. Und nach ein paar Minuten lagen wir uns alle in den Armen. Ich mußte sofort ans Telefon. Der Aufklärungschef gratulierte zu unserer Leistung. Es wurde noch eine zweite Maschine erwartet. In 4 Stunden sollte eine Auswertung stattfinden. Eigentümlich, ich spürte nicht das geringste Schlafbedürfnis, muß dann aber doch plötzlich eingeschlafen sein. Ein Stabsoffizier weckte mich. „Wir müssen allein zur Auswertung zum Stab. Die zweite Maschine, die von der spanischen Küste gestartet sein soll, ist überfällig", sagte er zögernd. Das war das traurige Los der Fernaufklärer: „allein und überfällig".

Das Ergebnis der Auswertung im Stab war überraschend. Da braute sich etwas zusammen, das uns zu schaffen machen wird, eine Invasionsarmee. Unsere beiden Funker und der Kommandant wurden gelobt. Nach der Auswertung ließ ein Major Stauffenberg bitten, ich möchte mich bei ihm melden. „Seit heute morgen sind Sie das Tagesgespräch. Wie haben Sie das geschafft. Eine derartige Präzision." So hatte er mich begrüßt. Militärisch knapp und dennoch eigentümlich leger. Er fragte, ob ich aktiv sei oder zur Reserve gehöre. Meine Antwort, nicht aktiv zu sein, schien ihm nicht zu behagen. Als ich ihm auf seine Frage nach meiner Herkunft Masuren nannte, war er sehr überrascht, zögerte etwas, wurde dann aber gesprächiger und erwähnte Steinort, das Lehndorff'sche Schloß. Ich kannte das alte seltsame Schloß. So waren wir rasch in ein nahezu kameradschaftliches Gespräch geraten. Die tiefe und warme Empfindsamkeit und der lockere Ton waren beeindruckend. Sie paßten nicht zu einem forschen IA-Generalstabsoffizier des Rommelschen Afrikakorps. Daß er kurz darauf in den mörderischen Kämpfen mit der von uns ermittelten anglo-amerikanischen Invasionsarmee schwer verwundet wurde und eineinhalb Jahre danach im aktiven Widerstand am Attentat auf den entarteten Hitler führend beteiligt war, erfuhr ich erst später. Ich konnte es mir kaum vorstellen.

In der Shetland-Region der nördlichen Nordsee waren die Geleitzugaktionen der Alliierten für den Nachschub an die Sowjetarmee außer Kontrolle geraten. Deshalb erging ein strikter Befehl an die gesamte Aufklärungsmaschinerie der Wehrmacht, diesem Übel beizukommen. In Windeseile wurden wir aus der noch relativ friedlichen Mittelmeerregion an das garstige Nordmeer verlegt.

An jedem Einsatz waren zwei Aufklärungsoffiziere, einer für die „sichere" Beobachtung und einer für die „Nachrichten", beteiligt. Der erste Einsatz kostete einem schwerverletzten Bordschützen und einem tödlich verletzten Bordmechaniker das Leben. Nun begann auch für uns der gnadenlose Krieg, der sich Monat für Monat, ja von Woche zu Woche zuspitzte. Wer nach schwierigstem Einsatz, im heftigsten Flakfeuer und Jägerbeschuß, die Shetland-Region verlassen konnte, war glücklich, wenn er in der Nähe der Einsatzhäfen von heimtückisch patrouillierenden englischen Lightnings nicht zu guter Letzt noch abgeschossen wurde. Dann war es aber einer Besatzung doch noch gelungen, einen riesigen Geleitzug mit dem notwendigen Nachschub für die sowjetische Offensive aufzuspüren und einen ungeheuren Einsatz von U-Booten, Bomben und sogar Torpedos tragenden Maschinen aller Gattungen auszulösen. Die Erfolge waren minimal und die Verluste, zumal bei den älteren Flugzeugtypen, grauenhaft. So war der Nachschub für die Großoffensive der Sowjetarmeen an der gesamten Ostfront im Frühjahr 1944 gesichert. Im Sommer war dann unsere Abwehr an der riesigen Front völlig zusammengebrochen. Die verheerenden Bombardierungen unserer Städte und Industriezentren offenbarten bereits das nahende Chaos.

Im letzten Einsatz hatte sich mein Schutzengel erbarmt. Ich wurde am linken Bein leicht verwundet. Am 6. Juni, dem „längsten Tag" des zweiten Weltkrieges, begann die Invasion der alliierten Armeen in der Normandie. Das bedeutete das Ende unserer Fernaufklärung.

Die nachtflugtauglichen Flugzeugführer und Kommandanten wurden, während meine Verletzung heilte, in einem Lehrgang für die neue Nachtjagdführungshaltung mit großem Radarleitgerät in der Heinkel 177, einem schwerfälligen Maschinentyp, umgeschult. Die jüngsten, unversehrten Kutscher konnten sich zu einer Umschulung als Jäger im Rahmen des Reichsverteidigungsprogramms melden.

Die Verletzung war abgeheilt. Ich galt als kv. und wurde wegen einer unbedachten, nicht angemessenen Äußerung beiseite gestellt. Inmitten dieser Situation platzte die Forderung der Waffen-SS, nicht mehr benötigte Flugzeugführer zu Panzerkommandanten umzuschulen. Das bedeutete, daß ich mich als Langemarck-Student für eine derartige Umschulung unbedingt zur

Verfügung zu stellen hatte. Mein altes Schicksal hatte mich wieder eingeholt. Mir blieb nichts anderes übrig, als mich zu melden, zumal meine letzte Beförderung höchstwahrscheinlich wegen der unbedachten Äußerung ausgeblieben war.

Mit einem gleichaltrigen Langemarck-Kameraden meldete ich mich zur Ausbildung in einer SS-Panzerkompanie. Nach einer ungewöhnlich harten Schulung hatte ich einen in der verunglückten Ardennenoffensive beschädigten Panzer, der in der Reparatur war, übernommen. Der Kommandant war wegen einer Erkrankung ausgeschieden. Der Fahrer und Richtschütze waren tüchtige Panzersoldaten. Nach der Reparatur ging es im Transport in den Südabschnitt der Ostfront am Gran-Brückenkopf. Da mein Panzer nicht voll einsatzfähig war, bestand meine Aufgabe darin, die Frontlinienpanzer mit Munition zu versorgen und als Reserve zur Verfügung zu stehen.

Unsere Tiger-Panzer schlugen sich tapfer. Der Wucht des massiven Angriffs konnten die russischen Panzer nicht widerstehen. Ich zählte 9 abgeschossene T 34. Drei brannten noch. Aber auch 2 unserer Tiger hatte es erwischt. Sanitäter bemühten sich um die Verwundeten. Nachdem wir die Tiger mit Granaten für den Nachstoß versorgt hatten, wurde mir befohlen, einen an der Vorstoßflanke lahm geschossenen T 34 und eine in der Nähe stehende Pak zu vernichten. Der Fahrer hatte auf die Tube gedrückt, und nach zwei geschickten Schlenkern hatten wir den lahmen Russen im Visier. Als er sein Rohr auf uns richtete, hatte der Richtschütze bereits auf den Knopf gedrückt. Der T 34 qualmte, und über uns zischte eine Granate der Pak hinweg. Blitzschnell hatte der Richtschütze anvisiert und wieder auf den Knopf gedrückt. Das war der zweite Volltreffer. Ich mußte melden: einen lahmen T 34 und eine Pak vernichtet. Das war aber sehr knapp. „Der zweite Schuß der Pak hätte Sie in die Luft gejagt", grollte der Kompaniechef.

Die Sowjets hatten sich zurückgezogen. Die Infanterie war nachgerückt. Der Spieß kam in einem Kübelwagen mit einem Kessel einer Nudelsuppe. Nach drei Tagen die erste warme Mahlzeit. Tief in Gedanken versunken löffelte ich meine Nudelsuppe.

So gut hatte mir eine Suppe schon lange nicht mehr geschmeckt. Noch am gleichen Abend kam der Befehl zur Verlegung an einen südlicheren Frontabschnitt, von wo aus ein erneuter Vorstoß der Sowjets auf Wien gestoppt werden sollte.

Nach dem Ausladen der Panzer vor dem Beziehen der neuen Bereitstellung meldete ich mich beim Regimentsstab. Die Kameraden gratulierten mir im Vorhinein zu der zu erwartenden Auszeichnung. Ich war sehr gespannt und machte mich auf den Weg. In der Kommandantur traf ich den Langemarck-Kameraden, der mit besseren Ausbildungsergebnissen in die erste Kompanie gelangt war und sogar zwei T 34 abgeschossen hatte, trotzdem aber sehr depressiv wirkte. Dresden, der Wohnort seiner Verlobten, soll durch mehrere Bombenangriffe völlig zerstört worden sein, stammelte er mitleiderregend. Ich nahm mit tiefem Bedauern Anteil an seinem Kummer, in der festen Hoffnung, daß nicht das Allerschlimmste geschehen sei.

Der Ordonnanz-Sturmführer eröffnete uns, wir müßten uns laut eines „Führerbefehls" unverzüglich in der Frontflieger-Sammelstelle in Quedlinburg melden. Er überreichte uns die Fahrscheine, Marschbefehle mit dem Vermerk Führerbefehl und die versiegelten Wehrstammakten gegen eine Quittung. Unsere Akten hatten wir in Quedlinburg abzugeben. Mit offenem Mund, uns gegenseitig anstarrend, standen wir da und wußten nicht, was wir darauf antworten sollten. Herbert Besseler schien aber deutlich erleichtert.

Er hatte sich fest vorgenommen, einen Kurzurlaub zu beantragen. Das war nun nicht mehr nötig. Gegen eine Fahrtunterbrechung würde die Frontfliegersammelstelle sicherlich nichts einzuwenden haben. Schließlich verabschiedete uns der Regimentskommandeur persönlich mit den besten Wünschen. Er schien nicht bei bester Laune zu sein. Obwohl er erst vor kurzem vom „größten Feldherrn aller Zeiten" mit den Schwertern zum Eichenlaub des Ritterkreuzes ausgezeichnet worden war.

In Wien verabschiedeten wir uns kurz bis zum Wiedersehen in Quedlinburg. Herbert Besseler wollte so schnell wie möglich nach Dresden, während ich meine Panzeruniform umtauschen wollte und mich bei einer Luftwaffenleitstelle meldete. Hier kam ich einfach nicht dazu, nach einer Bekleidungskammer zu fragen, weil der OvD, ein älterer Oberfeldwebel, seine Leute wegen der Suche nach einem Piloten für einen Kurierflug mit einer Ju 88 traktierte. Die in der Umgebung Wiens stationierten Nachtjäger hatten den Kurierflug wegen der Einsatzbereitschaft abgelehnt. Ich hörte noch einmal: Nacht-Kurierflug, Ju 88, Kölleda. Ich kannte den Flughafen von den Übungen in Erfurt, dazwischen lag Sömmerda. Das wäre doch die Gelegenheit und meldete mich bei dem Oberfeldwebel. Der schien aus allen Wolken zu fallen und musterte mich mißtrauisch, während ich ihm mein Luftwaffensoldbuch reichte und dann kurz mein Mißgeschick schilderte. Na, dann brauche ich nicht auf den Bahnhöfen nach einem Ju 88-Piloten ausrufen zu lassen. Er bat mich, zu seinem Chef mitzukommen.

Ein Dienstwagen brachte mich zum Flughafen Aspern. Der Kommandant beäugte mich mißtrauisch. Jetzt fiel mir ein, daß ich den Tausch der Panzeruniform vollkommen vergessen hatte. Nun war es zu spät. Die Ju 88 war startklar. Und ein monokeltragender älterer Oberst mit seinem Adjutanten warteten ungeduldig. Als der Kommandant mich vorgestellt hatte, waren sie entsetzt. Der Oberst prüfte mein Soldbuch. So oft wie in der letzten Stunde wurde mein Soldbuch noch nie geprüft. „Ja, meine Herren, es sind Kriegszeiten, da bleibt uns wohl nichts anderes übrig", meinte er entrüstet. „Können Sie uns ihre Fähigkeit beweisen?" „Jawohl", antwortete ich in angemessener Haltung, „mit einer Flugplatzrunde." Das war schnell geschehen. Beruhigt waren die Herren mit ihren Taschen eingestiegen. Inzwischen war auch noch ein Bordfunker aus einer abgestellten Transportstaffel gefunden worden. Der Mechaniker hatte schon in der Maschine gewartet. Die Fahrwerkautomatik, die in der Ju 88 mitunter ihre Mucken hatte, funktionierte einwandfrei. Der Mechaniker machte einen zuverlässigen Eindruck.

Es war eine sternklare Nacht. Über Dresden schienen immer noch Dunstschleier zu liegen. Die reduzierte Beleuchtung der Anflugsgrundlinie reichte aus. Wahrscheinlich hätte ich den Anflug auch ohne Bordfunker geschafft. Die Landung verlief problemlos. Die Maschine war kaum ausgerollt, als auch schon der Sicherheitsdienst da war. Ich wurde gründlicher kontrolliert als alle anderen, mit dem Soldbuch und dem Marschbefehl mit dem Vermerk des „Führerbefehls". Mein Aktenpaket wurde eingehend beäugt. Das Siegel aber nicht aufgebrochen. Es gelang mir so eben noch, mich nach einer Fahrverbindung nach Sömmerda zu erkundigen. Ein Unteroffizier wollte sich darum kümmern.

In einem kleinen Zimmer war ich auf einem Feldbett eingeschlafen und erst gegen Mittag aufgewacht. Auf einem Zettel auf dem Tisch las ich: Zug nach Sömmerda um 12 Uhr 20 vom Depot. Am Depot stand ein Munitionszug abfahrbereit. Er durfte zwar nicht im Sömmerdaer Bahnhof halten, aber außerhalb wäre es schon möglich, erklärte der Zugführer. Von Sömmerda hätte ich Anschluß nach Quedlinburg über Sangerhausen und Halberstadt.

Die Spannung begann jetzt zu steigen. Schließlich hatte ich mich durch die Wirrnis nicht wieder gemeldet, obwohl ich es Dora versprochen hatte. Meine Heimat Ostpreußen war vom Krieg verwüstet und verloren. Ich war heimatlos und stand vor Doras Elternhaus im Stadtring 23. Ihr Vater öffnete mir die Tür. Dora war vor Überraschung einer kleinen Ohnmacht nahe, als sie mich in der Panzeruniform erblickte.

Die herzliche Aufnahme in ihrem Elternhaus erzeugte in mir das Gefühl eine Ersatzheimat, eine Wahlheimat im Goethe'schen Sinne, gefunden zu haben. Vor zwei Jahren hatte ich mich in Dora verliebt. Jetzt kam es mir vor, als sei es vor ein paar Wochen gewesen. Bei herrlichem Frühlingswetter, sie trug ein sehr schickes Kostüm, spazierten wir im Stadtpark an der Unstrut und vergaßen für ein paar Stunden unsere düstere Zukunft. Ich fürchtete, unser Deutschland könnte sich nicht wieder erholen. Nach einem steilen Aufstieg würde stets ein jäher Abstieg folgen. Die Ostfront lag jetzt an der Oder. Breslau war in russischer Hand, und die Alliierten standen vor Würzburg und Bremen. Es kann nur noch Tage dauern. Der Führerbefehl war eine Farce, die mir das Leben retten sollte. Ich konnte es kaum begreifen, nicht nur damals, auch heute noch. Im Halberstädter Bahnhof traf ich auf einen Langemarck-Kameraden mit dem gleichen Schicksal. Er hatte als Versehrter 1944 studiert und hatte sich bei der „Opferaktion", so drückte er sich aus, zur Panzerwaffe gemeldet oder melden müssen. Der gleiche Führerbefehl hatte ihn bei Posen auch in einer Bereitstellung der Weichselfront erreicht. Die Reise über Posen und Cottbus bis hierher sei katastrophal gewesen.

Die sogenannte Frontfliegersammelgruppe Quedlinburg war der Aufenthaltsort eines illustren Fliegerhaufens. Vom Flugschüler bis zu höchstdekorierten Kampf- und Jagdfliegern war alles vertreten. Darunter auch vier zu Panzerkommandanten umgeschulte Flugzeugführer. Drei davon waren Langemarck-Angehörige. Der Kommandeur der Sammel-, auch Gammelgruppe genannt, war ratlos. Inzwischen war nämlich das durch den selbstherrlichen Durchhalte-Rüstungsminister Speer initiierte Luftwaffen-Reichsverteidigungsprogramm zusammengebrochen, bevor es überhaupt angelaufen war. Schließlich sollte die Sammelgruppe aufgelöst werden. Wir wurden zu dritt, ein Oberleutnant aus Bremen und ein Feldwebel aus Werdau, einem Luftflottenkommando Süd in einem Ort bei Berchtesgaden zugeteilt und kamen in dem Wirrwarr der letzten Kriegswochen bis zu einem Stützpunkt in Taufkirchen.

Ein alter Flughafenkommandant, ohne Flughafen, ein sympathischer Oberst mit einem EK I und Flugzeugführerabzeichen aus dem ersten Weltkrieg mit der Kaiserkrone, eröffnete uns, daß wir als Reservisten und Versehrte gemäß eines Luftwaffenerlasses vom März 1945 entlassen werden können. Nichts lieber als das, dachte ich mir und war einer der ersten, der sich meldete. Wenn ich nun einmal in der Gunst des Schicksals stand, wollte ich, so mir Gott helfe, dabeibleiben. Er meldete uns dem Flottenkommando, und dabei erfuhr ich von meiner schon länger ausstehenden Beförderung. So kassierte ich auch noch mit der Nachzahlung und gleichzeitigen Auszahlung bis zum 31.12.45 eine ansehnliche Summe. Es war der 20. April 1945. Hitler, jetzt der größte Verlierer aller Zeiten, der sich im August 1939 vor den Generalen der Wehrmacht damit brüstete, seit Karl dem Großen, dem Gründer des ersten Deutschen Reiches, nun als Gründer des dritten Reiches in die Weltgeschichte einzugehen, hatte mit seiner Geliebten, Eva Braun, Selbstmord begangen.

Die während des zweiten Weltkrieges nicht gerade siegesgewohnten Generale hatten über einen derart blasphemischen Vergleich mit dem Kopf geschüttelt. Einige von ihnen hatten sich verabschieden lassen. Die Mehrzahl hatte ihm den Eid geschworen und die Pläne für die zunächst verblüffend siegreichen Schlachten und Eroberungen vorbereitet. Die besten unter ihnen versuchten, ihm zu widerstehen und mußten den Widerstand mit dem Leben bezahlen.

Von den Alliierten war an alle Einheiten der Wehrmacht die Forderung ergangen, sich bedingungslos zu ergeben. Deserteure würden als Mitglieder des Wehrwolfs betrachtet und entsprechend verurteilt. Wir hatten unsere Entlassungsscheine in der Tasche. Wollten aber einer langen Gefangenschaft unbedingt entgehen.

Deshalb hatte ich als jüngster und astronavigationsgeschulter Pilot mit Hilfe von Meßtischblättern und Kompaß einen Nachtfluchtplan für die ersten vier Tage auf Feld- und Waldwegen über die Donau bei Deggendorf bis in den Bayerischen Wald ausgearbeitet. Nachts marschierten wir stramm ohne Unterbrechungen. Tagsüber ruhten wir in abgelegenen Bauerngehöften für ein ansehnliches Entgelt und schafften es auf diese Weise bis zu einem Fischerhof bei Deggendorf. Der Fischer fürchtete sich vor den täglichen Kontrollen. Vor wenigen Minuten war er kontrolliert worden und beschwor uns umgehend, ohne unsere Ruhepause abzuwarten, in einem kleinen Kahn überzusetzen, freilich gegen eine horrende Summe. Dreitausend Mark kassierte er. Unter günstigen Tarnbedingungen, auf Pfaden und kleinen Wegen gelangten wir in einem anstrengenden Tagesmarsch bis an den Rand des Bayerischen Waldes bei Petersdorf, und bemühten uns gegen immer höhere Summen mit flehenderen Bitten um ein Asyl.

Wir bekommen nur Schwierigkeiten, hieß es immer wieder, denn wir waren nicht die einzigen Asylsuchenden. Es war bereits um neun Uhr, die Zeit der Ausgangssperre. Verzweifelt standen wir vor einer letzten Möglichkeit, einer nicht gerade einladenden Gastwirtschaft, als plötzlich ein Jeep einer US-Streife hielt und ein Sergeant auf uns zukam und auf seine Armbanduhr zeigte. Aus seinen uns kritisch musternden Blicken ließ sich nichts Gutes schließen. Bernhard faßte sich ans Herz, machte eine kleine Verbeugung und sagte: „Sorry Sir, we have'nt possibility on this time." Der Sergeant zeigte lächelnd auf die Hintereingangstür der Gastwirtschaft, die noch offenstand, da hier Fremdarbeiter untergebracht waren und sagte: „Here you are, go in." Mit aller Mühe verbargen wir unsere Bestürzung und verschwanden hinter der Tür. Es war niemand da. Aus einem Zimmer war ein tschechischer Fremdarbeiter getreten und über unsere plötzliche Anwesenheit erschrocken. Gerhard erklärte ihm in gebrochenem Deutsch, daß wir dänische Fremdarbeiter seien und nach Hof zu einer Sammelstelle wollten. Auch der hinzugekommene Gastwirt, der unser Gespräch mit dem Sergeanten offenbar gehört hatte, weil sonst ja niemand weiter da war, glaubte uns, und führte uns in einen kleinen Raum mit vier Pritschen und brachte uns drei Decken und zeigte uns die Toiletten und einen kleinen Waschraum. Ich bedankte mich, auch mit einem fürchterlich gebrochenen Deutsch und deutete an, daß wir morgen, sehr früh, nach Hof wollten. Ich war zwar sehr müde, konnte aber kaum schlafen.

Am nächsten Morgen brachen wir in aller Herrgottsfrühe auf und erholten uns auf einer kleinen, einsamen Wiese im Frühlingserwachen des Bayerischen Waldes. Unser Vorrat an Knäkkebrot und Konserven reichte noch für ein paar Tage. Bernhard hatte eine Flasche Kognak herausgerückt, der unsere seelische Verfassung etwas aufrichtete und uns neuen Mut schöpfen ließ.

Auf einem Pirschweg war uns ein alter Förster begegnet. Seine Jagdgewehre hatte er abliefern müssen. Sehr verzweifelt darüber nahm er dennoch Anteil an unserem Schicksal und beriet uns über unsere Wegstrecken. Bernhard tröstete ihn, er würde seine Jagdflinten sicherlich bald wiederbekommen. Inzwischen gesprächiger geworden, schilderte er uns, daß entlassene Soldaten sich jetzt auf ihren Heimwegen frei bewegen und auf den Ämtern Lebensmittelkarten bekommen können.

In Ebendorf in der Oberpfalz hatte Gerhard Verwandte. Hier

meldeten wir uns. Acht Tage hatten wir inzwischen vagabundiert, unsere Kleidung kaum vom Körper bekommen und uns notdürftig an Bächen gewaschen. Jetzt konnten wir nicht nur eine herzliche Gastfreundschaft genießen, vielmehr endlich die Furcht loswerden, womöglich noch in die Gefangenschaft zu geraten. Es kam uns alles wie ein Wunder vor. In der Geborgenheit haben wir die Strapazen und Ängste noch einmal erlebt und unsere auf Gedeih und Verderb verschworene Gemeinschaft besiegelt und über den Ausgang beglückt, freilich nicht frei von neuen Sorgen, aber doch zuversichtlich, getrennt. Gerhard wollte von hier aus zu seiner Frau und Tochter nach Werdau, Bernhard zu seinen Eltern nach Bremen und ich zu meiner Verlobten nach Sömmerda weiterwandern.

Die prächtige, in voller Blüte stehende Frühlingslandschaft Thüringens mit dem frischen Grün der sanften Höhen und sonnig-warmen Auen beflügelte meine Wanderschritte in dem beglückenden Gefühl, die letzten schrecklichen Monate heil an Leib und Seele überstanden zu haben. Ich stieg einen Hügel hinab und sang: „Es blüht das fernste, tiefste Tal, nun armes Herz vergiß die Qual, vergiß die Qual. Nun muß sich alles, alles ändern." Das Bewußtwerden des „Sich alles ändern müssens" dämpfte die Freude mit der bangen Frage, was wird nun nach dem Chaos kommen. Unsere schicksalsbeladene Zukunft liegt, dem Verderben näher als einem Gedeihen, in den Händen der Siegermächte. Die Buße für den wahnsinnigen Übermut wird nicht so schlimm sein, wie die Folgen der Versklavung nach einem womöglichen Sieg des Größenwahnsinnigsten aller Zeiten, hatte vor einem Jahr mein Freund Hübner noch geweissagt. Damals war ich darüber heftig erschrocken.

Alle möglichen Gedanken gingen mir durch den Kopf. Ich mußte mich setzen, etwas verschnaufen und an meine Zukunft denken. Zumal über die verlorene Heimat, durch das grausame Hasardieren eines psychopathisch entarteten Fanatikers. Ich mußte an meine Kindheit denken, an meine Eltern, Geschwister und Großeltern. Sind sie auf der grausamen Flucht aus Ostpreußen umgekommen oder haben sie das schreckliche Inferno überstanden? Ihr ungewisses Schicksal ließ mich nahezu erstarren. In Gedanken sah ich den tiefgläubigen Vater vor mir, war in die Knie gesunken und betete: „Herrgott, erbarme dich unser und unseres Volkes und schenke uns Gnade und Barmherzigkeit." Ich konnte noch das Amen sprechen, als plötzlich eine zweimotorige US-Mosquito im Tiefflug über mich hinwegdonnerte. Fast zu Tode erschrocken, lag ich flach im Gras. Was mag das wohl zu bedeuten haben. Ein Eichelhäher hatte mich entdeckt und kreischte fürchterlich. Und dann war es wieder besänftigend still in der Waldeinsamkeit auf einem grünen Weg, der meine Route verkürzt hatte.

In der Stille kam ich vom Meditieren wieder ins unersprießliche Philosophieren und schließlich in ein überdenkendes Politisieren. Mit etwas Geschick und auch einigem Glück konnte ich mich von den Maximen der fatalistischen nationalsozialistischen Ideologie frühzeitig lösen. Im Institut in Königsberg wurde lediglich eine fachliche Hochleistung verlangt. An der Fischereischule hatte Dr. Klust, von den gelegentlichen Referaten mit politisierendem Inhalt abgesehen, stets ein Auge zugedrückt. Und im Langemarck-Studium war ich mit dem vordergründigen, preußisch-militärischen Korpsgeist leidlich zurechtgekommen. Dafür hatten die sehr vernünftigen, versehrten Frontsoldaten, die sich von dem Korpsgeist distanziert hatten, gesorgt. Hier erlebte ich die ersten Anzeichen einer sich bildenden Widerstandsbewegung. Während eines Lehrgangs wäre eine abfällige Bemerkung mir beinah zum Verhängnis geworden. Der mir sehr väterlich zugeneigte Kommandeur hatte es mit Hilfe seiner autoritären Geltung verhindern können. Jetzt unter der Regie der US-Besatzung wird die alte Parteienlandschaft aus der Zeit der Weimarer Republik, sicherlich erneuert, wieder entstehen.

Der erholsame Wald mit seiner würzigen, erfrischenden Luft war zu Ende. An einem großen Kartoffelacker angelangt, wurde ich von einer Bauersfrau angesprochen, die um ihren einzigen Sohn bangte. Er soll in der Flugzeugführerausbildung der Luftwaffe nach einem Unfall, möglicherweise einer Bruchlandung, gleich abgelöst und zu einer Fallschirmjägereinheit kommandiert worden sein. Das war seine letzte verzweifelte Nachricht gewesen. Der Vater bedauerte, daß der Junge sich mit Leib und Seele der Segelfliegerei verschrieben und bei den Rhön-Wettbewerben viele Preise geholt hatte. Mit einer knappen Erörterung meines Schicksals versuchte ich die Eltern zu trösten. Um mehr zu erfahren, luden sie mich zum Abendessen und zur Übernachtung ein.

Ich erörterte die günstigen Möglichkeiten, falls der Sohn in die Gefangenschaft der Alliierten geraten wäre. Die englischen und amerikanischen Einheiten seien dabei, die Gefangenen zu entlassen, im Gegensatz zu den Franzosen, die sie nach Frankreich deportierten. Ich hatte es von Entlassenen auf dem Einwohnermeldeamt in Pößneck erfahren. Fatal sind die Bedingungen in der russischen Gefangenschaft. Nicht nur die Soldaten, auch Zivilisten, Alte und Jugendliche, sogar Kinder über 14 Jahre würden zur Zwangsarbeit nach Rußland deportiert, zum Wiederaufbau der verheerenden Zerstörungen durch unsere Truppen auf dem Rückzug auf höchsten Befehl, nach dem Prinzip der verbrannten Erde. Wenn der Sohn aus Lyon geschrieben hatte, bestünde die Hoffnung, daß er an der Westfront zum Einsatz gekommen sein könnte, mit den günstigeren Bedingungen einer alliierten Gefangenschaft. Ich hoffte, die Eltern so gut wie möglich getröstet zu haben und bedankte mich vielmals für die liebenswürdige Aufnahme und Bewirtung.

Gut erholt machte ich mich wieder auf den Weg. Vor dem Ort Schloßvippach wurde ich von einem bequem auf einem Stuhl sitzenden US-Posten angehalten und kontrolliert. Er musterte meinen Entlassungsschein und lachte über den Hoheitsadler mit dem Hakenkreuz. Die Abkürzung meines Dienstgrades hatte ich noch erklären müssen. „Äh, yes", entgegnete er Kaugummi kauend mit krähender Stimme, erhob sich ein wenig und tippte lässig mit dem Zeigefinger an den schief sitzenden Helm. Ich machte eine kleine Verbeugung und zog weiter. Um nicht schon wieder kontrolliert zu werden, bog ich kurz vor Sömmerda in einen Feldweg ein und gelangte an der Sperlingssiedlung vorbei über die Kölledaer Straße in den Stadtring. Auch Sömmerda, wie alle

Dörfer und Städte unterwegs, war von Zerstörungen verschont geblieben, ein begütigender Trost auf dem sehr langen Weg. Erwartungsvoll stand ich nun vor der Haustür im Stadtring 23.

Ein neuer Anfang
in Doras Elternhaus

Es war eine umwerfende Überraschung, als Doras Schwester Luise die Tür öffnete und mich mit einem Kuß im Hausflur empfing. Dora, die kurz darauf von einem Einkauf zurückkehrte, war ich um den Hals gefallen. Als sie kürzlich heimkehrenden Landsern begegnete, hatte sie an mich denken müssen und fest daran geglaubt, daß ich auch zurückkehren würde. Auch Doras Eltern empfingen mich mit offenen Armen in meiner neuen Wahlheimat, von der ich geträumt hatte. Daß ich es aus dem südlichen Bayern bis hierher per pedes geschafft hatte, hat niemand glauben wollen, wenn nicht die ab- und teilweise durchgewetzten Sohlen meiner Schuhe ein beredter Beweis dafür gewesen wären. So hatte ich lange zu erzählen über die weite Wanderung und die Erlebnisse.

Luises Mann Ottomar, bislang als Chef der Lohnkasse des Rheinmetall-Borsig Rüstungswerkes in Sömmerda, über Jahre uk gestellt, war im Herbst 1944 doch noch einberufen worden. Seine letzte Feldpostnachricht kam im Dezember aus Neukuhren im Samland Ostpreußen an der Ostsee, meinem Lieblingsort mit der Seefischereistation, die mein unvergeßlicher Freund und Helfer Helmut Henschel betreut hatte. Wir bangten und hofften, daß er nicht in die mörderischen Kämpfe um Königsberg geraten und womöglich gefallen war. Die große Freude über meine Wiederkehr erschien dadurch erheblich gedämpft.

Doras Vater, der tüchtige und wohlhabende Schneidermeister und Innungsobermeister Ernst Pfund, dessen Geschäft und Werkstatt mit sechs bis acht Gesellen und vier Lehrlingen im letzten Kriegsjahr bis auf zwei Hilfskräfte zusammengeschrumpft war, war jetzt von früh bis spät auf den Beinen, weil der US-Stadtkommandant das Geschäft zum Taylor Shop für seine Truppen erklärt hatte. Gleichzeitig hatte er für die in ihre Heimatländer zurückkehrenden Fremdarbeiter Kleidungsstücke herzustellen. Zwar konnte er die Arbeit auf die Innungsmitglieder verteilen, behielt aber die Verantwortung für die termingerechten Lieferungen. Damit gab es Arbeit im Übermaß. So lernte ich bügeln, nähen, das sogenannte Staffieren, Auftrennen von Nähten für Reparaturen und andere Hilfsarbeiten.

Für die Fleischversorgung der neunköpfigen Familie hatte Ottomar in den Kriegsjahren Stallhasen gehalten, so daß der Sonntagsbraten nahezu regelmäßig gesichert war. Da auch noch einige Morgen Ackerland mit einer kleinen Wiese und einem Obstgarten zum Erbteil der Mutter Doras gehörten, wurden für eine kriegsbedingte Teilselbstversorgung ein kleiner Stall angebaut und ein Schwein gefüttert und geschlachtet und sogar für die Versorgung der Kinder mit Milch eine Ziege gehalten. Da dieser Status beibehalten werden konnte, gehörte ich während meines Studiums zu den Glücklichen, die nicht zu hungern brauchten. Dafür mußte ich aber überall mithelfen, wo Hilfe nötig war. Ein Feld mit Futterrüben mußte gehackt werden. Die Rüben waren schon recht groß. Da eine Regenfront angekündigt wurde, beeilte ich mich. Weil das angegebene Rübenfeld mir klein vorkam, es ging ohne eine deutliche Grenze in ein Nachbarfeld über, hackte ich weiter und war trotzdem bald fertig. Ein paar Tage später hat sich der Nachbar bei meinem zukünftigen Schwiegervater für das Rübenhacken bedankt.

Da ich seit meiner Ausbildung in Perteltnicken auch mit der Sense umgehen konnte, mähte ich eines Morgens, bei frischem Tau, zur Verwunderung von Dora und ihren Eltern auch die Wiese neben dem Rübenacker. Da das Gras sehr hoch und kräftig und die vom Nachbarn geliehene Sense nicht gedengelt, also sehr stumpf war, habe ich mich mächtig anstrengen müssen, es aber schließlich doch noch geschafft. Und als der Schwiegervater zwei Tage später die Wiese mähen lassen wollte und ich ihm eröffnete, daß ich es bereits getan hatte, wollte er es nicht glauben. Der Nachbar aber bestätigte es, daß die Wiese gemäht und das Heu schon zum Einfahren getrocknet sei. Schließlich schaffte ich auch die umständliche und schwierige Bergung des Heues in kleinen Bündeln, wie ich es in Perteltnicken gelernt hatte, durch den Hausflur über zwei Treppen auf den Dachboden der Werkstatt.

Nach dem Motto, daß es kaum etwas gibt, was einem einmal nicht doch noch zugute kommen oder manchmal vielleicht sogar zum Segen gereichen könnte.

Daß die Universitäten im ersten Nachkriegsjahr den Studienbetrieb wieder aufnehmen würden, daran war nicht zu denken. Es hieß zwar, an der Jenaer Friedrich-Schiller-Universität sei eine Wiedergutmachungsgruppe ehemaliger Studenten gebildet worden, die sich an Enttrümmerungs- und Instandsetzungsarbeiten der bombengeschädigten Institute beteiligte. Versuchsweise hatte ich mich bei einer Zweigstelle des gerade neu gegründeten Demokratischen Studentenbundes gemeldet, wurde aber mit der Begründung vertröstet, daß mit einer Wiedereröffnung der Jenaer Universität frühestens im nächsten Jahr zu rechnen sei.

An einem strahlend herrlichen Sonntag, der Bahnverkehr funktionierte wieder ohne Störungen, machten wir einen Ausflug nach Erfurt zum Schwimmen im Nord-Bad. Hier mußte ich Doras Wassersportfähigkeiten bewundern. In tadelloser Haltung führte sie einen meisterhaften Kopfsprung vom 5-Meter-Turm vor. Es war faszinierend. Beim Wettschwimmen hatte sie mich nach wenigen Metern abgehängt. Ich war zwar am Mucker-See in Masuren geboren und aufgewachsen, aber ein begeisterter Wassersportler war ich nie gewesen, obwohl ich mich vielfach sportlich betätigte. Kurz darauf wurde ihr die Bade- und Schwimmbegeisterung zum Verhängnis. Als wir auf einem Spaziergang in der Schallenburger Aue am Mühlenteich vorbeikamen, mußte sie unbedingt ein paar Züge schwimmen. Meine dringende Warnung vor dem trüben Wasser nahm sie nicht ernst, und mit Gewalt konnte ich sie nicht zurückhalten. Sie stand plötzlich im Badeanzug da und sprang ins Wasser.

Den Badeanzug muß sie zu Hause angezogen haben. Eine Woche später war sie mit Durchfall und wechselndem Fieber ans Bett gefesselt. Im Stuhl wurden Bakterien gefunden. Es war eine Typhuserkrankung, die sich in Sömmerda und im Unstruttal rasch verbreitet hatte. Da bereits zwei ihrer Schulkameradinnen in der Infektionsabteilung des Sömmerdaer Krankenhauses gestorben waren, sträubte sie sich unablässig gegen eine Einweisung. Und als sich auch ihre Schwester Luise infiziert hatte und sich gegen eine Einweisung sträubte, hatte ich den Hausarzt Dr. Röttcher angefleht, als gegen Typhus Geimpfter die Hauspflege und Betreuung unter seiner Regie übernehmen zu dürfen. Er konnte auch den Amtsarzt überzeugen. Mit vereinten Kräften der gesund gebliebenen Mutter und Doras Kusine Hanni Liedloff, wobei die größte Last auf Doras Mutter Schultern ruhte, schafften wir es.

In den Gesprächen pries Dr. Röttcher immer wieder die Krisenfestigkeit des Arztberufes, die nicht auf taube Ohren stieß. Dr. Röttcher meinte, daß ich mit den biologischen Kenntnissen ein Drittel des Stoffes der vorklinischen Fächer beherrschen würde und ermunterte mich zu dem Entschluß, Medizin zu studieren, was ein paar Jahre vorher Dr. Klust schon getan hatte. Durch die Bekanntschaft mit dem Unterarzt Heinz Engelien in Königsberg, bei den Teutonen, hatte ich eine Ahnung von dem notwendigen Fleiß und der Ausdauer für ein Medizinstudium.

Doras Vater hatte den Fachsimpeleien Dr. Röttchers hin und wieder zugehört und eröffnete mir eines Tages, ich könnte im August im Städtischen Krankenhaus als Famulus beginnen. Der Bürgermeister Bode, einer seiner Freunde, hatte bereits das Einverständnis des Chefarztes Dr. Boening erreicht.

Nach einem Vorstellungsgespräch bei dem strengen Chef, einem etwas arroganten Militär-Oberstabsarzt, der aus Ortelsburg in Ostpreußen, der Nachbarkreisstadt meines Heimatortes, stammte, wurde ich dem Stationsarzt der Männerstation Dr. Stürmer zugewiesen.

Dr. Stürmer, ein neuzeitlich ausgebildeter, manuell sehr geschickter und dazu auch noch sympathisch wirkender Arzt, hatte vor einem Jahr an der Medizinischen Fakultät der Charité in Berlin das Staatsexamen abgelegt, und war mit einer Promotionsarbeit beschäftigt. Von der ersten Stunde an hatte ich ein sehr großes Vertrauen zu ihm, das über das Studium in Jena hinaus bestehen blieb. Er brachte mir die ersten anatomischen Begriffe und Kenntnisse bei und lieh mir die notwendigen Lehrbücher, die er schließlich nicht mehr benötigte. Half mir bei der Erhebung der Anamnesen und den Eintragungen in die Krankenblätter, deren sorgfältige Führung ich schon nach ein paar Wochen übernehmen konnte, freilich nicht ohne seine gelegentliche Hilfe. Im wesentlichen half ich zunächst dem Stationspfleger Hermann Bach beim Anlegen und Wechseln der Verbände, der Gipsverbände und allen auf der Station anfallenden Pflegearbeiten als Nachttopfschwenker.

Der Internist des Hauses Dr. Wieland ein subtil analysierender und differenzierender Fachmann und gleichzeitig auch der Laborarzt des Hauses, erteilte uns, ich war der zweite Famulus im Hause, auch eine Einführung in die Laboratoriumsdiagnostik, wobei ich mir sehr viel Mühe gegeben und auch großes Interesse gezeigt hatte, ohne zu ahnen, daß ich in diesem Metier später zu einer Bedeutung gelangen würde. Dr. Wieland hatte sich sehr viel Mühe gegeben und mir großes Verständnis entgegengebracht und hatte dadurch möglicherweise den Grundstein für die spätere Entwicklung gelegt.

Der Oberarzt des Hauses Dr. Thieme, ein Militär-Stabsarzt, galt als robuster, rasche Dringlichkeitsentschlüsse fassender Hauptverbandsplatz-Operator, dessen Entschlußfähigkeit von Dr. Stürmer, weniger aber von Dr. Wieland bewundert wurde.

Ich hatte Gelegenheit, einem konsequenzreichen Streitgespräch der beiden zuzuhören. Es ging um die Patientin mit einer akuten Blinddarmentzündung, die Dr. Wieland aufgenommen, aber nicht zur Operation gemeldet hatte, worüber Dr. Thieme sich beklagte. Dr. Wieland vertrat einen konservativen Standpunkt, da die Leukozytose, die erhöhte Temperatur der Mundhöhle und des Mastdarms und die Druckempfindlichkeit der McBurney'schen Region nachgelassen hatten. Trotzdem ritt der Oberarzt sein Paradepferd der Dringlichkeit einer Operation. Der Wurmfortsatz mit den Lymphdrüsen des Blinddarms ist die Tonsille, die Rachenmandel des Darmes. Sie werden doch nicht bei einer abklingenden Angina eine Tonsillektomie als dringend indiziert erachten, resümierte Dr. Wieland. Dr. Thieme hielt dagegen, daß die Appendix, der Wurmfortsatz, keine Rachenmandel sei. Eine Perforation, Durchbruch der Entzündung des Wurmfortsatzes, würde stets zu einer Peritonitis, einer Bauchhöhlenentzündung, mit einem bedrohlichen, erfahrungsgemäß oft tödlich endenden Ausgang führen, den keiner von uns beiden zu verantworten in der Lage sein dürfte. Nicht immer, Herr Kollege, erdreistete sich Dr. Wieland. Eine Perityphlitis und ein perityphlitischer Abszeß können resorbiert werden und narbenbildend abheilen. „Dann wünsche ich Ihnen, daß Sie daran nicht krepieren", konterte der Oberarzt und verließ zornentbrannt das Zimmer. Dr. Wieland hatte ihn offenbar provozieren wollen. Er lächelte und meinte, das kann unser Oberarzt nicht vertragen. Eine gute Phagozytose, diesen Namen hatte ich zum erstenmal gehört, kann jede Abszeßbildung sogar spurlos beseitigen. Gäbe es die Phagozyten (Freßzellen) nicht, hätten wir viel mehr Friedhöfe auf der Welt. Von Immunität hat unser Oberarzt noch nicht viel verstanden. Ich wußte mit dem Begriff nichts anzufangen und bat ihn um Aufklärung. Dr. Stürmer hat mir den zum Schluß etwas heftig geführten Disput ausführlich erläutert und auch bei der Notiz in meinem Tagebuch geholfen.

Am Ende des Pflegepraktikums durfte ich bei einer Magenoperation des Chefs, nach Billroth II, zuschauen. Ich mache es aber etwas anders, hatte er dazu erklärt. Der Oberarzt, der bei der Operation assistierte, meinte danach, die Anastomose, die neue Verbindung, sei zu klein gewesen. Der Patient würde zunehmende Beschwerden bekommen. Als ich zwei Jahre später nach einer längeren Famulatur an der Jenaer Chirurgischen Universitätsklinik in Sömmerda famulierte, konnte ich die unterschiedliche Qualität der Operationen, besonders in der präparativen Präzision deutlich erkennen und auch schon beurteilen.

Ende September konnte Dr. Stürmer in Berlin erfahren, daß die Jenaer Universität jetzt unter der sowjetischen Besatzung und Militäradministration nach dem berüchtigten Tausch Thüringens unter West-Alliierter Besatzung gegen das russisch besetzte West-Berlin, bereits im November 1945 wieder eröffnet werden soll. Gleichzeitig bestätigte ein Bekannter des Schwiegervaters aus Jena die Nachricht.

Dem Potsdamer Abkommen zufolge hatte die US-Armee Thüringen Ende Juni geräumt. Die Direktoren und einige Abteilungsleiter des Sömmerdaer Rheinmetallwerkes, Angehörige des Adels, Gutsbesitzer, Parteileiter und Führer der angeschlossenen Organisationen, waren der US-Armee gefolgt. Die Dagebliebenen hatten Repressalien befürchtet, die aber zunächst ausblieben, nach und nach jedoch einsetzten und dann sogar rigoros durch plötzliche Verhaftungen, selbst harmloser Parteigenossen und Polizisten von der Roten Armee durchgeführt wurden.

Der Nachbar, Paul Kätsch, ein unparteiischer, unbescholtener Besitzer einer kleinen Werkzeugfabrik, wurde plötzlich verhaftet. Er war, wie ein Neffe des Schwiegervaters, zwei Jahre im früheren KZ-Buchenwald inhaftiert und wieder entlassen worden. Viele von ihnen trauten dem Frieden nicht und verließen die sowjetische Besatzungszone. Auf einigen Gütern wurden Verwalter aus dem verlorenen Ostpreußen und Schlesien unter sowjetischer Regie eingesetzt. Aus altem Gutsbesitz und Grafschaften entstanden die Neubauernsiedlungen der Vertriebenen aus den Ostprovinzen. Das Rheinmetall-Borsig Werk Sömmerda wurde demontiert, auch die zweiten Gleise der Hauptstrecken der Reichsbahn. Es gab kaum eine Stadt, in der nicht ein Werk demontiert wurde. Doras Schwager Ottomar, der inzwischen aus englischer Gefangenschaft heimgekehrt war, mußte als ehemaliger Lohnkassenchef im Rheinmetallwerk Demontage-Dienst leisten.

Die wirtschaftlichen Verhältnisse in unserer Zone verschlechterten sich immer mehr. Eine drohende Angst vor dem kommenden Winter breitete sich aus. Die Menschen in den Städten tauschten ihr letztes Hab und Gut gegen ein paar Lebensmittel bei den Bauern auf dem Lande. Es kam zu bestürzenden Grotesken. Ein Bauer prahlte: Teppiche im Kuhstall könne er nicht gebrauchen. Auch kostbare Schmuckstücke wechselten auf diese Weise ihre Besitzer. Auf den Feldern wurde hinter den Erntemaschinen von früh bis spät nachgelesen, Ähren, Kartoffeln, steckengebliebene Rübenreste und nicht zuletzt im Wald Holz gesammelt. Bedauerlicherweise wurden noch nicht abgeerntete Felder - die Bauern unterlagen einer erhöhten Ablieferungspflicht - geplündert. Die Sömmerdaer Bauern und Kleingärtner, auch die, die noch ein kleines Stück Land besaßen, wozu auch wir gehörten, mußten sich an der Flurwache beteiligen.

Unter derartigen Bedingungen waren die Hoffnungen auf eine Wiedereröffnung der Universitäten völlig geschwunden. Ich überlegte, ob mein Pflegepraktikum noch einen Sinn hätte oder ob ich nicht besser daran täte, dem Schwiegervater in seiner Werkstatt zu helfen. Dr. Stürmer paukte aber unverdrossen mit mir die Anatomie des Menschen mit Hilfe eines Repetitorium anatomicum.

Als eine Sömmerdaer Philologiestudentin mit einer Verletzung in der Ambulanz erschien und über eine im Wiedergutmachungsdienst stehende Studentengruppe berichtete, die mit einer Wiedereröffnung der Friedrich-Schiller-Universität Ende November rechnete, schickte mich Dr. Stürmer mit einer Praktikumsbescheinigung zur Anmeldung nach Jena.

Der Schwiegervater freute sich über die Nachricht und auch die Schwiegermutter, während Dora skeptisch und bekümmert reagierte, als sie den Namen Inge Liebke hörte. Dennoch half sie beim Kofferpacken und war auch zum Bahnhof mitgekommen. Ich versprach ihr, daß sie sich wegen einer möglichen Rivalität nicht die geringsten Sorgen zu machen brauche.

Etwas bange und beklommen war mir zumute, als ich in Jena aus dem Zug stieg und in dem heruntergekommenen Bahnhofshotel abgewiesen wurde. Mit einem Obolus erstand ich dann aber doch noch ein Zimmer, stellte den Koffer ab und machte mich, ohne zu fragen ohne Hilfsmittel nach altem Scholarenbrauch auf die Suche nach der Universität. Alte Universitäten liegen nicht selten in der Nähe von Marktplätzen. Das niedrige Rathaus mit dem ärmlichen Walmdach machte eher einen gemütlichen, als beherrschenden und gebietenden Eindruck. Vom Marktplatz stieß ich an zwei Häuserecken vorbei direkt auf das ebenso ärmliche Hintertor der alten Salana. Ohne Hilfe hatte ich sie gefunden. Das war ein gutes Zeichen.

Am nächsten Tag, sehr früh, die Hinterpforte der Universität war weit geöffnet, reihte ich mich in die Schlange der Rück- und Neuanmelder und sah Inge Liebke, die mit dem ersten Zug angereist war und mich mit lautem Hallo begrüßte. Diese laute Begrüßung war Heinz Engelien, der vor mir in der Schlange stand, aufgefallen. Vor vier Jahren hatten wir uns in Königsberg auf einer Studentenversammlung kennengelernt. An seiner Größe und dem markanten Gesicht erkannte ich ihn wieder. Durch die wortreiche Begrüßung Inge Liebkes aufmerksam geworden, hatte auch er mich gleich erkannt. Eine unerwartete Überraschung. Zur Begrüßung gingen wir aufeinander zu. Er war gleich an der Reihe und sagte, er würde an der Pforte auf mich warten. Ich war glücklich, in der fremden Universitätsstadt nicht mehr allein zu sein, schließlich kannte Heinz Engelien Jena. Er war in den ersten Semestern hier und konnte mir, einem unbehelligten Anfänger, helfen, sich zurechtzufinden. Ich konnte es kaum begreifen. Neben Heinz Engelien stand noch ein Bekannter aus der Königsberger Zeit an der Pforte. Er stammte aus Steinheid im Thüringer Wald und hatte unsere Begrüßung neben der Warteschlange gesehen.

Wir müssen das glückliche Wiedersehen feiern, hatte Heinz Engelien bestimmt. Das Göhre'sche Weinlokal war überfüllt. Jena wimmelte von Studenten. Wir gehen in die Wagnergasse zu Herrn Baez. Auch hier waren nur noch am Stammtisch zwei Plätze frei. Wir machten uns schmal und bestellten ein Mittagessen. Es gab Mangold mit Spiegelei auf Fleischmarken, die wir nicht hatten. Heinz Engelien, der hier Stammgast war, sorgte dafür, daß wir auch ohne Marken etwas in den Magen bekamen und mit Hilfe eines Klaren fröhlich Erinnerungen austauschen konnten. Heinz Engelien war als Unterarzt im Weichselbogen eingesetzt und konnte mit einer Panzereinheit auf dem Rückzug glücklich entkommen und erlebte das Kriegsende in Wittenberg an der Elbe. Hans Herdan war bei den Kämpfen in Stalingrad im November 1942 verwundet und mit dem letzten Lazarett-Zug in die Heimat gelangt. Er mußte noch auf Wohnungssuche gehen und hatte sich mit einem Verwandten verabredet. Wir vereinbarten, morgen mittag wieder hier zu sein.

Heinz Engelien fragte, ob ich schon ein Zimmer hätte. Ich verneinte. Und so spazierten wir durch das in der Innenstadt bombengeschädigte Jena, zu seiner früheren Wirtin, Frau Bergemann-Könitzer, einer Bildhauerin und Dozentin für bildende Kunst, im

Villengang 3. Frau Bergemann hatte eine Flüchtlingsfamilie, einen Amtmann der Breslauer Universität, aufnehmen müssen. Wenn ich aber mit einer Liege in ihrer Bibliothek zufrieden sein würde, meinte sie, hätte sie nichts dagegen. Ich war durchaus zufrieden und sehr überrascht, so schnell eine Unterkunft gefunden zu haben.

Heinz Engelien stand im letzten, sogenannten Staatsexamenssemester. Er war mit einer Zahnärztin verheiratet, die ich noch als Studentin von Königsberg her kannte. Sie hatten eine einjährige Tochter und wohnten im Forstweg 21 bei einer Frau Webel. Hildegard bestritt zur Zeit eine Zahnarztpraxisvertretung in Großschwabhausen bei Weimar. Sie war eine herzensgute Mutter, Frau und sehr gebildete, charmante Dame, mit einer aufmerksamen Gastfreundlichkeit. Ohne Umschweife und dennoch dezent hatte sie mich bei der Begrüßung mit einem angenehmen Händedruck freundschaftlich geduzt.

Der für die Immatrikulation auszufüllende Fragebogen war sehr umfangreich. Sorgen machte mir das Angeben des Langemarck-Studiums. Heinz Engelien riet davon ab. Er erinnerte sich, daß in Bledau mehrere Studienräte aus der altehrwürdigen Hindenburg Penne gelehrt hatten und empfahl mir einfach, die Hindenburg-Oberschule anzugeben. Ich folgte seinem Rat.

Bei der Abgabe und Sichtung der Fragebögen wurde Offizieren, Parteigenossen und HJ- und Führern des nationalsozialistischen Studentenbundes empfohlen, sich für einen Wiedergutmachungsdienst anzumelden. Ein Amtmann erklärte mir, nachdem ich mich in die Wiedergutmachungsliste eingetragen hatte, ich müßte mich umgehend im Sekretariat des Anthropologischen Instituts melden. Am nächsten Tag begannen wir hier unter Anleitung eines Oberassistenten des Instituts mit dem Enttrümmern und der Suche nach anthropologischem Archivmaterial.

Nach einer Woche wurden wir Offiziere von einem sowjetischen Offizier der Kommandantur zum Saalebahnhof beordert. Hier hatten wir unter Aufsicht von zwei Offizieren russische Infanteriegeschütze zu verladen. Anschließend waren es Kisten mit der Munition der Geschütze. Eine Woche später planierten wir mit Spitzhacke, Spaten und Schaufeln einen großen Platz. Es war der letzte Einsatz. Während wir hackten und schaufelten, war die Universität wieder eröffnet worden. Am schwarzen Brett, im Kreuzgang der Universität erfuhren wir, daß wir geschlossen zum Studium zugelassen worden waren.

Das Studium in Jena

Am 20. November saß ich in der Anatomie-Vorlesung von Professor Körner im Hörsaal des unversehrten Anatomischen Instituts und hatte mich anschließend in die Liste für den Präparierkurs eingetragen.

Ein Problem war die Beschaffung der notwendigen, von den Professoren und Dozenten empfohlenen Lehrbücher. Auch hierbei half mir Heinz Engelien mit dem Lehrbuch der Anatomie von Rauber-Kopsch und der Physiologie von Landois-Rosemann. Das Becher'sche Lehrbuch der Physik für Mediziner und Biologen lieh mir Dr. Stürmer, der sich mit mir über die erschuftete Zulassung freute. Über die Zoologie besaß ich noch ein Skriptum des Königsberger Zoologen Professor Köhler und der Chemie des Professor Schütz. Über die Botanik konnte ich ein Jenaer Skriptum aus den Vorlesungen Professor Renners ergattern.

Das erste Studentenwochenende, weg vom Hörsaal und nach den Strapazen der Wiedergutmachung, verbrachte ich bei Dora und den Schwiegereltern im nun bewußtgewordenen, neuen Zuhause. Es war ein großes Freudenfest. Am meisten freuten sich die Schwiegereltern darüber, daß die Anstrengungen sich doch gelohnt hatten und auch das Pflegerpraktikum im Krankenhaus nicht unnütz gewesen war. Ich half beim Zuckerrübenmuskochen, einem lebenswichtigen Brotaufstrichvorrat für den ersten Nachkriegswinter, der sich mit dem ersten Frost und Schnee angekündigt hatte.

Am Tage besuchte ich regelmäßig die Vorlesungen, den Präparierkurs und die Praktika. Abends, bis in die Nacht hinein, büffelte ich in den Lehrbüchern und schuf mir auch eigene Skripten.

Anfang Dezember, es war unangenehm kalt geworden, die überschwemmten Saalewiesen waren vereist, hatte mich Frau Bergemann mit einer Hiobsbotschaft überrascht. Ich mußte die Bibliothek räumen für eine russische Offiziersfamilie, die Frau Bergemann in ihre Wohnung aufnehmen mußte. Ich konnte aber in die kleine Dachkammer mit tapezierten Bretterwänden und einer kleinen Dachfensterluke umziehen und hatte zumindest ein Dach über dem Kopf. Die Liege durfte ich mitnehmen. Durch diesen Umzug wurde meine Büffelei empfindlich gestört.

Es war noch kälter geworden. Das Wasser in der Waschschüssel war am Morgen gefroren. Am Abend flüchtete ich jetzt in den Lesesaal des Volkshauses, der vom Zeiss-Werk, das wieder zu arbeiten begonnen hatte, beheizt wurde, um mich bei den Büchern zu erwärmen. Damals benötigte ich trotz der Kälte keine Unterwäsche. Dora konnte es nicht fassen, hatte mir aber vorsorglich zwei Garnituren eingepackt. Jetzt war ich sehr froh darüber und konnte, wenn es nicht zu kalt war, auch wieder in der Dachkammer büffeln.

Obwohl ich in der Anatomie nur mit sehr viel Mühe langsam voran kam, gelang es mir, die gefürchteten Testate bei Professor Körner problemlos zu bestehen. Während zwei meiner Kollegen mehrfach Pech hatten. Ihre Verhältnisse und die karge Kost der Wassersuppen in der Mensa behinderten das Studium schon erheblich. Da konnte ich mit der Versorgung durch meine Schwiegereltern mehr als zufrieden sein.

Im Januar 1946 übernahm die neuformierte „Antifa-Gruppe" der Universität die politische Führung, vor allem aber die Kontrolle. Es hatten nämlich Studentenwahlen stattgefunden, bei denen die Kommunistische Partei beängstigend wenig Stimmen errungen hatte. Die Folgen dieser schlimmen Niederlage mußten wir, die Mitglieder der Wiedergutmachungsgruppe, tragen. Wir erfuhren es am schwarzen Brett. Wir waren alle vom Studium ausgeschlossen worden.

Es entstand für uns Exmatrikulierte nun eine sehr prekäre Situation. In den Praktika mit den Testaten befürchteten wir Schwierigkeiten. Bei mir war es im Präparierkurs der Fall. Beim Testat suchte Professor Körner auf der Liste der zugelassen gebliebenen Studenten nach meinem Namen vergeblich. Betrübt hatte ich mit gesenktem Kopf genickt. Wortlos nahm er meine Testatkarte zur Hand und begann mit den Fragen. Ich hatte mich diesmal, wohlwissend, besonders gut vorbereitet. Das Testat hatte auch beunruhigend lange gedauert. Und er nickte schließlich zufrieden mit dem Kopf. Zwei Kommilitonen nach mir hatten wieder Pech. Sie mußten das Testat wiederholen. Im Anker bei Herrn Baez spülten wir den Ärger herunter und sangen dazu die bekannten Strophen der Jenaer Studentenhymne: „In Jene lebt sich's bene" und betonten besonders die zweite Strophe: „Und die Wirtsleut und die Krämer, sind die besten von der Welt", und mit Emphase die letzte Strophe: „Und die allergrößte Freiheit ist in Jena auf dem Damm, in Schlafröcken darf man gehen und den Bart sich lassen stehen, wie ein jeder will und kann." Begeistert hatten die Gäste unserem Song zugehört. Und Herr Baez war darob nicht kleinlich.

Ich schilderte meinen Zulassungskummer Doras Onkel Albert. Der legte mir nahe, in die Sozialdemokratische Partei einzutreten. Es könnte sein, daß mir die Mitgliedschaft in dieser Partei helfen würde, wieder zugelassen zu werden. Ich war verzweifelt, wieder in das politische Theater gezwungen zu werden. Es gab aber keinen anderen Ausweg. Viele Kommilitonen hatten sich bereits dazu entschlossen. Dora hatte ich meinen Eintritt in die Sozialdemokratische Partei zunächst verheimlicht. Sie hätte meinen Entschluß sicherlich nicht gebilligt.

Im Januar wurde ich zu einer Rücksprache ins Rektorat bestellt. Ein Herr von Herwarth nahm meine Überprüfung vor. Nachdem ich offen und ehrlich seine Fragen beantwortete, schilderte ich kurz meinen Lebenslauf, den er sich geduldig anhörte. Er wünschte ein erfolgreiches Studium, und damit war ich entlassen. Eine Sekretärin rief mich aber zurück und fragte, ob ich einer der neuen politischen demokratischen Parteien angehören würde. Der SPD antwortete ich.

Eine Woche nach dem Verhör fand ich am schwarzen Brett auf der Liste der nachträglich zugelassenen Studenten unter den Medizinern auch meinen Namen. Es war schon spät, aber die Zeit reichte noch für den Weg zum Bahnhof und zum Lösen einer Fahrkarte nach Sömmerda. Im Zug hatte ich Zeit, um über das Zulassungstheater nachzudenken. Hans Herdan, der sehr fleißige und bedachtsam kritische Kollege, der auch in der Wiedergutmachungsgruppe mitgemacht hatte, war, dem Rat seines Vaters folgend, in die SPD eingetreten, weil die SPD an der Universität die stärkste Parteigruppe war und hatte auch mir dazu geraten. Ich war von vornherein dagegen. Erst in der verzweifelten Situation nach der Exmatrikulation habe ich mich nach Beratung mit Doras Onkel Albert dazu entschlossen.

Zu Hause war die Freude gedämpft. Dora war von meinem Parteibeitritt enttäuscht. Die Eltern aber waren der Meinung, daß man in der Not auch unliebsame Entschlüsse fassen müsse. Und da diese nun offensichtlich zum Erfolg geführt hatten, waren sie mehr als zufrieden. Plötzlich klingelte und hämmerte es heftig an der Haustür. Dora ließ alles stehen und liegen, faßte mich am Arm und lief mit mir durch die Hintertür in den Garten, wo ich mich hinter der alten Laube gut verstecken konnte. Nach ein paar Minuten floh ich durch den Garten in die Nachbarstraße. Doch als ich in den Stadtring einbog, kam eine Sowjet-Streife direkt auf mich zu. „Du Dokumente", befahl ein russischer Offizier. Glücklicherweise hatte ich meinen Studentenausweis und den SPD-Ausweis bei mir. „Du in Jena, Universität?" Ich bejahte laut. Er gab mir die Ausweise wieder und sagte: „Du gehen nach Hause!" Ich mußte mir Mühe geben, langsam zu gehen. Der Schreck saß mir noch in den Gliedern. Später war zu hören, daß gelegentlich russische Offiziere desertierten, nach denen nachts überraschend durch einen massiven Einsatz gefahndet wurde. Dasselbe erlebte ich auch in Jena.

Wieder in Jena, in meiner Bodenkammer büffelnd, rief Frau Bergemann nach mir. Im Korridor wartete Gottfried Engelhard, ein Hauptmann der Flak. Als Waffenbrüder hatten wir uns in der Wiedergutmachungsgruppe angefreundet. „Du hast Glück, Johannes", sagte er: „Ich bin endgültig ausgeschlossen! Ich will es an der Universität in Marburg versuchen." Da er aber zu Marburg keinerlei Beziehungen hatte, bat er mich um die Adresse meiner Kusine Margot Kalisch, die an der Universität Marburg promoviert hatte und am Elisabeth-Gymnasium Musik und Kunst lehrte. Ich wünschte ihm viel Glück. Gleich danach kam Hans Herdan. Mit frohlockender Stimme berichtete er von unserer Wiederzulassung und meinte, wir sollten uns für das nächste Semester zum Physikum anmelden, um unseren Eltern die finanzielle Last zu verringern. Ich erklärte ihm, daß ich bedauerlicherweise noch nicht soweit sei. Er hatte mir allerhand zugetraut. Ich mußte ihn enttäuschen.

In einem Kolloquium in der Anatomie und Physiologie für Physikumskandidaten stellte sich heraus, daß wir doch noch beträchtliche Lücken hatten. „Nun", flüsterte ich zu Hans Herdan, „willst du bei deinem Vorhaben bleiben?" Er schüttelte mit dem Kopf, meinte aber, daß wir die Ergebnisse der nächsten Testate abwarten sollten.

Es war wieder sehr kalt geworden. Dora besuchte mich und brachte mir einen eleganten Wintermantel, den ihr Vater mir geschenkt hatte, mit und war über meine Dachkammer erschrocken. Nur wenige Minuten später erschien Heinz Engelien. Auf der Suche nach einer neuen, besseren Bleibe für mich hatte er sich mehrere Wochen nicht blicken lassen. Er fand ein beheiztes Zimmer, das ein nicht wieder zugelassener Jurastudent in der herrschaftlichen Wohnung einer Frau Dade, der Witwe eines Bankdirektors, aufgegeben hatte, in dem mir auch die Bibliothek ihres gefallenen Sohnes, eines Philologie-Dozenten, zur Verfügung stand. Dora war gleich mitgekommen und freute sich mit mir über das Wohnungsglück. Ich lebte wieder auf. Mit meinen Leistungen in den Praktika und Testaten konnte ich wieder zufrieden sein. Am Ende des Semesters meldeten wir uns nun doch noch zum Physikum.

Heinz Engelien gehörte seit dem ersten Jenaer Semester zu den Jenaer Teutonen, einer Traditions-Burschenschaft. Das Denkmal der „Burschen" mit der Burschenfahne in der Hand hatte das Bombardement auf dem Eichplatz heil überstanden. Das stattliche Teutonenhaus mußte unmittelbar nach dem Einmarsch der US-Armee geräumt werden. Nach dem Abzug und während der sowjetischen Besetzung war es zu einem Kino umgebaut worden. Einen Teil des traditionellen Kommersgestühls war im Gasthaus der Frau Anna in Wöllnitz an den Wiesen untergebracht. Hier fand auch ein stilles, kleines, bescheidenes Stiftungsfest zum Zeichen des Überlebens statt. Heinz Engelien hatte mich als eines der jüngsten, überlebenden Königsberger Mitglieder mitgenommen. Der alte Hausmeister hatte den Rest eines alten Moselweines gerettet. Es gab auch ein kleines, bescheidenes „Tante Anna Menü". Butterbrötchen mit hauseigenem Ziegenkäse. Mit dem Teutonenpanier wurde der Gefallenen gedacht. 1957 habe ich darüber, einem der ältesten Jenenser Teutonen, Professor Vogt, dem bekannten Hirnforscher, in seinem Institut in Neustadt im Schwarzwald berichtet. Er freute sich in seelenvoller Erinnerung darüber sehr. Damals hatte er in Jena seine Frau Cecilie kennengelernt.

Mit einem ungelernt Gefühl stürzte ich mich ins Physikum, die ärztliche Vorprüfung, und bemerkte zu spät, daß ich die Anatomie des Gehirns sträflich vernachlässigt hatte. Auch Hans Herdan gestand, von der Hirnanatomie nicht viel gespeichert zu haben. Er hatte Glück und war von hirnanatomischen Fragen verschont geblieben, während ich Pech hatte. Über meine miserablen Kenntnisse war ich tief erschrocken. Und Professor Körner urteilte, es sei unzureichend, ich müßte das Fach wiederholen. Ich war also schlichtweg durchgefallen, und zwar nicht allein in der Anatomie. Auch in der Physik hatte ich Pech. Es war eine schriftliche Prüfung, von der ich mit Sicherheit angenommen hatte, sie bestanden zu haben. Hans Herdan hatte ebenfalls Pech. Er war ehrgeizig. Nur mit viel Mühe gelang es mir, ihn zu trösten. Wie sollte er das seinem Vater, der ein Schulrektor war, beibringen. Einfach, ruhig und sachlich gestehen, riet ich ihm.

In den Ferien zu Hause vergaß ich über die sehr gut ausgefallenen Ernteerträge beinahe mein Mißgeschick. Da wir aber nach dem Physikum heiraten wollten, schließlich wollte ich damit meine Fähigkeit unter Beweis stellen, waren mir die mißlungenen Prüfungen um so peinlicher. Glücklicherweise blieb aber noch Zeit, um die häßliche Scharte auszumerzen. Dabei halfen mir das tröstende Beistehen Doras und ihrer Eltern.

Heinz Engelien bestand das Staatsexamen mit summa cum laude und bekam eine Assistenzstelle in der Universitätsnervenklinik. Ich mußte ihm mein doppeltes Pech beichten. Er war auf der Stelle bereit, mit mir die Gehirnanatomie zu pauken und tat es mit großer Sorgfalt und Ausdauer. „Die Ausdauer ist das, was dir noch fehlt. Bei den Medizinern steht dicht neben dem Fleiß die Ausdauer. So scheidet sich im Physikum die Spreu vom Weizen", betonte er entschieden und streng. „Und auch an der Güte deiner Geduld mußt du noch etwas arbeiten", ergänzte er. „Deine Gründlichkeit ist zwar lobenswert, aber sie allein reicht nicht aus." Ich gab mir die größte Mühe, seine Ratschläge zu beherzigen.

Heinz Engelien hatte inzwischen besondere Verlaufsformen der Neurofibromatose erforscht und mit den Ergebnissen, mit summa cum laude promoviert. Wir feierten seine Promotion und kamen nebenher, wie schon oft, ins Philosophieren. Er ritt wieder sein Steckenpferd, die Ausdauer, und deklamierte: „Fleiß ist nicht unbedingt die entscheidende Eigenschaft, die mit intellektuellen Fähigkeiten gepaart im Sinne einer Begabung die neuronal-assoziierte Kapazität der Gehirnfunktion aufbaut und zu einer potentiellen Funktionstüchtigkeit und einer erfolgreichen Gestaltung führt." Es heißt zwar, der Ernst macht den Mann und der Fleiß das Genie. Rückert bringt es in dem Poem auf das Bild, das vor jedem steht, zum Ausdruck, das solange es nicht wird, der Friede nicht voll werden kann. Ich meine in dem „so lange es nicht voll werden kann" hat Rückert die Ausdauer gemeint. Damit hatte Heinz Engelien die Meinung und Ansicht seines Lehrers der Nervenheilkunde, Rudolf Lemke, apostrophiert, der sechs Jahre später auch mein Lehrer werden sollte.

Unsere Hochzeit, nach den bestandenen Wiederholungsprüfungen, war sehr bescheiden, wozu auch die frostmächtigen Dezember- und Januarwochen und ein plötzliches Tauwetter mit anhaltenden Regengüssen und einer Überschwemmung in Sömmerda, im Unstruttal, beigetragen hatten. Der Schwiegervater konnte mir einen fabelhaften Smoking schneidern. Es hatten aber ein Paar passende Schuhe gefehlt, die Dora schließlich gegen ein kostbares Kleidungsstück eintauschte. Durch das Tauwasser auf dem Weg zum Standesamt waren die Schuhe völlig durchnäßt. Wieder getrocknet, paßten sie mir nicht mehr. Und bei den Bemühungen, sie wieder passend zu machen, steckte ich meinen

Verlobungsring in die Hosentasche. Dort fand ich ihn nicht wieder. Bei der Trauung liehen mir Doras Schwester Luise ihren Trauring und ihr Mann ein Paar schwarze Schuhe, die mir viel zu groß waren. Derartige Pannen bedeuten ein schlechtes Omen. Aber uns hat es bislang seit fünf Jahrzehnten glücklicherweise nichts Böses antun können.

In Jena war ich nun in das erste klinische Semester gestiegen und bemühte mich nebenher, meine Allgemeinbildung in den Vorlesungen bei den seinerzeit in Jena Furore erregenden Philosophen, den Historiker Leisegang und den Elementarphilosophen Johannsen, etwas aufzupolieren. In der Meinung, daß Fortschritte in der medizinisch-klinischen Diagnostik und Therapie künftig mit Hilfe biochemischer und biophysikalischer Forschungsergebnisse erzielt werden könnten, hörte ich auch interessante Physik- und Chemie- Vorlesungen. Hinzu kamen zwei neue, obligatorische Vorlesungen im Zuge einer Stabilisierung der erzwungenen Einheitspartei SED (aus SPD und KPD) in der sowjetischen Besatzungszone. Es waren die Vorlesungen, „Werdender Staat" von Herrn Lindemann, zur Vorbereitung der Gründung des ersten Arbeiter-und Bauern-Staates auf deutschem Boden und „Der Dialektische Materialismus" von Dr. Wolf, nach der von Hegel begründeten Theorie einer materialistischen Auffassung der griechischen Philosophen, Thales und Heraklit, der bekannten panta-rhei-These und von Marx entworfenen und Lenin doktrinär geprägten Weltanschauung, die schließlich im Stalinismus zu einem erschreckenden Höhepunkt eskalierte. Leisegang hatte dieser Anschauung nur geringe und, wenn überhaupt, dann extrem einseitige Entwicklungsmöglichkeiten eingeräumt. Johannsen erläuterte den Marx'schen Mehrwert, bemängelte aber die mangelhafte Potenzierungsfähigkeit der materialistischen Auffassung. Beide philosophischen Wissenschaftler mußten die Zone verlassen.

Auch einer der ersten vom Konzil gewählten Rektoren der Friedrich-Schiller-Universität, Professor Friedrich Hund, Ordinarius für Theoretische Physik, mußte Jena verlassen. Aus seinen Vorlesungen über bedeutungsvolle Beispiele der Relativitätstheorie in verschiedenen technischen Funktionsbereichen und Grenzbereichen, die ich gehört hatte, stammten entscheidende Anregungen für die spätere Entwicklung der Zellsedimentierkammer.

Im wesentlichen hörte ich die Einführungs-Vorlesungen der Inneren Medizin von Dozent Dr. Carstens, in der Chirurgischen Klinik von Professor Nöller und Dozent Dr. Busse und der Geburtshilfe und Gynäkologie von Dozent Dr. Mestwerdt. Da seinerzeit die Vorlesung des ophthalmologischen Ordinarius als spektakulär galt, habe ich mich unter die älteren Semester gemischt, zumal in der Vorlesung in hora coram publico Staatsexamenskandidaten geprüft wurden. Ein Kandidat hatte die Anamnese einer Patientin, die auf einem Auge unter heftigen drückenden Schmerzen litt, geschildert, den Befund mit der Sehstörung erklärt und folgerichtig ein akutes Glaukom, den grünen Star, diagnostiziert. Der Professor lobte ihn mit einem summa cum laude, bat den Kandidaten aber noch, der Patientin ihr Leiden zu erklären. „Die Behandlung ist sehr dringend, Sie müssen gleich stationär aufgenommen werden", sagte er zu der Patientin, die nun herausgeführt wurde. „Aber Herr Kollege", rief der Professor mit bebender Stimme: „Die Frau sitzt doch auf einem Pulverfaß!" Das Auditorium tobte. Das Pulverfaß hatte seine Wirkung erreicht.

Die Langeweile der Einführungs-Vorlesungen wurde am Anfang durch eifriges Mitschreiben kompensiert. Zur Mitte des Semesters nahm die Zahl der Zuhörer ab. Noch geringer wurde sie zur Erntezeit. Viele der Kommilitonen mußten jetzt auf den Feldern bei der Ernte helfen, um zu einem stabileren Lebensmittelvorrat, vor allem an Kartoffeln und Gemüse, für den entbehrungsreichen Winter zu kommen. Unbedingte Teilnahme erforderten die klinischen Vorlesungen, die praktikantscheinpflichtig waren; in der Inneren Medizin, der Chirurgie, der Geburtshilfe und Gynäkologie, der Pädiatrie und auch der Pathologie mit dem Sektionskurs. Der Praktikant bekam vom Vorlesungsassistenten einen Patienten zugewiesen, über den er am nächsten Tag in hora, ante auditorio die Vorgeschichte und Befunde vortragen, demonstrieren und erläutern mußte. Hiermit konnte jeder seine Leistungsfähigkeit beweisen. Durchfallen konnte zwar niemand, aber auch eine Blamage war deprimierend.

Gefürchtet war das unvorbereitete Praktizieren, wenn der vorgesehene Praktikant durch irgendeinen Grund verhindert war und ein Ersatzpraktikant ad hoc als nächster auf der Praktikantenliste sich bewähren mußte. Mit dem Aufruf stand das Auditorium bereits unter knisternder Spannung. Herbert Bofinger, der in der Medizinischen Klinik Professor Brednow's einen nierenkranken Patienten untersucht hatte, konnte nicht beurteilen, ob es eine akute oder eine chronische Erkrankung sei. Auf dem Weg ins Kolleg verstauchte er sich das Sprunggelenk und mußte in die Chirurgische Klinik zum Röntgen. Der in der Praktikantenliste als Nächster stehende, begleitete ihn. So war ich als Übernächster an der Reihe. Ein raunendes Oh ging durch den Hörsaal. Ich war durchaus nicht unvorbereitet, zumal mir Herbert Bofinger von seinem Patienten berichtet hatte. Aus der von Professor Brednow selbst vorgetragenen Vorgeschichte, dem blassen, etwas aufgedunsenen Gesicht der Patientin und dem Harnbefund mit den Granulozyten, Erythrozyten und Nierenepithelien, schloß ich auf eine akute Nierenentzündung. Im Hörsaal war es beklemmend still geblieben. Auch als Brednow einen zweiten Harnbefund präsentierte, in dem die Granulozyten fehlten und auch die Erythrozyten kaum zu erkennen waren, lediglich die Blasenepithelien. „Wie kann so etwas vorkommen, was kann die Ursache sein", fragte er. Herbert Bofinger hatte mich bereits vorher darauf aufmerksam gemacht, und ich meinte, daß es am Zentrifugieren liegen könne. So antwortete ich prompt: Der Harn könnte zu verschiedenen Zeiten entnommen sein. Es könne aber auch am Zentrifugieren, einem schnellen und einem langsamen Zentrifugieren liegen. „Der Kandidat verfügt über Laborkenntnisse", entgegnete Brednow überrascht. „Darüber sprechen wir morgen." Der Beifall war sehr schwach.

Professor Brednow galt als der Ästhet der Medizinischen Fakultät. Er war der Nachfolger des internistischen Heroen Professor H. W. Veil, der die Jenaer Internistenschule mit den weltbekannten Schülern Ludwig Heilmeyer, Alexander Sturm, August Sundermann und vielen anderen tüchtigen Internisten begründet hatte. In der Literatur war Veil durch seine Monographie über Goethes Krankheit und die Stammhirnpathologie bekannt geworden. Professor Lommel, der zweite Ordinarius für Innere Medizin, Direktor der Medizinischen Poliklinik, einer der ältesten Lehrer der Fakultät seinerzeit, hatte uns mit dezenter Hingabe und einfachsten, um nicht zu sagen primitiven Mitteln, dem alten Holz-Stethoskop, der Finger-Finger Perkussion, feinfühlender Palpation, einer peniblen Pulsuntersuchung und präzisen Beobachtung, eine klinische Untersuchung beigebracht, die heute mehr belächelt als geübt wird, weil die Präzisionselektronik, von gelegentlichen Fehlern abgesehen, alles bisherige an einfacher und komplizierter Technik übertrifft. Besonderen Wert legte er auf die Auskultation, das Abhorchen der Lunge und der Herztöne, und erklärte uns ausführlich die Deutung der Herzklappengeräusche. Für den Notfall mußten wir es auch ohne Stethoskop üben. Er brachte uns sogar bei, die Patellar- und Achillesreflexe mit der Handkante, die Bauchhautreflexe mit der Zeigefingerspitze und das bedeutsame Babinskische Zeichen mit dem Daumennagel auszulösen. Fünf Jahre später übte ich diese Notfalltechnik der Reflexprüfung, die übrigens englischen Ursprungs sein sollte, mit den jungen Assistenten und Studenten in der Nervenheilkunde.

In der Geburtshilfe und Gynäkologie des Grandseigneurs und Ordinarius Professor Gustav Döderlein, dem Sohn des berühmten Entdeckers der nach ihm benannten Stäbchen-Bakterien in der Scheide, erlernten wir die Kunst der beiden Fächer. Besonders großen Wert legte er auf das Geburtshilfliche Praktikum im Kreißsaal, das im Rahmen eines Internats-Kurses absolviert und mit einem Kolloquium abgeschlossen werden mußte. Der Internatskurs dauerte eine Woche. Sobald im Kreißsaal eine Entbindung angekündigt wurde, hatten wir, vom Einsetzen der Wehen bis zur Verlegung der Entbundenen auf die Wochenstation, dabei zu sein und einen Bericht zu verfassen, den er persönlich korrigierte und beurteilte. Das Wesentliche brachten uns aber die beiden Oberärzte, Professor Mestwerth und Zinser, bei.

In der Chirurgischen Klinik standen wir unter dem gestrengen Regime des Klinikdirektors Professor Gulecke, eines Schülers des berühmten Kaiserchirurgen Ernst von Bergmann. Wir zollten ihm den größten Respekt und hatten vor ihm sogar ein wenig Horror, obwohl er auch coram publico im Auditorium Späße machen konnte. Mein Praktikum unter seinen kritischen Augen an einem Patienten mit einer Hydrozele, einem Hodenwasserbruch, schien zunächst problemlos. Doch hatte ich auch hier, wie kurz zuvor bei Professor Brednow, ein Addendum, eine ergänzende Frage zu beantworten, nämlich nach den embryologischen Bedingungen für die Wanderung der Hoden in den Hodensack. So erklärte ich die Entwicklung des Hodens und fügte hinzu, daß er bei der Wanderung das Peritoneum in den Hodensack einstülpt und vor sich her schiebt. Aber Herr Kollege, sagte Gulecke kopfschüttelnd mit verzogener Miene und hoher Stimme: „Er schiebt nicht!" Wonach ein tosendes Gelächter im Auditorium anhob, das lange anhielt und Gulecke dabei schmunzelte. Ich hatte mich schrecklich blamiert und damit jetzt einen Spitznamen. Zugegeben, in den Nachkriegsjahren blühte das Schiebergeschäft. Ein Kommilitone soll sich sein Studium „erschoben" haben. Ich erinnere mich, damals für eine Schachtel R6-Zigaretten 20 Mark bezahlt zu haben.

In den Semesterferien mußte ich mich um meine Promotionsarbeit kümmern. Es paßte mir, daß meine verehrte Wirtin, Frau Dade, bei ihrer Tochter zu Besuch war und Dora die Küche überlassen wurde. Ich mußte für meine Arbeit mit dem Thema *„Studien zur Frage der permeabilitätsverändernden Wirkung von Narkotika und Analeptika"* in den Gräben der Wöllnitzer Wiesen Frösche für die Versuche fangen. Damals gab es noch welche, wenngleich das Fangen nicht einfach war. An drei Tagen fing ich 20 Frösche.

Davor entwarf ich ein einfaches Gerät aus Glasbehältern mit Meßkapillaren, das ein Glasbläser konstruiert hatte. Es funktionierte, so daß der Doktorvater, Professor Hofmann, Direktor des Pharmakologischen Instituts, zufrieden war und diese Vorrichtung von Doktoranden mit ähnlichen Fragestellungen weiter verwenden ließ.

Aus dem Verhalten der Druckdifferenzen in der angeschlossenen Meßkapillare hatte ich in Anlehnung an die Permeabilitätstheorien der Narkotika, der Lipold-Theorie Overton's, der Kolloid-Theorie von Hansteen, Cranner und anderen, der Adsorptionstheorie von Traube und der Ultrafiltrationstheorie von Ruhland, die Werte mit den Versuchsergebnissen Hofmanns aus dem Jahre 1942 zu vergleichen und beobachtete Differenzen zu analysieren. Da gravierende Differenzen nicht in Erscheinung getreten waren, konnte ich die Ergebnisse Hofmanns bestätigen.

Professor August Sundermann hatte nahezu gleichzeitig mit Professor Bürger in Leipzig eine Vorlesung über pathophysiologische Probleme bei inneren Erkrankungen eingeführt. In kurzer Zeit wurde sie eine der interessantesten Vorlesungen. Nicht nur Studenten, vorzugsweise der älteren Semester, auch Assistenten aus verschiedenen Kliniken, wie Dr. Stöhr aus der Nervenklinik, nahmen daran teil. Bevorzugte Gebiete waren zunächst der Kohlenhydratstoffwechsel und dessen Störungen und Erkrankungen, Blutkrankheiten mit den Gerinnungsstörungen, Nierenfunktionsstörungen und Nierenversagen und Herz- und Kreislaufstörungen.

Auch Professor Walter Fischer, der Ordinarius für Pathologie und Direktor des Pathologischen Instituts und Dekan der Medizinischen Fakultät, eröffnete für die Mitarbeiter des Klinikums und auch für interessierte Studenten der höheren Semester eine Pathologische Demonstration, die einmal wöchentlich stattfand und sich in der Fakultät einer großen Beliebtheit erfreute. Wir nannten die Demonstrationen: Raten mit Musik. Da Fischer es verstand, seine treffenden Erklärungen durch amüsante Bemerkungen zu pointieren.

Großen Zuspruch unter den Hörern aller klinischen Semester fanden auch die Vorlesungen und Praktika des Dermatologen und Venerologen Professor Hämel. Die simple und zugleich markante Rhetorik seiner Ausführungen übertraf die gelegentlichen konjunktiven Schnitzer, die durch seine fesselnden Bemerkungen ohne weiteres überhört wurden. Obwohl die Hautklinik außerhalb der Stadt im Mühltal mit der „lahmen" Jenaer Straßenbahn oder einem anstrengenden Fußmarsch zu erreichen war, fanden die säumigen Kommilitonen oft keinen Sitzplatz im Hörsaal.

Von den Oberärzten und Dozenten galt der Oberarzt und Dozent des Pathologischen Instituts, Günter Bruns, als einer der Beliebtesten. Seiner sprichwörtlichen Hilfsbereitschaft hatten einige von uns ihre fundierten histiopathologischen Kenntnisse zu verdanken. Er hatte uns sogar seine aufsehenerregenden Ergebnisse aus der Mucoviscidose-Forschung demonstriert und erläutert. Seine politisch freie demokratische Haltung imponierte uns.

Nach der, im Gegensatz zu den späteren Ereignissen, wenig spektakulären Gründung der DDR sprach sich das Gerücht herum, daß Kriegsteilnehmern, insbesondere den Versehrten, gestattet würde, das Staatsexamen ein bis zwei Semester früher abzulegen, wenn die dafür erforderlichen Voraussetzungen in einer Vorprüfung durch den Dekan der Fakultät bestätigt werden könnten. Rudolf Zippel, ein zuverlässiger Freund - wir hatten uns im Physikum in der Physiologieprüfung kennengelernt - erfuhr im Dekanat, daß das seine Richtigkeit hatte. Stehenden Fußes begannen wir mit den Vorbereitungen.

In zwei Gruppen hielten wir unter uns kleine Staatsexamina ab und stellten dabei fest, daß unsere Kenntnisse eigentlich ausreichen dürften. Schließlich war es auch mein dringlichster Wunsch, den Schwiegereltern nicht länger als unbedingt notwendig auf der Tasche zu liegen. Nach einer Famulatur in der Pathologie und einer zufrieden ausgefallenen Beurteilung durch Dozent Dr. Bruns meldeten wir uns zur Vorprüfung.

Die Prüfung bestand aus Staatsexamensfragen, die der Dekan Professor Fischer der Gruppe ad hoc stellte und die primo loco beantwortet werden mußten. Da ich als der Jüngste wohl besonders ängstlich war, hatte ich mich mit den Beantwortungen zurückgehalten. Fischer schien diese Zurückhaltung zu gefallen. Erst als auf die Frage nach der möglichen Ursache eines plötzlichen Todes nach einer intravenösen Injektion niemand antwortete, sagte ich, daß es ein massiver anaphylaktischer Schock oder aber die rasche Wirkung eines Giftes infolge einer fatalen Verwechslung der Injektionsmittel gewesen sein könnte. Fischer hatte mit dem Kopf genickt und die letzte, schwierigste Frage gestellt, und zwar nach den möglichen Ursachen der häufigen Todesfälle bei Kindern und Jugendlichen mit den Knochenmarkeiterungen der Osteomyelitis. Wieder fand ich die Gelegenheit zu antworten. Ich meinte, bei chronischen Erkrankungen könnte der Kräfteverfall mit einem Herz-Kreislauf-Versagen die Ursache sein. Bei Kindern wird jetzt ein Zusammenbruch des Immungeschehens diskutiert. Fischer schien überrascht und fragte: „Wo haben Sie das gelesen?" Ich antwortete prompt: „In der Ärztlichen Wochenschrift." So, so, nickte er. „Ja, meine Herren, Sie können ihre Unterlagen bei der Sekretärin im Dekanat einreichen." Wir umarmten uns draußen und zogen strahlend in die Göhre. Rudolf Zippel hatte ein pralles Portemonnaie.

Der Schwiegervater war von meinem raschen Entschluß, mich verfrüht ins Staatsexamen zu stürzen, nicht sehr erbaut. Andererseits war er erfreut darüber, daß ich an ihn gedacht hatte. Er war schließlich im Rentenalter.

Nach ein paar Monaten mit gründlichen Vorbereitungen hatten wir uns in das Federlesen der Examina gestürzt. Und ich hatte wieder einmal Pech. Im Fach Pathologie bei der Sektion des Darmes geriet ich am Caecum, dem Blinddarm, mit dem Messer in eine Verwachsung von Blinddarm und Wurmfortsatz mit dem Bauchfell, einer alten, spontan geheilten Perityphlitis. Ich erschrak, als ich sah, daß der Darm durchtrennt war. Der beaufsichtigende Assistent murmelte zynisch: „Der Darm ist durch und der Kandidat auch." Ich bekam das Zittern. „Legen Sie das Messer weg und warten Sie auf den Chef", befahl er kurz angebunden. Der gut gelaunte Dekan und Chef hörte sich die Meldung des Assistenten über mein Pech an und quittierte sie mit dem üblichen so, so. Und zu mir gewandt sagte er kurz: „Na dann berichten Sie mal." Ich nahm Haltung an, wie vor Jahren bei einem Rapport auf dem Gefechtsstand und stammelte: „Bei der Lösung des mit dem Peritoneum parietale, der dorsalen Bauchwand, verwachsenen Caecums und der Appendix, habe ich den Darm durchtrennt." „Na also, gut verteidigt", entgegnete er und fügte noch hinzu, das kann auch dem besten Chirurgen passieren. Der ausgezeichneten Laune entsprachen auch unsere Zensuren, ein summa cum laude für alle drei Kandidaten.

Mit einem lauten Gaudeamus und dem gütigen Verständnis meiner Wirtin, der Frau Dade, wurde der glänzend gelungene Start ins Staatsexamen gefeiert in der großen Hoffnung, unsere Leistungsfähigkeit möge über die kommenden Wochen bestehen bleiben.

Auch für das nächste Prüfungsfach, die Pädiatrie, hatten wir, Gerhard Grahl aus Königsberg und Horst Rudat aus Grünheide bei Tilsit, alle drei also aus dem verlorenen Ostpreußen stammend, in der Kinderklinik des Professor Ibrahim vorsorgend famuliert. So war es nahezu problemlos, bei dem weniger anspruchsvollen, gütigen Pädiater ein summa cum laude zu erreichen.

Das dritte Fach, die Innere Medizin, war wieder ein dicker Brocken, hieß es. In der Prüfungsgruppe vor uns waren zwei Kandidaten durchgefallen. Zu einem Kandidaten soll Professor Brednow geäußert haben: „Wenn Sie unbedingt einen weißen Kittel tragen wollen, können Sie es in dem Geschäft gegenüber dem Eingang zum Klinikum müheloser erreichen." Die ohnehin nicht geringe Angst war damit erheblich gestiegen. Wir waren auf alles gefaßt.

Das Ergebnis meiner Auskultation mit einem Rasselgeräusch einer Patientin mit einer dekompensierten Herzinsuffizienz war „rite". Und auch mit der Beurteilung der Herzklappengeräusche war er zufrieden. Bei dem Nachweis von Ascites in der Bauchhöhle hatte ich die Perkussions-Welle nicht gespürt und konnte auch die Pathophysiologie des Bauchhöhlenwassers bei der dekompensierten Herzinsuffizien nur „ausreichend" erklären. Demzufolge reichten die Ergebnisse lediglich für ein „rite". Ich war nicht zufrieden, doch blieb mir nichts anderes übrig, als mich damit abzufinden. Horst Rudat meinte, ich sei ein wenig zu arrogant gewesen. Diese Eigenschaft war Brednow in höchstem Maße zuwider. Er und Gerhard Grahl hatten es mit cum laude geschafft und waren glücklich.

Bei dem zweiten Prüfer des Faches, Professor Lommel, hatte ich mehr Glück. Mein Prüfungspatient war wegen des Verdachts einer Herzarrhythmie eingewiesen worden. Ich gab mir viel Mühe und hörte immer wieder das Herz ab und kontrollierte den Puls, auch unter einer behutsamen Belastung. Der Puls war zwar etwas beschleunigt, eine Arrhythmie konnte ich aber nicht feststellen. „Na und was werden Sie dem Patienten verordnen", fragte er. „Ut aliquid fiat", antwortete ich zögernd, Lommel lächelte. „Ein Beruhigungsmittel", hatte ich hinzugefügt. Er nickte zufrieden und stutzte, als er Brednows rite in meinem Prüfungsbogen erblickte. „Was haben Sie da falsch gemacht", fragte er. Ich schilderte mein Mißgeschick kurz, woraufhin Lommel meinte: „Na, das wird Ihnen doch nicht schaden", und schrieb ein cum laude in den Prüfungsbogen. „Sind Sie zufrieden", fragte er noch, „denn ich möchte meinen Kollegen nicht brüskieren."

Wieder stand ein Prüfungsfach drohend vor uns, die Chirurgie, vor der ich mich eigentlich nicht zu fürchten brauchte, weil ich in der Chirurgischen Klinik zweimal famuliert hatte. Und einmal sogar vorteilhaft aufgefallen war, als wir Famuli während einer Chefvisite von Professor Gulecke persönlich examiniert worden waren, an einer Patientin mit mehreren kleinen, verschieblichen Knoten in der linken Brust. Er hatte nach der Differenzierung des Palpations-, des Tastbefundes, und der zu vermutenden Diagnose gefragt und sich etwas gelangweilt unsere Meinungen und Mutmaßungen angehört. Von der auffallenden Verschieblichkeit der Knoten ohne spontane und ohne Druckschmerzen, die für etwas Gutartiges sprechen könnten oder die Vermutung eines Brustkrebses ohne Schmerzäußerungen und auch über die Möglichkeit einer Mastopathia cystica hatte er unsere Beurteilungen gehört. „Na ja", meinte er, „weshalb eine Mastopathia cystica?" Der befragte Kollege war eine Antwort schuldig geblieben. Wessen Meinung fehlt noch, fragte er. Ich meldete mich und sagte: „Der ausgesprochen gutartige Befund könnte auch an eine Fibromatosis mammae denken lassen." Es entstand eine

Pause, Gulecke hatte mich von oben bis unten gemustert und sprach dann lächelnd: „Sie haben gestern in der Differentialdiagnose von Sonntag gelesen." Ich bejahte, weil ich gestern, es war ein Sonntag, in der Bibliothek der Klinik im Lehrbuch von Sonntag gelesen hatte.

Im Staatsexamen hatte ich mit dem sogenannten Beobachtungspatienten Glück. Der Schnellfall dagegen bescherte mir zunächst ein katastrophales Pech. Es war ein Patient, der an dem gleichen Tag zur Operation seiner Hämorrhoiden vorbereitet worden war und nun auch noch einen Reinigungseinlauf bekommen hatte. Offenbar war das ein Irrtum gewesen. Der Patient wurde mir aber auf der Liege ins Prüfungszimmer geschoben, und ich hatte bedächtig ohne Eile die Vorgeschichte aufgenommen. Gewöhnlich mußte man darauf stundenlang warten. Ein Kandidat soll dabei, vom nächtlichen Büffeln übermüdet, eingeschlafen sein. Plötzlich war Gulecke ins Zimmer getreten. Er schien bei guter Laune zu sein. Mit der Schilderung der Anamnese war er zufrieden. „Untersuchen Sie!" sagte er kurz und beobachtete mich dabei, als ich den behandschuhten, mit einem Fingerling und einer Salbe versehenen Zeigefinger in den Anus des Patienten führte und dabei den Patienten bat, ein wenig zu pressen. Im gleichen Augenblick hatte sich mit lautem Krachen der gesamte Mastdarm entleert. Beschissen, in einem scheußlichen Gestank stehend, machte ich weiter, leierte den Befund herunter und nannte die Diagnose. Gulecke hatte währenddessen keine Miene verzogen und sich auch nicht zu dem Befund und der Diagnose geäußert, lediglich mit wiegendem Oberkörper jetzt erst etwas lächelnd gerufen: „Na, wenn das kein Glück bringt!" Bedauerlicherweise hatte dabei auch mein neuer, kostbarer Examensanzug einiges abbekommen. Mit einer Reinigungslauge hat mir später eine Schwester bei der Säuberung geholfen.

Die mündliche Abschlußprüfung, die in dem kahlen Konferenz- und Tafelraum der Klinik stehend freihändig, so hieß es, stattzufinden pflegte, begann mit einfachen Fragen aus der Bauchchirurgie, wurde dann aber komplizierter. Zudem war eine Antwort Gerhard Grahls, auf die Frage nach der Adelmann'schen

Operation an der Hand, mißraten. Gulecke hatte, sichtlich gelangweilt, mit dem Kopf geschüttelt und auf eine Berichtigung gewartet. Da Gerhard Grahl stumm geblieben war, hatte Gulekke laut gerufen: „Die Operation nach Adelmann!" Ich versuchte, die mißliche Situation zu retten. Ob er mit der Antwort zufrieden war, konnten wir nicht erfahren. Er sagte nur kurz: „Warten Sie auf ihre Protokollbögen."

Die Chefsekretärin, Frau von Haase, brachte sie uns, und wir suchten mit Bangen nach den Zensuren. Als Frau von Haase rasch wieder erschien und mich aufforderte, zum Chef zu kommen, schlug mir das Herz bis zum Hals. Ich kann doch nicht durchgefallen sein, dachte ich. Auch Horst Rudat und Gerhard Grahl waren überrascht. Gulecke war in die Korrektur einer wissenschaftlichen Publikation vertieft und fragte mit einem kurzen Blick auf mich: „Wollen Sie Chirurg werden?" Ich muß völlig überrumpelt, ratlos dagestanden haben, so daß er die Frage noch einmal, diesmal etwas schmunzelnd, wiederholte, woraufhin ich mit einem wenig überzeugten „jawohl" antwortete. „Na, dann melden Sie sich am 1. April, im nächsten Jahr, bei Frau von Haase!"

Damit war ich schon entlassen. Immer noch etwas benommen von der Gewalt der schlagartigen Überraschung, zu der Gerhard Grahl und Horst Rudat gratulierten. Die Benommenheit konnte aber auch hypoglykämischen Ursprungs sein. Frühmorgens hatte ich lediglich eine halbe Brotschnitte gegessen, so daß ich taumelnd, die Bachstraße vor dem Klinikum überquerend, beinah von einem PKW erfaßt worden wäre.

Ich hatte in der Wahl für ein bestimmtes Fachgebiet keinerlei Ansprüche gestellt. Eine Facharztausbildung hätte eine fortgesetzte Abhängigkeit von den Schwiegereltern bedeutet. Praktischer Arzt wollte ich werden. Wie es mir damals, während Doras Erkrankung Dr. Röttger, empfohlen hatte. Freilich hatte ich mit einer Facharztausbildung für die Innere Medizin geliebäugelt und sogar versucht, mich um eine Assistentenstelle in der Medizinischen Klinik zu bewerben, hatte aber nicht die geringsten Aussichten und war bei meinem ursprünglichen Entschluß geblieben. Dora und die Schwiegereltern waren der gleichen Meinung.

Frau Dade, meine verehrte Wirtin, schien mir meine Verwirrtheit anzusehen und fragte, was denn wohl passiert sei. Als ich ihr von dem Stellenangebot Professor Guleckes berichtete, entgegnete sie, „Mein Sohn wäre da vor Freude an die Decke gesprungen." Vielleicht springe auch ich noch, zunächst aber muß ich versuchen, ein wenig Begeisterung für die Ausbildung in der Chirurgie zu finden. Eine Facharztausbildung in der Inneren Medizin wäre mir lieber gewesen.

Auch das Fachgebiet Professor Sundermanns bedurfte intensiver Vorbereitungen, obwohl es mir näher lag als die Chirurgie. Wir paukten bis in die Nacht hinein. In seiner letzten Vorlesung sprach er über die neuen Ergebnisse der Allergieforschung. Ich schrieb eifrig mit. Die ersten Fragen, die er stellte, betrafen die Blutgerinnung mit den charakteristischen Phasen. Dabei gelang es mir, auch auf die Fragen der Thrombozytogenese erschöpfend zu antworten. Der zweite Fragenkomplex betraf die Pathophysiologie des entzündlichen Ödems. Auch hier hatten wir zufriedenstellend antworten können. Die letzte Frage betraf die biochemische Formel des seit Anfang des zwanzigsten Jahrhunderts bekannten sehr bedeutsamen Stoffes, aus einem HCN-Fünferring bestehend und mit einer CH-Seitenkette besetzt. Wie heißt dieser Stoff? Er sah jeden von uns an und schien unsere Gedankengänge zu verfolgen und wartete sehr geduldig auf die Antwort. Ich war der letzte und hatte Zeit zum Nachdenken. Es könnte das Histamin sein, war meine Antwort. „Nicht es könnte, es ist das Histamin", entgegnete er zufrieden. Ich konnte zuschauen, wie er in meinen Prüfungsbogen ein summa cum laude schrieb und dabei auf die Zensur, ein rite des Chefs, Professor Brednow, sah. Sie müssen dem Chef wohl nicht gefallen haben, fragte er. Ich gestand, daß ich zwei schwerwiegende Fehler gemacht hatte. Auf dem Korridor in der Klinik fragte er weiter, ob ich schon eine Ausbildungsstelle hätte. Da ich mit der Antwort zögerte, flüsterte er: „Wenn Sie wollen, können sie bei mir in Erfurt mit der Ausbildung beginnen!" Daraufhin antwortete ich, daß ich eine Ausbildungsstelle in der Chirurgischen Klinik habe. Nun, meinte er: „Sie können es sich trotzdem noch überlegen." Seine Berufung an die Medizinische Akademie in Erfurt, als Direktor der Medizinischen Klinik, stand bereits fest. Ich bedankte mich mit einer Verbeugung und war jetzt hin und hergerissen. Sollte ich in der Chirurgie absagen? Ich bat Heinz Engelien um Rat. Er riet mir, der Spatz in der Hand ist mehr wert als die Taube auf dem Dach. Mit der Taube meinte er das Angebot für Erfurt. Erfurt sei zwar eine imposante alte Großstadt, die Klinik aber nur eine Akademie-Klinik, deren Status unter den heutigen, schnellebigen politischen Verhältnissen rasch geändert werden könne. Dora war von dem Angebot, nach Erfurt zu gehen, begeistert, und ich konnte es verstehen. Ich blieb aber zunächst bei der Chirurgie. Denn ich hatte das Examen noch nicht bestanden.

Sieben Jahre später, nach der Habilitation an der Jenaer Nervenklinik, als ich die durch das Mitwirken von Professor Sundermann initiierte kommissarische Leitung der Erfurter Nervenklinik übernahm, habe ich Sundermann über das Zustandekommen der zweiten Weichenstellung in meiner Laufbahn berichten müssen. Schließlich mußte ich ihm glauben, daß er damals meine Eignung für eine akademische Laufbahn erahnt hatte.

Das nächste Fach der Hals-Nasen-Ohren-Heilkunde bereitete keine Schwierigkeiten. Der berühmte Professor Johannes Zange tröstete einen höchst erregten Examenskandidaten, indem er ihm erklärte, daß es ihm nicht gelingen würde, im Examen durchzufallen. Einige Jahre zuvor hatte sich ein bei ihm durchgefallener Kandidat unmittelbar danach das Leben genommen. Darüber war der berühmte Lehrer derart erschüttert, daß er seitdem niemanden mehr durchfallen ließ. Und wir hatten das Glück, das Fach mit summa cum laude zu bestehen, obwohl wir auch mit einem cum laude durchaus zufrieden gewesen wären.

Auch das Examen in der Geburtshilfe und Frauenheilkunde bei Professor Döderlein war zwar im allgemeinen wenig gefürchtet, wenngleich die Anforderungen dieses Hauptfaches nicht unerheblich waren und wir ein besonders großes Glück hatten. Döderlein war kurz vor unserer Prüfung von einem hohen akademischen Gremium zum Ehrenvorsitzenden gewählt worden und demzufolge in glänzender Laune. In der Geburtshilfe hatte ich bei einer Schwangeren eine Steißlage erkannt und auch richtig gefolgert, daß eine Wendung erfolgreich sein könnte. Auch mit den Leistungen von Gerhard Grahl und Horst Rudat war Döderlein sehr zufrieden. Wir hatten das letzte Hauptfach wieder mit summa cum laude bestanden.

Auch in der Augenklinik hatten wir wieder die glänzenden Noten erreicht.

Acht zum Teil sehr harte Examenswochen führten nun doch zu einer Ermüdung. Unser Examensehrgeiz war dahin. Die Vorbereitungen für die letzten beiden Fächer schienen ausreichend für eine genügende Zensur. Im Fach der Dermatologie von Professor Hämel gelang es mir mit Mühe und Not, die Befunde eines Lupus vulgaris zu erkennen und zu beschreiben und die Diagnose nicht zu verfehlen. Zu mehr als einem „rite" reichte es aber nicht. Horst Rudat und Gerhard Grahl erzielten ein cum laude.

Im letzten Fach der Hygiene strengte ich mich noch einmal an, zumal in diesem Fach der Dekan persönlich prüfte, da der Ordinarius Professor Winkle, Tutor der Universität, in die Bundesrepublik gewechselt war, offenbar mit einem schlechten Gewissen, weil er sich an der Universität wie kein anderer Mediziner mit einer Vorlesung über die Kunst im Lichte des dialektischen Materialismus exponiert hatte. Von den Kandidaten, die das Fach bestanden hatten, ließen wir uns die Fragen geben, auf deren Beantwortung Dekan Fischer großen Wert legte. Unsere Mühe wurde zum letztenmal mit der glänzenden Note belohnt.

Von der riesigen Last befreit, wollten wir Jena zunächst für ein paar Tage den Rücken kehren und verabredeten, unsere Examensfeier bei meinen neuen Wirtsleuten, Frau und Herrn Friedrich, in der Johann-Griesbach-Straße nachzuholen. Ich mußte nämlich mitten im Examen umziehen. Das Haus der Frau Dade wurde zu einem Wohnheim für Krankenschwesternschülerinnen umgebaut. Frau Dade war zu ihrer Tochter nach Eisenach gezogen.

Zunächst aber wurde das Examen zu Hause in Sömmerda gefeiert. Niemand war glücklicher als Dora und ich. Wir waren nach dem Physikum mitten im Studium eine junge Familie geworden.

Unsere Töchter Oktavia und Juliane wurden geboren. Obwohl wir um unsere Zukunft bangen mußten, hatten wir das Wagnis nicht gescheut. Mit Liebe und geduldvoll haben die Schwiegereltern die schwere, finanzielle Last getragen. Jetzt galt es, die Ausbildung in der chirurgischen Klinik, vor der ich gebangt, mich aber inzwischen damit abgefunden hatte, mit erneuerter Energie zu meistern.

Die wirtschaftlichen Verhältnisse in der Ostzone ließen noch immer zu wünschen übrig. Auch wenn es karten- und markenfreie Lebensmittel in der HO, einer sozialistischen Handelsorganisation, zu überhöhten Preisen gab. Mein lieber Schwager Ottomar hatte uns für die Examensfeier in Jena einen Stallhasen spendiert, und mein Wirt, Herr Friedrich, überraschte uns mit seinem eigenen, selbstangesetzten Apfel-Riesling, der für vom Examensdruck befreite und für steigende Hochstimmung sorgte, bedauerlicherweise nicht ohne Folgen. Der zentnerschwere Kater von dem selbstgebrauten Obstwein schwand nur langsam. Um so rascher kamen die Sorgen der beiden Freunde. Du hast sogar eine Ausbildungsstelle und kannst bei Gulecke ein großer Chirurg werden, und wir stehen auf der Straße im Regen, wehklagte Gerhard Grahl. Zum Glück nicht lange. Horst Rudat konnte im Krankenhaus Suhl unterkommen, und Gerhard Grahl bekam eine Assistentenstelle in Solingen.

Auch der größte Teil der „Examensbrüder" bekam Ausbildungsstellen. Walter Pohl, einer der Besten, erhielt in der Medizinischen Poliklinik von dem Nachfolger Professor Lommels, Professor Helmut Kleinsorge, eine Ausbildungsstelle. Und mein treuer Freund, Rudolf Zippel, sehr fleißig und vielseitig begabt, kam durch seine Promotionsarbeit bei Dozent Dr. Heuchel in der Medizinischen Klinik als Assistent unter, ebenso Hans Herdan, der dann zur Facharztausbildung an die Chirurgische Klinik, zu Professor Kuntzen, Guleckes Nachfolger, gegangen war. Einige Kollegen arbeiteten in der Frauenklinik, in der Hautklinik, der Hals-Nasen-Ohren-Klinik und in der Nervenklinik. Doch etwa die Hälfte war aus dem Jenaer Gesichtskreis verschwunden.

Im Januar 1950 reichte ich meine Promotionsarbeit im Dekanat ein. Im Februar war ich zur mündlichen Promotionsprüfung beim Dekan, Professor Fischer, erschienen. „Was wollen Sie denn schon wieder?" äußerte er etwas entrüstet. Es war jetzt das fünfte Mal, daß ich bei ihm zu einer Prüfung erschienen war. Diesmal war es aber mehr ein Gespräch als eine Prüfung. Er las in der Beurteilung des Doktorvaters Professor Hofmann, daß ich zur Messung der Permeabilität (Stoffaustausch zwischen den Zellen) ein einfaches Gerät konstruiert hatte, das von mehreren Doktoranden erfolgreich benutzt werden konnte. Deshalb mußte ich ihm das Gerät erläutern, womit die Prüfung bereits beendet war. Er gratulierte und fragte sogar nach meinen Plänen. Das war bei dem sonst so spröden, unpersönlich agierenden Professor Fischer etwas ungewöhnlich.

Am 10. März bereits konnte ich die Promotionsurkunde im Dekanat abholen. Eine feierliche Approbation in der Aula der Universität gab es erst nach 1950. Damit hatte ich die erste Etappe der Ausbildung ein Semester früher als vorgeschrieben mit Hilfe der Fleißprüfung geschafft.

Da ich mein Zimmer bei der Familie Friedrich behalten konnte, packte ich zunächst für ein paar Wochen meinen inzwischen ramponierten Studentenkoffer und schlenderte zum Bahnhof. Das war seit dem Beginn des Studiums im November vor fünf Jahren die erste, sorgenarme, vom Belastungs- und Examensdruck befreite Heimreise.

Zu Hause bei der Familie und den Schwiegereltern in meiner neuen Wahlheimat in Thüringen, in Sömmerda, wartete eine wohltuende, befreiende Arbeit im Haus, Hof und Garten und auf dem Feld für die Frühjahrsbestellung.

Die Fachausbildung in der Chirurgischen Universitätsklinik Jena

Am 2. April 1950 veranlaßte der Personal-Oberarzt Professor Nöller, daß ich meine Ausbildung in der Chirurgischen Klinik, in der Poliklinik zu beginnen habe und übergab mich dem Leiter der Poliklinik, Dr. Mangler. Es war bekannt, daß die Anfänger in der Chirurgischen Klinik mit Pfleger-Hilfsarbeiten beginnen mußten. So half ich zunächst beim Tupferauflesen im poliklinischen Operationsraum und schrieb unter Anleitung von Dr. Mangler die Anamnesen und Befunde in die Krankenblätter. Sie hatten kurz zu sein und mußten das Wichtigste enthalten. Er führte mich in die Untersuchung ein, erklärte mir die Befunde und diktierte sie. Der ältere Pflichtassistent assistierte bei den poliklinischen Operationen, während ich zunächst nur zuschaute. Ausführlich beschrieben und skizziert werden mußten die Verletzungen.

Die Vorbildwirkung des Chefs der Klinik, Professor Gulecke, beherrschte das ausgeglichen, disziplinierte Klima der großen Klinik mit insgesamt 285 Betten unter einem kaum spürbaren, hierarchischen Führungsstil, ohne irgendwelche unangenehmen Begleiterscheinungen. Der Umgangston unter den Assistenten war durchaus kameradschaftlich-freundlich ohne Ressentiments. Die Regie auf den Stationen, den vier Männer-, zwei Frauen-, zwei Kinder- und einer Privatstation des Chefs, führten die Stationsärzte mit den Stationsschwestern. Die etwas selbstherrliche Oberin wachte über die Schwestern und Pfleger der Klinik. Der Chef verfügte über ein großes, modern ausgestattetes Forschungslaboratorium, in dem damals der Stationsarzt Dr. Schink an Versuchen über die Kallusbildung bei tierexperimentellen Frakturen für seine Habilitation arbeitete. Dr. Schink wirkte etwas unnahbar. Dennoch hat er sogar uns Jüngsten gelegentlich die interessanten Ergebnisse seiner Versuche demonstriert.

Dr. Walter Ahlendorf, der vorübergehend die Leitung der Poliklinik übernommen hatte, begeisterte uns durch seine beispielhafte pädagogische Fähigkeit und hilfreiche Art. Ausführlich und einprägsam erläuterte er jeden Befund, jede Diagnose und erklärte uns jedes Instrument und jeden Handgriff bei den Operationen. Er gehörte zum Operationsteam des Oberarztes Dozent Dr. Busse, der auch der Neurochirurg der Klinik war und der mit einer göttlich begnadeten, manuellen Meisterschaft die gesamte operative Chirurgie beherrschte. Daß ich sein Stationsarzt werden konnte, war dem folgenden Ereignis zu verdanken.

In der Klinik gab es sogenannte Schädelwachen bei Patienten nach Gehirnoperationen über die ersten 12 bis 16 postoperativen Stunden. Nachdem ich Dr. Manglers Vertrauen erworben hatte, wurde ich zu der Überwachung eines von Professor Gulecke selbst wegen eines Hypophsentumors operierten bekannten Weimarer Arztes unmittelbar nach der Operation beordert.

Fünfunddreißig Minuten nach der Operation bemerkte ich die gefürchteten Anzeichen eines gesteigerten Hirndrucks, zum erstenmal in meiner ärztlichen Laufbahn. Dazu gehörten eine Verkleinerung der rechten Pupille, eine Blickwendung, Deviation conjugée genannt, nach rechts oben mit einem langsamen Nystagmus, einer Verlangsamung der Pulsfrequenz, und einer Verringerung des Blutdrucks. Da gleichzeitig die Reaktion auf Schmerzreize nachgelassen hatte, meldete ich die Befunde dem diensthabenden Oberarzt Frau Dr. Hellwig, die bei der Operation dem Chef assistiert hatte und auch sofort erschien und den Chef rief. Gulecke mußte daraufhin die Operationsnaht öffnen und die erhebliche Nachblutung beheben. Er hatte Mühe, die Blutungsquelle im Operationsgebiet zu finden und zu schließen. Unmittelbar danach nahm ich eine Blutdruckmessung vor, kontrollierte den Puls und meldete die Stabilisierung. Gulecke hatte mich dabei beobachtet und sagte: „Ach Sie sind das, na ja!" Oberarzt Busse klopfte mir auf die Schulter und sagte kurz, mit einem Lächeln: „Gratulation zur Bewährung."

Einige Tage später wurde ich von der Sekretärin ins Chefzimmer gerufen. Hier fand zwischen dem Chef und den Oberärzten eine Beratung statt, die offensichtlich noch nicht beendet schien. Ich mußte warten und überlegte, ob ich in den letzten Tagen irgendwelche Fehler gemacht hatte. Ich konnte mich an nichts dergleichen erinnern, als ich auch schon hereingerufen wurde. Der Chef zeigte wieder sein Schmunzeln und meinte: „Sie wollten ja Chirurg werden, und der Oberarzt schlägt Sie für eine neurochirurgische Ausbildung vor. Der Bedarf an Neurochirurgen ist gestiegen. Wenn Sie einverstanden sind, können Sie jetzt auf die Neurochirurgie-Station. Oberarzt Dozent Dr. Busse ist ihr direkter Vorgesetzter." Ich fiel aus allen Wolken und soll etwas zaghaft bejaht haben, erzählte Busse später. Zum erstenmal reichte Gulecke mir die Hand. Es war ein eigentümlich schwacher Händedruck. Nun war ich erst recht etwas ratlos.

Im Stationszimmer, dem neuen Arbeitsplatz, meinte mein zweiter Chef: „Der Alte hält große Stücke auf Dich." Mit der Anrede in der ersten Person gehörte ich jetzt zu seinem engeren Mitarbeiterkreis. In der Besprechung hatte Busse erfahren, daß ich dem Chef schon mehrfach aufgefallen sei. Er schloß mich sozusagen in das Gebet der Chirurgen ein und versicherte, daß ein tüchtiger Chirurg stets sein gutes Brot hat.

Er machte mich auf der Station bekannt. Die versierte Stationsschwester, über meine minimale Erfahrung aus der Poliklinik nicht gerade begeistert, mußte offensichtlich wohl oder übel mit mir vorliebnehmen. Danach erfolgte die Instruktion über die Aufgaben des Stationsarztes sehr ausführlich, von der Stationsführung über die handgeschriebenen Anamnesen und Befunde, die sorgfältige Führung der Krankenblätter bis zu den Arztbriefen. Er riet mir, sie als Manuskript zu verfassen und dann seiner Sekretärin Frau Steiner in die Maschine zu diktieren und zu unterschreiben. Links stünde seine Unterschrift.

Ich mußte mich zusammennehmen, um den gestiegenen, neuen Anforderungen gerecht werden zu können und machte mich nebenher mit der greifbaren neurochirurgischen Literatur vertraut. Ich spürte, daß die nun auf mich zukommende Belastung in der speziellen Fachausbildung die Anforderungen im Studium bei weitem übertrafen. Nach einem harten Operationstag und der Stationsarbeit bis in den späten Abend zweifelte ich oft daran, die erforderliche Leistungssteigerung zu schaffen.

Nach meinen ersten Arztbriefen reichte mir die Sekretärin Frau

Steiner einen Zettel mit den Briefen, an deren Rand Busse „Cäsar" und auf einem Zettel, „in der Kürze liegt die Würze", geschrieben hatte. Frau Steiner tröstete mich, ich solle es nicht so ernst nehmen, er hatte die Briefe trotzdem sehr gut gefunden. Der Dienst auf den Stationen begann früh um sieben Uhr. Nach der Morgenvisite wurde in zwei aseptischen und einem septischen Operationssaal operiert. Anschließend fand die obligate „Tafel" mit der Besprechung des Operationsprogramms für den nächsten Tag statt. Die Mittagspause dauerte von 14 bis 16 Uhr. Für die Spätvisite und für die Stationsarbeit reichten drei bis vier Stunden für uns jungen, unerfahrenen Assistenten nicht aus. Mitunter saß ich um 21 Uhr noch im Stationszimmer über den Krankenblättern oder in der Bibliothek. Als Oberarzt Busse, mein Chef, mich dabei antraf, flüsterte er: „Sehr gut Jesubald, der Alte - damit meinte er Professor Gulecke - guckt manchmal um diese Zeit sogar durchs Schlüsselloch nach seinen jüngsten Schülern. Das gehört nun einmal zur Kaiserlich-Bergmannschen Schule." Jesubald war jetzt mein Spitzname, der Busses illusteren Phantasie entstammte. Er meinte, ich sei noch ein Nachfahre der Ordensritter des alten Ostpreußens. Alle Assistenten aus dem engeren Arbeitskreis Busses hatten ihre Spitznamen. Dr. Müller, ein tüchtiger und vor allem sehr flinker und pfiffiger Operateur, hieß Pfiffkopf. Dr. Held, einer der ersten Assistenten in Busses Operationsteam, wurde von ihm Max genannt, weil man aus seiner Unterschrift Max lesen konnte. Busses Operationsschwester hieß wegen ihrer summenden Stimme Hummel. Lediglich Dr. Walter Ahlendorf, einer seiner ersten Operationsassistenten, ein sehr sympathischer, einfalls- und hilfreicher Arzt der Chirurgischen Klinik, hatte seinerzeit noch keinen Spitznamen. Er brachte mir das fachgerechte Knüpfen der Nähte bei, das ich zu Hause so lange geübt hatte, bis ich es perfekt, ohne hinsehen zu müssen, beherrschte.

Rasche, perfekte und den Patienten so gering wie möglich belastende Operationen in gefahrvollen Notsituationen, wie etwa einem in die Bauchhöhle eingebrochenen Magengeschwür, gehörten zum speziellen Ausbildungsprogramm. Demzufolge veranstalteten beide Oberärzte Nöller und Busse ein Zeitoperieren, um nicht zu sagen Wettoperieren, unter Vermeidung von nicht mehr als unbedingt notwendigen Druck- und Zugwirkungen und Blutungen im Operationsgebiet. Nöller erläuterte dazu den Ernstfall des perforierten Geschwürs mit den notwendigen Vorkehrungen und zu erwartenden Komplikationen. Die beiden zu operierenden Patienten hatten ein Ulcus duodeni, ein Geschwür des Zwölffingerdarms. Deshalb hatte Nöller auf die methodischen Unterschiede, zwischen dem sorgfältigen Verschließen und behutsamen Übernähen des durchgebrochenen Geschwürs als Notoperation und dem nicht perforierten, nicht durchgebrochenen jetzt und hier vorliegenden Geschwür mit der erforderlichen Resektion, der Entfernung eines Zwölffingerdarmabschnittes und der Anastomosenbildung, dem Schaffen einer neuen Verbindung zwischen dem Magen und Darm, ausführlich hingewiesen.

Walter Ahlendorf und ich assistierten unserem Chef Dozent Busse, der wie eine Präzisionsmaschine arbeitete. Es wurde kaum gesprochen. Nach der letzten Fasziennaht (Bindegewebsnaht) überreichte mir Busse, ohne daß es vorher abgesprochen war, in Hochstimmung über das hervorragende Gelingen der Operation, Nadelhalter mit Nadel, Faden und Pinzette für die Hautnaht. „Nun mußt du zeigen, was du kannst", sagte er kurz. Etwas bleich, aber gefaßt, bedankte ich mich für die Übergabe und begann zu nähen und zu knüpfen, wie auf einem Prüfstand. Busse stand, schaute zu und flüsterte: „Jesubald näht die Naht seines Lebens." Beim Auskleiden meinte Walter Ahlendorf, Ernstchen, das war Busses Vorname, scheint mit dir sehr zufrieden zu sein.

Nach einem halben Jahr assistierte mein verehrter Chef Busse bei meiner ersten Appendektomie, einer Blindarmoperation. Das Begießen des Wurmfortsatzes hatte ein halbes Monatsgehalt gekostet. Einen teuren Spaß nannte es Walter Ahlendorf. So wuchs langsam aber sicher das Vertrauen zu dem Fach der Barbiere früherer Zeiten, in denen sie ihr Handwerk auch auf Jahrmärkten betrieben, wie es Ahlendorf bei passender Gelegenheit, fein pointiert, zum Ausdruck bringen konnte. Busse dagegen schilderte die Entwicklung der Chirurgie und besonders der Neurochirurgie in den prächtigsten Farben.

Von einer Tagung der Neurochirurgen zurückgekehrt, eröffnete er mir, daß er mit dem Vorsitzenden der neu gegründeten Deutschen Gesellschaft für Neurochirurgie und dem Direktor der ersten Neurochirurgischen Universitätsklinik in Köln, Professor Wilhelm Tönnis, über meinen fachlichen Werdegang gesprochen und erfahren habe, daß künftig, als Vorbedingung für die spezielle neurochirurgische Ausbildung, eine dreijährige neurologische Fachausbildung gefordert wird. Professor Tönnis hatte sich bereit erklärt, meine Spezialausbildung zu übernehmen und empfahl, die günstige Gelegenheit einer neurologischen Ausbildung in der Jenaer Nervenklinik, der Klinik des Entdeckers der Elektroenzephalographie, bei dem Berger-Schüler Lemke zu nutzen. Busse meinte, ich solle es mir überlegen. Der Chef war von dem Tönnis'schen Vorschlag angetan. Ich war kurzerhand einverstanden, es blieb mir auch kaum etwas anderes übrig. Busse hatte mich bei dem Personal-Oberarzt Dozent Dr. Graf Hugo von Keyserlingk für die Ausbildung vom 1. Januar 1952 angemeldet. Da auch noch eine internistische Ausbildung, zwar nicht gefordert, in der Kölner Neurochirurgie aber gewünscht wird, müßte ich mich am besten in der Lommelschen Klinik selbst darum kümmern.

Busses Eröffnungen versetzten mich in Unruhe. Was würden Dora und die Eltern zu der langwierigen Ausbildung sagen. Ich wagte zunächst nicht, darüber zu sprechen. Und wandte mich an meinen Mentor Heinz Engelien. Er war inzwischen ein begehrter Stationsarzt und hatte zwei wissenschaftliche Arbeiten publiziert. Er war begeistert von den Vorschlägen und machte bereits Pläne. Dora aber meinte, ihr wäre es lieber, wenn ich ein einfacher praktischer Arzt werden könnte. Die Schwiegereltern waren der Meinung, wenn ich glaubte, dazu in der Lage zu sein, sollte ich der Empfehlung folgen. Busse, jetzt mein väterlicher Chef, wunderte sich, daß ich immer noch zögerte. Ich gestand ihm schließlich, daß die Psychiatrie und Neurologie die beiden Fächer waren, besonders die Psychiatrie und Psychologie, die mir am wenigsten bedeuteten. Für die Prüfungen hatte mich Heinz Engelien vorbereitet, die ich auch ohne die geringsten Schwierigkeiten gut geschafft hatte.

Busse riet mir mit väterlicher Güte, mich mit der Kleist'schen Gehirnpathologie zu befassen und allmählich vertraut zu machen. Er hatte es vor seiner Habilitation mit einem neurochirurgischen Thema auch tun müssen. Kleists umfangreiche Monographie sagte mir zu und beflügelte schließlich den Entschluß, mich endgültig für die Neurochirurgie zu entscheiden. Ich hatte mich auch für die empfohlene Ausbildung in der Inneren Medizin bei Professor Lommel in der Medizinischen Poliklinik angemeldet.

Zunächst aber stand ich noch zu der gefürchteten zweiten Assistenz bei dem großen Chef und seiner ersten Assistentin, der Oberärztin Hellwig, an. Die Oberärztin war die bevorzugte Lieblingsschülerin Guleckes und dementsprechend übertrieben arrogant. Bedauerlicherweise war der so autark über allem stehende Gulecke in eine Art Abhängigkeit von ihr geraten. Auch bei Fachkongressen hatte er sie als den tüchtigsten Schüler präsentiert. Wir alle aber waren froh, wenn sie für einige Tage von der Klinik fern blieb. Busse nannte sie ein freches, hysterisches Luder und war heilfroh darüber, daß sie bei den Gutachtern mit ihrer Habilitation, die Gulecke protegiert hatte, gescheitert war. Eine Kollegin aus unserem Semester, Fräulein Dr. Schneider, stand derzeit in ihrer Gunst und assistierte Gulecke über Monate hinweg als zweite Operationsassistenz. Als Busse in Vertretung des Chefs bei der Operationsbesprechung an Stelle von Fräulein Dr. Schneider meinen Namen schrieb, protestierte die Oberärztin Hellwig heftig. Busse tat, als hätte er es überhört.

So stand ich jetzt in der Assistenzprüfung bei den Operationen neben Gulecke. Zuvor hatte mein persönlicher, väterlicher Chef Busse mich über die Eigenheiten Guleckes während des Operierens ausführlich informiert. Es waren sehr anstrengende, harte Wochen, zumal bei den stundenlang dauernden Mastdarmresektionen, hervorgerufen durch Darmkrebs. „Kopf hoch, Jesubald", kommandierte Busse. „Du mußt jetzt durchhalten, dabei kann ich dir nicht helfen!"

Der zweite Assistent hatte während der Operation, neben dem

Operateur stehend, wenig Spielraum zum Vertreten der Füße, wenn der Operateur Schuhe der Größe 45 trug. So war es durchaus möglich, daß ich an die Übergröße der Operationsschuhe Guleckes geraten war. „Herr Sayk", sagte er, „stellen Sie ihre Füße nicht unter die meinen." Sonst schien Gulecke mit meiner Assistenz offenbar zufrieden. Auch als seine getreue Oberärztin monierte, daß jetzt der nächste Assistent an der Reihe sei, hatte Gulecke meinen Namen, während ich stöhnte, wie gewohnt an die Operationstafel geschrieben. Busse klopfte mir auf die Schulter und flüsterte: „Ja, Jesubald, du stehst zu gut." Endlich hatte ich es geschafft und wurde abgelöst.

Während der Urlaubszeit übernahm ich in der Poliklinik eine Vertretung. Das bedeutete, selbständig ohne Hilfe schwierige Entscheidungen zu treffen. Die poliklinische Frequenz schien reduziert. Es war nicht viel los. Ein paar Tage faulenzte ich zwischen kleinen Verletzungen, einer kindlichen Radius-, der sogenannten Grünholz-Fraktur, und einem eingeklemmten Leistenbruch, den ich auf die Station schickte.

Eines späten Abends erschien ein Jenaer Tischler mit einer schlimmen Verletzung des rechten Zeigefingers. Er hielt den Zeigefinger und jammerte, daß in der Wunde noch ein Knochensplitter stecke. Der Knochen des Zeigefingergrundgliedes war zertrümmert. Die radialseitige Arterie war durchtrennt, die Stümpfe bluteten noch schwach. Dagegen schien der ulnare (ellenseitige) Ast an dem Hautfetzen nur angekratzt. Der etwa zwei Zentimeter lange Knochensplitter lag zwischen den Stümpfen der durchtrennten Sehnen. Die Röntgenaufnahmen bestätigten die Bescherung. Der Patient bat mich händeringend, den Zeigefinger zu erhalten. Sollte ich es nicht fertigbringen, würde er zu Professor Strohmeyer gehen. Strohmeyer war seinerzeit der Konkurrent der Chirurgischen Klinik. Obwohl ich dem Patienten erklärte, daß das Risiko der infizierten Trümmerverletzung zu groß sei und womöglich zu einer Phlegmone oder gar einem Gasbrand mit schlimmsten Folgen führen könnte, bestand er hartnäckig auf seiner Forderung. So bat ich ihn das Risiko, durch seine Unterschrift im Krankenblatt, mitzutragen. Und machte mich an die operative Versorgung. Den Knochensplitter steckte ich zwischen die beiden Knochenstümpfe, versah die Wunden der Stümpfe reichlich mit Penicillinpuder, den wir wenige Wochen zuvor als Wundpuder von Professor Knöll, dem in Jena die Penicillinproduktion gelungen war, zur Erprobung bekommen hatten, legte für die Wundsekretion eine kleine Lasche ein und nähte mit ein paar Situationsnähten den Finger so gut ich konnte zusammen. Sorgfältig geschient und situationsgerecht verbunden, nach einer Röntgenkontrolle und der obligatorischen Versorgung gegen den Wundstarrkrampf und einer Erläuterung der Verhaltensmaßregeln, konnte ich den Patienten noch dem diensthabenden Oberarzt, der von einem Konsilarauftrag zurückgekehrt war, vorstellen und mit einem Wiedervorstellungstermin nach Hause schicken.

Nach einem Tag stellte sich der Patient wieder vor und berichtete, daß der Finger die ganze Nacht über heftig geschmerzt hatte und daß er erst gegen Morgen eingeschlafen sei. Jetzt seien die Schmerzen gering. Die Röntgenaufnahmen zeigten unveränderte Verhältnisse. Die Wundsekretion war gering. Nach 8 Tagen sah der Finger unverändert gut aus. Ich mußte den Patienten dem Chef vorstellen, der hatte sich den Finger und die Röntgenaufnahmen angesehen und dann zu mir gewandt gesagt: „Na ja, Sie scheinen ja wohl immer Glück zu haben." Als der Patient gestand, daß er, falls ich den Finger nicht erhalten hätte, zu Strohmeyer gegangen wäre, hatte Gulecke laut gelacht und gefragt: „Und wenn Professor Strohmeyer es auch abgelehnt hätte?" „Dann wäre ich nach Hause gegangen und hätte mir selber geholfen", erwiderte der Patient. Gulecke schüttelte nur mit dem Kopf. Busse sagte dazu kurz: „Wer wagt, kann auch gewinnen."

Für die traditionelle Himmelfahrtspartie hatten Busse und Walter Ahlendorf einen Ausflug mit Pferd und Wagen und den nötigen Flüssigkeiten auf den Fuchsturm über Ziegenhain arrangiert. Unterwegs in begeisterter Hochstimmung war Dr. Mangler auf die Idee gekommen, das letzte Stück des serpentinenartigen Fahrwegs auf einem schmalen Pfad abzukürzen. Natürlich wurde der Vorschlag johlend mit einem burschenschaftszünftigen „In die Kanne" begrüßt. Walter Ahlendorf sollte dafür sorgen, daß auf dem schmalen Pfad niemand abhanden käme. Mit allerlei Sportübungen verschaffte sich jeder etwas zusätzliche Bewegung. Dr. Reichmann hechtete sehr gekonnt auf ein geeignetes Rasenstück. Alle versuchten, es nun nachzumachen. Und dabei war Professor von Keiser, der Chefradiologe der Klinik, abhanden gekommen. Wir fanden ihn schließlich in hohen Brennesseln mit einem stark geschwollenen Gesicht. Walter Ahlendorf hatte zum Glück in seinem Köfferchen auch etwas Lexer-Salbe. Das war seinerzeit die Salbe der Klinik, die auch jetzt helfen mußte. In der Fuchsturm-Kemenate war das Festmahl hergerichtet. Es gab heiße Würstchen mit einem vorzüglichen Kartoffelsalat.

Der Fuchsturm, eines der sieben Wunder Jenas, war nach dem Krieg jahrelang geschlossen. Kürzlich war sogar die alte Fuchsturmgesellschaft wieder zugelassen worden.

Feierlichkeiten aus besonderen Anlässen erlebte ich in der Chirurgischen Klinik nicht oft, mit Ausnahme der Gratulationskur zu Busses Ernennung zum Professor, auf die er lange warten mußte. 1943 hatte er sich hier an der Chirurgischen Klinik unter dem Direktorat von Gulecke mit einer Arbeit über Komplikationen nach Hirnverletzungen habilitiert.

Wir waren bei einer Operationsvorbereitung, als er vom Rektorat der Universität ans Telefon gerufen wurde. Als er wieder zurückkam, sagte er gelöst und etwas feierlich: „Stellt euch vor, man hat mich endlich zum Professor ernannt. Damit habe ich nicht mehr gerechnet." Die erste Assistenz Walter Ahlendorf war verschwunden. Dafür stand bereits Dr. Müller am Waschbecken. Professor Busse reagierte prompt. „Aha", rief er, „da muß ich wohl jetzt das Scheckheft holen und mich dann noch einmal waschen!" Wir hatten uns allerherzlichst gratulierend auf ihn gestürzt.

Walter Ahlendorf, nebenbei ein hervorragender Organisator, war bereits unterwegs, das Gratulationsfest zu arrangieren. Nach der Operation fanden wir das Kasino der Klinik festlich geschmückt. Der Tisch war gedeckt mit einer sehr großen Terrine voll heißer Würstchen, mit Brotkörben voller frischer Brötchen und einem halben Dutzend Sektflaschen, die Ahlendorf aus der Gaststätte „Zur Schweiz" von Herrn Schünke beschafft hatte. Der hünenhafte Ahlendorf hob den neuernannten Professor Busse auf seine breiten Schultern und trug ihn ins Kasino. Er wurde von zwei der jüngsten Schüler in Operationskleidung mit Mundschutz und Mütze und uralten langen Amputationsmessern begleitet. Der älteste Schüler Dr. Müller gratulierte mit einer rührend pointierten Laudatio, die Dr. Held mit einem hochwohllöblichen Trinkspruch abschloß. Mit rührenden Dankesworten erhob Busse sein Glas und eröffnete das rauschende Fest. Auf dem Höhepunkt der Feier war Professor Nöller, der inzwischen die Direktion des Geraer Bezirkskrankenhauses übernommen und den Dr. Ahlendorf benachrichtigt hatte, erschienen. Die mitgebrachten Sektflaschen hatte ein Kellner aus der Gaststätte „Zur Schweiz" auf den Tisch gestellt. Das Fest endete mit Sektberauschten. Leider war auch ich darunter. Es war ein Glück, daß der Alte, damit war Gulecke gemeint, zu einer Konferenz verreist war.

Im März 1951 bot Gulecke in einer Operationsbesprechung zwei Stellen an. Eine lukrative Chefarztstelle im Krankenhaus Apolda und eine Vertretung für einen erkrankten Chirurgen in der Betriebspoliklinik des Isolatorenwerkes Hescho, eines volkseigenen Betriebes in Hermsdorf-Klosterlausnitz. Damals waren in den großen volkseigenen Betrieben Polikliniken errichtet worden. „Das wäre doch was für unseren jungen Traumatologen", äußerte Gulecke und reichte mir die Offerte. „Das trifft sich wie bestellt", sagte Busse zu mir, der vor ein paar Tagen aus der Universität erfahren hatte, daß ich für die Neurochirurgenlaufbahn einen Pflichtdienst in einer der neu errichteten Betriebspolikliniken der Volkseigenen Betriebe zu leisten hätte, wofür der Zeitraum zunächst noch nicht festgelegt worden sei. Busse meinte: „Je früher du das hinter dich bringst, um so besser."

Durch den Chef der Hescho-Poliklinik, Dr. Schmidt, erfuhr ich, daß man mit meinem Dienstantritt zum 1. Mai rechnete. So nahm ich allmählich Abschied von der Basis-Klinik im statuo nascendi meiner festgelegten Laufbahn. Aus der Medizinischen Poliklinik kam die Nachricht, daß ich mit der Pflichtausbildung am 1. September beginnen könne. Und der Beginn in der Nervenklinik war auf den 2. Januar 1952 festgelegt. Dora wurde es bange zumute, als ich ihr darüber berichtete.

In der Hescho-Poliklinik während der Vorstellung und dem Bekanntmachen mit den Kollegen, dem Fachinternisten Dr. Stelter, einem sehr beliebten Arzt, dem Allgemeinpraktiker Dr. Knabe und der Einführung in den Betriebsplan wurde ich von der Oberschwester Gertrud gebeten, mir eine Schultergelenksluxation, einen Betriebsunfall, anzusehen. Die Kollegen waren mitgekommen. Der Befund und die Röntgenaufnahmen deuteten auf eine axilläre Luxation. Da keine anderweitigen Verletzungen festzustellen waren und die Fixierung so fest und hart erschien, kam nur eine Reposition in einer Kurz-Narkose in Betracht. Die Reposition gelang vortrefflich. Mit einem kräftigen Faustdruck in die nun erschlaffte Achselhöhle und einem abduktiven Zug am Oberarm schnappte der Oberarmkopf hörbar in die Gelenkpfanne ein. Die Kollegen schienen verblüfft, daß es so rasch gelungen war, den Schaden zu beseitigen. Der auf diese Weise gelungene Einstand während meiner Vorstellung sprach sich im Ort und im Betrieb schnell herum. Bei meinem offiziellen Dienstantritt war das Wartezimmer voll. Die Oberschwester Gertrud bot sich als Operationsschwester an. Sie hatte vor Jahren im Operationssaal gearbeitet.

Am zweiten Arbeitstag erschien eine vornehme Dame, die Frau des Konditormeisters und Kaffee-Besitzers aus Klosterlausnitz, mit einer immer noch eiternden Fistel nach einer Amputation des linken Zeigefingers im Mittelglied wegen eines nicht abheilenden Panaritium, einer langwierigen Eiterung nach einer infizierten Holzsplitterverletzung. Die Amputation war im Einverständnis mit der Patientin und dem Ehemann erfolgt. Unglücklicherweise war die Narbe nach einer Woche wieder aufgebrochen und eiterte nun seit zwei Monaten nahezu ununterbrochen. Sie hatte alles mögliche in dieser Zeit unternommen, sei bei einem Heilpraktiker und einer Besprecherin gewesen, wonach die Eiterung vorübergehend aufgehört hatte. Zuletzt hatte ein Chirurg in Jena die Narbe aufgeschnitten, die dann mehrere Tage trocken geblieben, leider aber wieder aufgebrochen war. Die Patientin meinte, ob ich den Finger, um allem ein Ende zu bereiten, ganz abnehmen könnte. „Dann haben Sie keinen Zeigefinger mehr! Auch ein Zweidrittel-Zeigefinger ist immer noch ein Zeigefinger, dessen Fehlen Sie erst spüren werden, wenn er Ihnen nicht mehr hilft." „Jetzt machen mich die Leute mit dem Gerede verrückt, daß es Krebs sein könnte." Ich bot ihr an, der Sache auf den Grund zu gehen, öffnete die Fistel und die Narbe und fand mit einer feinen Pinzette einen Knochensplitter. Möglicherweise könnte das die Ursache der chronischen Eiterung sein, erklärte ich der Patientin und entnahm aus der Fistel eine Gewebeprobe. Histologisch fand sich lediglich eine unspezifische Granulation (Neubildung) ohne Anhalt für eine Malignität (Bösartigkeit). Um Irrtümern vorzubeugen, habe ich der Patientin den Befund gezeigt. Und bat sie, den Verband in Ruhe zu lassen, weder abzunehmen, noch zu wechseln, die Hand zu schonen und erst nach zwei Wochen wiederzukommen. Die Exzisionsnarbe war nach vier Tagen trocken geblieben. Auch nach drei Wochen war der Verband trocken und sauber. Die Patientin und der Ehemann konnten ihre Neugier nicht unterdrücken. Ich erklärte ihr, daß sie den Verband jetzt weglassen könnte, wenn sie die linke Hand mit dem Finger dementsprechend schonen würde. Sie befolgte den Rat und die Exzisionsnarbe blieb unauffällig.

Im Ort und auch in der Umgebung sprach sich die Heilung der Amputationsnarbe schnell herum, seit die Patientin wieder hinter dem Büfett in ihrer Konditorei stand. Schwester Gertrud stöhnte über die ständig zunehmende Anzahl der Patienten. Aus dem Werk erschien jede kleine Verletzung mit einem „D-Schein", so hieß der Schein über die Verletzung, der ausgefüllt und unterschrieben werden mußte, und wofür ich zehn Mark pro Schein bei der Buchungsstelle des Gesundheitswesens, des Kreises Jena-Land, erhielt. Bei dem geringen Assistentengehalt von zweihundertundzehn Mark war das eine beträchtliche Aufbesserung des Monatsgehaltes. Hinzu kam das Angebot des Chefarztes Dr. Schmidt, mich am Nacht- und Wochenenddienst beteiligen zu können; einerseits zum Nachteil der Familie, andererseits aber auch ein erheblicher finanzieller, lukrativer Vorteil für unsere vierköpfige Familie. Den Umstand, täglich mit der Bahn von Jena nach Hermsdorf zu reisen, mußte ich wohl oder übel in Kauf nehmen. Wenn ich Nacht- oder Wochendienst hatte, kampierte ich eine Woche im Arzt-Dienst-Zimmer oder auch in der Villa des Chefs mit dankenswerter Unterstützung durch seine Frau.

Ich hüpfte fast an die Decke vor Freude, als ich am Ende des zweiten Monats achthundertsechzig Mark in Empfang nehmen konnte. Drei Wochen war ich nun nicht zu Hause gewesen. Aber auf der Heimreise unterwegs in Erfurt habe ich für Dora einen aparten, goldenen Turmalin-Ring und eine schicke Leder-Handtasche, für die Schwiegereltern und uns ein Blaupunkt-Rundfunkgerät, Puppen für die Kinder und einen neuen Koffer erstanden und so mitten im Sommer den Weihnachtsmann gespielt. Noch heute kann ich mich an die unbeschreibliche Freude der Beschenkten erinnern. Sehr behutsam und diskret hat der Schwiegervater Dora gefragt, ob denn auch alles mit rechten Dingen zugegangen sei. Da ich die Abrechnung der Buchstelle bei mir hatte und auch die Geschäftsquittungen, konnte sie ihren Vater beruhigen.

Die Arbeit im Operationszimmer der Hermsdorfer Poliklinik wuchs von Woche zu Woche. Der Famulus Hannes Schmidt, Student im zehnten Semester, wurde mein Operationsassistent. Sein Vater war einer der Werksdirektoren aus dem rheinischen Stammwerk, die während des Krieges im Hermsdorfer Waldgebiet das rasch wachsende Zweigwerk gegründet hatten, das nun ein volkseigenes Kombinat mit einem rasant wachsenden Export in die Sowjetunion geworden war. Hannes Schmidt war sowohl begabt, als auch manuell sehr geschickt und zuverlässig, so daß er die Leistungsfähigkeit eines ersten Operationsassistenten schnell erreichen konnte. Seine erste Hautnaht ließ er auf einem Foto festhalten.

Der Chef der Stomatologischen Abteilung, Dr. Rother, hatte ein häßliches Fibrolipom an der rechten Stirnseite und bat mich, nach meinen operativen Erfolgen, um eine Entfernung. Radiologisch war eine Verbindung zu der Hirnhaut und zum Gehirn im Sinne einer Enzephalozele (Mißbildung) auszuschließen. Da hier auch eine Pulsation nicht zu tasten war und ich sorgfältig darauf geachtet hatte, daß das Periost, die Knochenhaut, völlig glatt war, machte die Exstirpation keinerlei Schwierigkeiten. Es waren auch nicht die geringsten Anzeichen einer Bösartigkeit zu erkennen. Das war auch histologisch bestätigt worden. Aus besonderem Anlaß wurde die Wunde durch eine Intrakutannaht, die auch Dr. Schmidt und Dr. Stelter bewundern konnten, geschlossen. Die Naht war so gut wie nicht zu sehen. Das in dem Fall besonders sorgsame Knüpfen hatte mir mein Lehrer Busse beigebracht. Eine günstige Voraussetzung dafür bot die dafür wie geschaffene Haut des Patienten, nicht zu hart und nicht zu weich. Jetzt war auch die Stomatologische Abteilung eine Reklamestation. Es verging seitdem kaum ein Tag ohne die Entfernung einer auffälligen Warze, eines Fibroms oder Lipoms, oder auch der Korrektur einer unansehnlichen Narbe.

Eine junge, resolute Bäuerin kam mit ihrer 75jährigen Mutter, die am rechten Unterarm ein großes Basaliom, eine relativ gutartige Geschwulst, trug, das in letzter Zeit, ungewöhnlich zu bluten begann. Tochter und Enkel mußten täglich für einen Verband sorgen. Sie waren bereits in der chirurgischen Poliklinik in Jena gewesen. Der Arzt soll erzürnt gefragt haben, weshalb sie nicht viel früher zur Untersuchung gekommen seien. Bei der jetzigen Größe und dem Alter würde die Wunde nicht mehr zuheilen. Die Operation sei also sinnlos, da es gleichgültig sei, ob die Geschwulst oder die nicht heilende Operationswunde verbunden werden müßte. Ich hatte dieselben Befürchtungen und betonte auch, daß die Wunde auf keinen Fall heilen würde.

Die Patientin war mit der Tochter und jetzt auch noch mit dem viel resoluteren Schwiegersohn wiedergekommen. Der Zahnarzt Dr. Rother hatte ihnen geraten, es noch einmal zu versuchen. Wenn sich niemand zu der Operation entschließen könnte, dann sei ich der geschickte Operateur, dem die Entfernung der Geschwulst und ein Verschließen der Operationswunde gelingen würde. Der Schwiegersohn, der Dr. Rother mit dem Fibrolipom kannte, fragte, wer bei ihm die Geschwulst entfernt hatte. So hatte Dr. Rother nicht leugnen können und mich notgedrungen empfehlen müssen. Somit ließen sich die Angehörigen der Patientin nicht mehr abweisen. „Die Operationswunde wird aber mit Sicherheit nicht heilen", erklärte ich mit Nachdruck. „Dann ist nichts zu ändern, aber bitte, bitte versuchen Sie es doch", bettelte der Schwiegersohn. Schwester Gertrud gab den Unbelehrbaren einen Termin und ließ die Tochter einen Revers unterschreiben.

Ich machte mir eine genaue Skizze von der Ausdehnung der Geschwulst und der Hautbeschaffenheit und einer Ypsilon-Verschiebung, die ich bei meinem Lehrer Busse gelernt hatte, die möglicherweise gelingen könnte. Die Exstirpation des Basalioms gelang mühelos. Das Problem war die Ypsilon-Deckung, die ich nun nach dem berechneten Entwurf vornahm. Das war sehr mühevoll. Mit zwei unvermeidbaren Falten war es mir gelungen, den großen Defekt zu decken. Das Ergebnis der histologischen Untersuchung hatte die Vermutung eines Basalioms bestätigt. Die Patientin hatte ein unwahrscheinliches Glück in ihrem hohen Alter. Der noch etwas sezernierende Mittelpunkt der Narben hatte sich nach dreieinhalb Wochen geschlossen. Ich war ein Wunderdoktor geworden. Der Schwiegersohn der nun sehr dankbaren Familie war mit einem Riesenpaket in die Poliklinik gekommen. Es waren Proben eines großen Schlachtfestes, die wir alle zu schätzen wußten. Und auch eine kulinarische Überraschung zum Weihnachtsfest konnten wir zu Hause in Sömmerda genießen.

Der sogenannte Pflichtdienst in der Betriebspoliklinik ging zu Ende. Dr. Schmidt und die Kollegen baten mich, mir zu überlegen, ob ich nicht in Hermsdorf bleiben könne. Ich konnte mir sogar ein solides Einfamilienhaus des Werkes ansehen. Ein Erwerb war nicht ausgeschlossen, und ich war durchaus geneigt, in Hermsdorf zu bleiben. Denn die Zweifel an einer neurochirurgischen Laufbahn, nicht zuletzt wegen des Schreckens vor der neurologischen Ausbildung in der Nervenklinik, waren nicht ausgeräumt. Dazu kamen Ängste wegen des Ausscheidens meines Lehrers Professor Busse aus der Chirurgischen Klinik in Jena. Er hatte in den letzten Wochen das Stadt- und Kreiskrankenhaus in Eisenach übernommen und wollte mich noch einmal wegen meiner Ausbildung in der Neurochirurgie in Köln sprechen, konnte mich aber nicht erreichen und versicherte mir nun in einem Brief, daß sich an dem beschlossenen Ausbildungsplan nichts ändern würde, da ich nach der Ausbildung als Neurochirurg nach Jena zurückkehren müsse. Dies hatte er mir vor meiner Delegierung an die Hermsdorfer Betriebspoliklinik kurz angedeutet.

Professor Gulecke bestellte mich zu einer Rücksprache. Er schien in den paar Monaten, in denen ich ihn nicht wieder gesehen hatte, deutlich gealtert und wirkte matt und deprimiert. Ohne eine Miene oder Geste, ich vermißte beispielsweise sein markantes Schmunzeln, erwähnte er das Lob des Hermsdorfer Poliklinikers Dr. Schmidt und auch, daß man mich sehr gern behalten und an die Betriebspoliklinik binden wollte. Er fragte diesmal sogar etwas vorsichtig, nicht mehr so bestimmend sicher wie früher, ob ich bei dem Entschluß, in der Chirurgie zu bleiben, beharren wolle oder ob ich es mir inzwischen anders überlegt hätte. Auf meine Antwort, bei dem Entschluß bleiben zu wollen, entgegnete er: „Na ja, dann bleibt es bei den Abmachungen. Bleiben Sie so tüchtig und ehrlich, dann wird Ihnen alles wohl gelingen. Sie haben meine besten Wünsche und melden Sie sich, wenn Sie es für nötig halten." Er reichte mir die Hand und verabschiedete sich diesmal mit einem kräftigen Händedruck, der mir zu denken gab. Ich überlegte, was der Gegensatz zwischen dem bestimmten und kräftigen Händedruck und der deutlich zum Ausdruck kommenden Resignation wohl zu bedeuten habe. Eine Erklärung konnte ich nicht finden.

Ich war durch die Klinik gegangen und fand auch auf den Stationen, außer Dr. Mangler und Walter Ahlendorf, niemanden der älteren und jüngeren Kollegen, die ich kannte. Der sonst immer fröhliche, mitreißende Ahlendorf wirkte bedrückt und gehemmt. „Es hat sich viel geändert in den sechs Monaten", flüsterte er. „Der Alte, - damit meinte er Gulecke -, wird emeritiert und wer der Nachfolger wird, weiß bis jetzt niemand. Besuch uns doch mal. Es gibt viel zu erzählen", sagte er, und verabschiedete sich rasch. Das ist also die Erklärung für die Situation und das Verhalten des großen Chefs.

Irgendwie schien sich nicht nur in der Klinik einiges verändert zu haben. Das Stadtbild hatte sich verändert. Auf den freien Plätzen waren riesige Baustellen entstanden. Der Philosophenweg mit der Nervenklinik und der Mensa und die Johann-Griesbach-Straße hatten das altgewohnte Bild behalten. Ich beeilte mich, um Vorbereitungen für den neuen Dienstantritt in der Medizinischen Poliklinik zu erledigen.

In der Inneren Medizin

Die Ausbildung in der Medizinischen Poliklinik unter dem Direktorat des Professor Lommel begann auf den beiden Stationen, einer Frauen- und einer Männerstation. Stationsärzte waren Dr. Klumbies und Dr. Kretschmer. Ich wurde Dr. Kretschmer zugeteilt und in die klinisch explorativen Untersuchungen und die Diagnostik eingeführt. Kurz darauf wurde Professor Lommel emeritiert. Er bestritt aber weiter die klinischen Visiten und unterstützte den neuen Chef, seinen Schüler Dozent Dr. Kleinsorge. Professor Lommels Spezialgebiete waren die Herz-Kreislauf- und Lungenerkrankungen. Er hatte in den dreißiger Jahren die erste Jenaer Tuberkulose-Klinik gegründet. Sein Steckenpferd war die subtile, kontrollierte klinische Untersuchung und Beobachtung. Alle seine Schüler waren hochgeachtete und begehrte Ärzte.

Bei der Visite war ein 50jähriger Patient aufgefallen, der über Herzrhythmusstörungen mit einer Atemnot und über Kopfschmerzen klagte. Die Beschwerden und Störungen traten regelmäßig während seiner nachmittäglichen Spaziergänge auf und waren seiner Meinung nach immer schlimmer geworden. Professor Lommel meinte, man müßte den Patienten bei seinen Spaziergängen beobachten, aber darauf achten, daß er es nicht bemerkt. Vielleicht trinkt er oder frönt irgendwelchen Genußmitteln, mutmaßte der alterfahrene Kliniker Professor Lommel. Dr. Kretschmer hatte die Aufgabe der Beobachtung mir übertragen. Jeden Nachmittag war ich dem Patienten so unauffällig wie möglich gefolgt, konnte aber nichts besonderes entdecken. Da aber die elektrokardiographischen Untersuchungen, auch die mit einer Belastung am Nachmittag, vor dem Spaziergang keinerlei Störungen ergeben hatten und nach dem Spaziergang immer wieder eindeutige Rhythmusstörungen mit ventrikulären Extrasytolen und sogar eigentümlichen Pausen im EKG erkennbar waren, mußte ich ihn weiter beobachten. Sicherlich hatte er bemerkt, daß ich ihn beobachtete. Denn seit ich ihm nachgegangen war, fehlten die Arrhythmien im EKG an zwei Tagen. Dr. Kretschmer folgerte daraus, daß er irgendein

Genußmittel nehmen muß. Wir müssen es finden! Die Nachtschwester hatte in der Kleidung und im Nachttisch nichts entdecken können. Ich mußte ihm also weiter folgen, als er wieder über heftige Beschwerden geklagt hatte und das EKG wieder unauffällig war. Ich kannte seine Spazierwege und hatte mich diesmal versteckt. Aus dem Versteck konnte ich mit dem Fernglas beobachten, wie er dreimal in eine Packung griff und etwas in den Mund steckte. Was es war, konnte ich leider nicht erkennen. Aber ich konnte sehen, wie er die bewußte Packung kurz danach hinter einem Briefkasten sehr geschickt versteckte. Ich fand die Schachtel. Es war Kautabak, sie war halbleer. In der Klinik angekommen, sah ich den Patienten im EKG-Labor. Dr. Kretschmer hatte ich das Corpus delicti übergeben. Genau das habe ich vermutet! Der Patient klagte über heftigste Beschwerden und die Arrhythmie war jetzt sehr ausgeprägt. Ich berichtete Dr. Kretschmer, daß er sich diesmal ergiebig bedient hatte. Der Patient aber wollte es nicht wahrhaben, daß die Störungen von dem Kautabak herrührten. Der alterfahrene Professor Lommel hatte recht gehabt. Er ließ mich rufen und fragte mich nach meinen Plänen. Ich vertraute ihm meine Umstände an. Er gab mir mit der Hand auf meiner Schulter die besten Wünsche auf meinen Weg mit.

In der Ambulanz-Abteilung war die Arbeit weniger interessant. Hier ging es um die allgemeinen Untersuchungen mit der Labordiagnostik für die praktischen Ärzte. Hans Herdan und Erich Vocker aus dem Examenssemester waren meine Untersuchungszimmer-Nachbarn. Es gab Tage mit drei bis fünf Patienten, aber auch Tage mit zehn und fünfzehn Untersuchungen. An einem derart hektischen Tag unterlief mir ein peinlicher Fehler, über den ich mich sehr lange ärgerte. Ich hatte die Befunde zweier Patienten verwechselt. Der überweisende Arzt hatte sich mit Recht über den Fehler beschwert. Er hatte einen Patienten zum Röntgen geschickt und bekam mit dem Röntgenbefund auch ein Blutbild, das bei dem Patienten gar nicht gemacht worden war. Demzufolge fragte er, ob nicht womöglich auch der Röntgenbefund verwechselt worden sein könnte. Es gab eine sehr peinliche, für mich schockierende Revision, über die Dozent Dr. Kleinsorge sehr erbost war. Es war aber noch ein ganz anderes, heikles Dilemma hinzugekommen.

Hans Herdan hatte von der SED-Parteigruppe der Universität eine Aufforderung zum Umtausch der Mitgliedsausweise bekommen. Dabei war mir mein Versäumnis eingefallen. Ich besaß noch nicht einmal einen SED-Ausweis, sondern hatte immer noch den alten Ausweis der SPD. Hans Herdan war in der gleichen Situation mit dem Unterschied, daß ich nicht aufgefordert worden war, ihn umzutauschen. Anscheinend fehlte mein Name im Mitgliederverzeichnis. Es kam zu einer Verhandlung vor dem Parteisekretär. Wir wurden der Unzuverlässigkeit bezichtigt und beantragten einen Ausschluß aus der Partei, dem der Sekretär mit einer Rüge zustimmte. Wir waren beide heilfroh, dieser zwangsvereinigten Partei entronnen und glimpflich davongekommen zu sein. Zehn Jahre später war die Situation so verschärft, daß unsere Ausbildung an den Universitätskliniken gekündigt worden wäre. Wir geblieben unbehelligt.

Im Fleischwarenwerk in Apolda, einem volkseigenen Betrieb, war durch infizierte Konserven eine Salmonellenerkrankung aufgetreten, von der auch eine sowjetische Garnison betroffen war. Deshalb war das Apoldaer Gesundheitswesen in einen Notzustand geraten und bat die Medizinische Poliklinik um Hilfe.

Zu viert wurden wir vom Direktor der Klinik, Dozent Kleinsorge, der inzwischen zum Professor ernannt worden war, an das Apoldaer Krankenhaus beordert. An zwei Röntgengeräten wurden durch Duodenalsonden (Darmsonden) unter Sichtkontrollen Sekretproben aus dem Zwölffingerdarm, wo das Sekret der Gallenblase, in dem sich die Erreger verbergen können, zu erreichen ist, entnommen und bakteriologisch untersucht. Wir untersuchten zweiundzwanzig Betriebsangehörige, und bei zwei Fleischern, die keinerlei Beschwerden hatten, wurden Salmonellen gefunden. Damit erfüllten wir unseren Auftrag zur Zufriedenheit des Kreisarztes, der sich auch bei Professor Kleinsorge bedankte und uns eine von einem sowjetischen Kollegen spendierte Flasche Wodka als Dank - so etwas hatte es auch gegeben - überreichte.

Kleinsorge freute sich über unseren erfolgreichen Einsatz. Er schien mein peinliches Mißgeschick bereits vergessen oder verziehen zu haben, als er fragte, ob ich geneigt wäre, an seiner Klinik zu bleiben, da ihm eine Vergrößerung der Stationen und der Ausbau eines Forschungslaboratoriums zugesagt wurde. Ich berichtete ihm über meine neurochirurgischen Ambitionen, mit der dazugehörenden neurologischen Ausbildung, die ich in drei Monaten in der Nervenklinik beginnen müßte. Kleinsorge meinte dazu, daß dies ein sehr komplizierter Weg sei, den ich mir reiflich überlegen sollte. Weshalb beharrte ich eigentlich auf das Vorhaben, unbedingt am 1. Januar 1952 in der Nervenklinik mit der neurologischen Ausbildung beginnen zu müssen? Ich könnte in der Medizinischen Klinik bleiben, wie ich es ursprünglich vorhatte, um Facharzt für Innere Medizin zu werden, dafür bot sich jetzt die beste Gelegenheit.

Als ich mich im Dezember von Kleinsorge verabschiedete, zeigte er mir sein neu entstehendes Forschungslaboratorium, sicherlich nicht ohne einen Grund. Zwei Jahre später bei der begründeten Suche nach den Nebenwirkungen der neuen Sulfonamide war es ihm gelungen, eine blutzuckersenkende Wirkung zu entdecken, die schließlich zu der Entwicklung der oralen Antidiabetika führte.

Die politische Situation hatte sich im Sinne der proklamierten marxistisch-leninistischen Diktatur des Proletariats verschärft und verhärtet. Im Anschluß an die rigoros durchgeführte Bodenreform begannen die Gründungen Landwirtschaftlicher Produktionsgenossenschaften, die von manchen benachteiligten Kleinbauern nicht unbedingt gewünscht, aber dann doch wegen der genossenschaftlichen Wirtschaftsform als vorteilhaft empfunden wurden. Die doktrinäre Kollektivierung aller landwirtschaftlichen und industriellen Wirtschaftszweige wurde zügig durchgesetzt, ohne Rücksicht auf die dabei entstandenen, zum Teil verheerenden Folgen in manchen wirtschaftsrelevanten Produktionsstätten. Hier und da war es zu Versorgungsstörungen gekommen, die auch sobald nicht kompensiert werden konnten.

Auch die Tage in der Inneren Medizin waren gezählt. Gleichzeitig wuchs meine Unschlüssigkeit. Ich war nahe daran, in die Hermsdorfer Poliklinik zurückzukehren und traf zufällig den treuen Famulus Hannes Schmidt. Er erzählte, daß in Hermsdorf ein Chirurg aus Gera zum ersten Januar angekündigt sei. Mein Ausscheiden hatte Bestürzung und Unruhe hinterlassen. Die Chirurgie sei von Dr. Knabe notdürftig versorgt worden. Dora meinte zu meiner Unentschlossenheit, ich solle jetzt nichts gewaltsam erzwingen wollen und die vorbedachte Entwicklung abwarten.

In der Jenaer Nervenklinik unter der Leitung von Professor Rudolf Lemke
Die zweite Weichenstellung

Die Tradition der Klinik beruhte auf der Entdeckung der Elektroenzephalographie (EEG) durch Hans Berger, ordentlicher Professor der Neurologie und Psychiatrie, als vierter Klinikdirektor in Folge nach Otto Binswanger, Georg Kieser und Friedrich Siebert. Seit dem 50jährigen Jubiläum der Entdeckung trägt die Klinik seinen Namen. Es war ihm nicht vergönnt, den nach dem zweiten Weltkrieg verliehenen Nobelpreis zu empfangen. Er starb 1941 als ein Gegner der antihumanen, nationalsozialistischen Beschlüsse der berüchtigten Wannsee-Konferenz. Professor Rudolf Lemke, einer seiner befähigsten Schüler, hatte nach dem Krieg 1946 die Leitung der Klinik übernommen und für einen tüchtigen Nachwuchs gesorgt.

Seine beiden Oberärzte, Dozent Dr. Graf Hugo von Keyserlingk und Dozent Dr. Helmut Rennert, habilitierten sich mit Arbeiten über spezielle Themen aus der forensischen Psychiatrie und Psychopathologie. Der dritte Oberarzt, Dr. Werner Mende, hatte an der Klinik die zerebrale Angiographie, die Darstellung der Gefäße des Gehirns, die von Egas Moniz entdeckt wurde, mit einem damals neuen Kontrastmittel, dem Perabrodil, eingeführt. Alle drei Oberärzte waren später erfolgreiche Klinikdirektoren und hervorragende Fachwissenschaftler. Graf Hugo, so wurde er in der Klinik genannt, wurde 1957, nachdem er vorübergehend die Nervenklinik an der Medizinischen Akademie in Magdeburg geleitet hatte, nach dem plötzlichen Tod Lemkes sein Nachfolger. Professor Rennert war 1958 an die Nervenklinik der Universität Halle berufen worden und war später einer der Vizepräsidenten der Deutschen Akademie der Naturforscher Leopoldina.

Mit gemischten Gefühlen wartete ich Anfang Dezember 1951 im Vorzimmer Lemkes auf die gewünschte Vorstellung, zu der ich für neun Uhr bestellt worden war. Es war nach elf, als ich die Sekretärin, Frau Gottfried, fragte, ob ich nicht an einem anderen

Tag kommen solle. Der wird bestimmt nicht günstiger sein, meinte sie, warten Sie noch ein paar Minuten. Der Chef muß gleich kommen. Gegen zwölf Uhr kam er aus seinem Zimmer. „Sie wollen am ersten Januar beginnen?" „Professor Busse hat Sie angemeldet", sagte er, reichte mir im Vorbeigehen die Hand, ohne daß ich dabei einen Händedruck spürte, wie bei dem großen Gulekke, und war bereits wieder entlassen.

Heinz Engelien meinte, an das unbekümmerte und unpersönliche Gebaren in dieser Klinik wirst du dich schon gewöhnen. Es hat im Vergleich zu der kameradschaftlich, jovialen Art der Chirurgen gewisse Nachteile, die aber durch eine ersprießliche Verbindlichkeit und Zuverlässigkeit aufgewogen wird. Du wirst es aber schon selber spüren. Heinz Engeliens sehr verbindlich, herzlich-warme, fürsorgliche Art machte mir wieder etwas Mut, mich auf die neue Atmosphäre einzustellen. Du bist hier nicht allein, tröstete er mich. Auf welcher Abteilung und welcher Station ich beginnen würde, konnte er mir nicht sagen. Das wird hier in der Personal-Konferenz der Oberärzte entschieden. In der bisherigen Regel war es so, daß die Anfänger auf einer psychiatrischen Station begannen. O weh, dachte ich, auch das noch.

Am ersten Tag hatte ich mich mit gemischten Gefühlen bei dem Personal-Oberarzt Graf Hugo gemeldet. Er brachte mich, ich hatte es geahnt, auf die geschlossene Akut-Station Männer II und übergab mich dem Stationsarzt Dr. Stöhr. An das markante Profil Dr. Stöhrs konnte ich mich dunkel erinnern, wußte im Augenblick aber nicht in welchem Zusammenhang. Um Himmelswillen, sagte Dr. Stöhr, ich habe bereits zwei Pflichtassistenten. Herr Sayk ist kein Pflichtassistent. Er kommt zur Ausbildung und soll zunächst in der Psychiatrie beginnen, betonte Graf Hugo. Die bereits etwas erfahreneren Kollegen, Günter Claus und Herbert Stephan, halfen mir, in der Psychiatrie Fuß zu fassen. Nach wenigen Tagen führte mich Dr. Stöhr in die Bibliothek und erklärte mir die Organisation. Das umfangreiche Literatur-Repertoire, vor allem das reichhaltige Sortiment an Periodica und an Zeitschriften, war überwältigend und übertraf bei weitem das Angebot der Bibliothek der Chirurgischen Klinik.

In der dritten Woche, nachdem ich mich an das Klima der Klinik gewöhnt hatte, erhielt ich von der Universität die Nachricht, daß ich von der Liste der Bewerber für eine wissenschaftliche Laufbahn gestrichen worden war. Eine Begründung fehlte. Doch die konnte ich mir denken. Hinzu kam eine zweite Hiobsbotschaft. Professor Gulecke, mein Schirmherr, hatte kurz vor seiner Emeritierung die DDR verlassen. Ich spürte den Boden unter den Füßen wanken. Jetzt konnte ich mir die Beklommenheit während der letzten Rücksprache über meine Zukunft und den Händedruck beim Abschied erklären. Nun stand ich von allen guten Geistern verlassen allein da und wußte nichts mit mir anzufangen und brauchte ein paar Tage, um mich wieder aufzuraffen. In meinen Briefen an Dora, die voller Verzweiflung waren, versuchte ich, den Kummer loszuwerden und wieder etwas Selbstvertrauen zu gewinnen. Nachdem ich mich etwas stabilisiert hatte, offenbarte ich meinem sehr besorgten Mentor, Heinz Engelien, meine Situation. Mit väterlicher Fürsorge nahm er mich ins Gebet und tröstete mich.

Währenddessen begann Dr. Stöhr, mich mit einer damals aktuellen Therapie, der frontalen Lobotomie, chronisch- bedrohlich, katatoner und paranoider schizophrener Patienten, vertraut zu machen, indem er mir die psychopathologischen, klinischen Befunde vor und nach der Operation erläuterte. Es waren Patienten, bei denen alle bisherigen therapeutischen Bemühungen erfolglos geblieben waren, und bei denen die Operation, ein Schnitt mit einer Durchtrennung der Faserzüge im Stirnhirn, zunächst eine Besserung brachte, die aber nicht lange anhielt. Zwei Patienten waren nach der Operation verstorben. Das war während meines Hermsdorfer Pflichtdienstes. Busse hatte die Methode der Monizschen Lobotomie kurz erwähnt. Die Insulin- und Elektroschock-Therapie brachte bessere Ergebnisse. Aber auch hier kamen Komplikationen vor. Bei der Insulin-Schocktherapie waren das verzögerte Erwachen und der verlängerte Schock mit Krämpfen die gefürchteten Komplikationen. Zwei Todesfälle waren auf der Station zu beklagen. In der Tages-Konferenz forderte Lemke dringende Abhilfe. Eine pharmakologische Kontrolle des Insulins hatte keine Beanstandungen ergeben.

Dr. Stöhr erinnerte sich, daß ich vor drei Jahren im pathophysiologischen Praktikum von Professor Sundermann in der Diskussion um eine Differenzierung der hypoglykämischen Komata aufgefallen war. Deshalb konnte er sich auch an mich bei der Zuweisung auf die Station erinnern. Er bat mich dringend, ihm zu helfen, die Ursachen für die Komplikationen zu finden. Der Chef war einverstanden, und Graf Hugo stellte das kleine Labor neben dem Stationsarztzimmer zur Verfügung. Ich fand bereitwillige Hilfe in der Medizinischen Klinik durch den Oberarzt, Dozent Dr. Heuchel, und orientierte mich in Zeitschriften und benutzte Faltas Diabetes-Fibel.

Mit Hilfe der arterio-venösen Blutzuckerdifferenz machte ich die ersten Versuche und meinte nach den ersten Ergebnissen, eine Erklärungsmöglichkeit der Komplikationen gefunden zu haben. Auch Dozent Dr. Heuchel war von den Ergebnissen überzeugt. So befaßte ich mich jetzt mit Diabetes-Literatur und kochte Blutzucker, begleitet vom Spott der Kollegen, in Professor Hilperts altem Versuchslaboratorium. Ein Anstieg der venösen Blutzuckerwerte bedeutete ein Schwinden oder Bereitstellen des Zuckers aus den Depots der Leber, dem Darm und auch der Muskulatur zu den Orten des Bedarfes, wo bereits hypoglykämische Störungen im Entstehen waren und wo auch der Übertragungs- und Erregungsstoffwechsel der Nervenzellen und Fasern gestört zu sein schien, so daß motorische Unruhen und Krämpfe entstanden, die auch als Notfunktionen mit einer Transportwirkung zu den Orten des Zuckermangels vermutet werden konnten. Mein Vorschlag war, die Labilität der Nervenzellen und Fasern mit den Synapsen, den Verbindungs- und Übertragungsstellen, zu stabilisieren. Die Nervenklinik hatte seinerzeit von der La Roche-Pharmazie das Pyridoxinhydochlorid (Vitamin B6) zur Erprobung zur Verfügung gestellt bekommen, da noch die alten Beziehungen zwischen La Roche und dem Berger'schen EEG-Labor bestanden. Ich war der Auffassung, daß das Vitamin B 6 über eine Transaminierung und mitochondrale Aktivierung eine Stabilisierung der Erregungsübertragung bewirken könnte.

Gleichzeitig hatte ich vorgeschlagen, die Insulindosen zu verringern.

Die motorischen Erregungszustände und Krämpfe, die gefahrvollen verlängerten Schockzustände und Komata traten bei den Patienten nicht wieder auf. Ich war zunächst mit meinen Postulaten zurückhaltend. Dr. Stöhr aber meinte, es sei ein beachtenswerter Erfolg, den ich auch Dr. Heuchel vorstellte, der zu einer Veröffentlichung der Ergebnisse riet. Unter dem Titel: *„Zur Frage der Bedeutung der arteriovenösen Blutzuckerdifferenz in der großen Insulinkur der psychiatrischen Therapie"*, habe ich die Ergebnisse sorgfältig zusammengestellt und dem Chef, Professor Lemke, vorgelegt. Prof. Lemke meinte, es wäre eine sehr gute Arbeit, aber er verstünde nicht viel davon. Herr Professor Brednow, mit dem er befreundet war, würde sich die Arbeit ansehen. Professor Brednow hatte eingeschätzt, daß es eine interessante Arbeit mit schönen Ergebnissen sei, daß aber der Stil viel zu wünschen übrig lasse. Das hatte ich von dem Ästheten Brednow nicht anders erwartet. Es hätte aber wenig Sinn, sie zu ändern. Verbesserungen halten gewöhnlich nicht das was sie versprechen. Er empfahl mir, die Arbeit an den Schriftleiter der Ärztlichen Wochenschrift, Professor Dr. Freiherr von Kress, nach Berlin zu schicken, mit den besten Grüßen von ihm.

Nicht wenig überrascht war ich, als Professor von Kress sich für die Arbeit bedankte, die er sobald wie möglich in der Ärztlichen Wochenschrift publizieren würde. Meinem Chef bat er, die besten Grüße zu erwidern. Als ich den Brief meinem vorgesetzten Chef zeigte, meinte er mit einem vielsagenden Lächeln: „Sehen Sie, jetzt haben Sie zwei Chefs, ich werde Brednow gleich anrufen. Auf unserer nächsten Tagung müssen Sie darüber einen Vortrag halten." Merkwürdig, das große Vertrauen, daß ich zu Gulecke und Busse von Anfang an hatte, konnte ich zu Lemke nicht entwickeln.

Ich kochte weiter Blutzucker und zeigte Lemke noch einen wertvollen Brief Professor Braunmühls, der die Insulin-Schock-Therapie in der Psychiatrie eingeführt und einen Sonderdruck angefordert und sich herzlich dafür bedankt hatte. Lemke bestand darauf, daß ich mit meinen Untersuchungen weitermachen solle. Graf Hugo, zu dem mein Vertrauen von Tag zu Tag wuchs, war es nur recht. Täglich war er in dem kleinen, engen Labor erschienen und fragte nach neuen Ergebnissen. Eines Abends fragte er vertrauensvoll: „Wollen Sie wirklich Neurochirurg werden?" Ich verriet ihm, daß ich von der Liste für eine neurochirurgische Laufbahn, die Gulecke und Busse seinerzeit beantragt hatten, gestrichen sei. „Machen Sie sich nichts daraus, dafür hatten Sie hier einen glänzenden Start. Den Erfolg wird Ihnen niemand streitig machen. Machen Sie so weiter." In der Nervenheilkunde könne man es auch zu etwas bringen, so hatte er mich getröstet. Sein Trost tat mir sehr gut. Ich dankte ihm dafür.

Ein zweiter Brief Professor Braunmühls, in dem er um eine Stellungnahme zu dem von ihm inaugurierten Hyperinsulinosus-Typ, einem speziellen Reaktionstyp, der Insulinkur-Patienten bat, hatte zu einer Erweiterung der Blutzuckeruntersuchungen Anlaß gegeben. So war eine zweite Publikation mit dem Titel *„Über den Hyperinsulinosus-, Hypoinsulinosus- und Sensibilisierungstyp bei den Insulinkuren der psychiatrischen Therapie"* entstanden. Nach den Zuschriften und Sonderdruckanforderungen zu urteilen, interessierten sich neben den Therapeuten aus der Psychiatrie auch Diabetologen für die Ergebnisse, auch wenn sie manche Schlußfolgerungen bemängelten. Schließlich fehlten mir hier und da die hochspezialisierten Kenntnisse und Erfahrungen auf diabetologischem Gebiet.

Dr. Werner Knittel, Stationsarzt der Männer-Station I und späterer Oberarzt, der an den Verbesserungen der vegetativen Funktionsprüfungen erfolgreich arbeitete, hatte nach den seinerzeit maßgeblichen Ergebnissen Selbachs vorgeschlagen, mit Hilfe des Sympatol-Tests bei Patienten mit vermuteten Hirngeschwülsten zerebrale, vegetative Funktionsstörungen zu finden und für die Indikation der nicht gefahrlosen, instrumentellen neurologischen Diagnostik, der Pneumenzephalographie und Darstellung der Hirngefäße mit einem Kontrastmittel, zu nutzen. Aus den Ergebnissen konnten wir schlußfolgern, daß bei Hirngeschwülsten, sowohl in den frontobasalen, trophotropen, als auch in den posterio-basalen, hinteren ergotropen Gehirnarealen erhebliche Störungen der Blutdruckregulation im Sympatol-Test zu erkennen waren, die zu speziellen Vorsichtsmaßregeln bei der instrumentelle Diagnostik geführt hatten. Die Veröffentlichung mit dem Titel „Über Sympatol-Test-Ergebnisse bei neurologisch-psychiatrischen Erkrankungen" brachte eine anerkennungsvolle Zuschrift des bekannten Streßforschers Professor Niehans aus Montreal ein, über die sich Werner Knittel, Graf Hugo und besonders der Chef sehr freuten. Graf Hugo, der meine Fähigkeiten entdeckt hatte, verriet Werner Knittel und Heinz Engelien, daß ich für eine Auszeichnung vorgeschlagen worden sei. Ich hielt es für einen foppenden Scherz. Erst als der Chef sie in der Konferenz erwähnte, glaubte ich daran.

Es war eine der ersten Auszeichnungen mit der Medaille für ausgezeichnete Leistungen des FDGB in der Klinik. Graf Hugo hielt eine mit Erinnerungen an die mühevollen Arbeiten geschmückte Lobrede. Der jüngste Pflichtassistent trug recht feierlich die Verse Freiligraths über die Ehre der Arbeit vor. Nach dem letzten Satz, *doch auch dessen, der mit Schädel und mit Hirn hungernd pflügt, sei nicht vergessen*, sollen mir Tränen in den Augen gestanden haben, so erzählte die Stationsärztin Ursula Bergmann. Auch Heinz Engelien war sehr angetan und gerührt. Er war es schließlich, der mich mit Fürsprache und Begeisterungsfähigkeit an die Nervenklinik gebracht hatte.

Werner Knittel meinte, daß ich eine Honoraranweisung vom Springer-Verlag für die drei Veröffentlichungen bekommen müßte. Tatsächlich, Anfang Dezember 1953 erhielt ich eine Anweisung vom Verlag aus West-Berlin über 275 D-Mark. Ich konnte den Betrag jederzeit in West-Berlin, Am Reichpietschufer abheben. Es war damals auch nicht schwer, West-Berlin zu erreichen. Der D-Zug aus Erfurt hielt in der Ruine des Anhalter Bahnhofs. Ein heikles Problem war die Grenzkontrolle am Bahnhof Jüterbog auf der Hin- und Rückfahrt. Sicherheitshalber hatte ich mir mit der Quittung eine Bescheinigung mitgeben lassen. Im Abteil wurde über die schikanösen Kontrollen gesprochen. Ein mitreisender Berliner meinte, die Bescheinigung würde mir nichts nützen. Ich war in großer Sorge, da ich in West-Berlin tüchtig eingekauft hatte. Er hatte recht. Mit dem Koffer, Mantel und Hut mußte ich zur Kontrolle und sah weitere Fahrgäste mit dem Gepäck aussteigen. Ein VoPo-Unteroffizier nahm mir die Bescheinigung ab und führte mich zu einem Offizier, der die Bescheinigung und die Quittung las und in einer Mappe nachschaute, offensichtlich einer Dienstanweisung. Sie können weiterreisen, sagte er kurz. Die maliziöse Kontrolle steckte mir noch lange in den Gliedern. Ein Nachbar im Abteil behauptete, der Grenzsoldat der hier kontrolliert hatte, sei ein Analphabet gewesen.

Die Freude über die beachtlichen Mitbringsel waren überwältigend. Doras Schuhe paßten sehr gut. Opa Ernst freute sich über die prächtigen Zigarren und eine für seine Arbeit sehr wichtige Schere. Oma Berta über eine hübsche Brosche, die Kinder, Tavi und Juliane, über das Spielzeug und die Süßigkeiten. Ich hatte mir ein Paar Ski-Schuhe und eine Kandahar-Bindung für die Skier mitgebracht, die mir der Jenaer Tischler, dem ich vor zwei Jahren den zertrümmerten Zeigefinger erhalten konnte, selbstgefertigt und geschenkt hatte.

So konnten wir im Februar unseren ersten gemeinsamen Urlaub im Thüringer Wald, in Gehlberg, bei prächtigem Winterwetter genießen. Oma Berta hatte die Kinder übernommen. In den Ferien hatte ich Zeit und Muße, noch einmal meine verzweifelten Briefe, die ich Dora während der ersten Wochen in der Psychiatrie, geschrieben hatte, zu lesen und war sehr verwundert darüber, wie schnell und gründlich verzweiflungsvolle, kaum überwindbare Situationen und Depressionen verdrängt werden können. Da Dora ihren Eltern über meine neurochirurgische Laufbahn berichtet hatte, fragte der Schwiegervater, wie es mit meiner Ausbildung weitergehen würde. Darauf konnte ich, so gern ich es wollte, keine Antwort geben und mußte ihn mit dem bisher mühsam Errungenen trösten. Glücklicherweise wußte er, daß uns für den Sommer 1953 in Jena, am Forstberg, in der Okenstraße, eine Neubauwohnung zugesagt worden war, und daß Dora das Haus in Jena bereits gesehen hatte.

Nach dem erholsamen Urlaub wurde ich vor die Klinikleitung

zitiert. Der Chef begann das Personalgespräch mit einer Würdigung meiner labortechnischen Leistungen, die ich während einer, für mich nicht gerade günstigen, persönlichen Situation gemeistert hatte. Die Klinikleitung nahm diese Arbeit als Voraussetzung, um mir die Leitung des klinischen und experimentellen Laboratoriums zu übertragen und falls ich damit einverstanden wäre zusätzlich zum Stationsarzt, der Station Männer III, der Station neurologischer Patienten mit psychischen Störungen. Ich fiel aus allen Wolken und wußte nicht, was ich darauf antworten sollte. Graf Hugo half mir kopfnickend, das Angebot zu bejahen.

Um den komplizierten Anforderungen der neuropsychiatrischen Station vollauf gerecht zu werden, wurde Frau Dr. Renate Bauer zur Hilfe auf die Station beordert, zumal sie soweit war, um eine Station selbständig zu führen. Sie war hochmotiviert, leistungsfähig und sehr zuverlässig. Ohne ihre Hilfe hätte ich die Neuerungen im Labor, die Einführung der Riebeling'schen Salzsäure-Collargol-Reaktion, die Verbesserung der Normomastixreaktion und der Liquor-Zytologie nicht bewältigen können.

Bald danach geschah etwas völlig Unerklärliches. Während der Durchsicht und Korrektur der Arztberichte, Dienstbriefe und Gutachten, um Berichtigungen und Erfahrungen über Korrekturen zu sammeln, fragte Heinz Engelien den Chef, ob er sich mit einer Arbeit aus der Kinderpsychiatrie über verhaltensgestörte Kinder habilitieren dürfe. Ohne lange zu überlegen, antwortete Lemke mit einem entschiedenen „Nein". Das „Nein" derart dominant vorgebracht, daß Heinz Engelien entrüstet, ohne ein Wort zu sagen, aus dem Zimmer floh und verschwand. Ich konnte ihn, so sehr ich mich darum bemühte, nirgends finden. Auch zu Hause war er nicht. Ich hatte seine Frau Hildegard angerufen, freilich ohne über den Vorfall ein Wort zu sagen. Am späten Abend rief er auf Hildegards Bitte zurück. Ich fragte behutsam, ob ich ihn noch rasch besuchen könne. Doch er bat mich, es nicht zu tun. Er werde morgen zu mir in die Station kommen. Er war sehr früh auf der Station. Ich fand eine Nachricht auf dem Schreibtisch: Ich fahre nach Halle und melde mich später. Hildegard hatte angerufen und erklärt, daß er zu einem früheren Studienfreund Ulrich Rindfleisch nach Halle gereist sei, um mit ihm eine Arbeit zu besprechen. Ulrich war Stationsarzt an der Medizinischen Poliklinik in Halle. Ich solle mir keine Sorgen machen.

Heinz Engelien rief aus Halle an. Mit heiterer Stimme sprach er über Halle, als ob nichts geschehen sei, und bat mich, ihn am nächsten Abend zu Hause zu besuchen. Ich fand ihn zu Hause wie eh und je in der gewohnt heiteren und beredsamen Stimmung. Er kam von sich aus auf den Vorfall im Chefzimmer zu sprechen und gestand, in letzter Zeit des öfteren wegen lächerlicher Kleinigkeiten Ärger mit Lemke gehabt zu haben, im Gegensatz zu früher, da war er von Lemke mit Angeboten umworben worden. Er hatte ihn schon einmal gefragt, ob er mit einer Arbeit über verhaltensgestörte Kinder habilitieren dürfte. Damals hatte er weder zu- noch abgesagt. Er hätte mir seine Ablehnung unter vier Augen sagen können, aber doch nicht vor den wartenden Kollegen. Das fand ich so gemein, daß ich einfach fortlaufen, fliehen mußte, erzählte Heinz jetzt, frei von Ärger und Gram und fuhr fort: Sein Ziel war ursprünglich, praktischer Nervenarzt zu werden. Lemke aber hätte ihn gelobt und ihm angeboten, an der Klinik zu bleiben. Engelien hatte sich gewünscht, habilitieren zu können. „So kann man sich täuschen! Laß dich bloß nicht einfangen! Nimm dir meinen Reinfall zum Beispiel. Vor mir war Oberarzt Mende, der auch habilitieren wollte, dasselbe passiert."

Auf der Station wurde ein 34jähriger Patient mit eigentümlich zunehmenden, paranoiden Symptomen und starken Kopfschmerzen aufgenommen. Der praktische Nervenarzt vermutete einen Gehirntumor. Einen Suizidversuch, über den die Mutter des Patienten nachträglich berichtete, hatte der Patient verschwiegen. Die paranoiden Beziehungsideen schienen unbedeutend, und Selbstmordabsichten oder Gedanken daran hatte er glaubhaft verneint. Neurologische Abweichungen fand auch Frau Dr. Bauer nicht. Das Elektoenzephalogramm mit fraglichen Herdstörungen sollte kontrolliert werden. Da der Patient etwas enthemmt wirkte, bat ich den Stationspfleger Herrmann, auf den Patienten besonders Acht zu geben. Ich hatte mich wegen unserer Wohnung auf dem Wohnungsamt zu melden. Als ich wiederkam, war auf der Station der Teufel los. Die fremden Gesichter verrieten nichts Gutes. Es waren Kriminalpolizisten. Der Patient mit den Wahnideen und den Kopfschmerzen hatte Selbstmord begangen. Er hatte sich mit einem Tafelmesser, dessen Herkunft niemand auf der Station feststellen konnte, durch einen Stich ins Herz getötet. Ein Pfleger hatte ihn auf die Toilette begleitet und berichtet, daß der Patient die Spülung betätigte und sich unmittelbar danach erstochen haben mußte. Als der Pfleger das Blut fließen sah, war es bereits zu spät. Mit dem Messer in der Brust war der Patient tot umgefallen. Ich war fassungslos. Graf Hugo tröstete mich. Das ist das bedauerlicherweise nicht immer zu verhütende Übel der Psychiatrie, klagte er.

Glücklicherweise gab es auch Erfreuliches auf der Station. Ein 18jähriger Abiturient, der über vegetativ-synkopale Anfälle, Kopfschmerzen und Schwindelgefühl klagte und während der letzten Anfälle auch kurz bewußtlos gewesen war und auch eine Nackensteife hatte, wurde mit dem Verdacht einer Hirnhautentzündung aufgenommen.

Bei der Untersuchung waren beträchtliche Abweichungen der Kleinhirnfunktionen aufgefallen. Eine Nackensteife mit dem Verdacht einer Hirnhautentzündung ließ sich nicht nachweisen. Aber es war eine Stauungspapille am Augenhintergrund zu erkennen, die beiderseits drei bis vier Dioptrien betrug. Im Elektroenzephalogramm hatte Oberarzt Roland Werner erhebliche Allgemeinveränderungen ohne eindeutige Herdzeichen gefunden. Ich prüfte noch einmal die Kleinhirnfunktionen und fand die Störungen auf der rechten Seite deutlicher als auf der linken. Eigentümlich schienen die Störungen im Schreibversuch beim Schreiben großer Zahlen, und zwar der 8 und auch der 3. Von einer Luftenzephalographie, einer Füllung der Gehirn-Kammern und der Oberfläche mit Luft, riet Graf Hugo ab. Die Darstellung der Gehirngefäße durch eine Kontrastmittelinjektion von der Halsschlagader aus ergab auf der rechten Seite keine erkennbaren Veränderungen, vor allem keine Darstellung von Tumor-Gefäßen in der rechten Gehirnregion. Dennoch überwies ich den Patienten mit dem dringenden Verdacht einer Kleinhirngeschwulst auf der rechten Seite zur Operation in die Leipziger Neurochirurgische Klinik. Der Klinikdirektor, Professor Merrem, konnte ein rechtsseitiges Kleinhirnastrozytom komplikationslos entfernen. Ein Jahr später konnte der Patient beschwerdenfrei eine Ausbildung als Vermessungstechniker beginnen.

Bedauerlicherweise sind auch enttäuschende Fehlleistungen vorgekommen. Ein 45jähriger Mann mit einer Paranoia, einem krankhaften Verfolgungswahn, der ihn in verschiedenen Berufsausbildungen so behinderte, daß er eine nach der anderen hatte aufgeben müssen. Da noch nie ein stationärer Behandlungsversuch unternommen worden war, hatten die Eltern den Chef darum gebeten. Der Vater war ein bekannter Studiendirektor. Bei den Chefvisiten gab es Meinungsverschiedenheiten. Der Chef war für einen Elektrokrampf-Behandlungsversuch. Graf Hugo war dagegen. Wir brechen dem abgemagerten Patienten durch den Krampf die Knochen. Ich unterstützte Graf Hugos Meinung und bat darum, den Patienten zunächst etwas aufzupäppeln. Er hatte in vier Wochen zwei Kilogramm zugenommen. Da ich von einer Insulin-Schock Behandlung wegen der ungünstigen Blutzucker-Teste entschieden abgeraten hatte, drängte der Chef jetzt zu einer Elektrokrampf-Behandlung. Graf Hugo war nach wie vor dagegen. Ich befolgte seinen Rat. Während eines Besuches hatte sich die Mutter beim Chef beklagt, weshalb immer noch kein Behandlungsversuch gemacht worden sei. Ich hatte der Mutter die Gefahr der Knochenbrüche erklärt und erneut davon abgeraten. Bei der nächsten Chefvisite hatte es Ärger gegeben. Als Graf Hugo fragte, ob ich einen Elektrokrampf versucht hätte und ich verneinen mußte, meinte er, dann wird es morgen wieder Krach geben. Ich hatte keine andere Wahl, als den E-Krampf zu riskieren, mit dem katastrophalen Erfolg eines doppelseitigen Hüftgelenk-Pfannenbruches, trotz der geringsten Stromdosierung. Graf Hugo hatte dies vorausgesehen. An den Symptomen der Wahnerkrankung änderte sich nichts. Auch das hatte Graf Hugo vermutet. Damals gab es noch keine Muskelrelaxantien, obwohl die Wirkungen der Tubocurarine (Pfeilgift der Indianerstämme) schon länger bekannt waren.

Nach dem Ausscheiden von Oberarzt Dr. Mende mußte ich mit meiner chirurgischen Vorbildung die für die Punktion der Arteria carotis communis, der Halsschlagader, erforderliche Injektion eines Kontrastmittels, des Perabrodils, auch noch die zerebrale Angiographie, die Darstellung der Hirngefäße, übernehmen, da seinerzeit noch keine geeigneten Katheter zur Verfügung standen. Nach der Punktion und axengerechten Lagerung der Kanüle erfolgte die Injektion mit einem Startsignal für das Röntgengerät, das unsere Röntgenexperten dementsprechend ergänzt hatten. Mit Hilfe einer neuen Schönander-Kassette gelangen drei Röntgenaufnahmen mit der arteriellen, der kapillären und der venösen Blutströmungsphase von einwandfrei beurteilbarer Qualität. Damit ließen sich die Hirngefäßabweichungen, Aneurysmata, krankhafte Ausbuchtungen bei Subarachnoidalblutungen, Blutungen in der Gehirnhaut, Phakomatosen und Angiome, Gefäßmißbildungen und Gefäßgeschwülste, Gehirngeschwülste und Epi- und Subdurale Hämatome, Blutungen durch Schädel-Hirnverletzungen, gut erkennen und beurteilen.

Das Steckenpferd oder das Paradestück der Klinik war die Elektroenzepalographie-Abteilung, die Oberarzt Dr. Roland Werner leitete. Rudolf Lemke hatte seinerzeit seinem Chef, Professor Hans Berger, bei der Entdeckung und Entwicklung der Elektoenzephalographie geholfen, sich aber danach für die Weiterentwicklung bedauerlicherweise nicht im erforderlichen Maße interessiert. Die Entwicklung zu einer klinischen Routinemethode erfolgte in den dreißiger Jahren, im von Professor Oskar Vogt geleiteten Kaiser-Wilhelm-, später Max-Planck-Institut für Hirnforschung, in der Elektrophysiologischen Abteilung durch Dr. Kornmüller, der die nach ihm benannte erste Elektrodenhaube für die Ableitung entwickelte. Roland Werner bemühte sich um die Erforschung elektroenzephalographischer Störungen bei entzündlichen Gehirnerkrankungen. Es ist sehr bedauerlich, daß sowohl Rudolf Lemke als auch Roland Werner der Weiterentwicklung elektronischer Untersuchungsmethoden nicht die gebührende Beachtung schenkten.

Um so stärker waren die Bemühungen Dr. Manfred Schmidts

um eine Verbesserung der unzureichenden Leistungsfähigkeit der Kolloidreaktionen für die Bestimmung und Differenzierung der Eiweißkörper der Zerebrospinalflüssigkeit des Nervenwassers. Zumal auch die Salzsäure-Collargol-Reaktion nicht das erreichen konnte, was von ihr erhofft worden war.

So bemühte sich Dr. Manfred Schmidt, der bei den Elektrophorese-Untersuchungen des Blutserums im Laboratorium der Medizinischen Klinik geholfen hatte, die von Dozent Dr. Helmut Bauer in der Hamburger Neurologischen Klinik verbesserte Elektrophorese der Zerebrospinalflüssigkeit des Nervenwassers in unserem Laboratorium einzuführen. Das Problem dabei war die Konzentration des Eiweißes der wäßrigen Nervenflüssigkeit. Sie erfolgte in speziellen Kollodium-Hülsen, die aus der Bundesrepublik beschafft werden mußten, und dazu bedurfte es guter Verbindungen zu Wirtschaftsfunktionären der Sozialistischen Einheitspartei, die wir beide nicht hatten. Hinzu kamen zunehmende Schwierigkeiten in der diktierten sozialistischen Wirtschaftsführung. Die Fehler konnten kaum behoben werden. Die Kluft zwischen den Funktionärsspitzen und der viel beschworenen Basis der Werktätigen wurde immer größer. Es waren Differenzen entstanden, die nicht mehr überbrückt werden konnten.

Werner Knittel besuchte mich auf der Station im dritten Stock der Klinik. Er sprach von Unruhen im Jenaer Reichsbahn-Ausbesserungswerk, in dem sich kräftige und ehrlich überzeugte Widerstandsgruppen gebildet hatten. Allein in den Zeiss- und Schott-Werken sei es bis jetzt ruhig geblieben. Hier seien die Werktätigen keine Arbeiter, sondern kleine Aktionäre mit einer Gewinnbeteiligung am Jahresende, wie eh und je, die nicht zur Arbeit sondern ins Geschäft gehen. Es soll aber ein Gewerkschaftler des Schott-Werkes Verbindung zu den Gruppen des Reichsbahn-Ausbesserungswerkes aufgenommen haben, wußte Werner Knittel zu berichten. Mein Zimmerfenster war geöffnet und ich hörte ein stimmhaftes, an- und abschwellendes, zugleich immer deutlicher werdendes Geräusch während unseres Gesprächs und nahm an, es käme vom Sportplatz. „Das kann nicht sein, der Sportplatz ist zu weit entfernt, das Geräusch kommt aus der Innenstadt", meinte Werner und war neugierig an das offene Fenster getreten. „Das wird die angekündigte Demonstration der Reichsbahner sein, da muß ich jetzt hin", hatte Werner Knittel gesagt und war nicht mehr zurückzuhalten.

Nachmittags berichtete er von der mächtigen Volksansammlung auf dem Marktplatz, wo der Streik begonnen hatte. Mitten auf dem Holzmarkt, auf dem Dach eines Straßenbahnwagens, hielt der Sprecher der Widerstandsgruppen eine Ansprache mit einem flammenden, überzeugenden Protest gegen die diktatorische Wirtschaftspolitik der SED, die zu einer Katastrophe führen würde, wenn die Zwangsmaßnahmen fortgesetzt würden. Überall sind die Folgen der Mißwirtschaft zu spüren. So kann und darf es nicht weitergehen. Ein zweiter Sprecher erweiterte den Protest und rief mit überzeugenden Worten zum Streik auf. Nach einer Stunde ließ der tosende Beifall nach. Die Rote Armee war mit Panzern angerückt, die aber vor dem Marktplatz, von den Demonstranten umringt, stehen blieben. Die Streikgruppen hatten das SED-Gebäude in der Passage besetzt und die Parteiakten durch die Fenster auf die Straße geworfen. Schäden darüber hinaus wurden nicht angerichtet. Eine Streikgruppe war zur Haftanstalt gezogen und hatte dafür gesorgt, daß die aus politischen Gründen Inhaftierten freigelassen wurden.

Der Aufstand und die Proteste waren explosionsartig aus dem angestauten Frust und Zorn der Bevölkerung der Städte und Dörfer der DDR, darunter auch viele Parteigenossen, aufgetreten und ebenso plötzlich durch die präsent-bedrohliche Schlagkraft der Roten Armee unterdrückt worden.

Dora hatte am Abend des 17. Juni 1953 aus Sömmerda angerufen und über die Demonstration auf dem Marktplatz berichtet. Ganz Sömmerda und viele aus den Nachbardörfern seien auf den Beinen gewesen. Ein Bekannter, ein sehr tüchtiger und beredter Landwirt, hätte eine flammende Protestrede unter nicht endenwollenden Ovationen gehalten. Zum Schluß wurde die zweite Strophe des Deutschlandliedes gesungen. Danach hatte sich die mächtige Demonstration friedlich aufgelöst.

Im Juli sollte unsere Wohnung in Jena in der Okenstraße 38

bezugsfertig sein. Vor ein paar Tagen bekam ich diese Mitteilung. Mitte Juli sollte die Schlüsselübergabe sein. Am Telefon berichtete ich Dora, daß die Maler bereits im Haus begonnen hatten. Am späten Abend bin ich noch einmal in die Okenstraße gegangen. Die Wohnung war geschlossen. Die Malerarbeiten schienen im vollen Gange.

In den nächsten Tagen ging das Gerücht um, daß die beiden Streikführer am Morgen des 18. Juni von einem Kommando der Roten Armee erschossen worden seien. Einem anderen Gerücht nach sollen es mehrere gewesen sein, die gleichzeitig hingerichtet worden waren. Dem Mann meiner Sekretärin in der Klinik war es gelungen, mit einem Arbeitskollegen aus dem Jenaer Reichsbahnausbesserungswerk über die grüne Grenze, die damals zwar nicht ohne Strapazen, aber immerhin noch passierbar war, zu fliehen. Er hatte sich aus Hamburg wieder gemeldet.

Die Schlüsselübergabe für die Wohnung in der Okenstraße 38 fand vier Wochen nach dem Aufstand statt. Die Vierzimmerwohnung mit Bad und Küche, tadellosem Parkett in den zwei nebeneinander liegenden Zimmern mit Kachelöfen war ohne Mängel. Dora war begeistert, und ich freute mich mit ihr, nachdem ich nun acht Jahre mit dem Koffer in der Hand in Studentenbuden kampiert hatte.

Der Umzug ging etwas überhastet vonstatten, da wir mit einer termingerechten Übergabe der Wohnung nach dem Aufstand nicht gerechnet hatten. Opa Ernst, der sich so sehr mit uns auf den Umzug gefreut hatte, und uns, bei seiner Reisefreudigkeit, oft besuchen wollte, erlebte den Umzug nicht mehr. Er war im März an einem inoperablen Darmkarzinom verstorben. Aber Oma Berta konnte jetzt die Besuche in Jena genießen. Ihre Enkelinnen, Tavi und Juliane, hingen an ihr, mehr und inniger als ihre eigenen Kinder, sagte sie. Freilich machte der Umzug auch den Kindern Freude. Aber in den kahlen Zimmern und im Wirrwarr der abgestellten Möbel und Gegenstände fanden sie sich nicht zurecht und dazu die fremden Kinder. Dies war ein Übermaß an neuen Eindrücken, die sie nicht so schnell verkraften konnten. Abends, obwohl sie in ihren gewohnten Sömmerdaer Bettchen lagen, riefen sie weinend: „Wir wollen wieder zu unserer Oma!"

Doch es dauerte nicht lange, bis die Kinder, die zu gleicher Zeit in die neuen Wohnungen der Okenstraße gezogen waren, sich kennenlernten, Vertrauen zueinander fanden und eine bewundernswerte Spaß- und Spielgemeinschaft entwickelten. Der große Hof in einem alten Garten mit jungen und alten Obstbäumen, Sträuchern, einem kleinen Hügel und einem Spielplatz mit einem großen Sandkasten und zwei Schaukeln war ein idealer Tummelplatz. Zur Abwechslung konnten die Kinder in den nahen Forstwald auf der sehr beliebten Heinzelmännchenwiese spazieren, wobei eine der Mütter sie begleitete und nicht aus den Augen ließ. So war es kein Wunder, wenn sich in der Okenstraße eine beispielhaft zusammenhaltende, vertrauensvolle Wohngemeinschaft entwickeln konnte.

Nach dem Aufstand am 17. Juni waren die befürchteten Repressalien ausgeblieben. Erstaunlicherweise schien die wirtschaftliche Situation und Versorgung sich sogar spürbar zu bessern. Es wurde vermutet, daß die Direktiven dafür weniger von Ost-Berlin, sondern von einer noch viel weiter entfernten Diktatur stammten. An den Prinzipien der Diktatur des Proletariats änderte sich nichts. Die Lebensmittelrationierung war zwar unverändert geblieben, aber das Lebens- und Genußmittelsortiment wurde allmählich erweitert. Das Warenangebot im allgemeinen besserte sich. Mit der Zeit begannen sich kleine Privatbetriebe zu entwickeln und offensichtlich nicht ohne Chancen. Es ging allenthalben spürbar aufwärts. Auch die Pessimisten bestätigten es, unkten aber - im sozialistischen Tangoschritt, einen Schritt vor und zwei zurück.

Mein Monatsgehalt war mit Hilfe einer neu aufgekommenen Leistungszulage auf 820 Mark gestiegen. Die Miete der Vierzimmerwohnung betrug 72 Mark. Weil die kartenpflichtigen Lebensmittelrationen nicht ausreichten und kartenfreie HO-Waren immer noch sehr teuer waren, konnten wir an nennenswerte Ersparnisse kaum denken. Kostspielige Anschaffungen, etwa ein Pkw, der 16 - 19000 Mark kostete, waren ausgeschlossen.

Dafür bot aber die wundervolle Umgebung Jenas mit den vielen verwunschenen Wanderwegen auf den Bergen und im Saaletal vielfältige Gelegenheiten zum Wandern, zumal auch das Gast- und Erholungsstätten-Gewerbe sich zunehmend besserte.

Es kam auch die ins Stocken geratene Rekonstruktion der größenteils demontierten Produktionsanlagen der Carl-Zeiss- und Schott-Werke wieder in Gang. Und Professor Hans Knöll war es gelungen, nicht nur ein wertvolles Penicillin-Sortiment herzustellen, sondern auch verhältnismäßig rasch das pharmazeutische Werk Jena-Pharm zu errichten.

Auch in der Nervenklinik wurde die Röntgenabteilung rekonstruiert und vergrößert, eine Poliklinik eingerichtet und das klinische Laboratorium erweitert.

In einer Klinikleitungssitzung wurde vereinbart, die Entwicklungs- und Arbeitsaufgaben auf dem Gebiet der klinischen Nervenwasser-Forschung und Diagnostik zu teilen. Dr. Manfred Schmidt übernahm mit der Entwicklung der Nervenwasser-Elektrophorese den Bereich der Eiweiß-Differenzierung, insbesondere der Immunglobuline, während ich mich um die Zytodiagnostik, die Anreicherung und Darstellung der Zellen des Nervenwassers, kümmerte. Eine Unterstützung unserer Entwicklungsarbeiten durch die Forschungsleitung der Universität konnte der Chef, Professor Lemke, nicht erreichen. An eine Bewilligung von Importmitteln, beispielsweise der notwendigen Kollodium-Hülsen zur Anreicherung der spärlichen Eiweißkörper des Nervenwassers für die Elektrophorese, war zunächst nicht zu denken. Wir mußten uns auf unsere Kreativität und Innovation verlassen.

Aus der Literatur über die bisherigen Ergebnisse der Nervenwasser-Zellforschung konnte ich wegweisende Anregungen entnehmen. Seit der Benutzung der französischen Zentrifuge zur Anhäufung der Zellen durch die französischen Forscher Widal, Sidard und Ravaut in den Jahren 1901 bis 1904 und den nachfolgenden Ergebnissen von Nissl, Merzbacher, Fischer, Forster, Röder und Rehm, Alzheimer, Max Nonne, Scheller und Bannwarth bis 1938 hatte sich an der unbefriedigenden Situation nichts geändert. Bannwarth resümierte 1933: „Bei einem derartigen

Stand der Liquorzellforschung mußte es eigentlich fast aussichtslos erscheinen, ein richtiges Urteil über die tatsächlich vorliegenden Verhältnisse zu gewinnen." Deshalb war es nicht vermeidbar, daß gelegentlich schwerwiegende Fehlentscheidungen in der klinischen Diagnostik vorkamen.

Wilhelm Keuscher, der Cheflaborant der Klinik, hatte 1930, während seiner Ausbildung in München gesehen, daß das Zentrifugieren durch eine Zugabe von drei Tropfen Hühnereiweiß in das mit Liquor gefüllte Reagenzglas vor dem Zentrifugieren eine bessere Darstellung der Zellen ermöglichen konnte. Doch war ihm dabei aufgefallen, daß durch das Hühnereiweiß beträchtliche Veränderungen an den Zellen, den Chromatinstrukturen der Zellkerne, zytoplasmatische Verklumpungen und Färbungsschäden hervorgerufen werden konnten, Veränderungen, die auch in unserer Klinik zu einer tragischen Fehlbeurteilung eines Zellpräparates geführt hatten.

Ein 42jähriger Waldarbeiter mit zunehmenden Kopfschmerzen und Gleichgewichtsstörungen hatte acht Wochen zuvor beim Grubenholzfällen durch einen nicht in der vorgesehenen Richtung gestürzten Baum eine Verletzung an der linken Stirnseite und hinter dem linken Ohr erlitten, die nach wenigen Tagen abgeheilt war, so daß er weiterarbeiten konnte, und lediglich über geringe Schmerzen an der Verletzungsstelle hinter dem linken Ohr und im Hinterkopf klagte. Nach acht Wochen hatte sich eine Lähmung der linken Gesichtsseite entwickelt, wobei auch Kopfschmerzen und Schwindelanfälle hinzugekommen waren.

Es wurde zunächst auch vom einweisenden Nervenarzt eine katarrhalische Lähmung des linken Nervus facialis vermutet. Da aber im Elektroenzephalogramm ein ausgeprägter Herdbefund einen Kleinhirnbrückenwinkel-Tumor vermuten ließ und im Nervenwasser eine Eiweißvermehrung und überraschenderweise eigentümliche große, mehrkernige Zellen, teilweise verklumpt und auch mit merkwürdigen Einlagerungen, aufgefallen waren, wurde an einem Tumorverdacht nicht mehr gezweifelt. Für die Operation wurde aber noch eine Hirngefäßdarstellung gefordert. Dazu war es nicht mehr gekommen. Unter zunehmenden Hirndruckerscheinungen war der Patient verstorben. Ich revidierte das Nervenwasserzellbild noch einmal und fand sogar Mitosen, Zellteilungen, die den Tumorverdacht erhärteten. Schließlich hatte auch noch die Stauungspapille, als Zeichen eines gesteigerten Hirndrucks, zugenommen. Da ich aber von der Vermutung, daß es Tumorzellen sein könnten, nicht ganz überzeugt war, bat ich Oberarzt Rennert, der in der Nervenwasserdiagnostik erfahrener war, um ein Urteil. Auch er vermutete Tumorzellen. Allein Dozent Dr. Bruns, dem ich die Zellpräparate nach der Sektion vorlegte, meinte zu einigen Zellen, daß es auch Makrophagen sein könnten. Die Sektion ergab schließlich völlig überraschenderweise einen Gehirnabszeß in der rechten Kleinhirnbrückenwinkelregion, in dem ein Holzsplitter steckte. Daran hatte niemand von uns gedacht. Später mit zunehmender Erfahrung konnte ich die merkwürdigen Zellen als Fremdkörperriesenzellen und Makrophagen deklarieren, die durch die Zentrifugation verändert und geschädigt waren.

Nach der Autopsie faßte mich der Chef hart an die Schulter und sagte empört: „So kann es nicht weitergehen. Sie müssen so schnell wie möglich alles unternehmen, um die Zelldiagnostik zu verbessern. Notfalls muß ich über die Universität im Gesundheitsministerium einen Forschungsauftrag beantragen." Ich erläuterte dem Chef die Problematik ausführlich und beteuerte, daß das Dilemma der zytodiagnostischen Fehler, wie in keinem anderen Fachgebiet, seit fünf Jahrzehnten bestehe. Er wollte es nicht wahrhaben, so daß ich die Zitate Bannwarths aus dem Jahr 1933 und Schönenbergs von 1949 vorlegen mußte. Immer noch beargwöhnte er die Situation, beharrte aber auf seiner Forderung, so dringend wie möglich eine Lösung des heiklen Problems herbeizuführen. Ich verschwand in meinem kleinen Laborzimmer und versuchte, die beängstigende Situation zu verarbeiten. Der Patient hätte die Hirnabszeßoperation überstehen können, wenn der Verdacht unmittelbar nach der Feststellung der Makrophagen und Fremdkörperriesenzelle zu einer Überweisung in die Chirurgie geführt hätte.

Ich traute mich kaum nach Hause. So tief saß immer noch die

Erschütterung. Meine Frau muß es mir angesehen haben. Ich schilderte ihr mein Versagen und erzählte ihr von der dringenden Aufforderung Professor Lemkes. „Jetzt wird auf uns einiges zukommen, wovon auch du betroffen sein wirst", hatte ich resignierend prophezeit.

Der sonst stets tröstende Heinz Engelien war nicht mehr da. Seine Rolle hatte jetzt Werner Knittel übernommen. „Du mußt so etwas wie einen Sedimentator erfinden!" Und damit hatte er sofort das Prinzip der Entwicklung erkannt. Als ich ihm eröffnete, daß sich in den letzten fünf Jahrzehnten zwei Dutzend namhafter klinischer Forscher mit der Problematik erfolglos befaßt hatten, war er sehr nachdenklich, aber nur wenige Sekunden, dann konterte er - typisch Werner Knittel: „Na, dann wird es höchste Zeit, daß etwas geschehen muß!"

Zunächst bemühte ich mich in allen erreichbaren Bibliotheken um nützliche Literatur. Die Biologie der Zelle von Ries-Gersch, die ich bereits kannte, konnte ich inzwischen einschlägig zitieren. Dora und mein sehr zuverlässiger Cheflaborant Herr Keuscher wunderten sich über die Literaturansammlung. „Müssen Sie das alles lesen?" fragte er. „Nicht alles", antwortete ich, „aber vieles." Ich fand tatsächlich viel Nützliches. Ein Sedimentator in der Zentrifuge wäre eine passable Veränderung, aber mit einer komplizierten Entwicklung und labortechnischen Umsetzung sicher zu langwierig und zu aufwendig. Das könnte sich ein medizintechnischer Konzern leisten, aber nicht eine arme Universitätsklinik. Ein Sedimentator mit einer gering beschleunigten - accellerierten - Spontansedimentation anstatt über 24 Stunden, wie Schönenberg es 1949 probiert hatte, in maximal einer Stunde müßte es sein. Meine Gedanken zu diesem Problemkreis formulierte ich in einer meiner Arbeiten folgendermaßen:

„Die Zellen oder korpuskulären Elemente aus den wäßrigen Körperflüssigkeiten, Nervenwasser, Bauchwasser, Brustfellwasser und anderen müßten mit Hilfe einer zellschonenden Beschleunigung durch die Kapillarität eines Fließpapierstreifens in einer entsprechend konstruierten Kammer mit einem Objektträger am Boden so bewegt werden, daß sie schonend auf den Boden der

Kammer, also auf den Objektträger, sedimentieren, wenn möglich in einer Zeit von 30 Minuten bis einer Stunde."

Die physikalischen Bedingungen der Unterschiede zwischen zentrifugal beschleunigter und spontaner Zellsedimentation ergeben sich aus folgenden Werten: Bei einer wäßrigen Flüssigkeit im Zentrifugenglas aus einer Flüssigkeitshöhe von 4 cm, bei einem spezifischen Gewicht von 1,007 und einer Zentrifugengeschwindigkeit 3500 r/min, im Mittel etwa 3510 g, beträgt der hydrostatische Druck bei einer gewöhnlichen Zentrifuge 7 kg / cm und bei einer gravitationellen, spontanen Sedimentation 4 g / cm auf eine Zelle von der Größe eines Blutlymphozyten. Da aber die Überlebensdauer der Zellen, beispielsweise der empfindlichen Granulozyten, nach der Punktion des Nervenwassers eine Stunde beträgt, für die Lymphozyten etwa fünf Stunden, übersteigt die Zeit der Spontansedimentation die Zeit der Überlebensdauer und führt zur Denaturierung der Eiweißkörper und zum Zellzerfall und zu Veränderungen, die andererseits durch ein Zentrifugieren während der Überlebenszeit auftreten können. Auf den erörterten Diskrepanzen beruhen die nur schwer zu behebenden Probleme der exfoliativen Liquorzytologie (der abschilfernden Zellen im Gehirn- und Nervenwasser), die innerhalb eines halben Jahrhunderts nicht gelöst werden konnten. Es wäre nahezu ein Wunder, wenn es mit einfachen Mitteln gelingen würde, eine Reduzierung der methodisch bedingten Zellstörungen und -Schäden zu erreichen.

Im wesentlichen galt es, das Problem einer Beschleunigung der spontanen, gravitationellen Sedimentation der Zellen für das Sedimentieren, also das Absetzen und Ausbreiten, zu lösen. Hierzu bedurfte es einer Umsetzung spezieller physikalischer Kenntnisse für einen simplen orientierenden Vorversuch für die systematische, konstruktive Entwicklung des von Werner Knittel nahezu genial benannten Sedimentators. Der Versuch mit einem improvisierten, primitiven Sedimentkammer-Modell, aus einem soweit als möglich gereinigten Bleirohr mit einem lichten Durchmesser von 12 Millimeter, exakt auf den Rand der ebenfalls 12 Millimeter weiten Öffnung eines Fließpapierstreifens gestellt, zur Drosselung der Fließpapierkapillarität, und schließlich mit 2 Milliliter Zerebrospinalflüssigkeit, Nervenwasser, beschickt, sollte den Beweis der Tauglichkeit dieser simplen Zellanreicherung erbringen.

Um auf Enttäuschungen vorbereitet zu sein, hatte ich zu Hause in der Küche am Abwaschbecken heimlich mit Hilfe von durch Methylenblau gefärbter Reisstärke - den zellimitieren-Reisstärkekörnchen - Vorversuche improvisiert, und war vor Freude über die Masse der methylenblau-tingierten Stärkekörnchen wie gelähmt. Unter Berücksichtigung der erheblichen Verdünnungen, mit denen ich probiert hatte, war ich davon überzeugt, daß nun auch der Versuch einer Anreicherung der Zellen des Nervenwassers gelingen müßte.

Am 4. September 1953 machte Wilhelm Keuscher mit frischem Nervenwasser, das bei der Zellzählung in der Fuchs-Rosenthal-Zählkammer 2 Zellen pro Kubikmillimeter enthielt, den ersten Sedimentationsversuch mit dem Bleirohr und Fließpapierstreifen auf einem Objektträger. Der erfahrene und mit allen Wassern gewaschene Cheflaborant, der Hans Berger dreißig Jahre zuvor bei der Entwicklung der epochalen Elektroenzephalographie assistiert hatte, war außer sich vor Begeisterung über die sehr gut erhaltenen und prächtig wie im Blutbild gefärbten Lymphozyten und Monozyten. Abends in aller Ruhe setzte er sich ans Mikroskop und zählte alle Zellen des ersten Versuchspräparates. Es waren 980 Zellen. Das bedeutete, daß mehr als die Hälfte der Zellen über das „schnell fließende" Filterpapier auf dem Objektträger abgeflossen war. Für den Anfang ein befriedigendes Ergebnis. Vor allem aber überraschte die Qualität der Darstellung und Färbung der Zellen.

In der Klinik sprach sich der erfolgreiche Versuch schnell herum. Graf Hugo bewunderte als erster die Qualität der Zelldarstellung. „Jetzt wird es keine Verwechslungen von Tumorzellen mehr geben", meinte er begeistert. Auch Werner Knittel sah sich das Resultat seines Sedimentator-Vorschlags an und ließ sich das Prinzip des simplen Versuches erläutern. Der Chef war nicht weniger begeistert und meldete den Erfolg über den Dienstweg an das Ministerium, woraufhin ein paar Tage später eine Nachricht über die Genehmigung des beantragten Forschungsauftrages eintraf.

Wilhelm Keuscher wunderte sich immer wieder und fand es unerklärlich, daß bisher noch niemand auf diese einfache Idee gekommen war. Er muß in seiner Wohnung experimentiert haben. Seine Frau war ein paar Tage später zu mir gekommen und hatte sich über ihren Mann beklagt, der bis in die Nacht in der Küche am Waschbecken hocke und auf dem Tisch am Mikroskop mit der blauen Farbe hantiere. Die neue Wachstuchdecke hat er mit der scheußlichen Farbe verdorben. „Liebe Frau Keuscher", sagte ich, „Ihr sehr tüchtiger Mann erprobt im Stillen unsere Erfindung. Am Tage im Labor hat er dazu nicht die nötige Ruhe. Die Tischdecke muß ich ihnen freilich ersetzen." Natürlich lehnte sie es strikt ab, sie wolle nur wissen, ob das auch stimmte mit der Erfindung.

Gegenüber der prächtigen Darstellung und Färbbarkeit der Nervenwasserzellen war der Zellverlust durch den Abfluß im Fließpapier zwischen 50, maximal sogar 70 Prozent erschreckend hoch, und die Sedimentationszeit in der Abhängigkeit von der Beschaffenheit des Fließpapiers sehr unterschiedlich, zwischen 50 und 85 Minuten. Mit zunehmender Erfahrung konnte ich in den langzeitig sedimentierten Präparaten deutliche Veränderungen an den Zellen erkennen, die bei den kurzzeitigen Präparaten mit 40 Minuten fehlten.

Während der simplen Pilotversuche gelang die Zellanreicherung aus einer Nervenwasserprobe mit einem gering erhöhten Gesamteiweißgehalt und deutlich erhöhtem Globulin-Anteil und 6 Zellen in der Fuchs-Rosenthal-Zählkammer. Granulozyten, segmentkernige weiße Zellen, waren in der Zählkammer nicht zu erkennen. Im Bleirohr-Kammer Präparat hatte Keuscher Granulozyten erkannt und 4 % dieser Zellen differenziert. Ich bestätigte seine Rechnung und fand in dem Präparat auch noch zwei Plasmazellen.

Es war der erste nahezu sensationelle Nervenwasser-Zellbefund bei einem 17jährigen Patienten mit einer Subakuten Enzephalitis, einer eigenartigen Gehirnentzündung. Der bemerkenswerteste Zellbefund waren die Erythrophagen, Freßzellen, angefüllt mit roten Blutkörperchen von einer Patientin mit einer Subarachnoidalblutung aus einem geborstenen Aneurysma, einer Gefäßerweiterung im Gehirn, die zu einer Bewußtlosigkeit geführt hatte. Wilhelm Keuscher entdeckte den Erythrophagenbefund und rief mich ins Labor mit der Bemerkung: „So ein Liquorzellpräparat habe ich noch nicht gesehen!" Es waren frische und auch etwas degenerativ veränderte Makrophagen. Die Blutung war zwei Tage vor der Einweisung der Patientin mit zunehmenden, heftigen Kopfschmerzen aufgetreten. Nach insgesamt 30 Pilotversuchen mit aufschlußreichen Ergebnissen, die von Wilhelm Keuscher durchgeführt wurden, der die meisten Erfahrungen auf dem Gebiet der Zellsedimentation hatte, konnten wir die Bleirohr-Zellanreicherungen aus dem Nervenwasser abschließen.

Die Zellsedimentierkammer

Jetzt galt es, am Reißbrett eine an die Pilotstudien mit der Bleirohr-Kammer angelehnte Kammerkonstruktion aus geeigneten Materialien und mit einer steuerbaren Fließpapierqualität für eine optimale Sedimentation der Zellen aus dem Nervenwasser zu konstruieren. Wie bereits erwähnt, erinnerte ich mich auf der Suche nach den physikalischen Grundlagen an die Vorlesungen des Physikers Professor Friedrich Hund in Jena über biophysikalische Beispiele einer Steuerbarkeit der Kapillaritätskräfte und fand in der Skriptensammlung hilfreiche Skizzen und Notizen mit Hinweisen auf relative Steuerungsmöglichkeiten, also auch auf die Regulierung der Fließgeschwindigkeit im Filterpapier am Boden der Sedimentierkammer, auf einem Objektträger aus Glas, einem zerbrechlichen Material, das mir zu Beginn beträchtliche Schwierigkeiten bereitete, die ich aber durch eine mehrmals verbesserte Konstruktion einer Metall-Druckkammer beheben konnte.

Dazu muß ich bemerken, daß Wilhelm Keuscher bereits in den dreißiger Jahren auf eine Anregung Professor Hilperts versucht hatte, die Nervenwasserzellen auf einem runden Deckgläschen am Boden eines Reagenzglases innerhalb von drei Stunden, gravitational, durch die eigene Schwerkraft, absetzen zu lassen, dann die überstehende, zellfrei vermutete Flüssigkeit abzukippen und den Rest mit einem feinen Stab aus Filterpapier abzusaugen. Er behauptete, sich dabei sehr viel Mühe gegeben zu haben. Da der letzte Rest doch noch verdunsten mußte, schien ein Teil der noch überlebenden Zellen geplatzt, wie Hilpert vermutete. Ein paar Zellen blieben erhalten. Ob es Lymphozyten oder Monozyten gewesen waren, konnte er nicht erkennen. Der größte Teil der Zellen war zertrümmert. Er hätte es dann noch einmal mit einem Hühnereiweiß-Zusatz versucht, das Ergebnis sei aber noch schlechter gewesen.

Die zwei entscheidenden zellschädigenden Faktoren, die konglomerierende Wirkung im Spitzglas mit der Erschütterung in der Zentrifuge und die verdunstungsbedingte Schrumpfung mit dem Bersten der Zellmembranen der älteren, überlebenden Zellen, müssen auf ein erträgliches Minimum reduziert, wenn nicht völlig ausgeschaltet werden. Das Wasser sollte so behutsam wie möglich abfließen, bis auf die geringste Restfeuchte der Zellmembranen in einer objektträgerfeuchten, zellschonenden Kammer. Im Blutausstrich erfolgt die Trocknung im Schutz des eiweißreichen Serumfilms, ebenso wie bei einem eiweißreichen Nervenwasser mit einer entsprechenden Viskosität, wie etwa im Falle einer eitrigen Hirnhautentzündung, wobei ein Ausstrich eines Nervenwassertropfens für eine klinische Zellbildanalyse durchaus genügen kann.

Für eine berechenbare Kapillarität, also die Flußwirkung des Fließ- oder Filterpapiers, ist die Art und Qualität des Papiers mit einer steuerbaren Fließwirkung entscheidend. Wobei ein schnellfließendes Papier durch einen faserschonenden Druck durchaus zu steuern ist. Da ein metallharter Druck, entweder zu schwach oder zu abrupt, kaum steuerbar ist, kam für die zu entwerfende Sedimentierkammer lediglich ein faserschonender Druck eines elastischen Materials in Frage.

Bei der Abendvisite im Labor hatte Herr Keuscher zufällig einen großen Gummistopfen in der Hand. Das ist das Material für die Druckkammer, dachte ich, hatte aber noch keine Idee für die Konstruktion am Reißbrett. Nach Dienstschluß entwarf ich in meinem Zimmer auf der Station eine Skizze, die ich aber in den Papierkorb warf, und dann nach Hause ging. Einen brauchbaren Ansatz hatte ich am späten Abend auf dem Schreibtisch liegen lassen. Dora sah mir an, daß ich mit der Sedimentierkammer im Kopf beschäftigt war und abwesend wirkte. Erschöpft muß ich kurz eingeschlafen sein. Als ich aufwachte, saß ich im Schlafrock vor dem Reißbrett und entwarf die Kammer. Mit ein paar kleinen Änderungen und den um den Sedimentationskreis mit einem feststehenden Durchmesser von 12 Millimetern herum aufgebauten Berechnungen dauerte dieser Vorgang in der nächtlichen Stille ca. drei Stunden. Dora wollte mein Aufbleiben nicht entschuldigen, erst als ich einen Durchfall vorgab, hat sie mich bedauert. So waren wir beide zufrieden wieder eingeschlafen. Am Morgen, als ich noch etwas müde war, bemerkte sie: „Der Durchfall läge wohl auf dem Reißbrett", und fragte, wie lange ich dafür gebraucht hätte.

In der Klinik in meinem Stationszimmer legte ich Graf Hugo an Hand der Zeichnungen die Konstruktion der Zellsedimentierkammer dar. Er hörte aufmerksam zu und äußerte sich über den nächtlichen Entwurf bewundernd: „Nun sage mir einer, die Eule der Minerva flöge nicht mehr bei Nacht." Graf Hugo war ein Verehrer der altgriechischen Klassiker. Er sah meine am Abend vorher gemachten Entwürfe im Papierkorb liegen und meinte, die dürfte ich doch nicht wegwerfen, sie könnten später noch mal wertvoll werden. Eine der entscheidenden Fragen war die Steuerung der Beschleunigung der spontanen, gravitationalen Sedimentation der Zellen des Nervenwassers im Sinne der Wirksamkeit: $s = p/mm^2$, also des Druckes mit der drosselnden oder beschleunigenden Wirkung auf die Kapillarität des Fließpapiers, ohne die Fasern zu schädigen und die Kapillarwirkung zu stören. Wobei die Kapillarität von den Viskositätsfaktoren: $Fk < Fa \sqrt{2}$ abhängig ist. Das betrifft sowohl die feststehende Beschaffenheit des Fließpapiers, als auch die variierende Viskosität des Nervenwassers. Darüber hinaus war zu berücksichtigen, daß die Druckwirkung so gering wie möglich und das Material des Druckgeräts so elastisch sein mußte, um die Struktur der Fasern des Fließpapiers nicht zu schädigen und eine Steuerung zu gewährleisten. Daraus ergab sich die Forderung nach einem Gummitubus. Um so komplizierter wurde die zunächst nur probeweise Herstellung des Gummitubus, bevor mit den erzielten Ergebnissen eine industrielle Herstellung begründet werden konnte.

Die 12 Millimeter weite Bohrung in dem erwähnten Gummistopfen mit einer Bohrwinde unter fließendem Wasser gelang in der Klinik-Werkstatt unseres Hausmeisters ohne weiteres. Komplizierter war das Erzielen eines Á förmigen Einschnittes mit einer 2 Millimeter tiefen Basis für den Objektträger, wegen des präzisen, wasserdichten Abschlusses der Sedimentierkammer. Die Konstruktion eines einfachen Metallgehäuses mit zwei Druckflächen für einen vertikal und einen horizontal wirksamen Druck mit zwei Rändelschrauben zur Regulierung der Druckwirkung auf die Kapillarität des Fließpapierstreifens übernahm ein Schlossermeister der Werkstatt des Klinikums.

Da der Boden der ersten Probekammer etwas uneben geraten und die Unebenheit nicht zu beseitigen war, zerbrachen die Objektträger der ersten Sedimentproben. Ich war enttäuscht. Und mein verehrter Herr Keuscher versuchte es geschickt zu verbergen, indem er die zerbrochenen Objektträger mit Deckgläschen perfekt zusammenflickte. Die Darstellungsergebnisse sind einmalig, begeisterte Herr Keuscher. Werner Knittel war der erste, der vom Erfolg überzeugt war und gratulierte. Aber das Design, das ich nicht als Zellsedimentierkammer zu benennen wagte, war enttäuschend unansehnlich. Die Kollegen behielten ihre Meinungen darüber für sich, bis auf Frau Dr. Ursula Bergmann. „Uh", sagte sie, „das sieht ja aus wie ein Kerzenleuchter von der Großmutter." Graf Hugo lachte über „den Kerzenleuchter". Die ersten Ergebnisse fand er ausgezeichnet. Bedienen konnten die Kammer aber nur Herr Keuscher und ich. Die dritte Enttäuschung war der hohe Zellverlust mit Werten zwischen 60 und 70 Prozent durch die zu hohe Abflußgeschwindigkeit eines schnellfließenden Filterpapiers, das durch die primitive zweigeteilte Druckregulierung nicht besser und genauer gesteuert werden konnte. Dafür war die Qualität der Zellbilder einmalig. Sogar die Famuli der Klinik vermochten die Zellen zu differenzieren.

Unglücklicherweise war auch ein wichtiges Zellpräparat eines Chefpatienten zerbrochen, der längere Zeit unter Magenbeschwerden, einem präpylorischen Ulcus ventriculi, das angeblich abgeheilt war, zu leiden hatte und danach über zunehmende Lähmungserscheinungen in beiden Beinen klagte. Wegen des deutlichen Polyneuropathie-Syndroms hatte der Chef den Patienten lumbalpunktiert. In dem erwähnten Präparat waren ein- und mehrkernige, vielgestaltige, polychromatische, eigentümlich mehrfarbige Zellen und Mitosen aufgefallen. Nach den Pannen mit den früheren Zentrifugenpräparaten traute ich mich nicht, einen Tumorverdacht zu äußern und stellte den prekären Befund Professor Rennert und dem Chef vor. Der Chef war unangenehm überrascht. Ich erbot mich, das Präparat Dozent Dr. Bruns zur Beurteilung vorzulegen und um seine Meinung zu bitten. Der Chef wünschte es sogar. Da Herr Bruns nicht zu erreichen war, bat ich die Sekretärin Professor Fischers darum, ihrem Chef ein Zellpräparat zur Beurteilung vorstellen zu dürfen. Fischer musterte mich, weil ich vor zwei Jahren ein halbes dutzendmal zu Prüfungen bei ihm erschienen war, im Examen den Darm durchtrennt und bei Dozent Bruns lange Zeit hospitiert hatte. „Und jetzt haben Sie das Präparat zerbrochen", sprach er und wiegte vorwurfsvoll mit dem Oberkörper. „Das ist aber gut geflickt, wer hat das gemacht?" fragte er. „Der Cheflaborant Keuscher", antwortete ich. „Der bei Spielmeyer in München ausgebildet wurde", wußte er zu entgegnen.

Fischer verfügte über ein phänomenales Gedächtnis. Er schaute ins Mikroskop und meinte: „Das soll ein Liquorzellpräparat sein?" Ich bejahte zaghaft. „Wie haben Sie das gemacht?" „Mit einem Sedimentator." Werner Knittels Bezeichnung schien mir in dem Augenblick geläufiger als der neue Name Sedimentierkammer. „Sedimentator", so etwas habe ich noch nicht gesehen und auch nichts darüber gehört? Ich erklärte ihm, daß dies ein Gerät sei, daß wir erst vor kurzem in der Klinik konstruiert hatten. „Haben Sie das getan?" fragte er wieder. Und ich bejahte es. Er war sehr neugierig geworden, und er sah wieder ins Mikroskop und sagte nach einer kurzen Pause: „Sehr interessant, es könnten Tumorzellen eines Adenokarzinoms sein. Schauen Sie sich mal diese Zelle an." Die hatte ich noch nicht gesehen, obwohl ich das Präparat mehrmals durchmustert hatte. Das scheint eine Karzinomzelle mit einem verunglückten Sekretionsversuch zu sein. „Ist oder war der Patient magenkrank?" fragte Fischer. Ich erwähnte das präpylorische Ulcus und ergänzte, daß Lemke den Patienten jetzt wegen eines Polyneuropathie-Syndroms lumbalpunktiert hatte. Fischer entgegnete: „Ein Ulcus, so so, und nun leidet der Patient an einem Ebert-Syndrom." Das Syndrom war mir völlig unbekannt. Ich wußte nichts damit anzufangen. Er sah mir meine Ratlosigkeit an und erklärte das Ebert-Syndrom. Es handelt sich um eine Metastasenbildung des Magenkarzinoms im Gehirn, mitunter in den Hirnkammern, von wo aus die Krebszellen über das Nervenwasser an die Rückenmarkwurzeln gelangen und sich ansiedeln, wachsen und die Nervenwurzeln schädigen und dadurch das Syndrom hervorrufen, das Ebert in den dreißiger Jahren erstmals beschrieben hatte. Schließlich fragte Professor Fischer, ob ich die Zellen bereits als tumorverdächtig angesehen hätte. Ich bejahte. Aus Mangel an Kenntnissen war ich über die schwerwiegenden Schlußfolgerungen unsicher geworden, weil ich mich in letzter Zeit mehrmals geirrt und mit der neuen Methode noch keine ausreichenden Erfahrungen hatte. Fischer freute sich über meine Ehrlichkeit und teilte Lemke den metastasenverdächtigen Zellbefund mit.

Nach der Lumbalpunktion des Patienten nahm die Entwicklung der Symptome schnell zu. Nach einem generalisierten Krampfanfall waren Bewußtseinsstörungen und sich wiederholende Anfälle mit einer zunehmenden Verwirrtheit aufgetreten, die therapeutisch nicht zu beeinflussen waren. Aus einem schweren Anfall erwachte der Patient nicht wieder.

Die Autopsie bestätigte Fischers Deutung des Nervenwasser-Zellbefundes. Ich mußte dem Chef die Zellbefunde ausführlich demonstrieren und erklären. Mitosen und amitotische Zellteilungen im Liquorzellpräparat hatte auch Professor Lemke bisher noch nicht gesehen, weil die empfindlichen Zellteilungen in den Zentrifugenpräparaten bisher nicht erkannt werden konnten. In der bekannten pathologischen Demonstration hatte Fischer über die Erkrankung des Patienten mit dem metastatischen Ebert-Syndrom gesprochen und den aufschlußreichen Liquorzellbefund im demonstrationsmikroskopischen Projektor erläutert. Ich mußte die primitive Sedimentierkammer, den „Kerzenleuchter", vorstellen. Nach der Demonstration schlug Fischer meinem Chef vor, ein liquorzytologisches Forschungsprogramm zu starten.

Damit ich ungestört weiterarbeiten konnte, hatte Fischer den Leiter des Zeiss-Mikrolaboratoriums, Dr. Otto, gebeten, mir ein paar Plexiglas-Objektträger zur Verfügung zu stellen, die in der ersten Sedimentierkammer mit dem Fehler im Metallgehäuse nicht mehr zerbrechen konnten. Die Untersuchungen und die

Arbeiten an der Verbesserung konnten somit zügig fortgesetzt werden. Nachdem ich Professor Fischer den Werdegang der Zellsedimentierkammer, in extenso, geschildert hatte, erhielt ich kurz darauf von Professor Hallervorden eine Einladung zu einem neuropathologischen Colloquium, an dem auch Professor Spatz aus Frankfurt und Professor Scholz aus München teilnahmen. So hatte Fischer eine wichtige Verbindung zu den maßgeblichen Neuropathologen hergestellt.

Mit dem Leiter des Zeiss-Mikrolaboratoriums, Dr. Otto, fand ich einen wertvollen neuen Ratgeber, der schließlich eine unschätzbare Verbindung zu dem Entwicklungsleiter des Zeiss-Werkes, Professor Görlich, herstellte und dafür sorgte, daß wir eines der neu entwickelten Phasenkontrastmikroskope zur Erprobung in unserem Laboratorium zur Verfügung gestellt bekamen.

Professor Fischer hatte übrigens für zwei Überraschungen gesorgt. Er hatte Dr. Otto vom Zeiss-Mikrolabor bewogen, die Zellsedimentierkammer über die Zeiss-Patentabteilung patentieren zu lassen. Ich gab aber zu bedenken, noch eine entscheidende, bedienungstechnische Verbesserung abzuwarten. Auch Professor Görlich war von Fischer dahingehend beeinflußt worden, einer Null-Serienproduktion der Zellsedimentierkammer im Zeiss-Werk für 1956/57 zuzustimmen. Der väterliche Fischer selbst teilte es mir mit.

Indessen hatte ich mit den Plexiglas-Objektträgern fieberhaft weitergearbeitet und mit Hilfe des Phasenkontrastmikroskops mit den vergleichenden Untersuchungen zytochemischer Art begonnen, um neue Färbungen zu erproben.

Zu einem Vorzugspreis konnte ich die drei Bände des neuen, soeben erschienenen Handbuchs der Neurologie, von Richard Jung redigiert, erstehen, im Bestreben, hoffnungsträchtige Impulse für die Entwicklungsarbeiten zu finden. Im Kapitel über die Zerebrospinalflüssigkeit von Fritz Lüthy, dem Züricher Neurologen, war aber im Abschnitt über die Morphologie des Nervenwassers nichts von dem zu finden, wonach ich seit Monaten suchte. Es schien, als stünde Lüthys Kapitel immer noch im Banne des von Bannwarth 1933 geprägten Urteils über die Aussichtslosigkeit liquorzytologischer Bemühungen zur Unterstützung und Bereicherung der klinischen Diagnostik.

Dennoch arbeiteten wir unentwegt weiter im Sog des Enthusiasmus von Wilhelm Keuscher und des Beistandes des Grafen Hugo und Werner Knittel. Wegen der immer noch geringen klinischen Bedeutung der Zelldiagnostik hielt sich der Neid mir gegenüber zunächst noch in Grenzen. Es war aber unverkennbar, daß Lemke die Förderung der Liquordiagnostik zu einer dringenden Angelegenheit bestimmt hatte. Herr Keuscher wurde in den Routineaufgaben durch Frau Heinrich, eine erfahrene medizinisch-technische Assistentin, spürbar entlastet.

Inzwischen hatte es in der Klinik ein freudiges Ereignis gegeben. Der Oberarzt und Dozent, Graf Hugo von Keyserlingk, war zum außerordentlichen Professor mit Lehrauftrag ernannt worden. Er hatte vier Jahre davor mit einer viel beachteten Arbeit über psychopathologische Befunde und Beurteilungen in der forensischen Psychiatrie habilitiert. Im Gegensatz zu den Feiern in der Chirurgischen Klinik war das Fest hier frei von erhebenden Gesten, eher still und bescheiden. Kurz danach erhielt auch Oberarzt Dozent Helmut Rennert eine Professur und wurde gleichzeitig zum Leiter der Abteilung für Kinder-Neuro-Psychiatrie ernannt.

Herr Werner, ein Techniker im Klinikum, hatte ein neues Kammergehäuse mit einer verbesserten Druckregulierung hergestellt, die einen besser steuerbaren Abfluß des Nervenwassers gewährleistete und dadurch auch den Zellverlust auf 50 bis 30 Prozent verringerte. Währenddessen hatte ich mich im Gummiwerk Gotha um eine verbesserte Konstruktion des Gummitubus bemüht. Der Entwicklungsleiter, Dr. Rachner, hatte einen Gummitubus hergestellt, der die Funktion meines selbstgefertigten weit übertraf, nicht nur in der Handhabung, auch in der Funktion. Herr Keuscher strahlte über die Sedimentierkammer, die sich jetzt sehen lassen konnte. Auch die Zellveränderungen infolge des fehlerhaften Abflusses waren verringert.

Herr Keuscher hatte in einem Präparat aus der neuen Sedimentierkammer in der Nervenwasserprobe einer jungen Patientin mit allmählich aufgetretenen Lähmungserscheinungen in den Beinen auffallend gut dargestellte und gefärbte, große Lymphozyten gefunden und sie Graf Hugo, der zufällig vorbeigekommen war, gezeigt. Graf Hugo war ebenso überrascht und ließ mich rufen. Es waren die ersten hervorragend dargestellten Plasmazellen. Manfred Schmidt hatte im gleichen Nervenwasser eine Vermehrung der Gammaglobuline gefunden. Somit war es der erste, gelungene Nachweis einer zyto-globulinären Immunkompetenz, so nannten wir damals den Befund bei dieser Patientin, mit einen floriden Multiplen Sklerose. „Eine kleine Sensation", äußerte sich Graf Hugo. Von jetzt an ließ er es sich nicht nehmen, täglich einmal ins Labor zu schauen und nach neuen Befunden zu fragen, über die wir abends auf dem gemeinsamen Heimweg ausführlich ohne die sonst übliche klinische Alltags-Hast debattierten.

Kurz darauf konnte auch Professor Rennert, der für die Liquordiagnostik nicht viel übrig hatte, ein sehr schönes buntes Zellbild eines seiner kleinen Patienten mit einer Mumps-Meningitis bewundern und meinte nun auch, daß meine Bemühungen sich nun doch lohnen würden. Und als auch in einem der neuen Kammerpräparate ein Zellbild gefunden wurde, das größtenteils aus noch recht gut erhaltenen eosinophilen Granulozyten bestand, rief Herr Keuscher begeistert: „So ein Zellbild habe ich bis jetzt noch nicht gesehen." Es war das Zellbild eines Malerlehrlings mit einer allergischen Polyneuritis mit Lähmungserscheinungen in beiden Armen und einem Bein, die sich nach einer Hautentzündung an den Händen und Armen entwickelt hatten. Die Gamma-Globuline im Nervenwasser waren dagegen nur gering erhöht. Der Patient mußte seine Malerlehre aufgeben.

Professor Lemke bedankte sich bei Dr. Rachner im Gummiwerk in Gotha für die entscheidende Hilfe mit der Konstruktion der Gummitubi für die Sedimentierkammer persönlich, ebenso bei dem Schlossermeister des Klinikums für die neuen Kammergehäuse.

Während einer Leitungssitzung bat mich der Chef, unsere bisherigen Ergebnisse repräsentativ zusammenzufassen und zu einem Vortrag für den Jahreskongreß der Deutschen Gesellschaft für Neurologie in Würzburg vom 11. bis 13. 8. 1954 vorzubereiten. Die Teilnahme mußte jetzt der Chef für sich selbst, für Professor Rennert, für Dr. Manfred Schmidt und für mich im Staatssekretariat für das Hoch- und Fachschulwesen in Berlin beantragen.

Sie müssen umgehend habilitieren!

Obwohl ich bereits auf mehreren Tagungen Vorträge über verschiedene Themen gehalten und auch in den Diskussionen die nötige Standfestigkeit bewiesen hatte, war die Angst vor dem Debüt auf der großen deutschen Neurologentagung doch recht erheblich. Deshalb konnte ich die Reise im Wagen des Chefs, einem neuen EMW, von der schönen fränkischen Sommerlandschaft mit den schmucken Dörfern, den wiederaufgebauten, farbenfrohen Städten, der werbenden, auffallenden Reklame, und den restaurierten Denkmälern und alten Burgen und Schlössern kaum genießen. Unter der Beklemmung verloren die sinnbildlichen Wirkungen des Bamberger Domes mit dem denkwürdigen Reiter an Eindruck und Bedeutung. Eine große Sorge, die Bestreitung der Hotelkosten, war uns von Professor Scheller, dem Direktor der Nervenklinik, einem Freund unseres Chefs, abgenommen worden. Die Quartiere in der Klinik, in der Füchsleinstraße, waren bereits vorbereitet.

Der Kongreß im großen Hutten-Saal war vom Ehrenvorsitzenden, dem Nestor der Deutschen Neurologie, Professor Max Nonne, eröffnet worden. Auch am zweiten Tag war der Kongreßsaal bis auf den letzten Platz besetzt. Das war damals in den Nachkriegsjahren bei allen Tagungen und Sitzungen nicht anders. Professor Heinrich Pette, der Nachfolger Nonnes, als Chef der ersten deutschen Neurologischen Klinik hatte den Vorsitz übernommen.

Nach der Ankündigung meines Vortrages wankte ich mit weichen Knien ans Rednerpult. Da ich den Vortrag wie ein Schauspieler auswendig gelernt hatte, brauchte ich keine Furcht zu haben, aber sie war plötzlich da. So war ich froh, daß ich das Manuskript bei der Hand hatte und begann etwas zaghaft mit den ersten Sätzen, die kaum Aufmerksamkeit fanden, da ich der erste Redner aus der Ostzone war und aus den Gesichtern die Gedanken der Zuhörer erriet: „Na, was kann der uns schon bieten?" Die Aufmerksamkeit begann zu steigen, als ich die Reißbrettskizze der Sedimentierkammer zeigte und die ersten Agfa-Color-Mikro-Diapositive mit den prächtigen Zellen erläuterte und dabei bemerkte, wie schnell sich die Mienen und die Stimmung im Saal änderte. Weil auch der Vorsitzende gespannt schaute, löste sich meine Spannung, ich begann fließend, völlig frei, die Befunde und Kommentare zu erläutern. Dabei fielen mir die zunehmend bewundernden Blicke und Mienen der Zuhörer und des Vorsitzenden auf, der in den anschließenden Bemerkungen bekundete, derartige Liquorzellbilder noch nicht gesehen zu haben. Nun hatte sich auch bei mir die Spannung völlig aufgelöst. Ich taumelte vor Freude und wäre auf der Treppe fast gestolpert. Professor Rennert war der einzige Redner in der sich anschließenden Diskussion. Er berichtete über die Schwierigkeiten bei der Entwicklung und die langwierigen Konstruktionen der Sedimentkammerteile und erwähnte, daß auch die Mikrofarbfilme eine Neuentwicklung des Agfa-Werkes in Wolfen seien. Abb. siehe Anhang.

Professor Pette hatte uns anschließend persönlich zu der Entwicklung der Sedimentierkammer gratuliert und zu einem Vortrag und einer Hospitation in seine Klinik nach Hamburg eingeladen, wie auch Professor Schaltenbrand, der Chef der Würzburger Neurologischen Klinik, der nach der Eröffnung der Tagung mit der Erb-Medaille, der höchsten Auszeichnung der deutschen Neurologengesellschaft, geehrt wurde, und der uns auch zu einem Empfang im Würzburger Hotel Excelsior eingeladen hatte. Am meisten aber freute sich mein erster nervenärztlicher Lehrer, Dr. Stöhr, der mir vor zwei Jahren in dem neuen Fach der Nervenheilkunde durch seinen Einfall mit den Blutzuckeranalysen bei den Komplikationen während der Insulin-Schock-Therapie das Laufenlernen erleichtert hatte. Diese Begegnung war mit der Teilnahme Manfred Schmidts, ein feuchtfröhliches Wiedersehen in einer gemütlichen Winzergaststatte an den Würzburger Weinbergen.

Sehr beeindruckend, vor allem aber bedeutungsvoll war der Empfang im Hotel Excelsior. Am Rande dieses Treffens wurden dem Ehrenvorsitzenden der Neurologengesellschaft und Alt-Meister der deutschen Neurologie, Professor Nonne, die jüngsten, erfolgreichen Neurologenschüler vorgestellt. Ich war der letzte in der Reihe. Nonne schien nach dem anstrengenden Tag ziemlich ermüdet. Als er aber vom Liquor und den Zellen hörte, müssen ihm meine Zellbilder eingefallen sein. „Sie haben die bunten Zellbilder gezeigt. Ganz famos!" sagte er plötzlich ganz euphorisch. Zu Lemke gewandt, äußerte er: „Ihr Schüler hat sich mit den Zellen habilitiert!" Mein Chef nickte verlegen mit dem Kopf. Sein Gesicht konnte ich, weil ich etwas hinter ihm stand, nicht sehen.

Beim Verlassen des Hotels auf den Stufen des Aufgangs nahm der Chef mich wieder einmal beiseite und flüsterte. „Sie müssen umgehend habilitieren!" Ich habe mit Fischer, dem Dekan, schon darüber gesprochen. Die Fakultät wird einverstanden sein. Ich dachte immer noch an die Ausbildung in der Neurochirurgie in Jena, da ich dort zum 1. Januar 1955 angemeldet war. Professor Busse hatte es mir von Köln aus, als er die DDR verlassen hatte, mitgeteilt. Nach meiner Rückkehr in die Klinik wollte Lemke von der Neurochirurgie nichts hören.

Das Habilitationsprogramm stand bereits fest. Graf Hugo legte es mir dar. Er war der Meinung, daß die Voraussetzungen einer angemessenen Anzahl von wissenschaftlichen Veröffentlichungen, in meinem Fall durch die bedeutsame Erfindung der Zellsedimentierkammer für die klinische Diagnostik, als gegeben erachtet werden. Sechs wissenschaftliche Veröffentlichungen stammen aus nicht habilitationsbezogenen Themen und würden als Beweis, andere wissenschaftliche Arbeitsthemen erfolgreich bearbeiten zu können, ausreichend sein. Es sei schade, daß Patente nicht berücksichtigt werden.

Eine Publikation mit dem Thema zur Differenzierung der Liquorzellbilder stand kurz vor dem Abschluß. Sie enthielt bereits die Ergebnisse, die mit den neuen Gummituben in den verbesserten Metallgehäusen erzielt worden waren. Damit ließ sich der sehr hohe Zellverlust von durchschnittlich 64 Prozent auf 40 Prozent, also um 24 Prozent, reduzieren. Die erhebliche Unregelmäßigkeit des Nervenwasserabflusses im Fließpapier hatte sich mit der verbesserten Konstruktion deutlich stabilisieren lassen. Auch wenn die Steuerung der Druckwirkung auf die Kapillarität des Fließpapiers noch viel zu wünschen übrig ließ.

Ich war mir von Anfang an darüber im klaren, daß die Ausbreitung der Zellen auf dem Objektträger, das cell spreading des Oxforder Zytologen Spriggs, von der Geschwindigkeit des Abflusses des Nervenwassers, dem flow off, und der Haftfähigkeit der Zellen, dem adherence factor of the cell surface activity, des bekannten Neuropathologen Professor Charles Lumsden der Englischen Universität in Leeds, abhängig ist. Die Modalität der Sedimentierkammer ist mit dem Ausstreichen des Bluttropfens auf dem Objektträger für die Blutzelldifferenzierung, die der Rostocker Internist und Hämatologe Viktor Schilling begründet hatte, zu vergleichen. Sicherlich ist die Technik der Sedimentierkammer noch verbesserungsfähig. Graf Hugo meinte dazu so vortrefflich: „Es gibt nichts absolut Vollkommenes auf dieser Welt, aber gerade diese Unvollkommenheit macht es so interessant und geheimnisvoll."

Damit waren wir von Anfang an in den Bemühungen um mathematisch statistische Vergleiche relevanter zytodiagnostischer Befunde auf Schwierigkeiten gestoßen und angesichts der hohen Fehlerwerte mehr oder weniger zur Zurückhaltung gezwungen worden. Nebenher war ich bemüht, nach unbekannten Fehlerquellen zu suchen und hatte auch die Mitarbeiter dazu angeregt.

Umstritten waren immer noch die zellschädigenden Einflüsse des Zentrifugierens, die jetzt in den Ergebnissen der vergleichenden Untersuchungen in krasser Weise zum Ausdruck kamen und das unschlüssige, eine Unzufriedenheit bekundende Urteil Bannwarths über die Liquorzytologie erklärten. Die Schäden an den empfindlichen Zellen, den Granulozyten, und verschiedenen Funktionszellen, Monozyten, Makrophagen, Plasmazellen und gealterten oder degenerativ veränderten Zellen verhinderten eine Beurteilung. Der Würzburger Neurologe, Professor George Schaltenbrand, regte an, die Ursachen zu ergründen.

Als Zellsuspensions-Modell für die Ergründung der Zellkonglomeratbildung benutzte ich eine tarierte Calciumoxalat-Lösung im Zentrifugenspitzglas, in welches ein unbeachteter, dem Spitzglas entsprechend zugeschnittener Film im verdunkelten Labor eingebracht und in üblicher Weise zentrifugiert wurde. Auf dem entwickelten Film waren die Sedimentationslinien nach unten zu den Konglomeraten und dem großen Konglomerat in der Spitze des Glases gut zu verfolgen. Graf Hugo war von dem anschaulichen Ergebnis des Erklärungsversuches überrascht, wenn auch die Calciumoxalatmoleküle bei weitem nicht den Zellen entsprachen. Zur Demonstration des Sedimentations- und Konglomeratweges erschienen sie leidlich geeignet.

Für die Beantwortung der Frage nach den Ursachen der Zelltrümmer bei der Spitzglaszentrifugation hatte Herr Keuscher mit seiner, bereits erwähnten, Deckglasmethode geholfen. Hier war sogar ein, wenn auch nur sehr primitiver, immerhin aber ein Zahlenvergleich möglich. Wenn auch die Unterschiede zwischen Herausnahme des horizontal liegenden Deckgläschens und dem Abkippen des Überstandes im Spitzglas und dem Abpipettieren und Ausbreiten auf dem Objektträger erheblich waren, was dann auch im Ergebnis deutlich zum Ausdruck kam. Eine Zählung der Zellen im Zeiss-Meßokular ergab 93 erhaltene Zellen in Keuschers Deckglaspräparat und 41 erhaltene Zellen im Spitzglaszentrifugat. Die Unterschiede befürworteten die rund zwei Jahrzehnte später Entwicklung der Zytozentrifuge, einer Kombination von Zentrifuge und Sedimentierkammer. Eine wertvolle Hilfe bei den technischen Korrekturen leistete der Kandidat und Famulus H. Steiner. Sein mechanisch-konstruktives Verständnis hatte zu einer Vereinfachung der Druckmechanik geführt. Es war ihm auch gelungen, die unterschiedlichen Hafteigenschaften zwischen den Zellpopulationen, den Lymphozyten, Monozyten und Granulozyten, festzustellen.

So plante ich, nach den festgelegten Vorbereitungen im Sommerurlaub 1955 das Manuskript zu beenden, um die Arbeit im Oktober einreichen zu können. Für das erste Kapitel der Habilitationsarbeit hatte ich bereits die Ergebnisse vergleichender Untersuchungen zur Beantwortung der Frage nach der Herkunft der Zellen der Zerebrospinalflüssigkeit zusammengestellt, und zwar Vergleiche der Zellen aus dem Nervenwasser von Hirntumor-

Patienten und dem Operationsmaterial aus der Pia-Arachnoidea, der weichen Hirnhaut, dem Hirngefäß-Bindegewebe und Tumorgewebe, und dem Blut. Neuere Ergebnisse als die von Oskar Fischer bereits 1912 erbrachten mit der Antwort, daß die Zellen des Liquors, des Nervenwassers, sowohl aus dem Blut, als auch aus dem Gefäßbindegewebe stammen, konnte ich nicht erbringen. Um so mehr hatte ich Oskar Fischers Ergebnisse und Schlußfolgerungen bewundern müssen. Zellmarker, die heute zur Beantwortung derartiger Fragen benutzt werden, gab es seinerzeit noch nicht. Aber auch heute wissen wir nicht mehr als damals.

Oskar Fischer wußte bereits, daß die Zellen zwar normalerweise, überwiegend Lymphozyten in sehr geringer Zahl, in die Nervenwasserräume einwandern und gelegentlich auch Zellen des die Nervenwasserräume auskleidenden Gewebes abschilfern können. Aber auch bei den beispielsweise entzündlichen Erkrankungen der Hirnhaut, den Meningitiden, sind es die weißen Zellen aus dem Blut, Granulozyten, Lymphozyten und Monozyten, in enorm erhöhter Zahl. Und dabei kann die Art und Anzahl der Zellen Schlußfolgerungen auf die Art und Intensität der Erkrankung und den Heilungsverlauf ergeben.

Eine entscheidende Unterstützung erfuhr ich bei den Untersuchungen der Pia-Arachnoidea Präparate der weichen Hirnhaut, durch Oberarzt und Dozent Günter Bruns, der durch seine erfolgreichen Forschungsarbeiten über die Mukoviszidose bekannt wurde. Er hatte vorübergehend die Prosektur des Tuberkulose-Klinikums in Bad Berka übernommen und wurde kurz darauf auf den Lehrstuhl für Pathologie an die Universität Halle berufen.

Nach der Emeritierung Professor Walter Fischers hatte sein Nachfolger, Professor Bolck, mit seinen Mitarbeitern die Betreuung meiner Arbeiten, ohne mich einen Unterschied spüren zu lassen, fortgesetzt, und auch das pathologische Korreferat über meine Habilitationsarbeit übernommen. Wenn damals exakte Vergleiche durch spezifische Markersubstanzen nicht möglich waren, so gelang es doch, zentrifugierte und kammersedimentierte Nervenwasserzellen und Harnzellen im Nativ-Zustand im Phasenkontrastmikroskop und nach der Färbung mit Hilfe einer

Mikrophot-Einrichtung des Zeiss-Mikrolabors präzise zu verfolgen und abzubilden. Auf diese Weise war es gelungen, Zellveränderungen durch das Zentrifugieren und das anschließende Fixieren und Färben zu analysieren.

Auch die Frage nach der Überlebensdauer der Liquorzellen, dem einfachen Stehenlassen bei Zimmertemperatur, nach Aufbewahren im Kühlschrank und nach einem einstündigen Transport, konnten zufriedenstellend beantwortet werden. Das Ergebnis lautete: Eine klinisch zuverlässige Liquorzelldiagnostik ist auf eine Zeitdauer von 60 Minuten nach der Punktion begrenzt. In eiweißreichen Liquorproben unter den Bedingungen einer Kühlschranktemperatur um 4° C kann das Überleben nicht nur der mononukleären Zellen, sondern auch das der jugendlichen neutrophilen Granulozyten um 12 bis 16 Stunden verlängert werden, unter der Voraussetzung, daß der Liquor unmittelbar nach der Punktion in die Kühltemperatur gelangt und auch bleibt.

Einen wesentlichen Fortschritt erbrachte die Sedimentierkammer der klinischen nervenärztlichen Diagnostik. Abgesehen von den entzündlichen Erkrankungen des Gehirns und Rückenmarks mit einer sehr erheblichen Zell- und Eiweißerhöhung, bei der ein einfacher Ausstrich eines Tropfens, wie für ein Blutbild, genügt, um eine hinreichende Zelldifferenzierung zu gewährleisten. Die Methode des Ausstrichs versagt aber bei Liquorproben mit geringem Zellgehalt von weniger als 200 Zellen und geringem Eiweißgehalt unterhalb 400 mg/l. Die Nachteile der betonten Ausbreitung der Zellen sind ohne nennenswerte Bedeutung, mit Ausnahme der ausbreitungsbedingten, mitunter sogar grotesk veränderten Formen der Kerne und Kernstrukturen alternder, degenerativ veränderter Monozyten und auch Lymphozyten, die in den Zentrifugenpräparaten in der Regel zertrümmert sind und in der Beurteilung keine Berücksichtigung finden.

In einem diagnostisch relevanten Kapitel konnte ich die Zellbefunde bei den Gehirnblutungen, insbesondere der Subarachnoidalblutung die auffallenden Erythrophagen in akuten Blutungsfällen, in subakuten die intra- und extrazellulären Hämtoidinkristalle und Siderophagen in Abbildungen darstellen und erläutern.

Ein weiteres Kapitel enthielt die Zellbefunde entzündlicher Erkrankungen, der Meningitis, der akuten und subakuten Enzephalitis, Enzephalomyelitis und der Multiplen Sklerose mit den immunkompetenten Befunden, den aktivierten Lymphozyten und Plasmazellen.

Im Kapitel der Geschwulsterkrankungen gelang mir die mikrophotographische Darstellung der zytologischen Kriterien der Geschwulst-Zellen, die Darstellung der Vielgestaltigkeit, der Abartigkeit, Mehrkernigkeit und Vielfalt der Färbbarkeit, neben der vermehrten Zellteilungsfähigkeit und den pathologischen Mitosestörungen und Abarten in den frühen Phasen. Im letzten von insgesamt 14 Kapiteln habe ich die Liquorzellbefunde bei degenerativen Erkrankungen erläutert.

Um den Korreferenten und Gutachtern die Lektüre und Beurteilung zu erleichtern, fügte ich die zahlreichen Abbildungen und Tabellen in den Text ein. Der Zeitaufwand übertraf meine Einschätzung. Ich mußte den Jahresurlaub opfern, den Dora nun mit den Töchtern Tavi und Juliane im August in Bansin ohne mich genießen sollten. Sicherlich habe ich ihnen den Erholungsurlaub durch meine Arbeit verdorben.

Am 20. Oktober 1955 konnte ich die Arbeit, gebunden und in ansehnlicher Aufmachung im Dekanat, abgeben. Der Erleichterung folgte nun die Spannung mit der Furcht vor der Verteidigung im Fakultätsrat. Zunächst aber hatte ich die Vorstellungen bei den Lehrstuhlinhabern und Professoren zu absolvieren. Die bemerkenswert interessanteste Vorstellung erlebte ich bei dem schon oft erwähnten Internisten, Professor Brednow, dem ich von den Untersuchungsergebnissen der Störungen im therapeutischen Insulinschock her bekannt war, zumal er die Publikation der Ergebnisse der Schriftleitung der *Ärztlichen Wochenschrift* empfohlen und mir damit sehr geholfen hatte. Der achtunggebietende Respekt lockerte sich erst nach seiner Äußerung, daß die Habilitationsarbeit einmalig sei und nach der Frage, wie lange ich dafür gebraucht hatte.

Die zweite Frage betraf meine Herkunft und hatte mit der Antwort, daß ich aus Masuren stamme, zu einem langen, eindrucksvollen Gespräch geführt, das er größtenteils selbst, in Erinnerungen versunken, bestritt, als er das Wort Masuren hörte. „O ja, Masuren erlebte ich im Frühling 1915, in Lötzen, nach der Winterschlacht im ersten Weltkrieg. Ich war damals als junger Stabsarzt nach einem Stabslehrgang in den ärztlichen Begleitstab des Feldmarschalls von Hindenburg kommandiert. O, das war eine merkwürdige, etwas verworrene Zeit. Ich war kein Soldat. Als ich eines Morgens zum Feldmarschall mußte und die Hacken zusammenknallte, wobei der Degen mir Umstände machte, die er bemerkte und mit seiner Baßstimme sprach: „Leiser, Doktor, leiser, den Säbel brauchen Sie nicht, lassen Sie ihn im Spind." Wie ein verschüchterter Primaner war ich dagestanden und wußte in der überraschenden Verlegenheit nicht, womit ich antworten sollte. So sehr hatte ich mich über die menschlichen Züge des großen Kriegsherrn gewundert. Auch die amüsanten Abende im Lötzener Schloß hatte ich schon lange vergessen", war Brednow in seinen Erinnerungen fortgefahren. „Mitten im Krieg hatte ich ein für mich sehr beeindruckendes Erlebnis, an das Sie mich jetzt mit ihrer Herkunft erinnert haben." Nach diesen Ausführungen wollte Brednow noch wissen, wie ich auf die Idee zu der Entwicklung der Sedimentkammer gekommen sei. Nach dem Geständnis der bedauerlichen Krankengeschichte des Patienten mit dem Gehirnabszeß, den ein Holzsplitter durch einen Unfall verursacht hatte, wünschte er mir das bewußte Quentchen Glück, das nicht unbedingt zu einer Laufbahn, die mir bevorstünde, gehöre, aber unserer menschlichen Empfindung neben all den erforderlichen Qualitäten gelegentlich sehr wohl tun könne.

Offenbar, um mich an das Fach der Nervenheilkunde zu binden, hatte Professor Lemke, ohne mich danach zu fragen, festgelegt, daß die Habilitation und die sich daraus ergebende Dozentur für die Fachgebiete Neurologie und Psychiatrie gelten sollte. Demzufolge mußte ich einen Vortrag über ein Arbeitsthema aus dem Gebiet der Psychiatrie erarbeiten und im Colloquium vor dem Fakultätsrat verteidigen. Das Thema betraf die aktuelle Behandlung der progressiven Paralyse. Der Vortrag mußte manuskriptfrei gehalten werden. Ich hatte den Vortrag auswendig gelernt, und Dora hatte ihn sich ein paarmal anhören müssen, bis ich ihn fließend konnte.

Während des freigehaltenen Vortrags konnte ich aus den gefälligen Mienen der Professoren auf eine wohlwollende Akzeptanz meiner Darlegungen schließen, die mir, in der erwünschten Klarheit, fließend, ohne Patzer gelangen. Auch die erste Frage nach der Herkunft und Bedeutung des sogenannten Paralyseeisens gelang mir fließend mit einer Erklärung des Hämoglobinabbaus durch die hämatogenen und histiozytären Makrophagen, wobei zu den letzteren auch die Makrogliazellen Spielmeyers gehören, die das Hämosiderin über längere Zeit speichern können, zu beantworten. Hinzugefügt hatte ich, daß heute syphilitische Blutungen sehr selten vorkommen, weil die Erkrankungen frühzeitig erkannt und durch Penicillin in nacheinander folgenden Kuren erfolgreich behandelt werden kann. Auf drei nachfolgende Fragen gelang mir die Beantwortung ebenso prompt und fließend. Woraufhin ich das Urteil der Beratung der Korreferenten und Gutachter abwarten mußte. Schließlich verkündete der Dekan, Professor Hofmann, daß ich den Forderungen eines Habilitationsverfahren vollauf entsprochen habe.

In den letzten Tagen vor der Verteidigung schien mein Zeitgefühl durcheinander geraten zu sein. Erst auf dem Heimweg von der erfolgreichen Verteidigung, als ich kostümierten und maskierten Passanten begegnete, nahm ich wahr, daß ich am Faschingstag habilitiert hatte, und etwas erschrocken argwöhnte, ob meine Verteidigung nicht ein Faschingsscherz gewesen sei. So beunruhigte ich auch meine Frau mit dieser Mutmaßung und habe den Chef noch sehr spät abends mit der Frage belästigt. Professor Lemke, in heiterer Stimmung, beruhigte mich und gratulierte zu der glänzenden Verteidigung. Im Westen oder Süden Deutschlands wäre eine Habilitation am Faschingstag unmöglich gewesen. Aber in Thüringen ist das Faschingstreiben bedeutungslos, meinte er lachend am Telefon. Dora und die Kinder freuten sich über meine bestandene Prüfung. Die siebenjährige Juliane sagte: „Da bin ich aber froh, daß unser Vater endlich was geworden ist."

Etwas geworden war ich aber schon vier Monate vorher. Mit der Berufung Professor Graf Hugo von Keyserlingks an die Medizinische Akademie nach Magdeburg war seine Oberarztstelle frei geworden. Da meine Habilitationsschrift inzwischen in der Fakultät umgelaufen war, hatte die Fakultätsleitung entschieden, mich zum Oberarzt zu ernennen. Wenngleich drei dienstältere Kollegen, die aber nicht habilitiert waren und es in absehbarer Zeit auch nicht schaffen würden, die Oberarztstelle im Auge hatten. Dennoch versuchte der rücksichtsvolle Chef und Lehrer die Spitze der Brüskierung gegenüber den drei Kollegen etwas zu entschärfen, indem er die Ernennung einfach etwas herabsetzend als zum sogenannten Oberarzt titulierte und mich gleichzeitig verpflichtete, die Psychotherapie-Vorlesung im kommenden Semester zu übernehmen. Ausgerechnet die unbeliebteste Vorlesung der Klinik. Die älteren Kollegen lachten über die Verpflichtung. Professor Rennert war zufällig nicht anwesend. Werner Knittel lachte mit und bedauerte mich gleichzeitig. Er wußte, daß Rennerts Psychotherapievorlesung in zwei Semestern in Ermangelung an Zuhörern gescheitert war, und daß Lemke ihm deswegen Vorhaltungen gemacht hatte. Nun sollte ich, ein Neurologe, die Vorlesung an der Klinik vor dem Aus retten. Ich nahm es Werner Knittel nicht übel, wenn er mir im Vorhinein sein Bedauern darüber zum Ausdruck brachte.

Die Aufgabe des vierten und jüngsten Oberarztes bestand aus der Leitung der Poliklinik. Werner Knittel, der Vorgänger, wechselte auf die Stelle des neurologischen Oberarztes der Neurologischen Abteilung, auf die ich reflektiert hatte. Ich fürchtete mich vor der Poliklinik mit den überwiegend psychiatrischen Patienten bei meiner praktisch fehlenden Erfahrung im Umgang mit den einmaligen Untersuchungen und rasch zu erfassenden Beurteilungen. Werner Knittel tröstete mich und versprach mir, dabei zu helfen. Er hatte es anfangs auch unentwegt getan.

Die Leitung des Laboratoriums mit dem Forschungsauftrag, an dem auch Manfred Schmidts Elektrophorese hing, mußte ich weiter behalten, wobei ich die technischen Aufgaben Herrn Keuscher mit seinen jahrzehntelangen Erfahrungen und den neu hinzugekommenen ohne weiteres anvertrauen konnte, während die klinischen Aufgaben Frau Heinrich, auch alterfahren, mit zwei jüngeren medizinisch-technischen Assistentinnen erfüllte. Die Forschungsaufgaben habe ich für kurze Zeit vernachlässigen müssen.

Große Sorgen bereitete mir die Psychotherapie-Vorlesung der Inneren Medizin in der Medizinischen Poliklinik von Professor Kleinsorge und Dozent Dr. Klumbies. Mein Doktorand, Hubert Steiner, unterrichtete mich über die Einzelheiten und praktischen Modalitäten des autogenen Trainings und der Hypnose-Therapie der beiden genannten Herren, so daß ich mich nicht auf ausgetretenen Wegen bewegen mußte, vielmehr unbedingt etwas Neues darbieten mußte, um nicht, wie mein Vorgänger, nach den ersten Vorlesungen vor leerem Hörsaal zu stehen und die Vorlesung aufgeben zu müssen.

Diesmal genügte mir unsere reichbestückte Bibliothek, um mich für die Vorlesung nach allen alten, neuen und neuesten Regeln der psychotherapeutischen Magie, auf neuroanatomischen Fakten der Hirnforschung gestützt, so intensiv und extensiv wie möglich vorzubereiten, vor allem auch immer etwas Neues darzubieten. Ein Versagen sollte von vornherein ausgeschlossen sein. Schließlich wollte ich die Dozentur für die Nervenheilkunde, Neurologie und Psychiatrie auf Dauer nicht teilen müssen.

In jeder freien Stunde, sogar in den freien Minuten in der Poliklinik saß ich über den psychotherapeutischen Zeitschriften und Monographien der Medizinischen Psychologie, Oskar Vogts altem Journal für Neurologie und Psychologie, Speers Monographie: Arzt der Persönlichkeit, Schultz-Henkes und I. H. Schulz's Psychotherapie und Monographien, um nur einen Bruchteil zu erwähnen, und baute mir so und mit Hilfe einiger Patienten von den Stationen und auch aus der Poliklinik eine Vorlesung en bloc auf, die ich mir als Grundstock zurechtlegte und dann von Stunde zu Stunde aktualisieren konnte.

Da der Schmerz im Mittelpunkt psychotherapeutischen Handelns steht, begann ich mit einer einfachen, verständlichen Einführung in die Neuropsychologie des Schmerzes, der Rezeption, der Übertragung, der Zentralisation, der Speicherung im thalomo-cortikalen Gedächtnis, dem Schmerzerlebnis, mit den gespeicherten Schmerzwerten und deutete bereits die Unterdrückungsmöglichkeiten an. Hubert Steiner, mein Doktorand, meinte, es wäre etwas ganz Neues. Ich brauchte mich nicht zu wundern, wenn die Hörerzahl sich in der zweiten Stunde verdoppelt hatte und in der dritten Stunde der Hörsaal gefüllt war. Jetzt galt es, die Aktualisierung beizubehalten. Hubert Steiner riet mir, Patienten vorzustellen und das Autogene Training zu demonstrieren. Dazu hatte sich ein Patient bereit erklärt. Und beim nächsten Mal versuchte ich es mit einem der Kommilitonen, der über die Empfindungen, in hora coram publico, Rede und Antwort geboten hatte. Es schien eine kleine Sensation gewesen zu sein. Um eine erfolgreiche Fortsetzung mit einer stabilen Zuhörerzahl brauchte ich nicht zu bangen. Hubert Steiner, der mir als Vorlesungsassistent half, fragte im Auftrag der Kommilitonen, ob ich die Vorlesung auch im nächsten Semester halten würde. Ich bat ihn, darüber noch keine Angaben zu machen, da der Chef darüber noch nicht entschieden hätte.

Für das nächste Semester war Dr. Ehrig Lange für die Vorlesung vorgesehen. Er war einer der tüchtigsten und vielversprechendsten jungen Assistenten der Klinik, der eine ausgezeichnete Arbeit über die Therapie der progressiven Paralyse geschrieben und damit ebenso ausgezeichnet promoviert hatte. Eine theoretische Begabung und vorzügliche, pädagogisch-didaktische Befähigung prädestinierte ihn geradezu für ein akademisches Lehramt. Er wurde von uns sogar als potentieller Nachfolger Lemkes gesehen. Bedauerlicherweise erkrankte er dann an einer Lungentuberkulose und geriet dadurch mit der Erarbeitung seines Habilitationsthemas in Verzug, den er kaum noch ausgleichen konnte. Aus dem Grunde hatte das Kollegium der Klinik für die Bewilligung eines Habilitationsurlaubs plädiert, der aber vom Chef in der Leitungssitzung mit der vorwurfsvollen Begründung, daß er die langen Pausen während der Erkrankung zu nutzen versäumt hätte, abgelehnt. Im übrigen habe es an der Binswanger-Bergerschen Jenaer Schule bislang grundsätzlich weder einen Promotions- noch Habilitationsurlaub gegeben und den dürfe es auch in Zukunft nicht geben. Die Habilitation war schon immer ein außerordentlicher Befähigungsnachweis und muß es auch bleiben, hatte er ausdrücklich betont.

Mit Fleiß und mit Geduld habe ich mich in die ambulante Untersuchung und Diagnostik hineingekniet. Ohne die Unterstützung hätte es sicher am Anfang größere Probleme gegeben. Mittlerweile schien ich es aber geschafft zu haben. In der Ambulanz könne man nicht gründlich genug sein und man dürfte von Werner Knittel aus unter gar keinen Umständen nach der Zeit schauen. Beispiele dafür gab es täglich.

Ein 42jähriger robuster Kaufmann klagte, daß seine seit langem bestehenden, mal sehr deutlichen, dann aber auch weniger zu merkenden Gefühlsstörungen und Mißempfindungen in der linken Hand und auch im linken Arm in letzter Zeit auch rechts begannen, ihm Sorgen zu machen, weil sie rascher zunahmen als vor fünf Jahren in der linken Hand. Besonders aufgefallen sei ihm, seit etwa zwei Jahren, daß er immer weniger Schmerzen spüre, wenn er sich mal verletzte. „Vor zwei Wochen merkte ich, daß ich mich verbrannt haben muß, erst durch die Blasen am linken Daumen und Zeigefinger", hatte er geklagt.

Er hielt die Hand in einer ulnaren Abduktionsstellung. Als ich ihn danach fragte, meinte er, das habe er eigentlich nicht so recht bemerkt, aber seine Frau hatte ihn darauf aufmerksam gemacht und gefragt, warum er die Hand so komisch halte. Bei der Prüfung des Gefühls fiel als erster Befund eine Schmerzunempfindlichkeit an der linken Hand, zum Ellenbogen und Oberarm hin abnehmend, auf, womit ich der Schilderung der Beschwerden nach gerechnet hatte, wobei die Ellenseite stärker betroffen war als die Speichenseite. Die Berührungsempfindung war zwar erhalten, eine exakte Bestimmungs- und Unterscheidungsmöglichkeit in Form des sogenannten Diskriminierungstestes jedoch nicht möglich. Erheblich gestört war wieder die Kälte- und Wärmeempfindung. Die Muskeleigenreflexe dagegen schienen lediglich geringfügig geschwächt. Pathologische Reflexe konnte ich nicht auslösen. An der rechten Arbeitshand erwies sich die Schmerzempfindung geringer gestört, reichte aber auch über den Ellenbogen hinaus, ebenso die Wärme- und Kälteempfindung. Während die Berührungsempfindung ungestört schien und auch die Unterscheidungsmöglichkeit. Die Muskeleigenreflexe zeigten sich an der rechten Hand und am Arm unauffällig.

Die Röntgenaufnahmen der linken Hand ließen deutliche atrophische Veränderungen der ulnaren Handwurzelknochen, zumal auf der Ellenseite, erkennen, so daß eine sichere Unterscheidung der einzelnen Knochen nicht mehr möglich war, wodurch die ulnare Abduktionstellung, die der Frau des Patienten aufgefallen war, erklärt werden konnte. Die Ellenbogen und Schultergelenke schienen unauffällig. Auf der rechten Seite fiel lediglich eine deutliche Atrophie der Handwurzelknochen auf. Die einzelnen Knochen waren aber noch zu differenzieren.

Nun mußte ich dem Patienten erklären, daß es eine heimtückische Erkrankung sei, die ganz allmählich fortschreite und von einer Höhlenbildung, einer Syringomyelie im Halsbereich des Rückenmarks, herrühre, die man aber noch durch eine stationäre Untersuchung abklären müsse, um festzustellen, ob vielleicht doch noch eine operative Behandlungsmöglichkeit bestehen würde. „Also doch ein Rückenmarktumor, wie mir der Hausarzt schon prophezeit hatte. Wenn es vor zwei Jahren operiert worden wäre, wäre ich jetzt gesund", entgegnete der Patient entrüstet. Ich verneinte seine Vermutung mit Entschiedenheit und erklärte ihm seine Syringomyelie an Hand einer Zeichnung, daß die Entfernung der Höhlenbildung nach den bisherigen Erfahrungen die Innervationsschäden, also die Beschwerden, nicht verringert, sondern noch vermehrt hätte. Es kommt sehr selten vor, daß Syringomyelien operativ zum Stillstand gebracht werden können, so daß die Höhlenbildung nicht weiter fortschreitet, das müßte man durch eine spezielle stationäre Untersuchung klären. Der Patient war einverstanden und wollte gleich hier bleiben. „Je eher, um so besser", meinte er.

Wenige Wochen nach meiner Habilitation hatte Heinz Engelien seinen Besuch angekündigt. Er erfuhr es von einem Kollegen, da ich es ihm nicht mitteilen konnte, weil ein Brief an die Medizinische Klinik in Halle mit dem Vermerk zurückgekommen war: nach unbekannt verzogen. Die Wiedersehensfreude wurde bedauerlicherweise durch einige Mißgeschicke, die ihm passiert waren, etwas getrübt. Nach dem plötzlichen Verlassen der Klinik hatte Engelien sein stabiles Gleichgewicht, wie er es nannte, eingebüßt:

Die ablehnende Äußerung Lemkes hatte ihn zu plötzlich getroffen und schlagartig aus der Bahn geworfen. Dazu kam ein zunehmender Verfall seiner Ehe. „Davon nicht genug, hatte Hildegard mir eine Unvorsichtigkeit meinem Chef gegenüber vorgeworfen und angedeutet, daß ich mich wohl etwas überschätzt haben könnte." Das hatte Heinz Engelien nicht vertragen können, woraufhin das Mißtrauen zu einem unüberwindbaren Berg angewachsen war. „Wir konnten miteinander nichts mehr anfangen und ließen uns scheiden, nachdem wir uns die vielen Jahre mit den Kindern tapfer durchgeschlagen hatten. In der Medizinischen Klinik hatte sich ein Depressionszustand meiner bemächtigt. Eine Kollegin hatte sich liebevoll um mich gekümmert. So lernte ich meine zweite Frau kennen. Nach einem Jahr mußte ich die Ausbildungsstelle verlassen und stand auf der Straße. Glücklicherweise hatten wir uns kurz davor, als es hieß, ich könnte an der Klinik bleiben, verlobt. Dem Rat meiner Verlobten folgend, wollte ich dich um Hilfe bitten. Auf der Reise zu dir, war ein bekannter Studienkollege ins Abteil hinzugestiegen, in der Gestalt eines Engels, muß ich wohl sagen. Er war der Leitende Arzt des Naumburger Krankenhauses und auf der Suche nach einem Nervenarzt für sein Klinikum. Ich war mit dem Engel in Naumburg ausgestiegen, hatte eine Facharztstelle und war dort geblieben. In zwei Jahren habe ich mir ein einträgliches Arbeitsfeld geschaffen, mit einer Facharzt-Nebenstelle in Querfurt, und bin nun endlich sehr zufrieden." Dora war sprachlos, als ich mit Heinz Engelien plötzlich vor der Tür stand.

Mit der Habilitation habe ich auch drei Studienfreunde wiedergefunden, Rudolf Zippel, Hans Herdan und Horst Rudat. Rudolf Zippel war nach dem Ausbildungsjahr in der Medizinischen

Klinik in der Hals-Nasen-Ohrenklinik bei Professor Zange seßhaft geworden und stand kurz vor der Habilitation, mit dem Thema: „Grippe, Ohr und Gehirn." Auf seine Bitte hin bemühte ich mich, ihm mit jenen Faktoren, die die entzündlichen, infektiösen Begleitreaktionen des Gehirns betreffen, zu helfen. Horst Rudat, der Staatsexamensbruder, hatte nach seiner Ausbildung im Bezirkskrankenhaus Suhl und der Leitung eines Betriebsambulatoriums, die Leitung des Arbeitsmedizinischen Instituts des Bezirkes Suhl übernommen. Er besuchte uns in der Okenstraße anläßlich seiner Hospitationen im Institut für Arbeitsmedizin der Jenaer Universität. Hans Herdan war nach der Facharztausbildung an der Chirurgischen Universitätsklinik in Jena unter der Direktion des Gulecke-Nachfolgers Professor Kuntzen an das Städtische Krankenhaus in Eisenach gegangen und hatte danach die Leitung der Chirurgischen Klinik des Sophien-Krankenhauses in Weimar übernommen. Hans Herdan, fleißig, zuverlässig und vor allem ehrlich, gestand: Zur Habilitation fehlt es bei mir an Substanz und Ausdauer. Es war gerade der 1. Mai, und als schwarze Schafe mußten wir uns beide zumindest bei der Demonstration am 1. Mai sehen lassen, um dann so rasch wie möglich wieder zu verschwinden.

Herdan hatte mir einen Weimarer Pädagogen in die Poliklinik geschickt, der seit ein paar Jahren über periodisch auftretende heftige Unruhezustände in den Beinen, restless legs, und im Lendengürtel klagte, wonach auch stets eine Art Lähmungsgefühl aufkam. Den Anlaß zu der Überweisung gab die Vermutung des Weimarer Nervenarztes Dr. Loebe, daß es eine relativ gutartig verlaufende Multiple Sklerose sein könnte, weil auch der Vater des Patienten unter den gleichen Symptomen, auch mit Lähmungserscheinungen in den Beinen, gelitten haben soll, die auch immer wieder verschwunden waren.

Die neurologische Untersuchung ergab keine Störungen. Auch die verschiedenen Funktionsprüfungen, die ich unternahm, boten keine Auffälligkeiten. Ein provozierendes Treppensteigen und anschließendes Zigarettenrauchen ließ ebenso, weder ein Faszikulieren an den Extremitäten, noch im Bereich der hirnnervenversorgten Muskulatur erkennen. Auch die elektrische Prüfung ergab keine Auffälligkeiten. Ein Elektromyograph stand uns seinerzeit nicht zur Verfügung. Sicherheitshalber hatte ich dem Patienten eine stationäre Beobachtung mit einer Lumbalpunktion empfohlen, auf die ihn Hans Herdan bereits vorbereitet hatte. Der Patient war einverstanden. Ich hatte mit einer feinen Dattner-Nadel punktiert, die der Patient nach einer kleinen Anästhesie nicht spürte. Der Nervenwasser-Befund war normal, einschließlich des Zellbildes. Die Stationsärztin, Frau Dr. Bauer, wußte nicht, was sie mit dem Patienten noch anstellen sollte. Mir fiel auch nichts ein. Der Zufall kam uns zu Hilfe. Der Patient unternahm mit einem Zimmernachbarn, einem Kettenraucher, der im Zimmer nicht rauchen durfte, einen Spaziergang und rauchte dabei etwas übermäßig mit. Ich saß noch im Labor über einer neuen Zellprobe, als die Station anrief, ich könnte mir das Muskelzucken ansehen. Es war ein faszikulierendes Muskelwogen der Waden- Oberschenkel- und Lendenmuskulatur, wie es für eine Myokymie, in dem Falle einer familiären Myokymie, typisch sein könnte. Nach zwei Tabletten Vitamin B6 und zwei Lepinaletten war der Patient ruhig eingeschlafen. Ich hatte ihm vorgeschlagen, das Rauchen völlig einzustellen. Er hielt sich an meinen Vorschlag. Weder ich noch Hans Herdan haben über einen Rückfall des Muskelwogens je wieder gehört.

Nach der Habilitation und der enorm belastenden Psychotherapie-Vorlesung mußte ich endlich etwas Zeit und Muße finden und mich um das Wohl der Familie kümmern, die jahrelang stiefmütterlich zu kurz gekommen war und auf den väterlichen Spielgefährten verzichten mußten. Ich wunderte mich nicht, wenn Dora in letzter Zeit davon gesprochen hatte, mich fast nur noch am Schreibtisch von der Rückseite sehen zu müssen. Ich versprach ihr eine Änderung, sobald ich die Belastungen überstanden haben würde.

Die prächtige Berglandschaft mit den blühenden Auen des lieblichen Saaletals boten zahlreiche Ziele für kleine Spaziergänge und größere, anspruchsvollere Ausflüge, zumal auch die Gast- und Ausflugsstätten sich, wenn auch zunächst nur allmählich, aber immerhin spürbar, um ihre Möglichkeiten und Gäste bemühten. Die Winterlandschaft des Jenaer Forstes und den Schott-Platz mit den verwunschenen Wanderwegen auf Skiern zu genießen, war besonders reizvoll und erholsam. Zu viert waren wir, wenn ich am Mittwochnachmittag früher nach Hause kam, losgezogen und erst spät erholt und voller Freude heimgekehrt. An den vorweihnachtlichen Abenden, nach dem Nikolaustag, stapfte ich mit den Kindern in den nahen Forstwald zu einsamen Waldhäuschen, die ich zu den Werkstätten des Weihnachtsmannes und seiner Gesellen deklariert hatte, und die auf ihrem Weg immer etwas verloren hatten. Zunächst glaubten meine Töchter sogar daran und waren selig darüber, wenn sie etwas fanden. Solange, bis es mir einmal mißlungen war, ein paar Süßigkeiten unbemerkt fallen zu lassen. Die zwei Jahre jüngere Juliane schrieb sogar Briefe an den Weihnachtsmann und steckte sie in den Briefkasten am Haus des Weihnachtsmanns im Forstweg. Ostern machte ich dasselbe mit den Ostereiern, die der Osterhase auf der Heinzelmännchen-Wiese oder der Osterhasen-Wiese, in der Nähe des Erlkönigs, am Weg nach Kunitz, verloren hatte. Hier blühten auf der Sonnenseite die ersten Primeln.

Die Nachtigallen und der Pirol waren noch nicht zu hören. Aber die Ammern flöteten im Wiesengrund am Weg, und die Lerchen stiegen jubilierend in den sonnigen Frühlingshimmel, und wir sangen fröhlich mit.

An den Sonn- und Feiertagen unternahmen wir mit Rucksäcken und Wanderstöcken spannungsvolle und erlebnisreiche Tageswanderungen in Jenas weitere Umgebung, mit der Bahn nach Hermsdorf-Klosterlausnitz und von dort, durch das romantische Mühlental, über Stadtroda, Lobeda Winzerla, Wöllnitz und das Paradies wieder nach Hause. Auch im Saaletal entlang wanderten wir zu den teilweise wieder geöffneten Dornburger Schlössern oder über Göschwitz, mit dem berüchtigten Zementwerk und Kahla, zu der wieder geöffneten Leuchtenburg mit dem Saaletal-Panorama. Beliebt war auch die Luftschiffwanderung. Dagegen war die Fuchsturm- und Jenzigwanderung an den Sonn- und Feiertagen zu sehr überlaufen.

In der Klinik trafen Einladungen zu Vorträgen ein. Darunter war auch eine Einladung zur Teilnahme an einer konstituierenden Sitzung zur Gründung eines Koordinierungsausschusses der Medizinischen Forschung beim Ministerium für Gesundheitswesen. Die Einladung war von einem Professor Müller-Hegemann unterzeichnet. Der Chef, dem ich die Einladung vorlegte, kannte den neuen Direktor Müller-Hegemann der Leipziger Universitäts-Nervenklinik und wußte auch einiges über den politischen Hintergrund seiner steilen Karriere. Eine Mitgliedschaft in dem scheinbar hochkarätigen, leider aber doktrinierten Gremium könnte unserer politisch inaktiven Klinik nicht schaden. „Aber Sie müßten sich dafür um so mehr exponieren", meinte er. Dagegen habe ich mich heftig gesträubt. Ich war froh, jeglicher politischen Betätigung entronnen zu sein. Offensichtlich war auch er froh darüber und riet mir, die Einladung, wie man so schön sagt, einfach auf sich beruhen zu lassen, auch wenn eine zweite Einladung folgen sollte.

Der Erfolg des auf sich Beruhenlassens trat prompt ein. Zwei Einladungen, eine zu dem ersten zytochemischen Symposion nach Oxford in England und die zweite zu einem Liquor-Colloquium nach Göteborg in Schweden, die jetzt zur Genehmigung an das Ministerium nach Berlin eingereicht werden mußten, waren abgelehnt worden. „Das kann jetzt heiter werden", unkte der Chef darüber. Zwei Monate danach waren drei Einladungen zu Vorträgen an die Kliniken nach Frankfurt, Göttingen und Würzburg genehmigt worden. Der Chef wußte eine Erklärung für den Wandel. Die Professoren Schaltenbrand und Ewald gehörten zu den Unterzeichnern des Göttinger Appells zur Ächtung der Atombombe. Professor Schaltenbrand hatte um eine Sedimentierkammer zur Erprobung an seiner Würzburger Neurologischen Klinik gebeten. Ich wurde ausdrücklich darauf hingewiesen, der Bitte nachzukommen.

Schaltenbrand hatte mit seinem gewichtigen Urteil zur Verbreitung der neuen Methode maßgeblich beigetragen. Über die Verbindung zwischen Schaltenbrand und Baily gelangte die Sedimentierkammermethode frühzeitig in die Vereinigten Staaten, wo die von H. I. Quincke 1891 in Kiel entdeckte Lumbalpunktion und Liquor-Diagnostik nicht die Geltung in der instrumentellen klinischen Diagnostik erreichen konnte, wie beispielsweise in Europa. Erst in den siebziger und achtziger Jahren war es dem Neurologen Professor Tourtellotte aus Los Angeles gelungen, der Liquordiagnostik in den USA Geltung zu verschaffen.

Auf eine Anregung Professor Oskar Vogts, des weltbekannten Hirnforschers, anläßlich der Verleihung der Ehrendoktorwürde der Friedrich-Schiller-Universität, trug mein verehrter Lehrer sich mit dem Gedanken, an seiner Klinik eine Hirnforschungsabteilung zu errichten. Ich war nicht wenig überrascht, als er eines Tages darüber sprach und mich bat, mir zu überlegen, ob ich mir nach einer kurzen Ausbildung im Vogt'schen Institut in Neustadt zutrauen würde, die für mich sicherlich nicht völlig neue Aufgabe, neben der Neurologie, zu übernehmen. Ich erbat etwas Bedenkzeit, um die Version mit meiner Frau zu besprechen. Dora meinte, vor allem müßte ich selbst dazu bereit sein.

Ich dachte darüber nach und war bereit, die anempfohlene, neurochirurgische Laufbahn endgültig aufzugeben und das Hirnforschungsangebot Lemkes anzunehmen. So wurde in einer Besprechung mit dem Leiter für die Forschungsangelegenheiten erwogen, mit einer Zustimmung des Rektors der Universität, dem Direktor der Hautklinik, Professor Hämel, die Errichtung einer Hirnforschungsabteilung und einer angemessenen Ausbildung dafür im Hirnforschungsinstitut Professor Oskar Vogts in Neustadt in der Bundesrepublik beim Staatssekretariat für das Hoch- und Fachschulwesen und Ministerium für Gesundheitswesen der DDR zu beantragen.

Professor Lemke war der Meinung, daß der Antrag vom Staatssekretariat und Ministerium in Berlin genehmigt werden könnte, weil der Ministerrat der DDR 1954 die international anerkannten Verdienste Professor Oskar Vogts mit der Verleihung des Nationalpreises geehrt hatte. Lemke hatte recht.

Oskar Vogt hatte vor dem ersten Weltkrieg an der Friedrich-Schiller-Universität in Jena Medizin studiert und hier auch seine

Frau Cecilie kennengelernt. Dann das Staatsexamen abgelegt und mit einer Arbeit über erbliche Nervenerkrankungen in der Nervenklinik unter der Leitung des Professor Otto Binswanger, den er sogar kurze Zeit kommissarisch vertreten hatte, promoviert. Als niedergelassener Nervenarzt in Berlin war er durch seine Behandlungserfolge an prominenten Persönlichkeiten, auch aus dem Ausland, bekannt geworden. Er gehörte zu den hervorragenden Nervenärzten, Professor Ottfried Foerster aus Breslau und Max Nonne aus Hamburg, die zur Konsultation des Revolutionärs und Gründers der Sowjetunion nach Moskau gerufen worden waren. Nach dem Tode Lenins hatte der weltbekannte Neurologe und Internist Professor Monakow aus Petersburg Oskar Vogt die Untersuchungen des Gehirns überlassen, weil Vogt seinerzeit der einzige war, der die Präparation des sezierten Gehirns, in sogenannten Frontalschnittserien, aus Totalblöcken beherrschte. Er hatte in Berlin mit finanzieller Unterstützung der Industriellen-Familie Krupp in Essen ein für die damaligen Verhältnisse hochmodernes Laboratorium geschaffen, das er mit Hilfe der Kaiser-Wilhelm-Stiftung zu einem Hirnforschungsinstitut ausbauen und erweitern konnte und das später von der Max-Planck-Gesellschaft übernommen worden war.

Mit seinen Mitarbeitern, besonders dem genialen Korbinian Brodmann, dem Begründer der Gehirnzytoarchitektonik, bemühte er sich, die strukturellen Veränderungen der Gehirnzellen bei den erblichen Nervenerkrankungen zu erforschen.

Bei der erblichen Paralysis agitans, der im Jugendalter in Erscheinung tretenden und zunehmenden Schüttellähmung, war es ihm und seiner Frau Cecilie gelungen, den sogenannten Status marmoratus mit den geschrumpften und unterentwickelten Nervenzellen im Striatum, dem Streifenkern des Gehirns, Nucleus caudatus und Putamen, zu entdecken. Mit der Erforschung funktioneller und strukturellregionaler Beziehungen, bemühte er sich um eine Begründung seiner Lehre von der Pathoklise, einer strukturgebundenen Neigung der Gehirnzellen, in bestimmten, topistischen Regionen, zu bestimmten Erkrankungen, beispielsweise der Parkinson-Erkrankung mit dem Zelluntergang der pigmenthaltigen Zellen im Nucleus niger, dem schwarzen Gehirnkern.

Ein besonderes Faible hatte er schon seit den zwanziger Jahren für die Ergründung der zytogen, strukturellen Voraussetzungen für das Zustandekommen elitärer, hervorragender Gehirnfunktionen. Eine Forschung, die dem ideologisch-rassistischen Führer-Mythos Hitlers und seiner Palladine im Kampf um die Weltherrschaft sehr entgegenkam und demzufolge auch unterstützt wurde. Er konnte neben der neuroanatomisch-pathologischen Abteilung, eine biologische, eine neuro-elektrophysiologische und sogar eine genetische Abteilung errichten. So konnte auch sein Schüler A. E. Kornmüller hier die Grundlagen für die klinische Nutzung der von Berger entdeckten Elektroenzephalographie entwickeln. Doch als Vogt sich sträubte, seine tüchtigen Mitarbeiter jüdischer Abstammung zu entlassen, begann er in Ungnade zu fallen. Das ging dann soweit, daß er ein Entlassungsgesuch einreichen mußte. Daraufhin durfte er nur sein altes, eigenes Laborinventar behalten.

Mit erneuter, bedeutender Unterstützung der Familie Krupp gelang es ihm, ein Hirnforschungsinstitut in Neustadt im Schwarzwald zu errichten. Hier fanden, wie in Berlin, erfolgreiche und bekannte Hirnforscher und Hochschullehrer wie beispielsweise Professor Hassler aus Freiburg, Hopf aus Mainz, Solcher aus Marburg, Klatzo aus den USA und viele andere ihre Ausbildung.

Mein Chef sah es mir an, daß ich trotz der erwähnten Vorzüge und Chancen wenig Neigung zeigte, wieder für ein halbes Jahr eine neue Aufgabe, völlig auf mich selbst gestellt, weit entfernt von der Familie in der Bundesrepublik zu übernehmen, zumal ich es für absolut selbstverständlich erachtete, die Klinik und die DDR nicht zu verlassen. Eine offenbar deswegen erwogene Vorstellung in Berlin wurde abgesagt.

Noch weniger begeistert war Dora mit den Kindern, die ein halbes Jahr allein gelassen werden mußten. In letzter Zeit hatten sich die Kinder daran gewöhnt, daß ich nach der Habilitation und der Vorlesung weniger belastet, freier und ihnen zugewandter war. Sie meinten, endlich wieder einen Vater zu haben und müßten jetzt ein halbes Jahr vollkommen darauf verzichten. So nutzten wir die Dezemberwochen und Weihnachtsfeiertage zu ausgiebigen Skiwanderungen in den Forstbergen. Von Berlin war die erfreuliche Nachricht eingetroffen, daß meine Frau mich während meiner Ausbildung in Neustadt, ohne die Kinder, besuchen dürfte.

In der Klinik beendete ich meine persönlichen Arbeiten für die Vorbereitung des Zeiss-Konstruktionsmusters und übergab sie Dr. Otto auch für die Patentanmeldung. Herrn Keuscher machte ich ein Konzept für die Fortsetzung der zytochemischen Arbeiten.

An den Weihnachtsfeiertagen machte ich mich mit einer Artikelserie in dem von Oskar Vogt herausgegebenen Journal für Psychologie und Neurologie, dem späteren Journal für Hirnforschung, vertraut, um für den Beginn etwas vorbereitet zu sein.

Im Hirnforschungsinstitut in Neustadt

Während der Reise nach Neustadt war ich mit einem Ehepaar aus Budapest, das den Aufstand in Ungarn unbeschadet überstanden hatte, ins Gespräch gekommen. Der Aufstand hatte schlimme Folgen, so berichteten sie, es gab viele Tote und Verletzte auf beiden Seiten und beträchtliche Schäden an den Häusern. Dagegen war unser Aufstand am 17. Juni ein furchtvoller Aufruhr, von der Hinrichtung der Anführer durch die Rote Armee in manchen Städten abgesehen. Und jetzt würden viele Ungarn ihr Land wegen der zunehmenden Repressalien verlassen. Wohl hatten auch wir Repressalien erwartet, die aber nicht eingetreten waren. Nach dem Aufstand begannen sich die angespannten wirtschaftlichen und sogar die politischen Verhältnisse etwas zu lockern und zu bessern.

In meinem bestellten Quartier in Neustadt angelangt, fand ich bereits eine Einladung zu einem Antrittsbesuch im Hause Vogt. Ich kannte beide Persönlichkeiten, den Professor und seine Frau Cecilie, noch nicht. Nach der herzlichen Begrüßung fragte Frau Cecilie mich nach meinen familiären Verhältnissen, nach meinem Ergehen und Befinden und auch dem Ergehen und Befinden der alten, damals so gemütsvollen, sympathischen Universitätsstadt Jena mit dem weltbekannten Zeiss-Werk. Vogt fragte, ob der „Breite Stein", der „Hanfried" und der „Bursch" noch existieren. „Der Breite Stein steht wie eh und je an seiner Stelle mit dem fließenden Wasser, aber die Burschen, die nicht wankten und nicht wichen, die gibt es nicht mehr", antwortete ich. „Auch der Hanfried steht unverändert. Nach dem Physikum 1947 war ich zum Zeichen des Dankes hochgeklettert und hatte in seinen Arm einen Blumenstrauß gesteckt. Und der Bursch mit der Fahne im Arm steht auch noch, aber nicht mehr auf dem Eichplatz, jetzt an einer Ecke des Universitätsgebäudes. Auch die alte „Gute Stube" ist nicht mehr das, was sie war." Der trockene Champagner hatte die Stimmung inzwischen angehoben. Frau Vogt fragte, ob ich das Jenaer Studenten-Lied kennen würde. Alle Strophen, habe ich mit gehobener Stimme geantwortet. „Kennen sie auch die Melodie?" fragte sie daraufhin. Durchaus, rief ich, und begann zu singen. In seelenvoller Erinnerung versunken, summte Oskar Vogt mit, und Frau Cecilie war begeistert. Bei der letzten Strophe habe ich mich leise erhoben und sang: Und die allergrößte Freiheit ist in Jena auf dem Damm...

Oskar Vogt hatte seine Frau Cecilie umarmt. Ich glaube, beide hatten Tränen in den Augen. Ich verabschiedete mich behutsam.

Im Institut mußte ich zunächst einen mikrognostischen Test unter den kritischen Augen des zwar sehr alten, aber immer noch sehr anspruchsvollen Professor Vogt bestehen und den Nachweis einer leistungsvollen Urteilsfähigkeit in der weiträumigen Struktur- und gezielten Einzelbeobachtung erbringen. Dabei stellte sich heraus, daß die Einzelbeobachtungsleistungen die der Strukturbeobachtungsfähigkeit übertrafen. Aber auch das Struktursehen und Beurteilen waren gut. Vogt meinte, daß ich das wohl den schwer zu beurteilenden Liquorzellen zu verdanken habe. So empfahl er mir nach der hirnanatomisch-topographischen und zyto- und myeloarchitektonischen Einführung durch den Oberassistenten Dr. Sanides, mich der Untersuchung einer der noch nicht befundeten, neuen Schnittserien zuzuwenden und diagnostische Beurteilungen zu erarbeiten.

Dr. Sanides nahm zunächst Rücksicht auf meine relativ geringen speziellen neuroanatomischen Kenntnisse. Vom klinischen Alltagsdruck befreit, machte ich sehr gute Fortschritte. Dennoch mußte ich mir völlig neu erscheinende, zyto- und myeloarchitektonische Einzelheiten skizzieren und abends in aller Ruhe rekapitulieren. In knapp 14 Tagen hatte ich das Einführungsprogramm geschafft. Herr Sanides war mit meinen Leistungen sehr zufrieden und konnte wieder seinen persönlichen Forschungsaufgaben nachgehen, während ich mich voller Spannung auf die Bearbeitung meiner ersten Aufgabe vorbereitete.

Es war eine Serie, von 240 Frontalschnittserien-Präparaten, mit der institutsüblichen, zyto- und myeloarchitektonischen Darstellung. Bei der Untersuchung waren mir im Gyrus frontales inferior der Area 45 und frontales medius der Area 9, im Gyrus temporalis superior der Area 40 und der medialen Area 22, disseminierte, perivaskuläre, überwiegend aber perivenöse, mononukleäre, lymphozyten-ähnliche Zellansammlungen mit vereinzelten Mikrogliazellen aufgefallen. Die Nissl-Schollen der benachbarten Nervenzellen erschienen etwas reduziert. Deutlichere Nervenzellveränderungen konnte ich nicht feststellen. Gliafaserwucherungen oder Reduzierungen der Markscheiden konnte ich auch nicht erkennen. Schließlich waren die übrigen Hirnregionen unauffällig.

In der Beurteilung erörterte ich die Vermutung einer parainfektiösen, perivenösen. enzephalitischen Zellreaktion in frontotemporalen Regionen, die unter Berücksichtigung der klinischen Befundberichte, keine manifesten Störungen hervorgerufen hatten. Angaben über psychische Störungen fehlten. Ich hatte Vogt die Serie der Präparate zur Kontrolle vorgelegt. Er war mit meinen Ergebnissen zufrieden und bemerkte, daß ich mich überraschend schnell eingearbeitet hatte.

Im zweiten Untersuchungsauftrag war die erste und zweite Schnittserie unauffällig. In der dritten Serie fand ich im Gyrus präcentralis, der Area 4 und 6, der rechten Seite, im Gyrus frontalis superior der Area 9 und im Gyrus postcentralis den Areae 1, 2, und 5, auch auf der rechten Seite und in den zugeordneten Marklageranteilen, disseminierte Zellinfiltrate aus verschieden Zellarten, vorwiegend aber aus faserhaltigen Gliazellen bestehend und vereinzelten lymphozytenähnlichen Zellen. Die Mehrzahl der Infiltrate und Gliazellwucherungen erschien avaskulär, ohne eine Bindung an die Gefäße. Auf der linken Seite konnte ich lediglich in der dorsalen, frontalen Area 6 vereinzelte Infiltrate finden, mit einer geringeren Gliawucherung, dafür aber vermehrte, offenbar hämatogene Zellen und sogar Plasmazellen, die ich markierte und auch Vogt gezeigt hatte. Eindrucksvoll war die herdförmig geschwundene Markscheidensubstanz in den Markscheiden-Präparaten und den deshalb um so mehr gewucherten Fasern der Gliazellen.

In der Beurteilung hatte ich die überwiegend gliären Zellreaktionen mit den spärlichen Lymphozyten, besonders auf der rechten Seite, in Verbindung mit den klinischen linksseitigen Lähmungen, auf eine seit längerem bestandene Multiple Sklerose zurückgeführt, die aber, auch unter Berücksichtigung der frischeren Herde auf der linken Gehirnseite, nicht die Todesursache gewesen sein dürfte. Hier war als Todesursache eine Lungenembolie angegeben. Die Aufgabe der dritten Untersuchungsserie betraf das Gehirn eines nicht nerven- oder geisteskranken Patienten, der tödlich verunglückt war. Da aber die eigentliche Unfallursache, der Sturz von einem Gerüst, ohne einen nachprüfbaren Anlaß geschehen sei, war auch eine spezielle Gehirnuntersuchung angeordnet worden. Offensichtlich galt es hier, meine Leistungsfähigkeit und Ausdauer auf die Probe zu stellen.

Obwohl ich systematisch vorgegangen war, konnte ich in der ersten, zweiten und dritten Serie keinerlei Auffälligkeiten entdecken. Da keine klinische Daten vorlagen, war die Möglichkeit, auf ein bestimmtes Gehirngebiet zu achten, ausgeschlossen. Ich mußte also jede Hirnregion systematisch durchmustern. Eine Woche hatte ich bereits erfolglos zugebracht. In der zweiten Woche war ich bei den okzipitalen Serien angelangt. Die Vergegenwärtigung des Sturzes eines langjährigen Baufachmannes ließ mich an einen plötzlichen Sehfehler denken. Die Präparate im Bereich der Area 19 hatte ich gründlich durchgesehen, ohne irgendwelche Veränderungen erkannt zu haben. Auch die ersten Präparate in der Schnittebene der Area 18, also der Area striata, der Sehstrahlung, die der italienische Student Gradiolet entdeckt hat, waren unauffällig. Ebenso das Präparat Nr. 246. Beim Überfliegen mit der Lupe im medialen Marklager fiel ein kleiner, etwas kräftiger angefärbter, ovaler, zwei Millimeter großer Fleck auf, der im Mikroskop aus strudelförmig angeordneten, astrozytären Gliazellen bestand und in der folgenden Serie um das Vierfache vergrößert erschien. Im parallelen Präparat der rechten, der Gegenseite, nahezu symmetrisch angeordnet, die gleiche, strudelförmige Zytoarchitektonik, in gleicher Größe. Nun mußte ich auch noch den Rest der Präparate durchmustern. Die Größe nahm wieder ab. Die Präparate der Area 17 waren wieder unauffällig.

In den Markscheidenpräparaten erschien die strudelförmige Anordnung der Fasern noch deutlicher als in den Kresylviolett-Zellpräparaten. Bei den Durchmusterungen war mir auch die Bezeichnung der zu vermutenden Geschwulst eingefallen - „Schmetterlings-Gliom". Ich zeigte Herrn Sanides den überraschenden Befund, nach dem ich über zwei Wochen gesucht und auch über meine unnütze Mühe geklagt hatte.

Nachdem ich Professor Vogt den Befund vorgelegt hatte, wurde er zum Tagesgespräch des Instituts. Dr. Namba, mein Zimmernachbar im Institut, hatte sich von Vogt ein Präparat, das er mitnehmen wollte, erbeten. Der Befund wurde schließlich in einer Sitzung besprochen. Ich versuchte meine Vermutung eines im frühen Wachstum befindlichen, schmetterlingsförmigen Astrozytoms zu begründen, das in einer durchaus möglichen Ödemphase, zu einem optokinetischen black out geführt haben könnte, bei dem der Bauführer vom Gerüst gestürzt war darzulegen.

Auf diesen überraschenden Befund hin änderte Vogt den ursprünglich für meine Arbeiten im Institut vorgesehenen Plan. Er empfahl mir, meine pathognostischen, zytologischen Fähigkeiten weiter nutzbringend zu vertiefen, wie er es nannte, und mir die Schizophrenie-Serien, an denen Dr. Namba arbeitete, mit anzusehen, so gründlich wie ich es im Fall des Schmetterlingsglioms getan hatte, um zu ergründen, ob es nicht doch noch zytochemisch wirksame, vielleicht zytotoxische Noxen sein könnten, die die symptomatischen schizophrenen Erkrankungen hervorrufen.

Er ließ mich eines Tages in seine Pläne blicken und zeigte mir die von ihm entdeckten „Schwundzellen", die seiner Meinung nach eine „pathokline" Bedeutung für die schizophrene Geistesverwirrung haben könnten. Er bedauerte seine geringen Kenntnisse auf dem Gebiet der Biochemie. Da ich in die moderne Biochemie hineingewachsen sei, könnte ich versuchen, diesen Gedanken nachzugehen. Auf irgendeine Weise, meinte er, müssen die Schwundzellen entstanden sein.

Bislang war die Zytopathogenese der Schwundzellen ungeklärt geblieben. Nach wie vor war es umstritten, ob es sich dabei um genuine oder exogene Faktoren handeln oder ob es womöglich Folgen elektro- oder insulinschockbedingter Zellschäden sein könnten. Scholz und Jötten haben 1951 Zellkernhomogenisierungen im Gehirn der Katze nach Elektrokrampfversuchen gefunden. Und Höpker teilte Zellschwellungen und perinukleäre Ödeme infolge Glukosemangel mit, wie sie nach einem therapeutischen Koma in der Insulin-Kur vorkommen können.

Es ist also unerläßlich, bei den Befunden auf die Berichte über die therapeutischen Maßnahmen zu achten.

Nach einer langwierigen Diskussion beschloß Vogt, ich solle in dem Gehirn eines 38jährigen Patienten, der acht Jahre unter einer schizophrenen Erkrankung gelitten und einen Selbstmord begangen hatte, - über eine stationäre Behandlung lagen keine Angaben vor - die Areale der Stirnhirnwindungen und den Gyrus cinguli untersuchen, während Dr. Namba bereits in den Thalamuskernen nach Schwundzellen gesucht und Veränderungen gefunden hatte, die Vogt nicht im Sinne von Schwundzellen deuten wollte. Auch mir waren in der Area 10 der Stirnhirnwindungen Veränderungen der Struktur der Nissl-Schollen und vereinzelte Schrumpfungen der Nervenzellkerne aufgefallen, die nicht mit Sicherheit den Kriterien der Schwundzellen zugeordnet werden konnten, nicht zuletzt wegen der geringen Anzahl der veränderten Zellen. Aber bei der Suche nach den Schwundzellen fand ich in der 3., 4., und 5. Rindenschicht der Area 10 vereinzelte Pyramidenzellen mit unterschiedlich schwächer und stärker „geblähten" Zellkernen und deutlicher Reduzierung der Nissl-Schollen. Einige Zellen schienen lediglich aus den geblähten Kernen zu bestehen. Hierin vermutete ich das Endstadium der Zellkernblähung, die Vogt als Zellkernhomogenisierung bezeichnete. Ebenso vereinzelte Zellkernhomogenisierungen fand ich auch im Gyrus cinguli und zufällig auch bei einer Stichprobe, ganz vereinzelt, auch im Gyrus temporalis inferior. Hier waren in einzelnen Zellen noch leidlich dargestellte Nissl-Schollen erkennbar. In allen homogenisierten Kernen waren Ribonuklein- und Desoxyribonukleinsäure-Strukturen nicht mehr zu erkennen. Ich nahm an, daß sie durch die Ribo- und Desoxyribonukleasen (eiweißauflösende Enzyme) depolimerisiert, aufgelöst, waren. Nach den sicherlich unbedeutenden Befunden fand der aufmerksam gewordene Dr. Namba in den medialen Thalamuskernen ganz vereinzelte Zellkernhomogenisierungen. Dabei gelang es ihm, einen perinukleären Beginn der Homogenisierung zu erkennen mit noch teilweise erhaltenen Ribo- und Desoxyribonukleinsäure-Strukturen, worauf er besonders stolz war.

Vogt hatte eine ausführliche Diskussion gewünscht. Die hatte auch stattgefunden. Über die zu vermutenden Ursachen der Zellkernhomogenisierung hatte es sehr verschiedene Meinungen gegeben. Auch über die von Vogt so gepriesene Paraffinblock-Einbettung, die für eine von mehreren technischen Abweichungen als eine mögliche Ursache erörtert wurde, zumal wegen des mehrjährigen Alters der Präparate. Vordergründig war aber die Diskussion über die Möglichkeit von therapeutisch ausgelösten Depolimerisierungen über eine Art Induktion der lysosomalen Polymerasen. Differenziertere und eingehendere neurochemische Faktoren konnten seinerzeit noch nicht diskutiert werden.

Vogt bat schließlich Dr. Namba und mich weiterzumachen, was wir auch eifrig taten. Namba war emsiger und bedeutend fleißiger als ich. Möglicherweise waren seine innovativen Impulse etwas schwächer. Diese Schwäche versuchte er durch Fleiß und Ausdauer zu kompensieren. Immer wieder beneidete er mich um meine Erfolge und klagte, er könne nicht so rasch vorankommen. Er war immer noch am Anfang seiner Thalamus-Studien und bedauerte, sein Tagespensum nicht zu schaffen. Kurz darauf stand er freudestrahlend mit einem Zwischenbericht da und wollte zum Chef. Wir, Herr Sanides und ich, wunderten uns, wie der fleißige Namba das wohl geschafft haben könnte. Vom Hausmeister erfuhr Herr Sanides, daß Dr. Namba jetzt auch nachts in seinem Zimmer arbeiten würde. Um ein Uhr brannte dort noch Licht, erzählte der Hausmeister. Vogt meinte dazu, wenn er sich selbst dabei nicht schade, könne er dies tun, er habe nichts dagegen.

Bemerkenswert an Dr. Namba waren auch seine körperliche Fitness und seine Sparsamkeit. Wir hatten beide gemeinsam in der Neustadter Gastwirtschaft „Zum Anker" einen Mittagstisch und tranken zum Nachtisch eine kleine Flasche Sinalko. Namba bemerkte, daß nicht nur ihm, sondern auch mir die kleine Flasche zu viel war, worauf er kurz entschlossen vorschlug, mit einer Flasche und zwei Gläsern auszukommen. Beim Einkaufen war es mir etwas peinlich, wenn er um einen Pfennig feilschte. Sein Arbeitsanzug im Institut unter dem weißen Institutskittel muß uralt gewesen sein. Noch älter aber waren die Hose und Schürze, die er zu Hause trug, wenn er mich zum Abendessen einlud. Zum Essen erschien er dann aber in einem tadellosen, dunklen Anzug. Wenn wir einen Ausflug in den Schwarzwald nach Hinterzarten oder zum Hochfürst machten, marschierte er vor mir in einem Tempo, das mich zum Schwitzen brachte, zumal wenn es bergauf ging. Ich pustete hinterher, und er wartete höflich, wenn ich nicht nachkam, mit seinem typischen, unergründlichen Lächeln.

Oskar Vogts Lieblingsthema war die von ihm begründete These von der topistischen Pathoklise. Eine Art strukturbedingter Neigung bestimmter Hirnregionen zu bestimmten, determinierten Erkrankungen des Gehirns oder auch des Rückenmarks. Er hatte die Lehre von der Pathoklise während der Berliner Zeit begründet und in einer umfangreichen Monographie, einer Sonderausgabe seines Journals für Psychologie und Neurologie, ausführlich dargelegt. Als ein wesentliches Merkmal hatte er die individuelle Gestaltung der Gehirnrinde für die Prägung der Persönlichkeit, also eine Abhängigkeit der Funktion und ihren Störungen von der gearteten Struktur, abhängig gemacht, und war dabei zu der Begriffsbildung einer Pathovariation als Ausgangsbedingung für einige Gehirnerkrankungen gelangt, die die Pathologen als zu simpel und zu mechanistisch angesehen und abgelehnt hatten. Vogt beharrte nach wie vor auf seiner Vermutung einer genetisch bedingten Neigung der Gehirnstrukturen in speziellen Arealen zu bestimmten Erkrankungen und tröstete sich mit der Tatsache, daß die genetische Forschung noch nicht soweit sei, um die biochemischen Strukturbedingungen zu ergründen. Bei bestimmten erblichen Erkrankungen, der Paralysis agitans, der erblichen Schüttellähmung, der erblichen Chorea major, dem Veitstanz, und der erblichen Spinozerebellaren Ataxie, war er von der regionalen, strukturbedingten genetisch determinierten Neigung überzeugt.

Frau Beheim-Schwarzbach, die Chefassistentin des Instituts, die sich mit der Erforschung geschlechtsspezifischer Ribonuklein- und Desoxyribonukleinsäure-Strukturen an den Kernmembranen der Pyramidenzellen des Gehirns befaßte, bemühte sich, die Befunde der Kernfärbungen mit nativen, ungefärbten Darstellungen der geschlechtsspezifischen Körperchen im Phasenkontrastmikroskop zu vergleichen. Das Institut besaß ein neues Zeiss-Phasenkontrastmikroskop, das, ihrer Meinung nach, jemand benutzt und beschädigt haben mußte. Da sie gehört hatte, daß ich phasenoptische Erfahrungen besaß, bat sie mich, nach dem Mikroskop zu schauen und zu entscheiden, ob es zur Reparatur nach Jena eingesandt werden müßte. Beim Herausnehmen des Mikroskops sah ich, daß das Mikroskop noch gar nicht benutzt gewesen sein konnte, weil der Phasenkondensor noch in der Werk-Verpackung steckte. Mit einem Handgriff hatte ich den Kondensor eingeführt, kurz nachjustiert und Frau Beheim gebrauchsfertig übergeben. Sie stand daneben und wollte es nicht wahr haben und betrachtete mich mit einem fragwürdigen Blick wie einen Zauberer, weil einige Forscher, Dr. Solcher aus Würzburg und sogar Dr. Klatzo, das Mikroskop als unbrauchbar angesehen hatten. „Sicherlich, ohne den Phasenkondensor ist das Mikroskop kaum brauchbar", habe ich geantwortet. Frau Beheim lief zum Chef und berichtete ihm über meine Handgriffe. Ich habe ihr beim Mikroskopieren geholfen und auch beim Transport in die Photoabteilung und bei den Mikrophotographien, da die sehr erfahrene Photographie-Meisterin Frau Menzel auch der Meinung war, das Mikroskop sei defekt.

Ein pfiffiger, technisch sehr versierter Assistent, an dessen Namen ich mich nicht erinnern kann, weil ich mit ihm kaum zu tun hatte, glossierte mit neidvollem Unterton: „Wo Tauben sind, fliegen auch noch Tauben zu." Und die beiden Biologen, Frau Dr. Krauss und Gihr, freuten sich, endlich wehe im Institut wieder ein frischer Wind.

Nun rief mich auch Professor Vogt zu seinem Mikroskop. Es war noch ein älteres, aber doch schon binokulares Zeiss-Gerät, dessen Schwäche ich von Jena kannte. Mein verehrter Keuscher hatte dasselbe. Vogt klagte über ein Verschwimmen des Bildes bei längerem Verweilen an einem stark vergrößertem Objekt, wie ich es vermutet hatte. Ich erfaßte mit beiden Händen die Grob-Triebe und konnte eine Lockerung feststellen, die ich mit entgegengesetzter Drehbewegung einfach festzog. Es wird ein paar Wochen halten, sich dann aber wieder lockern. Ich riet Vogt, sich so schnell wie möglich an ein neues Zeiss-Mikroskop zu gewöhnen und erklärte ihm, daß es auch für die Augen günstiger sei.

Zum Zeichen des Dankes für die „Reparaturen" lud Vogt zum Abendessen ein. Zunächst glaubte ich, daß auch Frau Beheim, Herr Sanides und Namba eingeladen seien und war etwas verwundert, daß ich der einzige Gast war. Vogt kam sogleich auf die Mikrotechnik zu sprechen, bewunderte meine Kenntnisse, über die Frau Beheim geschwärmt hatte und meinte, ohne ein hochentwickeltes technisches Verständnis würde ein Forscher in Zukunft nicht vorankommen können. Ziemlich resigniert sprach er über seine Benachteiligung und kam dann auf die Sedimentierkammer zu sprechen, für die er sich sehr interessierte und die ich ihm mit allen Anteilen, nicht ohne eine Skizze, erklären mußte.

Frau Cecilie bat zu Tisch. Sie muß allein in der Küche gestanden haben, denn eine Hilfe hatte ich nicht gesehen. Das Steak war hervorragend, die Preiselbeeren vorzüglich und dazu der trokkene, wohltemperierte Beaujolais. Als sie nach der Bekömmlichkeit fragte, habe ich mich, mit einer unaufdringlichen Verbeugung, in ihrer französischen Muttersprache bedankt. Vogt hatte sein Glas gehoben mit einem Toast auf den Gast und auf die Jenaer Wissenschaftler und Forscher, die schon viele Voraussetzungen für die erfolgreichen Forschungen in der Welt geschaffen haben und nach dem schrecklichen Kriegschaos wieder im Kommen seien. Möge Ihnen alles gelingen, was sie sich vornehmen. Sie haben es sehr schwer im Vergleich zu uns hier. Vogt wirkte heute auffallend gelockert, war in glänzender Laune und hob Jena immer wieder lobend hervor. Er freute sich außerordentlich, mir bei der Errichtung der Hirnforschungsabteilung helfen zu können.

Sehr erstaunt war ich von den Kenntnissen Vogts über die politischen Verhältnisse in der DDR und auch über die Meinungen und Strömungen im Berliner Gesundheitsministerium, über den Minister Zetkin und einen Professor Müller-Hegemann, der Zetkin vertreten sollte und die Leipziger Nervenklinik leitete. Der Professor Arwed Pfeiffer, ein Entdecker der Angioarchitektonik des Gehirns, der hier kürzlich zu Besuch gewesen sei, hätte ihm darüber berichtet. Er meinte, daß Müller-Hegemann sich seiner wohl unzureichenden Fachkenntnisse wegen in seiner exponierten Position nicht lange halten wird. Er soll aber mit der Errichtung einer Hirnforschungsabteilung in Jena einverstanden gewesen sein, wußte Vogt zu berichten. Von den politischen Verhältnissen kam Vogt schließlich auf den Kommunismus und auf dessen bedeutendsten Vertreter in Europa, auf Lenin, zu sprechen. Wenn Lenin am Leben geblieben wäre, hätte es nach seinem Ermessen den schrecklichen Weltkrieg wahrscheinlich nicht gegeben. Er könne auch nicht verstehen, auf welche Art und Weise Stalin damals an die Macht gelangt sei: Als ich 1922 in Moskau war, hatte ich über Stalin nichts gehört; er muß sich plötzlich an die Macht geschossen haben; ich habe oft mit Monakow über die Nachfolge Lenins gesprochen und auch verschiedene Namen gehört, aber niemals etwas über Stalin.

Eine kleine Gesprächspause nutzte ich, um nach den Untersuchungsergebnissen zu Lenins Gehirn zu fragen. Bechterew und Monakow, die beiden russischen Gelehrten, hatten mit ihren Stimmen erreicht, daß Vogt die Sektion und die Untersuchung mit einer Frontalschnittechnik durchführen sollte. Es hatte aber erhebliche Schwierigkeiten gegeben. Schließlich mußte ihm sogar noch seine Frau dabei helfen. Aber darüber wollte er bei der nächsten Gelegenheit, die sich bald ergeben würde, sprechen. Vogt hatte in den nächsten Tagen seinen 83. Geburtstag.

Am frühen Morgen, als ich im Institut erschien, wartete Herr

Sanides bereits auf mich, um mich zu bitten, die Geburtstags-Laudatio zu halten. Ich sei derzeit mit der Habilitation und Dozentur der ranghöchste Mitarbeiter. Es sei hier so üblich, daß der jeweils Ranghöchste die Geburtstagsrede hielt. Ich mußte mir schnell ein paar Notizen machen und hatte gerade begonnen, als bereits alle vor der Tür standen. Mir blieb nichts anderes übrig, als frei aus dem Stegreif eine Lobrede zu halten. Sanides bedauerte die Eile! Vogt war bereits in seinem Zimmer. Der jüngste Mitarbeiter hielt die Geschenke und den Geburtstagsstrauß bereit. Im würdevollen Tonfall gratulierte ich mit einer ehrenvollen Hervorhebung der Verdienste des Jubilars um die Erforschung der wissenschaftlichen Grundlagen für die Fortschritte in der Nervenheilkunde, nicht nur in Deutschland. Die weltweite Anerkennung sei ein sicherer Beweis dafür und schloß mit den allerbesten Wünschen nicht allein für das Wohlergehen, sondern auch für ein Genießen der Früchte einer unermüdlichen, lebenslangen Arbeit für die Genesung der uns anvertrauten Kranken. Vogt schien sprachlos, eine derart prägnante Laudatio hatte er hier in Neustadt angeblich noch nicht gehört, so hatte die Chefassistentin Frau Beheim erzählt. Und dafür noch aus dem Stegreif geboten. Dabei war ich in der Eile ziemlich unsicher geworden, konnte dann aber, spontan und frei, in feierlichem Tonfall mit den Verdiensten Vogts beginnend, die Laudatio halten.

Unter der Post, die Frau Gottfried mir aus Jena nachschickte, war eine Einladung des Professor van Bogaert aus dem Bunge-Institut in Antwerpen zur Teilnahme am sechsten Weltkongreß der Neurologie vom 21. bis 28. August 1957 in Brüssel mit der Bitte, den Teil I des Themas Cerebrospinal fluid and Neurochemistry als Chairman zu übernehmen. Der Vorschlag für die interessante Themenleitung stammte von Professor Lowenthal, dem neurochemischen Forscher des Bunge-Instituts, der kürzlich über unsere Jenaer Untersuchungsergebnisse bei der Multiplen Sklerose in der „Excerpta Medica" referiert hatte. Wegen der Dringlichkeit erbat das Kongreßsekretariat eine umgehende Benachrichtigung. Ich teilte in einem Telegramm mein Einverständnis mit.

Unmittelbar danach erhielt ich eine Eil-Sendung mit neun Vorträgen in englischer Sprache. Mit meinem Vortrag waren es zehn Beiträge, über die ich ein Chairman-Exposé zu erarbeiten hatte. Angesichts meiner dürftigen englischen Sprachkenntnisse mußte ich umgehend mit den Übungen beginnen. Mein Freund Namba hatte Verständnis dafür, wenn wir uns nun lediglich englisch unterhielten, und ich jede freie Stunde für meine Übungen und Übersetzungen nutzte, um das geforderte, zusammenfassende Chairman-Referat zu erarbeiten. Da mein Untersuchungsprogramm weiterlief, hatten sich Frau Dr. Krauss und Dr. Gihr, die beiden Biologen, angeboten, mir bei den schwierigen Übersetzungen zu helfen. Noch im Neustädter Institut bekam ich von den Vortragsautoren aus den USA die ersten Anfragen, die ich beantworten mußte.

Hinzu kam die Nachricht von meiner Frau aus Jena, daß ihre Besuchsreise bereits genehmigt sei, und daß sie, wenn es dabei bleiben sollte, am 27. April vor ihrem Geburtstag in Neustadt ankommen würde. Deswegen mußte ich mich zusammennehmen, um mit erhöhtem Tempo und auch in den späten Abendstunden die vielfältigen Aufgaben zu schaffen und eine Vorarbeit für die freien Besuchstage zu leisten.

In der Hetze flogen die Tage nur so dahin. Ich war kaum zu einer erholsamen Besinnung gekommen. Mit der Erarbeitung der zusammenfassenden Referate war ich rascher als erwartet vorangekommen, dank der Hilfe von Dr. Krauss und Dr. Gihr. Und auch mit den komplizierten zeitaufwendigen Untersuchungen im Institut kam ich rascher voran.

Meine liebe Dora holte ich vom Bahnhof ab und zeigte ihr die herrliche Lage des Vogt'schen Instituts. Es war plötzlich sehr warm geworden. Mein mühsam erspartes Geburtstagsgeschenk von 200 D-Mark hatte sie nicht erwartet. Sie bemerkte aber, daß ich abgenommen hatte. Ich beteuerte, daß ich das Geschenk nicht erhungert hätte und zeigte ihr das Paket mit den Vorträgen für die Themenleitung zum Brüsseler Weltkongreß für Neurologie. Davon hatte sie noch nichts gewußt.

Petrus bescherte Dora zu ihrem Geburtstag das gewünschte

Wetter. In der wärmenden Frühlingsonne wanderten wir, fröhlich, wie ein soeben verliebtes Pärchen, auf zu schmalen, verwunschenen Wanderpfaden, vom Frühlingserwachen des Schwarzwaldes begeistert, nach Titisee, dem bekannten Erholungsort. Im Bahnhofsrestaurant speisten wir sparsam und bescheiden, Würstchen mit einem Kartoffelsalat. Und die Mittagsruhe genossen wir auf einem kleinen Rasenplätzchen, dicht am Titisee. Das Wasser war noch kalt. Trotzdem eröffnete eine kleine übermütige Wandergruppe die Badesaison. Dora mußte ihre Badebegeisterung unterdrücken. An die Badeanzüge hatten wir nicht gedacht. Aber sie wäre auch im Schlüpfer ins Wasser gesprungen, wenn ich bei der niedrigen Wassertemperatur es nicht unbedingt abgelehnt hätte.

Mit Vogt und Frau Cecilie hatte ich über den Besuch meiner Frau gesprochen und brauchte nicht zu fragen, ob ich die Arbeiten über ein bis zwei Tage unterbrechen könnte. Auch eine Einladung galt als selbstverständlich. Diesmal hatte Frau Cecilie der Hilfe ihrer Küchenfrau bedurft, für ein reichhaltiges erlesenes Gedeck mit einem vorzüglichen Obstkuchen, den sie selbst gebacken hatte und den wir beide sehr lobten. Dann standen die Familien im Mittelpunkt der Gespräche. Fachsimpeleien und Jenaer Reminiszenzen wurden vermieden. Dora war von den beiden alten, bewundernswerten Herrschaften begeistert, besonders von dem aufmerksamen, aufgeschlossenen Professor Vogt, den ich mir, trotz seines hohen Alters, zum Beispiel nehmen sollte, meinte sie auf dem Heimweg. Ich ließ es gelten.

Im letzten Monat schaffte ich noch zwei Programme und konnte Frau Beheim bei ihren vergleichenden Versuchen mit sogenannten Rasiermesser-Nativschnitten, auf die sie selbst nicht gekommen war, helfen.

Das Abschiedsessen war durch eine Unpäßlichkeit des Professors beeinträchtigt. Er hatte in den letzten Tagen über Magen-Darm-Beschwerden geklagt, die zwar wieder abgeklungen waren, das Wohlbefinden aber doch noch beeinträchtigten, so daß sein Weinglas leer geblieben war. Er hatte mir aber die Fortsetzung der Analysen über die Zellkernhomogenisierung noch einmal nahegelegt, um über die Ergebnisse im nächsten Jahr, sollte es möglich sein, dann vielleicht schon im Januar, hier einen Vortrag zu halten und auch einen Vortrag über die Plasmazellen im Liquor bei der Multiplen Sklerose und die Tumorzellen.

Für die Errichtung der Hirnforschungsabteilung hatten wir einen Plan ausgearbeitet, den Professor Lemke mit seinen sicherlich noch persönlichen Wünschen erweitern könnte. Ihre neurobiochemischen Ideen finde ich zukunftsträchtig, betonte er nachträglich, mit dem Plan, einen jungen, tüchtigen Biochemiker zu gewinnen. Seine oft gestellte Frage, ob meine Neigungen zu der reinen Forschung größer seien als die Bindung an die klinische Arbeit, versprach ich später, wenn ich wieder in der Klinik wäre, vielleicht im Januar nächsten Jahres, zu beantworten.

Der internationale Neurologenkongreß 1957 in Brüssel

Das monatelange Instituts- und ausschließliche Labormilieu schien mir die Klinik mit ihren Alltagsaufgaben etwas entfremdet zu haben. Lemke, der Chef, hatte aber dafür gesorgt, daß ich stehenden Fußes wieder mit der klinischen Arbeit konfrontiert wurde. Es ging um die diagnostische Frage einer Multiplen Sklerose bei einem Kollegen, der unsere Publikation gelesen hatte und nun darauf bestand, daß ich auch die Lumbalpunktion durchführen sollte, wenn ich für die Liquordiagnostik verantwortlich sei. Lemke schien die Forderung nicht ungelegen zu kommen, um mich nach der monatelangen „Nur-Forschung" wieder an die Klinik zu fesseln.

Danach berichtete er freudestrahlend über die neue Situation in der Klinik, die der Bericht Professor Vogts an die Universität, der nach Berlin weitergereicht worden war, bewirkt haben mußte. Einen anderen Grund könnte er sich nicht denken, als im April ein Bauleiter den Plan für den Umbau des Seitenflügels der Frauen-Station I einreichte und unmittelbar danach die Bauleute anfingen. Der Roh-Umbau war in zwei Wochen beendet. Der Ausbau hatte auch nicht lange gedauert, und jetzt waren die Maler an der Arbeit. Ich wollte es nicht glauben, erst als ich die Räume sah.

Vogt muß über Sie ein Loblied gesungen haben, meinte Lemke und fragte, was ich denn wohl in seinem Institut vollbracht hätte. Er bestand darauf, ausführlich informiert zu werden, um auf alles, was da an Neuem auf uns zukommen könnte, vorbereitet zu sein. Eine neue Lumineszenz-Apparatur von Zeiss ist bereits angekündigt, hatte er hinzugefügt. Leiser werdend, war er fortgefahren: „Sie dürfen sich nicht wundern, wenn der Neid in der Klinik gewachsen ist und noch weiter wachsen wird." Ich antwortete, daß ich es bereits in den wenigen Stunden gemerkt hätte. Sie sollten jetzt auch etwas kürzer treten, empfahl er mir.

Die Vorbereitungen für den Brüsseler Kongreß waren so gut

wie abgeschlossen. Was mir noch fehlte, war ein phonetic drill. Ich bat einen alten, noch von Königsberg her bekannten Studienrat, um mir dabei zu helfen. Er tat es mit viel Geduld, so daß ich auf dem internationalen Parkett einigermaßen agieren konnte.

Das Staatssekretariat für Hochschulwesen hatte mitgeteilt, ich möchte mich der Einfachheit halber der DDR-Kongreßdelegation aus Leipzig unter der Leitung des Direktors der Neurochirurgischen Klinik, Professor Merrem, anschließen, dessen Sekretär die Reise und den Aufenthalt in Brüssel organisierte. Dr. Niebeling war dies auch perfekt gelungen. Er hatte buchstäblich an alles gedacht.

Da ich als Chairman aus dem „Eastern Germany" kommend, von der CIOMS, einer der UNESCO angeschlossenen internationalen Organisation, ein Stipendium bekommen hatte, brauchte ich mir keine pekuniären Sorgen zu machen. Das Hotel einer unteren, aber dennoch zufriedenstellenden Mittelklasse, preiswert und gepflegt, lag sogar in der Nähe des Kongresses, der in der Brüsseler Oper stattfand. Die Eröffnungszeremonie im großen Saal während der Theater-Sommerpause in Anwesenheit seiner Majestät des Königs Boudoin, der die Fachvertreter der Länder der Welt, darunter auch den Vertreter Deutschlands, Professor Schaltenbrand aus Würzburg, persönlich begrüßt hatte, war ein glanzvolles Ereignis.

In der Kongreßpost fand ich Einladungen von zwei Referenten aus den USA, zu einem Treffpunkt in der Oper und eine Einladung von Professor Lowenthal zu einem Cerebrospinal Fluid Meeting im Bunge-Institut in Antwerpen. Das Kongreßgeschäft hatte also begonnen. Damit begann auch die Spannung um mein Debüt unaufhaltsam zu steigen. Das Chairman-Ship, eine Filmdemonstration über die Sedimetierkammer und ein Cerebrospinal Fluid Meeting. So brauchte ich mich nicht zu wundern, wenn man mich dafür besoldet hatte.

Glücklicherweise traf ich kurz nach der Eröffnung Dozent Dr. Bauer, den Nestor der Nervenwasser-Elektrophorese und sehr tüchtigen Oberarzt der Hamburger Neurologischen Klinik. Seine Eltern waren nach dem ersten Weltkrieg mit ihm in die USA ausgewandert. Er hatte ein College besucht und dann in Heidelberg Medizin studiert. Ich bat ihn, sich mein Sammelreferat anzusehen. Er half mir, und nach einigen Verbesserungen, für die ich mich herzlich bedankte, fand er es recht gut. Meine Anspannung legte sich etwas. Ich schlief gut, war aber schon um 5 Uhr wach und konnte nicht mehr einschlafen. So nahm ich mir noch einmal meine Referate vor.

Um halb neun war ich der erste im Vortragssaal. Ein Blick auf die Ankündigungstafel mit dem Rahmenthema Cerebrospinal Fluid and Neurochemistry mit meinem Namen darunter versetzte mich sofort wieder in Furcht und in Bange. Der zweite Teilnehmer kam auf mich zu und fragte: „Where do you come from?" Als ich ihm meine Herkunft nannte, rief er: „our Chairman, from Friedrich-Schiller-University in Germany." Es war James Austin, wir hatten bereits miteinander korrespondiert. Ich las ihm den Anfang meines Kommentars über sein Referat vor und sprach dann völlig frei. Auch er könne es nicht besser, kommentierte er ziemlich überrascht. Ich war froh. Meine Anspannung legte sich. Der Saal begann sich zu füllen. Herr Bauer setzte sich zu mir. Nun konnte nichts mehr schiefgehen.

Professor Garcin aus Paris, einer der Vize-Präsidenten, eröffnete die Sitzung, erinnerte an die Einhaltung der Redezeiten und bat mich um die Referate und Kommentare.

Ich begann mit der von James Austin aus Portland dargestellten Problematik über die Diagnostik, der Metachromatischen Leukodystrophie, die er mit Hilfe des Nachweises metachromatischer Globuli im Urin durch eine behutsame Zentrifugation wesentlich erleichtern konnte und bat ihn um die Demonstration seiner Befunde. In der Diskussion fragte Frau Spiegel-Adolf aus Philadelphia, ob es eine spezialisierte Zentrifuge sei. James Austin hatte erklärt, es sei eine einfache Zentrifuge mit einer geringen Rotation von 3000 r/min in einer kurzen Zeit von 3 Minuten, um die empfindlichen Globuli zu schonen.

Beim zweiten Kommentar über den chromatographischen Gangliosid-Nachweis erörterte ich den Hinweis von Samuel Bogoch aus Boston auf eine Rezeptorfunktion der Gangliosid,

Neuraminsäuren, Galaktosamine und Sphingosin mit Hexosaminen und Fettsäuren im gestörten Lipoid-Stoffwechsel der Tay-Sachs'schen Speicherkrankheit, an der Oberfläche der Nervenzellmembranen für neurotrope Viren. Nachdem Bogoch die Rezeptorfunktion erläutert hatte, fragte ein Virologe, ob die Zelloberfläche dadurch verändert und störungsanfälliger würde. Bogoch bejahte die Frage.

Im dritten Kommentar über die Ergebnisse einer Kontrolle des Kohlenhydratstoffwechsels durch das Verhalten der alkalischen Phosphatase, Succinodehydrogenase und Carboanhydrase im Blut, Nervenwasser und Harn, nach therapeutischen Gaben von Diamox konnten Copenhaver und Fisher aus New Hampshire auf eine korrelierende Aktivität der Plexus- und Ependymzellen schließen. Da sich niemand zur Diskussion meldete, fragte ich Herrn Copenhaver, ob es einen zytochemischen Nachweis der alkalischen Phosphatase und Succinodehydrogenase gäbe. Copenhaver verneinte die Frage. Der Nachweis der alkalischen Phosphatase, auch für die Liquorzellen, stünde kurz vor der Bestätigung.

Danach bat ich Frau Spiegel-Adolf, die Enkelin des weltberühmten Physikers Albert Einstein, um ihren Vortrag über enzymatische Aktivitäten in den Flüssigkeiten zystischer Gehirntumoren und zystischer Nervenerkrankungen. Mit Hilfe der Beckmann'schen Photometrie und dem Zusatz von Klett-Summerson war der Nachweis von Nukleinsäuren, Pyrimidinen und Purinen in der Zystenflüssigkeit eines Kraniopharyngeoms, eines Ependymoms, eines malignen Papilloms und auch in der Zyste einer Syringomyelie gelungen.

Ein Neuropathologe aus Boston äußerte, daß man mit dem Nachweis von Nukleinsäuren allein eine Malignität oder Benignität nicht beweisen kann. Da sich niemand weiter meldete, fragte ich Frau Spiegel-Adolf, ob sie möglicherweise versucht hätte, eiweißspaltende Enzyme, etwa Proteolasen in den Zysten bösartiger und gutartiger Geschwülste, nachzuweisen. Die Frage verneinte Frau Spiegel-Adolf, da die Versuche, eine Ribonuklease nachzuweisen, mißlungen waren.

In den zwei letzten Vorträgen berichteten Bernson und Mitarbeiter aus Chikago und Green und Mitarbeiter aus Washington über bekannte Cholinesterase-, GOT- und LDH- Aktivitäten im Nervenwasser bei verschiedenen neurologischen Erkrankungen. Da sich zu den bekannten Ergebnissen niemand zur Diskussion meldete und die Pause bereits begonnen hatte, zeigte ich rasch meine Zellbilder aus dem Nervenwasser bei der Multiplen Sklerose. Die farbigen Diapositive stellten die Aufmerksamkeit, die während der beiden letzten Vorträge nachgelassen hatte, wieder her. Da ich die Methode der Zellsedimentierkammer nur kurz erläuterte und auf den Film darüber hinwies, rechnete ich nicht mit einer Diskussion, weil einige Zuhörer den Saal bereits verließen. Ich täuschte mich. Ein halbes Dutzend Fragen mußte ich beantworten. Die Pause war gleich zu Ende.

Den zweiten Teil des Themas bestritt Dozent Dr. Bauer aus Hamburg über die Bedeutung der Liquoreiweißkörper, insbesondere der Immunglobuline bei den entzündlichen Erkrankungen und der Multiplen Sklerose und auch zur Frage der Bedeutung der Glykolipide.

Der Vizepräsident Garcin sprach das Schlußwort, dankte den Themenleitern für ihre Arbeit und vergaß auch nicht, die zeitraubenden Vorbereitungen zu erwähnen und dankte allen Zuhörern für das rege Interesse.

Am Nachmittag hatte ich den Film über die neue, wesentlich verbesserte Sedimentierkammer vorgeführt, die vom technischen Prinzip her auch von den Zeiss-Technikern akzeptiert worden war. Bis auf den Schraubdruck, der durch einen, exakt einstell- und regulierbaren Hebeldruck, ersetzt werden mußte, der dem Fließpapier, schnell oder langsam fließend, und dem zu sedimentierenden Flüssigkeitsvolumen entsprechend, eingestellt und schließlich, bei experimentellen Arbeiten auch während der Sedimentation, variiert werden könnte.

Die entscheidende Frage nach dem Produzenten und Vertreiber konnte ich lediglich provisorisch beantworten.

Professor Charles Lumsden, Neuropathologe der Universität Leeds, fragte, ob es besondere Materialien seien, aus denen die

Kammer hergestellt würde. Aus sterilisierbarem und desinfizierbarem Metall und Gummi; der Fließpapierstreifen ist entsorgungspflichtiges Wegwerfpapier; der Gummi muß einen bestimmten Härtegrad haben. Lumsden kritisierte die lange Sedimentationszeit von 30 Minuten. Worauf ich entgegnete, daß kleinere Volumina von einem fünftel, also 0,2 Milliliter, in 6 bis 10 Minuten sedimentiert werden können. Es käme auf die geforderte Qualität und Quantität an. Der einzige, bedauerlicherweise wesentliche Nachteil sei der Zellverlust durch den flow off über das Fließpapier am Boden der Kammer auf dem Objektträger. Abschließend hob Lumsden noch einmal die Plasmazellbefunde in der Zerbrospinalflüssigkeit bei der Multiplen Sklerose hervor. Er gestand, derart klare Zellbefunde zum ersten Mal gesehen zu haben.

Ein anschließendes Gespräch mit Lumsden war histo- und zytopathologisch sehr aufschlußreich, bedingt durch seine immense Erfahrung. Er überbrachte mir auch die besten Grüße von Professor Spriggs, dem bekannten Zytologen der Universität Oxford, der sehr bedauert hatte, daß ich an dem Oxforder Zytochemie-Symposion nicht teilnehmen konnte. Die Ablehnungen unserer Reisen ins westliche Ausland waren in der Regel politischen, mitunter auch wirtschaftspolitischen Ursprungs. Einmal wird eine Reise abgelehnt, das andere Mal wieder nicht. Die Gründe werden grundsätzlich nie genannt. Er bat mich, mit mir in Verbindung bleiben zu dürfen. Ich versprach es.

Am vorletzten Tag fand das Nervenwasser-Meeting im Bunge-Institut in Antwerpen statt. Es beteiligten sich lediglich 10, dafür aber maßgebliche Teilnehmer wie Lowenthal, Bauer, Karcher, van Sande und andere. Es wurde vorwiegend über immunkompetente Eiweißkörper, die Gamma-Globuline, über ihre Herkunft, sowie ihre pathophysiologische und klinische Bedeutung diskutiert. Umstritten waren nach wie vor die pherographischen und immunologischen Darstellungsmethoden. Auf der Rückfahrt nach Brüssel kam es zwischen Herrn Bauer und mir zu einem vertraulichen Gespräch. Er hatte bereits bei einer anderen Gelegenheit nach den Gründen meines beharrlichen Verbleibens in der DDR gefragt. Wir waren allein, und so informierte ich ihn, daß ich zu Beginn meiner Laufbahn - ich hatte in der Chirurgie begonnen und sollte Neurochirurg werden, vorerst aber eine dreijährige neurologische Fachausbildung absolvieren und anschließend in Köln bei Tönnis ausgebildet werden, um dann nach Jena wieder zurückzukehren. Wegen einer „politischen Unzuverlässigkeit" war ich aber von der Liste der Laufbahnbewerber während der Ausbildung in der Nervenklinik in Jena gestrichen worden. - Lemke hatte sich meiner angenommen. Ich entwickelte die Sedimentierkammer, konnte habilitieren und versprach, der Klinik treu zu bleiben. Treue um Treue, heutzutage zwar weniger geschätzt, aber so lange ich es könne, wolle ich meinen Chef nicht im Stich lassen. Bauer nickte verständnisvoll. Seitdem besteht zwischen uns eine beständige Freundschaft.

Auf der Rückreise im TE-Expreß vor der belgischen Grenze erlebte ich eine unangenehme Situation bei der Paßkontrolle. Eine vornehme englische Dame, der ich in Brüssel bei ihrem Gepäck behilflich war, äußerte bei der Kontrolle eine abfällige Bemerkung. Der an sich korrekt und sogar höflich gebliebene Kontrollbeamte bat sie, zum Gepäckabteil mitzukommen, wo vermutlich eine gründliche Kontrolle stattgefunden haben mußte. Es dauerte sehr lange. Sie war völlig außer sich und empört wiedergekommen. Ich versuchte, ihr zuzureden und dachte mir, in einigen Stunden kann mir dasselbe an der Zonengrenze wiederfahren. Doch schien ich mich geirrt zu haben. Die Paßkontrolle war vorüber. Zollbeamte hatte ich noch nicht gesehen. Unglücklicherweise war ich allein im Abteil. Und dann geschah es. Ich mußte alles auspacken, buchstäblich alles, auch die Packung mit dem Brüsseler Schokoladen-Konfekt und die Chairman-Unterlagen mit den Vorträgen, die der Kontrolleur Blatt für Blatt prüfte, ohne ein Wort mehr als unbedingt notwendig zu sagen. Das war die Quittung für das Treue-um-Treue-Bekenntnis.

Wieder in der Klinik muß ich keinen glücklichen Eindruck gemacht haben. Ich stand immer noch unter dem Einfluß der Blatt- für- Blatt- Kontrolle meiner Kongreßunterlagen. Der Chef tröstete mich mit seiner Züricher Enttäuschung. Ich erinnerte mich, daß er nach der Rückkehr sehr besorgt schien, fand aber, wegen meiner Vorbereitungen, keine Gelegenheit für ein ausführlicheres Gespräch. Er schien immer noch entrüstet über die geringschätzige, separierende Behandlung der Teilnehmer aus dem „Osten". Noch deutlicher und krasser war die Abgrenzung nach einer Resolution des Komitees des internationalen Psychiatrie-Kongresses über den Mißbrauch der Psychiatrie in der Sowjetunion zum Ausdruck gekommen. Müller-Hegemann, der Leipziger Psychiater, hatte daraufhin vorgeschlagen, die osteuropäischen Delegationen sollten mit einer Protestresolution den Internationalen Kongreß verlassen. Da Lemke davon abriet, war es zwischen ihm und Müller-Hegemann zu einem heftigen Disput gekommen, der sicherlich Folgen haben würde, fürchtete Lemke. Bisher war nichts zu vernehmen, dennoch machte er sich große Sorgen darüber und litt seit dem Kongreß unter zunehmenden Magenbeschwerden, die von einem Geschwür herrühren, das sein Freund Professor Brednow festgestellt und eine Ulcus-Kur verordnet und unseren Chef gebeten hatte, der Klinik fernzubleiben. Lemke konnte es nicht über sich bringen, untätig auf dem Ruhebett zu liegen. Er bedauerte, im Liegen noch mehr Beschwerden zu haben.

Aus Brüssel überbrachte ich von zahlreichen Professoren, wie Schaltenbrand, Pette, Scheid, Lüthy, Bay und anderen, beste Grüße, über die er sich freute und davon überzeugt war, sich mit den Neurologen besser zu verstehen und austauschen zu können als mit den separierten Psychiatern, außer Scheller, Kolle und Zutt. Es war Lemke anzusehen, daß er unter Beschwerden litt, weshalb wir ihn baten, auf den Rat Brednows zu hören. Doch brachte er es nur fertig, zwei Tage zu Hause zu bleiben, dann war er wieder in der Klinik.

Rudolf Lemke erkrankt schwer und stirbt

Der Chef konnte es nicht ertragen, der Klinik völlig fernzubleiben. Während einer Visite in der Frauenstation II hatte er erbrechen müssen. Nach einer kurzen Ruhepause brachte Roland Werner ihn in seinem Wagen nach Hause. Dort blieb er eine Woche. Die Magenbeschwerden waren verschwunden. Er hatte sich auch wieder erholt. Die Facies gastrica, die ich von den zur Operation vorbereiteten Patienten von der Chirurgie her kannte, schien unverändert. Ansonsten behielt er sein besonnenes zurückhaltendes Temperament. Wie immer sehr interessiert und sich um alles sorgend, fragte er spontan nach dem Hirnforschungslabor und wollte auch unsere ersten Präparate der von Vogt gewünschten Serie über die vergleichenden Untersuchungen sehen. Sehr erfreut war er über den ersten Auftrag aus der pathologischen Abteilung des Bezirkskrankenhauses für Psychiatrie und Neurologie in Pfafferode mit den bereits erhobenen und mikrophotographisch dargestellten und mitgeteilten Befunden.

Der Müller-Hegemann-Disput schien ohne Folgen geblieben zu sein. Sehr besorgt vertraute er mir aber den Kommentar einer Berliner Beurteilung über unsere Klinik an, die möglicherweise von dem zur Rede stehenden Verursacher des Disputs stammen könnte. Es könne nicht angehen, daß eine fachlich hervorragende, international renommierte Klinik politisch inaktiv sei und nicht die geringste Neigung erkennen ließe, den Mißstand zu ändern. Und das Besorgniserregendste sei, daß der Chef der Klinik die willigen und bereiten Mitarbeiter daran hindere. Lemke meinte, es käme lediglich ein Kollege in Betracht, der auf uns angesetzt ist. Er nannte mir auch den Namen. Darüber war ich sehr überrascht. Ich hatte mehrere Vorträge gehalten, zu denen mich der Kollege mit seinem Wagen gebracht und sich jedesmal dafür angeboten hatte. Dabei schien die Meinung über das Mißfallen durch die glänzende Beurteilung Professor Vogts, vollkommen außer Kraft gesetzt. Auch über die anderen Mitarbeiter, die Oberärzte Werner und Popella, mache er sich Sorgen und auch über Lange, der nicht vorankäme.

Die Magenbeschwerden des Chefs schienen sich in Grenzen zu halten. Er war auch wieder zu einer stationären Beobachtung in der Klinik bei Brednow. Das Ulcus schien kaum noch erkennbar. Wir wußten es vom Radiologen Brednow selbst. Frau Lemke berichtete, daß er nach einigen Speisen immer noch über ein Ziehen und Völlegefühl klage. Wir alle meinten aber, daß er sich inzwischen trotz der Sorgen in der Klinik wieder erholt hätte.

Ein Brief aus Leipzig hatte ihn wieder sehr aufgeregt, erzählte mir die Sekretärin, Frau Gottfried. Der Disputant ist wieder am Wirken, dachte ich. Das Ulcus wird wieder aufbrechen. Völlig erschöpft und blaß, verfallen, saß er am Schreibtisch, den Kopf in die Hände gestützt. Bei meinem Eintritt war er rasch aufgestanden und versuchte, seinen sichtlich schlimmen Kummer zu verbergen. Ein Vorwurf von unserem Widersacher, sagte er kurz, und zeigte auf den Brief.

Mit dem Manuskript über den Auftrag Vogts, mit den Ergebnissen der vergleichenden Untersuchungen an den Pyramiden-Nervenzellen der 5. Hirnrindenschicht aus der Area 10 der oberen Frontalhirnwindung, in einem nativen Rasiermesserschnitt im Phasenkontrastmikroskop, einem kresylviolett-gefärbten Schnitt, dem parallelen Präparat eines phasenoptischen und gefärbten Zellbildes, einem kresylviolett-gefärbten Paraffin-Schnitt und einem Gefrierschnitt, also einer Vergleichsserie, konnte ich ihn etwas ablenken. Anschließend nahm ich ihn ins Hirnforschungslabor mit, um ihm die Lumineszenz-Mikroskopie vorzuführen. Frau Gottfried meinte, die Ablenkung im Labor hätte ihm sehr gut getan.

Nach einem Ärger, diesmal mit einem sehr schwierigen Privatpatienten, bat mich Frau Gottfried wieder um eine Ablenkung. Ich war gerade dabei, um an den erheblich entarteten Zellen aus dem Liquor eines hirnmetastasierenden Lungentumors, eines Adenokarzinoms, einen kombinierten Vergleich mit einer gesättigten Lithiumcarbonat-Lösung eine unspezifische Esterasedarstellung, nach einer Feulgenreaktion, im unfixierten und fixierten Präparat, also sehr umständliche und auch zeitraubenden Analysen zu versuchen. Und war der Meinung, vielleicht auf diese Weise die eigentümlichen, schon früher aufgefallenen, perinukleär gelegenen „proteolytischen?"- eiweißauflösenden - Veränderungen zu erklären. Zwei Präparate schienen gelungen, an denen ich, von einem gewöhnlichen Pappenheim-Präparat ausgehend, dem Chef zur Ablenkung die bösartige, proteolytische Entartung zu erklären versuchte. Über das Ergebnis, das nicht viel mehr bewies, als das des einfachen Pappenheim Übersichtspräparats, war er erstaunt und begriff auch augenblicklich, worauf es ankam, nämlich, abnorme Nucleidasen, Ribonukleasen in den metastasierenden Zellen nachzuweisen.

Hoffentlich habe ich keinen Magenkrebs, sagte er plötzlich. Ich erschrak. Das war nicht der Sinn der versuchten Ablenkung. Ich hoffte, daß er bei seiner augenblicklichen Sensibilisierung meine Erschütterung nicht bemerkt hatte und erklärte ihm die Ribonukleinsäure-Färbung. „Geben Sie acht, daß Sie nicht von den Krebsforschern entdeckt werden", sagte er lächelnd. Frau Gottfried meinte, ich müßte ihn öfter ins Labor mitnehmen, damit er auf andere Gedanken komme. Als ich Werner Knittel über die Krebsgeschichte im Labor berichtete, fing auch er an, ein Magenkarzinom zu vermuten.

Werner Knittel selbst hatte andere Sorgen, über die er nicht sprach. Er fragte nach dem Verbleib von Heinz Engelien. Nach meiner Schilderung schüttelte er mit dem Kopf. Das hätte er von Engelien nicht erwartet, äußerte er und schien recht verstimmt. Worüber, konnte ich nicht erraten.

Die Beschwerden des Chefs nahmen zu. Er war nicht zum Dienst erschienen. Frau Gottfried berichtete, seine Frau hätte angerufen, er müsse wohl wieder in die Klinik. Nach zwei Tagen war er schon wieder sehr früh da. Rennert klagte, daß er sehr schlecht aussehe, ich sollte ihm zureden, umgehend wieder zu Brednow in die Behandlung zu gehen. Brednow sei aber zu einer Tagung und würde danach in Urlaub gehen.

Frau Lemke rief an, daß die Beschwerden schlimmer geworden wären und daß sie ihn in die Klinik gebracht hatte. Ich besuchte ihn am Abend. Er sah schlecht aus, blaß und verfallen. Die Schmerzen waren diesmal sehr schlimm gewesen, aber jetzt, er bewegte und freute sich, wäre er schmerzfrei, sagte er und war der Meinung, noch ein oder zwei Tage abzuwarten und wieder in die Klinik zu kommen. Er fragte sogar, ob ich mit meinen Eiweißanalysen schon weiter sei. Ich verneinte. War aber seinem Rat gefolgt und hatte die Ergebnisse mit den Abbildungen in einem Manuskript zusammengestellt. Wenn er wieder in der Klinik sei, würde ich es im vorlegen.

Am nächsten Tag war Rennert mit einer schlimmen Nachricht aus der Medizinischen Klinik wiedergekommen. Dem Chef ginge es sehr schlecht. Die kurz nach einer kleinen Diät-Mahlzeit begonnenen Beschwerden nahmen derart zu, daß er sich vor Schmerzen krümmte und der Oberarzt, da auch die Bauchdecken gespannt waren, zur Morphiumspritze greifen und ihn mit dem dringenden Verdacht eines Durchbruchs des Magengeschwürs in die Chirurgische Klinik zur Operation überweisen mußte. Professor Kuntzen war im Urlaub. Die Operation mußte sein Vertreter, Oberarzt Dozent Dr. Seyfarth, vornehmen. Er hatte das durchgebrochene Geschwür gefunden und übernäht. Der erhebliche Schock durch die beträchtliche Bauchwassersekretion konnte beherrscht werden. Auch eine bedrohliche Kreislaufschwäche nach der Operation. Da er aus der Narkose noch nicht erwacht war, hatten wir, seine jüngsten Schüler, die Wache übernommen und uns abgewechselt. Die Kreislaufschwäche hatte sich wieder stabilisiert. Die Spontanatmung war ungestört. Auch seine Frau wachte mit. Und auch Ursel Bergmann, eine Lieblingsschülerin von ihm, die sich als praktische Nervenärztin niedergelassen hatte, war zur Wache erschienen.

Als ich gegen Morgen zur Wachablösung erschien, kam Ursel Bergmann mir mit tränenvollem Gesicht entgegen. Im Zimmer standen Frau Lemke und die Kinder schluchzend an einem Totenbett. Auch ich konnte die Tränen nicht unterdrücken. Hatte ich ihm doch so viel zu verdanken. Ich war fassungslos. Vor einer Woche hatte er noch meine zytochemischen Versuche mit Spannung verfolgt und sich noch vor drei Tagen über das Manuskript mit den Abbildungen gefreut, auch darüber, daß ich ihn als Mitautor genannt habe. Ein Schicksalsmanuskript. Seine Frau erzählte nachträglich, daß er während des Psychiatriekongresses in Zürich bereits die ersten heftigen Beschwerden hatte. Ich habe die Hände zu einem Gebet gefaltet und das Zimmer verlassen.

Bei allen Mitarbeitern löste der plötzliche Tod große Betroffenheit aus. Er war erst 53 Jahre alt und auf dem Höhepunkt seines Schaffens. Im Juni hatten wir seinen letzten Geburtstag gefeiert. Die Trauer um den gütigen Lehrer und Chef der altehrwürdigen Klinik, der er nach dem scheußlichen Krieg mit verpflichtendem ärztlichen Ethos im humanistischen Geist und vorbildlichen Fleiß wieder zur Geltung verholfen hatte, war überall zu spüren. Mit besorgten Mienen begegnete man sich stumm und sprach kaum ein paar Worte, nur das Notwendigste. Ehrig Lange schien der plötzliche Tod am härtesten getroffen zu haben. Er war sein Lieblingsschüler und hatte mühevoll seine Habilitation begonnen. Aber auch ich war betroffen. Ursel Bergmann sagte, nun müsse ich alleine sehen, wie ich weiterkäme, und damit hatte sie recht.

Hinzu kam das Bangen um die Frage, wer wird Lemkes Nachfolger. Wobei zwei Gerüchte umgingen. Im ersten hieß es, daß Professor Rennert für die dritte Nachfolge aus der Binswanger-Schule nicht in Betracht kommen würde. Das zweite enthielt die Äußerung eines maßgeblichen Vertreters der Hochschulpolitik unter dem Einfluß neuer wirtschaftspolitischer Strömungen, demzufolge ein Gremium festgelegt haben sollte, die beachtenswerte Entwicklung der Jenaer Nervenklinik unter der Leitung Lemkes, der auch ein neues, bedeutendes Lehrbuch der Nervenheilkunde herausgebracht hatte, ungestört fortsetzen zu lassen und fremde Einflußnahmen nach Möglichkeit zu vermeiden. Das politisch neutrale Klima in der Klinik schien man zugunsten der ausgezeichneten Leistungen eher gelten zu lassen, als mutmaßliche politische Lippenbekenntnisse mit durchschnittlichen und geringen fachlichen Leistungen. So schienen wir in der Klinik seltsamerweise von dem als „Krepierlchen" Ulbrichts und seiner Getreuen im Volk glossierten neuen Wirtschaftsslogan: Überholen ohne einzuholen, profitiert zu haben.

In der Zeitschrift *Psychiatrie, Neurologie und Medizinische Psychologie* des Hirzel-Verlages Leipzig hatte ich unsere ersten Ergebnisse, an denen Rudolf Lemke noch in seinen letzten Tagen unter den Beschwerden mit väterlichem Beistand teilgenommen hatte, mit dem Titel: „*Fortschritte der Liquorzytologie bei der Diagnostik bösartiger Hirngeschwülste*" veröffentlicht.

Unter der kommissarischen Leitung der Klinik von Helmut Rennert

Nach Rudolf Lemkes Tod hatte Rennert das kommissarische Direktorat der Nervenklinik übernommen. Mit großer Geduld und einem bewundernswerten Geschick versuchte er, Lemkes Leitungsstil fortzusetzen. Unbedachterweise hatten einige tüchtige Mitarbeiter die Klinik verlassen. Auch mein treuer Freund und Mitstreiter Oberarzt Dr. Werner Knittel. Ich konnte das nicht verstehen. Er hatte doch keine Gründe dafür. Aber auch in anderen Kliniken hatten tüchtige Mitarbeiter ihre Arbeitsplätze und die DDR verlassen. Die dadurch entstandenen Lücken mußten geschlossen werden.

So hatte ich, nach dem Ausscheiden des Oberarztes Dr. Werner Knittel, den sehr belastenden Konsiliardienst in der Chirurgischen Klinik und die Leitung der Neuroradiologie übernehmen müssen, da ich während der Assistentenzeit in der Chirurgie auch an einer radiologischen Ausbildung unter dem Radiologen Professor Dietrich von Keiser teilgenommen und bereits Oberarzt Dr. Mende bei der Einführung der zerebralen Angiographie, der Darstellung der Hirngefäße im Röntgenbild, geholfen und seit seinem Ausscheiden die Angiographien weitergeführt hatte. Der belastende Konsiliardienst in der Chirurgie verhalf mir zu gediegenen Erfahrungen in der zunehmenden Unfall-Neurologie. Das alles vollzog sich in einer ersprießlichen Kooperation mit den Neurochirurgen, besonders mit dem neurochirurgisch erfahrenen Direktor der Klinik, Professor Kuntzen, der mich oft zu seinen Patienten auf die Privatstation rufen ließ.

Dadurch erfuhr ich frühzeitig, daß Professor Graf Hugo von Keyserlingk, derzeitiger Direktor der Magdeburger Nervenklinik, zum Herbst/Wintersemester nach Jena zurückkehren und die Leitung der Klinik als Nachfolger seines Lehrers Lemke übernehmen würde. Kuntzen war der Vorsitzende der Berufungskommission der Fakultät und wußte daher über die Mehrzahl der Fachvertreter aus der Bundesrepublik, die Keyserlingk vorgeschlagen hatten. Seinerzeit gab es bis zur hermetischen Abgrenzung durch den Mauerbau 1961 gesamtdeutsche Berufungsvorschläge.

Für die Klinik bedeutete das eine Fortsetzung der bisherigen Arbeits- und Forschungsgebiete im traditionellen Sinne unseres Lehrers Rudolf Lemke. Hätte Werner Knittel dies rechtzeitig erfahren, wäre er sicherlich geblieben.

Zudem war im kommenden Jahr 1958 ein besonderes, säkuläres Ereignis zu erwarten, das 400jährige Bestehen der Friedrich-Schiller-Universität, der alten Saalana, die der Kurfürst Johann Friedrich - nach einem verlorenen Kampf in Gefangenschaft geraten und wieder freigekommen - in einer Kapelle, bei Hummelshain, wo er von seiner Familie empfangen worden war, als höhere Bildungsstätte seinen Untertanen gestiftet hatte.

Aber bereits während der Vorbereitungen war es zu Meinungsverschiedenheiten gekommen, die zu heftigen Auseinandersetzungen führten über die historische Darstellungsweise der „klassenbewußten Strömungen" im Mittelalter, den Aufständen der Bauern in Schwaben und Thüringen unter der Führung Thomas Müntzers, den Beweggründen um die Frankfurter Nationalversammlung unter der schwarz-rot-goldenen Reichsflagge, und nicht zuletzt dem Ringen der Burschenschaften gegen die Privilegien der königlich-feudalen Korps-Verbindungen und schließlich den Werkstudenten der Weimarer Republik, die von dem nationalsozialistisch diktierten Studenten- und Dozentenbund vereinnahmt worden waren.

Nahezu unüberwindbar erschienen die gegensätzlichen Meinungen über die Beurteilung der sich neu entwickelnden sozialistischen Bewußtseinsbildung in den zehn Jahren des Bestehens der Deutschen Demokratischen Republik, des „ersten Arbeiter-und-Bauern-Staates" auf deutschem Boden. Mit der Übernahme der Leitung des Jubiläumskomitees durch den Marxismus-Leninismus-Ideologen der Universität, Professor Mende, wurden die korrigierenden Stimmen einfach ausgeschaltet und die „Richtlinien diktiert". Der amtierende Rektor der Universität, Professor Hämel, hatte in Berlin erfolglos Einspruch erhoben und war in

Ungnade gefallen. So war auch ihm nichts anderes übrig geblieben, als die DDR zu verlassen. Er konnte in Heidelberg die dermatologische Klinik übernehmen, zumal er aus Baden-Württemberg stammte.

Die Nachricht wirkte wie ein Schock auf die Universität und die Stadt Jena. Hämel galt als ein Garant der beispielhaften Korrektheit und Zuverlässigkeit. Seine Forschungsergebnisse über die Lepra waren weltbekannt. Ich kann mich immer noch an den einzigen Fackelzug erinnern, der ihm zu Ehren nach seiner Wahl zum Rektor stattgefunden hatte, den die Universitätsparteileitung unter der Führung des Hartliners Mende nicht verhindern konnte. Es waren allerlei Gerüchte umgelaufen, über Mende und seine Getreuen. Darüber gab es Witze. An einen sehr markanten kann ich mich noch erinnern: „Mensch, sei kein Dämel, mach es wie Hämel, sonst bist du am Ende, allein mit Mende."

Zum neuen Rektor, zum Jubiläumsrektor wurde der Botaniker Professor Schwarz - er war Hämels Vorgänger - wiedergewählt, und als Mitglied der Einheitspartei, dem Staatssekretär und Ministerrat und dem allgewaltigen und allesbeherrschenden Zentralkomitee akzeptabler, als der parteilose Professor Hämel, der offenbar einer der letzten parteilosen Universitätsrektoren der DDR gewesen ist. Schwarz gehörte zum gemäßigten Flügel des Parteikonvents der Universität. Er gehörte nicht zu den bedeutenden Wissenschaftlern seines Fachgebietes, war aber korrekt und aufmerksam, beschwichtigend und sehr beharrlich abwägend, der geeignete Hochschullehrer, um das ins Schlingern geratene Schiff aus der politisch beengten Fahrrinne wieder ins offene Wasser zu steuern. Mende soll sich noch einmal aufgebäumt haben, dann aber in den Hintergrund geraten und später noch mit dem Ästheten der Universität, Professor Brednow, aneinander geraten, danach aber in der Versenkung verschwunden sein.

Der grandiose Festumzug der Hochschullehrer in den farbigen, fakultätstypischen Talaren mit den illustren Rektoren und Gästen aus aller Welt an der Spitze von der Universität durch die Innenstadt zum Festsaal des Volkshauses, des größten Saales in Jena - einem Werk der Carl-Zeiss-Stiftung -, begeisterte nicht nur die Jenenser. Aus vielen Städten und Dörfern, auch aus der Bundesrepublik, kamen die Zuschauer, um das Ereignis zu bewundern.

Im klinischen Labor und in der Hirnforschungsabteilung hatten wir, von den Ereignissen unbeeinflußt, die Arbeiten an den verschiedenen Projekten fortgesetzt, vorzugsweise an der festzulegenden Konstruktion für die neue Rundform der Metallkammer und dem zweiteiligen Gummitubus mit der Feinkonstruktion der Objektträgerflächen, auf die es jetzt besonders ankam. Ich untersuchte an einem frischen Präparat des Pathologischen Instituts mit nativem Material, das mir zur Verfügung gestellt wurde, bei einem multiformen Glioblastom die kleinen, makroskopisch kaum erkennbaren, blumenkohlförmigen Metastasen und stellte fest, daß der Ependymzellbelag teilweise aufgelöst war und in den erneut durch Kernfärbungen bearbeiteten, modifizierten, feulgengefärbten Präparaten feulgenpositive Kernreste zu erkennen waren. Da ich eine Täuschung ausschließen konnte und an benachbarten intakten, mehrkernigen Glioblastomzellen auch zytolytisch veränderte und aufgelöste Zellen mit intrazellulären feulgenpositiven Resten erkannte, vermutete ich eine proteolytische Aktivität, die offensichtlich nur von den Glioblastomzellen ausgegangen sein konnte. Die ausnahmslos sehr ähnlichen Veränderungen an den Glioblastomzellen aus dem Nervenwasser, die ich bereits vor einigen Monaten meinem seinerzeit unter Magenbeschwerden leidenden Chef kurz vor seinem Tod an den Zellen eines metastasierenden Bronchialkarzinoms zeigen konnte, schienen die Vermutung einer proteolytischen, enzymatischen Wirksamkeit zu bestätigen. Sichere zytochemische Nachweise proteolytischer Aktivitäten waren damals noch nicht bekannt. Um so bedeutsamer schienen die Beobachtungen. Da ich keine Möglichkeiten einer erfolgreichen Fortsetzung der Untersuchungen sah, ließ ich die Arbeiten zunächst ruhen. Herr Keuscher aber setzte die Beobachtungen fort. Frau Heinrich meinte, er würde noch eine Enzymfärbung erfinden.

Ich saß in der Hirnforschung am Lumineszensmikroskop, als mich Frau Heinrich zu einem besonderen Präparat rief, einem einmaligen, auch Herrn Keuscher bisher unbekannten Befund. Eine typisch akut meningitische Vermehrung neutrophiler Granulozyten mit einem hohen Anteil ein- und mehrkerniger Riesenzellen. Die älteren Zellen dieser Art schienen vakuolisiert. Deshalb führten wir eine Differenzierung mit Hilfe der PAS-Reaktion durch, zumal in einzelnen Zellen kleine Einschlüsse aufgefallen waren. Die Ergebnisse waren negativ, ebenso die Nachweisversuche einer unspezifischen Esterase. Mit Hilfe der Fluorochromierung konnte auch ich nichts erreichen. Die Symptome einer basalen Meningitis mit einer Stauung am Augenhintergrund hatten sich zurückgebildet. Die Zellvermehrung war verschwunden und mit ihr auch, ebenso spurlos, die Riesenzellen. Ich erinnerte mich, daß Professor Lumsden in Brüssel in einem Vortrag über besondere Verlaufsformen meningitischer Erkrankungen über „gigant cell proliferations" berichtet hatte. Aber mehr konnte auch ich zu dem Rätselraten auf der Station nicht beitragen.

Ein Jahr später war ein Patient mit einer ähnlichen, jedoch erheblich basal akzentuierten subakuten Meningoenzephalitis nach einer langwierigen, mit Penicillin und Sulfonamiden behandelten „Grippe" in die Klinik gekommen. Auch hier blieb eine mehrfache Suche nach den Erregern ergebnislos. Die Proliferation riesenhafter ein- und mehrkerniger, lymphozytenähnlicher Zellen ohne erkennbare Anzeichen einer Bösartigkeit übertraf die Werte der zuvor geschilderten Erkrankung, auch hinsichtlich der gigantozellulären Mitosen ohne Störungen der Mitosephasen. Die Stauungspapille hatte trotz mehrfacher dehydrierender und vielfältiger antibiotischer Maßnahmen zugenommen und zu einer Erblindung des Patienten kurz vor dem Tode geführt.

Die Autopsie ergab eine massive leptomenigeale, proliferative Schwellung besonders im Bereich der Hirnbasis.

Die gesamten Befunde stellte ich Professor Zülch, dem Direktor des Max-Planck-Instituts für Neurologie, zur Beurteilung vor und veröffentlichte die Ergebnisse in einer Abhandlung:

„Über besondere Verlaufsformen der Meningitis. Zur Frage der retothelialen Riesenzellmeningitis", im „Archiv für Psychiatrie und Nervenkrankheiten" nach einem Vortrag über dassel-

be Thema, den ich vor der Gesellschaft der Berliner Nervenärzte auf eine Einladung des Vorsitzenden und Direktors der Nervenklinik der Freien-Universität Berlin, Professor Selbach, hin, gehalten habe.

Wir wunderten uns sehr darüber, daß der Vortrag sogar mit einem Dienstreise-Auftrag von der Friedrich-Schiller-Universität Jena an die Freie-Universität Berlin ohne weiteres genehmigt wurde, andere, vorausgegangene dagegen ebenso ohne weiteres abgelehnt worden waren. Die Erklärung dafür ergab sich aus einem Gespräch nach dem Vortrag.

Zeiss-Jena hatte inzwischen nicht nur das Sedimentierkammer-Patent, sondern auch den Vertrieb der Kammer angemeldet. Und die Export-Import GmbH begann bereits mit der Bedarfserkundung. Professor Selbach stellte mich nämlich einem Vertreter des Exportunternehmens vor. In dem Marketinggespräch ging es um die Verbreitungsmöglichkeit des neuen Gerätes und der neuen Methode. Professor Selbach hatte bereits seinen Oberarzt, Dr. Hippius, zu einem demnächst in Jena stattfindenden Sedimentierkammer-Hospitationskurs angemeldet. Nun wollte der Vertreter wissen, ob auch Ärzte aus dem Ausland teilnehmen würden. Und er war sehr zufrieden, als ich erwähnte, daß sich Teilnehmer aus der Schweiz, Schweden, Holland, der Tschechoslowakei, Polen und Ungarn angemeldet hatten. In der Regel wurden über Vortragsreisen in die Bundesrepublik und ins Ausland vom Staatssekretariat für Hochschulwesen Berichte angefordert. Diesmal fehlte eine Anforderung.

Während der Vorbereitungen für die Monographie *„Cytologie der Cerebrospinalflüssigkeit"*, die mit dem Jenaer Gustav Fischer Verlag vereinbahrt worden war und die auch einiger Ruhe bedurfte, wurde ich von einer Nachricht aus der Medizinischen Akademie Erfurt überrascht. Der amtierende Rektor der Akademie, Professor Schwarz, bat mich, vorübergehend bis zur endgültigen Berufung eines Nachfolgers auf den Lehrstuhl für Neurologie und Psychiatrie Professor Leonhards, der auf den gleichnamigen Lehrstuhl an der Charité in Berlin berufen worden war, die Leitung der Nervenklinik mit dem Lehrstuhl kommissarisch zu übernehmen. Nicht weniger überrascht war Professor Rennert, der offenbar auf ein Gerücht hin mit einer Berufung nach Erfurt gerechnet hatte. Er hatte daraufhin ein paar Tage Urlaub genommen und sich von Oberarzt Werner, der jetzt neben der EEG-Abteilung die psychiatrischen Stationen übernommen hatte, vertreten lassen. Trotz der vielen Aufgaben, die mich an die Klinik banden, an die Familie und an die passable neue Wohnung brachte ich es mit dem Zuspruch meiner Frau nicht fertig, das verlockende Angebot abzulehnen. So versprach ich, zu der erbetenen Besprechung zu erscheinen.

Die Vertretung in der Erfurter Nervenklinik

In der Besprechung des Rektors der Medizinischen Akademie erwähnte Professor Schwarz die Fürsprache des Ordinarius der Inneren Medizin, Professor Sundermann, und äußerte die übereinstimmende Meinung, daß aus dem Kommissariat ein Direktorat und eine Berufung werden könnte. Nach der Besichtigung der Klinik mit dem Oberarzt Dr. Rolf Claus folgte ich der Bitte Professor Sundermanns zu einem kurzen Besuch, um auch die Beweggründe für die Vertretung und die in Aussicht gestellte Berufung zu erfahren. In der Berufungskommission sei eine Stimme, eine sehr einflußreiche, meinte Sundermann, gegen meine Berufung gewesen. Ich konnte es mir denken, wessen Stimme es war, die für die primo loco Nominierung des Berliner Dozenten Dr. med. Dr. rer. nat. Heidrich plädiert hatte. Das letzte Wort darüber sei aber noch nicht gesprochen, ergänzte Sundermann und bat mich um äußerste Diskretion.

Ein besonderes lukratives Angebot bestand in der Bewilligung einer Chef-Sprechstunde auf eigene Rechnung der Patienten mit einer 30prozentigen Abgabe, 20 Prozent an den Fiskus und 10 Prozent an die Akademie. Zwar wußte ich zunächst damit nichts anzufangen. Doch änderte sich die Unbedachtheit sehr schnell. Es war ein großzügiges Angebot mit einer Art Bewährungschance für die Berufung, entweder man bestand sie oder verharrte für immer auf dem Oberarzt-Niveau.

Auf der Heimreise bekam ich Bedenken. Zwar hatte ich durch die Psychologie-Vorlesung meine psychiatrischen Erfahrungen aufstocken und in der Poliklinik auch Praxis-Erfahrung sammeln können. Was mir fehlte, war die Erfahrung mit kinderpsychiatrischen Patienten. Dora machte mir Mut und erinnerte mich an Graf Hugos Bemerkungen über die gediegenen, neurologischen Kenntnisse, die mich dazu befähigen würden, über neurologische Komplikationen hinaus auch neuropsychiatrische Probleme erfolgreich lösen zu können.

Durch Oberarzt Claus, der kurz vor mir mit der Ausbildung in der Nervenklinik unter Lemke begonnen, dann aber wegen unbedeutender Schwierigkeiten und wegen einer bei ihm wohl kaum wegzudenkenden Überheblichkeit nach Erfurt wechselte, erfuhr ich etwas über die politisch-ideologische Prägung des kollegialen und administrativen Klimas an der Akademie. Der Rektor Professor Schwarz, ein alter Sozialdemokrat, nun ein verträgliches Mitglied der Einheitspartei, lenkte die Geschicke der Akademie bedachtsam-fürsorglich, ließ sich aber auch gelegentlich beeinflussen. Seine chirurgischen Leistungen wurden durchaus anerkannt. Ungünstige Einflüsse würden von dem sich selbst überschätzenden ersten Oberarzt ausgehen, der sich auch neurochirurgisch betätigte. Der wenig bekannte aber enorm tüchtige Pathologe versuchte die Neuropathologie zu beeinflussen und war der Vorsitzende der Neuropathologischen Gesellschaft der DDR. Die alles überragende Persönlichkeit in jeglicher Beziehung war der weit über deutsche Grenzen hinaus bekannte Internist, Professor Sundermann, der bereits in Jena einen vortrefflichen Ruf erlangte.

Das Bekenntnis der Nervenklinik zu der führenden Rolle der Arbeiterklasse, noch unter der Leitung Leonhards, bestand in der Präsentation einer „Pawlow-Vorlesung" über die bedingten Reflexe, die der parteilose Oberarzt Claus zu halten sich verpflichtet hatte. Die Parteigruppe, die beispielsweise in der Jenaer Klinik immer noch nicht existierte, bestand aus einem tüchtigen, förderungswürdigen Assistenten und zwei Pflegern. Sie schien, der Meinung des Oberarztes nach, bedeutungslos. Und die Gewerkschaftsgruppe war harmlos. Über die Arbeits- und Leistungssituation der Klinik urteilte Claus: Leonhard hätte mit Emphase seine Angst-Glück-Psychosen-Forschung betrieben und die Klinik sich mehr oder weniger selbst überlassen. Um Renovierungen und Erweiterungen hatte sich die Oberärztin Frau Dr. Aresin mehr gekümmert als ihr Chef. Zu allen Mitarbeitern versuchte ich so weit wie möglich ein gutes Verhältnis zu entwickeln und störende persönliche Bevorzugungen zu vermeiden.

Ich begann die erste Vorlesung nach einer kurzen persönlichen Vorstellung mit der Erläuterung einer systematischen Darstellung über die entzündlichen Erkrankungen der peripheren Nerven, der verschiedenen Formen der Neuritis und Polyneuritis und ihren Ursachen anhand einer Übersicht, die ich vorher an die Tafel geschrieben hatte und die die Studenten eifrig abschrieben. Danach demonstrierte ich an einem Patienten, der sich dazu bereit erklärt hatte, die Erhebung der Vorgeschichte, der Anamnese, und der neurologischen Untersuchungsbefunde, der Motilitäts-, Kraft- und Tonusverhältnisse mit den Paresen, der Bewegungsschwäche, den abgeschwächten und teilweise erloschenen Reflexen, den Gefühlsstörungen an den Beinen und einem Arm und den gestörten Halte- und Zeigeversuchen. Mit den Störungen begründete ich die Notwendigkeit einer Liquor-, einer Nervenwasserpunktion im Bereich der unteren Lendenwirbelsäule, die ich am Patienten anzeigte und mit einer Skizze an der Tafel erklärte. Dabei kam ich auch auf ein erhebliches Punktionshindernis zu sprechen, beispielsweise bei einer Baastrup'schen Anomalie der Dornfortsätze, die ich mit Hilfe einer Röntgenaufnahme und einer Skizze an der Tafel erläuterte, und erklärte, wie das Hindernis umgangen werden könnte.

Nach der Vorlesung meldete sich der Sprecher der Studenten und bat, ob ich eine Nervenwasserpunktion mit allem was dazu gehört, nach Möglichkeit auch mit einem Hindernis im Hörsaal demonstrieren würde. Einer Demonstration im Hörsaal konnte ich nicht zustimmen, versprach aber eine Vorführung in den Funktionszimmern der Stationen, zu einem bestimmten Termin, der rechtzeitig bekanntgegeben würde. Zwei Patienten erklärten sich dazu bereit, zumal bei beiden eine Punktion erforderlich war. In zwei Gruppen sahen die Studenten eine normale Punktion ohne eine vorausgegangene Lokalanästhesie und eine Lateralpunktion, seitlich der Dornfortsätze nach einer Röntgenaufnahme und einer dementsprechenden Markierung am Patienten und einer vorausgegangenen kleinen Lokalanästhesie. Die Studenten waren beeindruckt. Mit einem stehenden Applaus im Hörsaal zu Beginn der nächsten Vorlesung bedankten sie sich für die Punktions-Demonstration. Einen derartigen Applaus habe ich in Jena, auch während meines Studiums, noch nicht erlebt. Eine 17jährige Schülerin, die in Begleitung ihres Vaters in der Sprechstunde erschienen war - die Mutter war durch einen Unfall ums Leben gekommen - klagte über zeitweilige Unruhe- und Angstzustände, die mitunter so heftig seien, daß sie nicht wüßte, was sie tun solle. Im Schlaf wache sie durch wirre Träume auf und könne nicht wieder einschlafen, dabei bekomme sie dann auch Kopfschmerzen. In der Schule hatten ihre Leistungen nachgelassen, dabei hatte sie im letzten Schuljahr zu den Besten gehört. Bei der Betrachtung der attraktiv-reizvollen Patientin und der Art und Weise der Besorgnis des Vaters um seine Tochter mit den Bemerkungen, daß sie nach ihrer Mutter komme, die auch mit Angstzuständen zu tun hatte, manchmal auch über Kopfschmerzen klagte, aber ohne ärztliche Behandlung immer noch zurecht gekommen war, während bei der Tochter die Angst jetzt zu Erregungszuständen führte. Beim letztenmal hat sie mich geschlagen, berichtete der Vater. Dadurch kam ich auf die Vermutung möglicher, inzestartiger Beziehungen zwischen Vater und Tochter. Die Tochter wollte über die Ferien zu ihrer Tante, der einzigen Schwester ihrer Mutter, die sie sehr gern hatte. Da die Untersuchung keine Auffälligkeiten ergab, verordnete ich lediglich gelinde Beruhigungsmittel und bestellte die Patienten nach den Ferien zu einer Kontrolle wieder.

Nach den Ferien war die Patientin prompt, diesmal ohne ihren Vater, wieder erschienen und berichtete, daß sie die Melival-Tropfen eingenommen, bei der Tante aber nicht mehr benötigt hatte. Glückstrahlend erwähnte sie, sich mit ihrem Freund, den sie beim letztenmal kennengelernt hatte, verlobt zu haben. Damit schien das Problem der Angst- und Erregungszustände gelöst.

Ein früherer Patient von Professor Leonhard, der wegen einer Rückenmarkerkrankung erfolgreich behandelt worden war, hatte sich zu einer Untersuchung angemeldet. Die Sekretärin, die ihn gut kannte, meinte, der will von ihnen punktiert werden. Professor Leonhard habe es mehrmals versucht, es aber nicht geschafft. Der wird von Ihren Wunderpunktionen gehört haben, über die nicht nur die Studenten sprechen. Ich habe es kürzlich von einer Bekannten gehört, die danach fragte. Frau Melzer sollte recht behalten. „Ich bin geheilt", sagte der Patient gleich nach der Begrüßung, „aber ich möchte wissen, was mit meinem Nervenwasser ist. Vielleicht habe ich keines mehr, weil es mir jetzt schlechter geht. Ich habe wieder so ein Schwächegefühl in den Beinen. Sie müssen mir sagen, was das zu bedeuten hat." Ich verglich die Untersuchungsbefunde mit den letzten Eintragungen, die Leonhard vermerkt hatte, und konnte keine Unterschiede feststellen. Der Patient ließ sich weder beschwichtigen, noch ablenken. Er beharrte einfach auf seiner Forderung nach einer Punktion. Ich werde bald wiederkommen, betonte er. Und bei der Entrichtung des Honorars sagte er zu Frau Melzer lachend: „Was, so billig ist Ihr neuer Chef? Warten Sie, als Professor wird er das Dreifache verlangen. Sie werden es erleben!"

Professor Sundermann bat um ein Konsil. Bei der Gelegenheit kamen wir auf den Patienten mit der erheblichen Spondylose zu sprechen, den er wegen einer Hepatitis stationär behandelt hatte, und der Sundermann händeringend gebeten hatte, mich zu der Punktion zu bewegen. „Ich habe ihm auch noch einen Brief an Sie mitgeben müssen. Er wird bei Ihnen wieder erscheinen." Leonhard kann nicht punktieren, er ist ein ausgesprochener Psychiater, meinte Sundermann, und bat mich bei einer seiner Patientinnen mit einer Biermerschen Anämie und Funikulären Myelose und einer Spondylose, bei der der Stationsarzt es vergeblich versucht hatte zu punktieren.

Wie erwartet, war der Problempatient wieder erschienen und reichte mir Sundermanns Brief. Die Röntgenaufnahmen der Lendenwirbelsäule im 15- und 45-Grad-Winkel für die Suche nach einem Punktionsweg ließen wenig Hoffnung erkennen. Eine geringe Chance schien ein schmaler Spalt bei 45 Grad zwischen dem zweiten und dritten Lendenwirbel auf der linken Seite zu bieten. Aber die Gefahr, daß ich dabei eine Nervenwurzel oder gar das Rückenmark verletzte, sei zu groß, erklärte ich dem Patienten. Ich bat ihn um eine Unterschriftsleistung über die Aufklärung und sein ausdrückliches Bestehenbleiben auf der Punktion. In der Überzeugung eines schier unlösbaren Problems hatte ich auch meine Dattnernadel mitgebracht. Das war mein Glück! Die

Punktion gelang, und ich zeigte ihm das klare Nervenwasser im Reagenzglas. Außer sich vor Rührung, erfaßte er meine beiden Hände und flüsterte inbrünstig: „Gott segne Sie und Ihre Arbeit." Auch ich war gerührt, nicht zuletzt über den Scheck, den er mir in einem Umschlag in die Kitteltasche gesteckt hatte.

Die Frequenz der Sprechstunde und auch der Konsile waren so angestiegen, daß ich die Sekretärin um eine Reduzierung bitten mußte. Die Überweisungen Professor Sundermanns konnten wir allerdings nicht reduzieren. Aber auch Dr. Schmuttermayr, Erfurts beliebtester Nervenarzt, und Dr. Witzlep aus Eisenach hatten um Hilfe gebeten, die ich schlechthin verringern konnte.

Jeweils am späten Freitagabend packte ich mein neues Köfferchen und fuhr zurück nach Jena, um am Samstagvormittag in der Klinik den Neurologischen Untersuchungskurs abzuhalten und das Wochenprogramm in den Laboratorien zu besprechen. Der Nachmittag blieb für meine persönlichen Forschungsarbeiten übrig und die Erledigungen am Schreibtisch. Den Sonntagvormittag mußte ich auch oft gemeinsam mit Herrn Keuscher verbringen. Für die Familie blieb meist nur der Sonntagnachmittag übrig. Am Sonntagabend ging es mit dem Köfferchen wieder nach Erfurt. Dora fragte, was ich wohl mit der Freizeit in Erfurt täte. Ich antwortete darauf, daß diese Frage der Stand unseres Sparkontos besser beantworten könnte. Am Montagabend rief sie mich an und teilte mir ihre Überraschung mit.

Eines Samstags, als ich etwas verspätet mit dem Neurologischen Kurs in Jena begonnen und versäumt hatte, mich bei der Chefsekretärin Frau Gottfried zu melden, um auch meine Post abzuholen, erschien Professor Rennert mit einem Eilbrief aus dem Institut für Zellphysiologie von Professor Otto Warburg persönlich. Freilich nicht ohne Grund, das Interesse war zu groß, als daß er einfach darüber hinwegsehen konnte. Warburg dankte für den Sonderdruck über die *Fortschritte der Liquorzytologie bei der Diagnostik bösartiger Hirngeschwülste* und fragte, ob ich mit den Enzymuntersuchungen vorangekommen sei und ob die sehr interessante und erfolgreiche Sedimentkammer so etwas wie einen Abflußstopp über vier bis sechs Tage vertragen könnte, da er sie für bestimmte Stoffwechseluntersuchungen in den sedimentierten Kulturzellen verwenden wollte. Rennert muß meine Überraschung bemerkt haben. Er las den Brief und prophezeite: „Eines Tages wird Ihre Kammer noch ganz berühmt werden!" Es war tatsächlich eine Überraschung, denn an eine Kultivationssedimentation hatte ich noch nicht gedacht.

Ich lief ins Labor, um Herrn Keuscher noch vor dem Mittagessen zu erreichen. Auch Herr Keuscher schien meine Überraschung zu bemerken. „Na", meinte er, „Sie haben wohl schon wieder etwas Neues, aber aus Erfurt, das kann doch nicht sein!" „Ist es auch nicht", sagte ich, „sondern aus Berlin!" Ich zeigte ihm den Brief. „Ist das der Warburg mit dem Atmungsferment?" fragte er, von dem Nobelpreisträger; das war eine Aufregung damals als ich bei Professor Spielmeyer in München war. Er schüttelte mit dem Kopf, ist das möglich, meinte er. Aber dafür müssen wir jetzt gleich wieder an die Arbeit. Er strahlte und sagte, nichts lieber als das. Er erbat sich aber den Brief, um ihn seiner Frau zu zeigen, damit sie endlich verstünde, was unsere Arbeit wert ist.

Von den Versuchen um die Überlebenszeiten der Zellen des Nervenwassers unter verschiedenen Bedingungen und den Prüfungen der Fließpapierchargen für unsere Zwecke wußte ich, daß die Fließpapierkapillarität, also der Abfluß der Flüssigkeit durch einen Maximaldruck und ein luftdichtes Abschließen der Sedimentkammer, gestoppt werden könnte.

Am Nachmittag begannen wir die Stopp-Versuche mit den neuen Sedimentierkammern. Ein luftdichter Abschluß der Kammer mit einem Druck von 5 kp auf den Gummitubus und durch die Druckflächen auf die Kapillaraszension nach der Formel: ($F_k < F_a \sqrt{2}$) benetzender Flüssigkeiten, auf das Fließpapiers übertragen, führte zu einem Abflußstopp in dem auf dem Objektträger liegenden Fließpapierstreifen, der über vier Stunden anhielt. Der orientierende Versuch genügte zunächst, um das Ergebnis zu überprüfen und einen Langzeit-Stopp-Versuch vorzubereiten. Nach der Öffnung der Sedimentierkammer und der Reduzierung des Drucks kam der Abfluß der Flüssigkeit auf dem aus der Kammer herausragenden Fließpapierstreifen sichtbar zum Vorschein. Die Abflußwerte entsprachen meinen Vorstellungen und Berechnungen. Und auch die mikroskopische Kontrolle des Fließpapierstreifens war zufriedenstellend. Schäden an den Fasern durch den über vier Stunden anhaltenden Druck konnten wir nicht erkennen. Der Langzeitversuch konnte gestartet werden. Mir war aber noch rechtzeitig eingefallen, daß Warburg die Versuche sicherlich unter den Bedingungen einer Brutschranktemperatur durchführen würde. Also mußten wir den Vorversuch unter den genannten Bedingungen wiederholen. Das Fließpapier könnte Schwierigkeiten machen, war mir noch eingefallen. Deshalb schlug Keuscher vor, zwei Proben zu starten, eine mit regulärer Zeit bei Zimmertemperatur und eine mit 24 Stunden im Brutschrank gehaltenem Fließpapier, um die Unterschiede festzustellen. Am Sonntagmorgen waren wir um 8 Uhr im Labor. Um 12 Uhr konnten wir an beiden Kammern, der Kammer im Brutschrank und der auf dem Labortisch, keinerlei Störungen bemerken.

Während einer Sitzung in der Erfurter Akademie rief Keuscher aus Jena an. Er klagte über einen um das Doppelte beschleunigten Abfluß in der Brutschrank-Sedimentierkammer, und das bei einer Verringerung des Druckes von 5 auf 3 kp. Ein enttäuschendes Ergebnis. Die Kammer auf dem Labortisch hatte sich normal verhalten. Da wird Professor Warburg wohl mit der Kammer nichts anfangen können, meinte er und wollte noch einen Versuch mit einem nicht im Brutschrank aufbewahrten Fließpapier machen. Am nächsten Wochenende schickten wir die beiden Sedimentierkammern mit den Prüfungsergebnissen und der Gebrauchsanweisung nach Berlin.

Professor Warburg rief danach an, er hätte mit Professor Rennert gesprochen und für die Kammern gedankt und auch mit Herrn Keuscher verhandelt, ob er die Kammer auch 6 und 8 Tage belasten könne. Keuscher antwortete, daß sie das wohl nicht aushalten werden. Kurz darauf rief Warburg in Erfurt an. Ich war gerade bei Sundermann zu einer Besprechung, als die Sekretärin uns mit dem Gespräch eines Professor Warburg aus West-Berlin unterbrach. Sundermann war erstaunt darüber, daß es der Nobelpreisträger Warburg war, und ich erläuterte ihm den Zusammenhang. Warburg bedankte sich für die Kammern und teilte mit, daß sich ein Professor Wilder aus New York um ein neues Ribonuklease-Test-Set eines Biochemical-Center in Rochester bemühen und an meine Adresse schicken würde und wünschte mir die besten Erfolge damit. Diese erfreuliche Nachricht teilte ich gerade Herrn Keuscher mit.

Professor Rennert schien seit Warburgs Anruf aus Westberlin wie ausgewechselt, aufmerksam freundlich, zuvorkommend hilfsbereit, was wir früher bei ihm vermißt hatten. Er bat mich sogar, meine Frau zu grüßen. Das hatte er noch nie getan. Was so ein Nobelpreisträgergespräch alles bewirken kann, dachte ich, hatte aber weit gefehlt. Den Grund erfuhr ich etwas später, während eines Konsils in der Jenaer Chirurgischen Klinik von Professor Kuntzen, dem Vorsitzenden der Berufungskommission der Jenaer Medizinischen Fakultät. Rennert hatte eine ehrenvolle Berufung auf den neuropsychiatrischen Lehrstuhl der Universität Halle zu erwarten. Von ihm erfuhr ich auch eine Bestätigung des Gerüchts, daß Professor Graf Hugo von Keyserlingk von Magdeburg nach Jena zurückkehren und zum 1. September 1958, als Lemkes Nachfolger, den Lehrstuhl und die Klinik übernehmen würde. In Berlin schien man sich an die festgelegten, administrativen Richtlinien zu halten.

In der Erfurter Nervenklinik nahm Oberarzt Claus am Wochenende eine 17jährige Schülerin mit einer Lähmung beider Beine und des rechten Armes, einer Gesichtslähmung der rechten Seite und zunehmenden Nacken-Kopfschmerzen nach einem Ausflug in den Thüringer Wald auf und hatte sie lumbalpunktiert. Der Liquor enthielt erhöhte Gesamteiweißwerte mit einer Vermehrung der Globuline und einer Zellvermehrung, die aus auffälligen Lymphozyten, Monozyten, vereinzelten Granulozyten und auch ganz vereinzelten Plasmazellen bestand, die er selbst erkannt, und die ihn zu einer Penicillinbehandlung veranlaßt hatten. Nach 14 Tagen war die Eiweißerhöhung nur gering vermindert, aber die Zellvermehrung deutlich verringert. Plasmazellen konnten nicht mehr gefunden werden. Das Zellsediment wurde in einer alten Sedimentierkammer gewonnen, die im Jenaer Labor ausrangiert worden war. Die Lähmungen und Nackenkopfschmerzen waren verschwunden. Nach vier Wochen konnte die Patientin beschwerdefrei entlassen werden. Oberarzt Claus schloß aus den Befunden und der erfolgreichen Behandlung, daß es eine der ersten, erfolgreich behandelten Borreliose-Polyneuritis gewesen sein könnte, einer durch Zeckenbiß übertragenen Erkrankung, die zehn Jahre später, nachdem Professor Heidrich die Klinik übernommen hatte, im Mittelpunkt eines Forschungsprojektes stand.

Der Nervenarzt Dr. Schmuttermayr überwies die 19jährige Tochter eines Kollegen, die er ein Jahr zuvor wegen zunehmender Lähmungserscheinungen im linken Arm und Bein erfolgreich behandelt hatte und die jetzt wieder in den linken Gliedmaßen und auch im rechten Arm in Verbindung mit Mißempfindungen in der rechten Gesichtsseite aufgetreten waren. Eine Behandlung mit B-Vitaminen war erfolglos geblieben. Er vermutete eine Multiple Sklerose. Die von Schmuttermayr gefundenen neurologischen Abweichungen in Form gesteigerter Muskeleigenreflexe, nicht auslösbarer Bauchhautreflexe, Pyramidenbahnzeichen und einem Endstellnystagmus konnte ich bestätigen. Ich nahm die Patientin auf, punktierte sie lumbal und fand im Nervenwasser neben einer Vermehrung der Globuline - eine Elektrophoreseapparatur, die Dr. Schmidt in Jena inzwischen zusammengebaut hatte, besaßen wir in Erfurt noch nicht - im Zellpräparat einer neuen Sedimentkammer „gereizte" Lymphozyten - so hatten wir sie damals genannt - und vereinzelte plasmozytäre Zellen, die den Verdacht einer Multiplen Sklerose bestätigten. Da zuvor eine Penicillinbehandlung Dr. Schmuttermayrs erfolglos geblieben war, fand ich eine Wiederholung sinnlos und beriet mit dem Vater eine Cortison-Therapie, die Anfang des Jahres in einem Symposion in Mailand diskutiert und inzwischen auch schon in Stockholm und Göteborg angewandt worden war. Dem Vater gelang es, ein Cortisonpräparat von Schering zu beschaffen, das ich in Form einer Kur mit an- und wieder absteigender

Dosierung injiziert hatte, ohne einen Rückgang der Lähmungssymptome zu erkennen. Doch mit zunehmender Mobilisierungsbehandlung schwanden allmählich die Lähmungen.

Ein halbes Jahr später war die Patientin in Jena zu einer Nachuntersuchung erschienen. Die Muskeleigenreflexe waren noch gesteigert. Der Erlusch der Bauchhautreflexe war unverändert. Aber die Pyramidenzeichen konnte ich nicht mehr auslösen. Die Patientin fühlte sich beschwerdenfrei. Ihr Verlobter konnte es bestätigen. Den Grund seiner Anwesenheit hatte ich erraten. Sie betraf die geplante Heirat und den Kinderwunsch. Beidem habe ich im Beisein des Vaters nicht widersprochen. Nachteile seien nicht zu erwarten. Ich erwähnte, daß bislang nachteilige Wirkungen von Schwangerschaften bei Patienten nach dem ersten Erkrankungsschub in nennenswertem Maß nicht bekannt wären und hier das Abklingen der enzephalomyelitischen Symptome, damit hatte ich mich an den Vater gewandt, als ein günstiges Zeichen zu betrachten ist. Schließlich fragte der Vater, ob ich das Behandlungsergebnis schon veröffentlicht hätte. Ich verneinte, weil die Zahl der cortisonbehandelten Patienten noch zu gering war.

Davor war die Einladung Professor Vogts aus dem Neustädter Hirnforschungsinstitut zu dem verabredeten zytochemischen Colloquium eingetroffen. Die Genehmigung aus Berlin wurde telegraphisch erteilt, eine Aufforderung zur Berichterstattung fehlte. Dr. Friede, ein Zytopathologe aus dem Neuropathologischen Institut Professor Hasslers in Freiburg, einem der ältesten und erfolgreichsten Schüler Oskar Vogts, berichtete über Ergebnisse seiner Kohlenhydrat-Enzym Untersuchungen an Hirnbiopsien alter und junger Patienten aus der Freiburger Neurochirurgischen Klinik des Professor Riechert.

In eindrucksvollen Abbildungen erläuterte er die Unterschiede der Ergebnisse der Enzymreaktionen zwischen alten und jungen Patienten und vertrat die Meinung, daß der Glukosestoffwechsel in den Nervenzellen des alternden Gehirns offensichtlich auf eine Kohlenhydrat-Verwertungsstörung zurückzuführen sei. Die Diskussion über die Verwertungsstörung war sehr lebhaft. Vogt war aber mit seiner Meinung sehr zurückhaltend.

In meinem Bericht über eine Vermutung proteolytischer Befunde bei metastasierenden Hirngeschwülsten war ich von den Zellbefunden im Liquor nicht- metastasierender Hirngeschwülste ausgegangen und hatte Glioblastom-, Astroblastom- und Medulloblastomzellen gezeigt, die keine Destruktionszeichen an den lichtmikroskopischen Eiweißstrukturen erkennen ließen. Im Gegensatz zu den an den intakten Auskleidungszellen der Hirnkammern, den Ependymzellen, und den Auskleidungszellen des Subarachnoidalraums der Hirnoberfläche, den Endothelzellen zeigte und erläuterte ich an metastasierten, also angewachsenen und gewucherten Tumorzellen eines Bronchialkarzinom Schäden der Nukleinsäurestrukturen der Zellkerne und dementsprechend, eigentümlicherweise auch in den Ependymzellen, an denen Tumorzellen angewachsen und blumenkohlartig gewuchert waren, ein sozusagen. zweiseitiges Krebsgeschehen - bösartiges Wachstum einerseits und bösartige Zerstörung andererseits.

Da die proteolytischen Anzeichen der Metastasierungen, die über den inneren oder äußeren Liquorraum erfolgt waren, besonders ausgeprägt schienen, schloß ich auf eine von dem wäßrigen, nährstoffarmen Nervenwasser ausgehende, über die Lysosomem rezeptierte Steigerung der Malignität, der Bösartigkeit. Als Beweis für ein enorm erhöhtes Wachstum zeigte ich die erheblich gesteigerten Mitoseraten, mit den Mitosestörungen und Entgleisungen in den frühen Phasen, den tri- und quadripolaren Formstörungen.

Oskar Vogt brachte seine Bewunderung über die prächtigen Zellaufnahmen zum Ausdruck, in deren Gegenwart er sich nur ungern an die Zentrifugenzellbilder seines Berliner Instituts erinnerte, in denen man nur selten einzelne Zellen erkennen konnte. „Woran liegt es, daß die Zellen so gut dargestellt sind?" fragte er. Ich erklärte, daß es die gravitationelle Sedimentation sei, die durch die Kapillarität, die Saugkraft des Fließpapiers, die Zellen sehr behutsam auf den Objektträger sedimentiere, so daß sie nicht wie in der Zentrifuge heruntergerissen und im Spitzglas durcheinandergerüttelt, mit einer Pipette aufgesogen und dann auf dem Objektträger durch Rühren ausgebreitet werden müssen. Ein Pathologe wollte wissen, auf welche Weise ich auf die technische Umsetzung der Idee einer beschleunigten Spontansedimentation direkt auf dem Objektträger gekommen sei. Durch die Pathologen, erklärte ich, die uns unsere erheblichen und sogar schwerwiegenden zytodiagnostischen Fehler so lange vorgeworfen haben, bis meinem Chef vor Erregung der Kragen geplatzt war und dann ein langer Weg über viele, viele Versuche schließlich doch zum Erfolg geführt hatte. Alle diese Versuche zu erörtern, würde heute zu weit führen und den Zeitplan überfordern.

Ein Gast, dessen Namen ich vergessen habe, fragte nach den mathematisch-statistischen Werten der besonders verdächtigen und der weniger verdächtigen und der Zellen, die einen normalen Eindruck machten. Ich zeigte vier Tabellen, betonte aber, daß die Zellen, lediglich einen beschränkten Wert hätten, also des einzelnen Zellbildes, weil der Zellverlust durch den horizontalen Abfluß auch Zellen beträfe, die auf dem Objektträger nicht oder weniger gut hafteten. Das ist ein bedauerlicher Nachteil der Methode. 30 bis 50 Prozent der Zellen können durch den Abfluß und damit der statistischen Wertung verloren gehen. Dr. Sanides fragte, ob es auch klinische Anzeichen und Symptome gäbe, aus denen auf eine Metastasierung über den Liquorraum geschlossen werden könne. Ein relativ sicheres Symptom ist das Ebert'sche Polyneuropathie-Symptom. Der Pathologe Ebert entdeckte es bei der Sektion eines Magenkarzinoms. Der Patient litt vor dem Tod unter einer Lähmung beider Beine.

Professor Vogt nahm mich in sein Kabinett mit und bedauerte, daß die beiden Vorträge ihn sehr angestrengt und an den Mangel seiner biochemischen Kenntnisse erinnert hätten. Dazu passend, zeigte ich ihm den letzten Brief Otto Warburgs, den er sogleich und aufmerksam las. Mit der Erinnerung an Warburg schien er lebhafter zu werden und äußerte, daß ich froh darüber sein könnte, wenn Warburg sich der Sache annehmen und helfen würde. Vogt sagte über Warburg: „Er war der erfolgreichere mit seiner Cytochromoxydase damals in Berlin und gründete das Institut für Zellbiologie, das die Kaiser-Wilhelm-Gesellschaft schon vor der Verleihung des Nobelpreises übernommen hatte. Ein Glück, das mir viel später zuteil geworden war; es war eine große Zeit. Ich hatte die Idee, die neuroanatomischen Voraussetzungen der elitären Gehirne zu erforschen, und mir damit viel Mühe gemacht. Aber nach den Veröffentlichungen von Scharrer und Bargmann über die Neurosekretion, die ich zunächst bezweifelt hatte, wurde mir ganz allmählich bewußt, daß ich nun nicht mehr mit konnte. Sie haben das große Glück, in diese Zeit hineingeraten zu sein." Wieder sichtlich ermüdet, fragte er, ob ich in der klinischen Forschung oder lieber in der Hirnforschung bleiben möchte. Ich mußte ehrlich gestehen, daß ich mir darüber bis jetzt noch keine Gedanken gemacht hatte.

Da es schon sehr spät war, traute ich mich nicht, ihn nun noch nach den Untersuchungsergebnissen des Leninschen Gehirns, zumal nach den Ergebnissen der Berliner-Blau-Reaktion in den Schnittpräparaten, zu fragen. Beim Abschied erinnerte er mich noch einmal an die Einladung meiner Familie zu einem Besuch im Sommer, so daß wir dann Gelegenheit hätten, noch einiges zu besprechen. Am nächsten Tag mußte ich wieder in Erfurt sein.

Anläßlich einer Fachtagung lud Dozent Dr. Bauer zu einem Colloquium über neue Ergebnisse der klinischen Nervenwasserforschung ein. Der bedeutendste Teilnehmer war der erste deutsche Neurochemiker Professor Dr. rer. nat. Dr. med. Günter Quadbeck, der 1953/54 die antikonvulsive (antiepileptische) Wirkung des Chlorphenyl-methyl-Hydantoins erforscht und die Analysen der Blut/Hirn- Schrankenstörungen vorangebracht hatte, indem er bei der Gehirnarteriosklerose eine Verminderung der Glukoseverwertung entdeckte. Dafür war er mit dem Max-Bürger-Preis geehrt worden. Da er 1952 einen leistungsfähigen Ketongenerator entwickelt hatte, hegte er ein Faible für die Konstruktion der Sedimentierkammer. So wurden wir miteinander rasch bekannt, auch im Austausch unserer Sorgen und einem wachsenden Verständnis füreinander. 1965 war Günter Quadbeck auf den ersten in der Bundesrepublik gegründeten deutschen Lehrstuhl für Pathochemie und allgemeine Neurochemie an der Heidelberger Universität, nachdem er kurz davor an der Universitätsnervenklinik in Homburg eine Neurochemische Abteilung gegründet hatte, berufen worden.

Die Colloquium-Berichte und Diskussionen betrafen die inzwischen für die klinische Diagnostik der subakuten enzephalitischen Erkrankungen und der Multiplen Sklerose an Bedeutung gewonnenen Immunglobuline, die mit der Immunelektrophorese verhältnismäßig sicher nachgewiesen werden konnten. Bauer, Frick, Delank und Habeck hatten darüber ausführlich berichtet. Die Zytodiagnostik betreffend, hatte ich über ungewöhnliche Zellbefunde bei abartig verlaufenden meningitischen Erkrankungen und Metastasen von Glioblastomen, Medulloblastomen und Organgeschwülsten referiert. Diesmal wurde nachträglich vom Staatssekretariat in Berlin ein Bericht angefordert.

Mit den Ergebnissen meiner Bemühungen an der Erfurter Medizinischen Akademie war man offensichtlich sehr zufrieden. Im Anschluß an ein Konzil lud der Rektor zu einer Besprechung ein. Den Grund hatte ich bereits von Sundermann erfahren. Rektor Schwarz hatte vor, mich mit einem Gesuch an das Staatssekretariat nach Berlin zu schicken, mit der Bitte, die geplante Berufung zu ändern, da man sich nun doch für mein Dableiben entschieden hatte, weil man von mir nun wisse, mit wem man es zu tun habe, hieß es in einer entscheidenden Stellungnahme. Schwarz eröffnete mir, er habe in seinem Schreiben meine besonderen Leistungen und meine Beliebtheit bei den Studenten hervorgehoben, und erklärt,daß die Akademie mein Dableiben als einen nicht hoch genug einzuschätzenden Gewinn betrachte. Es blieb mir nichts anderes übrig, als mich zu der Mission bereit zu erklären, obwohl ich von Graf Hugo erfuhr, daß die Berufung Heidrichs, eines Dozenten der Berliner Nervenklinik, aus ganz anderen Gründen bereits feststand.

Zu Hause in Jena war Dora über die Botschaft hocherfreut. Sie hatte sogar davon geträumt. Für Erfurt hatte sie schon früher immer geschwärmt. An meiner Beliebtheit zweifelte sie, nach dem Stand unseres Kontos zu urteilen, nicht mehr. Die Kinder dagegen sträubten sich heftig, weil sie den Kinderhof der Okenstraße, in dem Dora die hilfsärztliche Betreuung übernommen hatte, nicht um alles in der Welt verlassen wollten. Ich mußte ihnen versprechen, daß wir hier bleiben würden. Dora hatte ich die unbekannten Berliner Gründe erörtert und ihr geraten, die Hoffnungen aufzugeben.

Dennoch klopfte ich an die Tür des Staatsekretariats. Dr. Schüler, der Leiter der Abteilung Medizinischer Fakultäten, den der Rektor Schwarz bereits von meinem Erscheinen mit dem Gesuch informiert hatte, eröffnete mir unverblümt, daß der nun einmal nach langwierigen und schwierigen Diskussionen gefaßte Beschluß nicht mehr rückgängig gemacht werden könne. Und dabei sei auch der ursprüngliche Wunsch der Akademie berücksichtigt worden. Er sprach über meine Leistungen, die aus Studentenberichten bis nach Berlin gelangt seien, und wußte auch von einigen Erfurter Professoren, die mein Dableiben wünschten, wurde dann aber plötzlich zu einem dringenden Gespräch beordert, und bat mich zu warten. Die Sekretärin meinte, daß es sehr lange dauern würde. Wenn ich etwas in Berlin zu erledigen hätte, könnte ich die Zeit nutzen und in zwei Stunden wiederkommen. In der Charité hatte ich auch etwas über die besonderen Gründe erfahren, nämlich die dringliche, festgelegte Nachfolge für den Dozenten Heidrich.

Dr. Schüler war immer noch in der Sitzung, erschien aber plötzlich und erörterte, auch über meine Angelegenheit gesprochen zu haben. Der Beschluß sei unabänderlich, es müsse dabei bleiben. Dozent Dr. Heidrich sei über seine Berufung zum 1. September bereits benachrichtigt, sagte Dr. Schüler. Ich sah den Brief des Erfurter Rektors ungeöffnet auf dem Schreibtisch liegen.

Der Rektor Schwarz in der Akademie tat zwar sehr verwundert und bedauerte die erfolglosen Bemühungen. Es waren da doch andere Gründe im Spiel, das hätte er nicht geahnt, meinte er. Ein echtes Bedauern fand ich unter den Mitarbeitern der Klinik, auch den Schwestern und Pflegern. Ein alter Pfleger, der sich in den Ruhestand verabschiedete, meinte, seinen letzten Chef würde er nicht vergessen. Ich erinnerte mich, ihm einmal beim Tragen eines Wäschekorbes geholfen zu haben.

Es waren die letzten Arbeitstage in Erfurt. Am späten Abend bummelte ich zum Abschied durch die imposante alte thüringische Hauptstadt, die einmal eine Regierungsstadt war und auch noch eine Regierungsstraße hatte und ein altes Regierungsgebäude. Den erhabenen Dom mit dem schicksalsbeladenen Marienbildnis, dem Domplatz und den Domstufen konnte ich immer wieder bewundern und die merkwürdige Krämerbrücke, das Rathaus mit dem Roland davor und das sehenswürdige Gildehaus, die Erfurter Kirchen und Klöster, mit dem Kloster Martin Luthers und den letzten Resten der schon 1393 gegründeten Universität, in der die ersten deutschen Humanisten lehrten. Zwischen den herzoglichen Residenzstädten Gotha und Weimar hatte der Fleiß und die Strebsamkeit der Thüringer Waidbauern der Stadt mit einem weitreichenden Handel zu einem beachtlichen Wohlstand verholfen.

In Jena habilitierte Dr. Ehrig Lange mit einem Thema über die Beziehungen zwischen Hypakusis und Psyche, psychischen Störungen bei Hörgeschädigten und bewarb sich mit Erfolg um die frei gewordene Leitung des thüringischen Landeskrankenhauses für Psychiatrie und Neurologie in Pfafferode. Mit allerbesten Wünschen wurde er von uns verabschiedet.

Danach war Graf Hugo von Keyserlingk von der Medizinischen Akademie Magdeburg nach Jena zurückgekehrt. Er war sehr froh darüber, Magdeburg mit einem gefürchteten, fest auf dem Boden der marxistisch-leninistischen Ideologie stehenden Prorektor verlassen und an die Klinik seines ersten Lehrers, Hans Berger, zurückkehren zu können. Er war auch damit einverstanden, daß ich unter seinem Direktorat die Leitung der Neurologischen Abteilung und Hirnforschungsabteilung übernehmen sollte. Darüber hatte mich der Dekan Professor Helmut Kleinsorge informiert und zu einem Gespräch bestellt. Er eröffnete mir, daß das Staatssekretariat in Berlin unter Rücksichtnahme auf die Beurteilung Professor Vogts aus dem Hirnforschungsinstitut beabsichtige, die an der Nervenklinik zu entwickelnde Hirnforschungsabteilung mit einem Lehrstuhl für Neurologie zu verbinden. Der erste Schritt dafür sei, die Neurologische Abteilung mit der Hirnforschung unter der Schirmherrschaft Professor von Keyserlingk zu verselbständigen und mir die Leitung der Abteilung mit Wirkung vom 1. Januar 1959 zu übertragen und dafür ein Monatsgehalt mit einer Amtsvergütung von monatlich zweitausendvierhundert Mark zu gewähren. Er gratulierte mir dazu und wünschte mir für die sehr verantwortungsvollen Aufgaben viel Erfolg. Er erwähnte auch, daß über den Parteiaustritt mit der Streichung von der Liste für die Anwartschaft auf eine wissenschaftliche Laufbahn Gras gewachsen sei. Ich könnte mir aber überlegen, ob ich aus freien Stücken wieder Mitglied der Einheitspartei werden wolle. Ich war Kleinsorge gegenüber ehrlich und habe eine derartige Absicht verneint.

Die Neurologische Abteilung und das Hirnforschungs-Laboratorium in der Nervenklinik unter dem Direktorat von Professor Graf Hugo von Keyserlingk

In der Klinikkonferenz gab Graf Hugo meine Ernennung zum Abteilungsleiter der Neurologie und der Hirnforschung bekannt und fragte gleichzeitig, ob ich eine eigene neurologische Leitungssitzung wünschte, die ich bereits vorher unter vier Augen verneint hatte, weil ich eine separate Sitzung von vier oder fünf Mitarbeitern als unzweckmäßig erachtete. Ob der große Beifall ehrlich gemeint war, konnte ich nicht entscheiden. Dr. Ehrich Popella war zum Oberarzt ernannt worden. Ich hatte ihm dazu herzlich gratuliert.

Die Stimmung in der Klinik schien mehrfach geteilt. Die einen meinten, jetzt gäbe es ein heilloses Durcheinander. Die anderen behaupteten, der Sog der Neurologie und Hirnforschung würde der Psychiatrie schaden. Allein Erich Popella meinte, für die Nervenklinik sei jetzt nach dem Tode Lemkes ein neues Zeitalter angebrochen. Um die Meinungen und Befürchtungen und die sich darum rankenden Gerüchte konnte ich mich nicht kümmern.

Die Bearbeitung des Manuskriptes für die Monographie *„Cytologie der Cerebrospinalflüssigkeit"* erforderte eine Konzentration, die ich nicht täglich abends am Schreibtisch zu Hause aufbringen konnte, zumal auch Herr Dr. Otto und Ingenieur Graul vom Zeiss-Werk zu diesem oder jenem Teil der Neukonstruktion der Sedimentierkammer Fragen hatten, die beantwortet werden mußten.

Drei ältere Mitarbeiter hatten die Klinik verlassen. Graf Hugo war darüber nicht gram. Es waren genügend Bewerbungen von jungen Assistenten da. Zunächst konnte ich keinen unter ihnen finden, der sich für die emsigen Arbeiten in der Hirnforschung eignete oder den es gar dazu drängte. Andererseits war Herr Keuscher froh, wenn er der Arbeiten des Alltagslabors, wie er es nannte, ledig sein konnte, um sich jetzt nur noch der Hirnforschung widmen zu können. „Ich bin auch froh", sagte er, „jetzt, auf meine alten Tage hier allein zu sein, da kann ich was schaffen." Ich bat ihn aber, uns jetzt nicht zu verlassen, zumal seine Kinder, die schon lange in der Bundesrepublik lebten, ihn bedrängten, umzuziehen. Frau Heinrich, die er bereits begonnen hatte einzuarbeiten und die sich zügig entwickelt hatte, gab sich große Mühe, so daß sie die Hirnforschung später übernehmen konnte.

Aufsehen erregte ein Luftpostpäckchen aus den USA. Es war die angekündigte Sendung von Professor Wilder aus New York mit dem Ribonukleinase-Set und einem neuen Faser-Farbstoff, Luxol fast blue. Da das Wirkungsdatum des Proteinase-Pulvers I und II bereits überschritten war, machten wir uns umgehend an die Arbeit, um noch etwas zu erreichen. Glücklicherweise hatte Frau Heinrich in einem neuen Kulturmedium aus dem Akademie-Institut des Professor Knöll eine Glioblastom-Metastasen Kultur mit extremen perinukleären Reaktionen der entarteten Zellen angesetzt. Die Reaktion in den Glioblastomzellen mit dem Phase I Substrat mit Hilfe der Kontrolle im Beckmann-Spektrophotometer war ohne die vorgeschriebene Reaktion in dem Ribonuklease-Bereich ausgefallen. Auch eine Wiederholung blieb negativ. Dagegen war in den Zellen nach der Reaktion mit dem Phase II Substrat in den einkernigen Riesenzellen im Lichtmikroskop eine schwach positive Reaktion zu erkennen, die nach der Feulgen-Reaktion, wie im Prospekt angegeben, nicht mehr nachzuweisen war. Da aber die Reaktions-Daten überschritten waren, habe ich mich nicht getraut, die Ergebnisse zu veröffentlichen.

Einem Anruf zufolge mußte ich zum Rektor. Da Frau Gottfried, unsere Sekretärin, den Grund nicht erfahren konnte, war ich sehr gespannt. Ich fragte den Grafen, ob etwa alles wieder rückgängig gemacht werden könnte. Er bezweifelte dies und meinte, daß der Chef der Medizinischen Fakultäten im Staatssekretariat, Dr. Schüler, ein sehr geschätzter und zuverlässiger Mann sei. „Vielleicht ist es der Einzelvertrag, den Sie unterschreiben müssen?" Es war tatsächlich der Einzelvertrag. Der Rektor

Schwarz fand anerkennende Worte über meine Leistungen, besonders die im Neustädter Hirnforschungsinstitut, und fragte, ob ich bereits in der Hirnforschung gearbeitet hätte, da es doch wohl ein sehr kompliziertes Gebiet sei, und wunderte sich darüber, daß ich verneinte. Nach der Unterschrift bat er um eine Aufklärung über das Wirtschaftspatent einer Kammer, das der Universität gehöre und das jetzt im Zeiss-Werk hergestellt wird, und ob die Kammer der Gegenstand des Hospitationskurses sei, der auch von Gästen aus dem westlichen Ausland besucht würde. Schließlich bat er, ob er mich wegen seines seit Jahren bestehenden Ischiasleidens konsultieren dürfe.

Der Graf freute sich sehr darüber, daß mein nicht enden wollender Fleiß, den er miterlebt hatte, nun belohnt worden war. Auch die Gräfin Gudrun war sehr angetan und gratulierte vor allem aber meiner Frau zu ihrer unendlichen Geduld. Graf Hugo flüsterte mir zu: „Was Sie in den sieben Jahren geschaffen und auf die Beine gestellt haben, das schaffen viele in ihrem Leben nicht." Unter den neuen Bedingungen war die Alltagsbelastung in der Klinik gestiegen, zumal ich als stellvertretender Klinikdirektor auch die Aufgaben des Personalchefs übernehmen mußte. Deshalb bat ich Graf Hugo, ob nicht Oberarzt Werner als dienstältester Arzt der Klinik die Aufgaben des Personalchefs übernehmen könnte. Der Graf und Roland Werner waren einverstanden, und ich war froh, den Problemposten los geworden zu sein. Wegen der praktisch-diagnostischen Erfahrung lag mir viel mehr daran, die Leitung der Poliklinik zu behalten. Die Neuroradiologie hing ohnehin an der Neurologie, wie auch das klinische Labor, in dessen Leitung aber einer meiner ersten Assistenten, Dr. Wieczorek, hineingewachsen war und sich als Stationsarzt in der Neurologischen Abteilung weiter profilieren konnte.

Die Frequenz der Problemfälle und überwiesenen Patienten überhaupt nahm ständig zu, wobei jetzt die Zahl der Patienten auch aus Erfurt zunahm:

Eine beliebte, erfahrene Pädagogin, die seit ihrer Jugend unter einer Migräne litt und seit langem von Dr. Schmuttermayr betreut wurde, erlitt zwei langdauernde Krampfanfälle und hatte nach den Anfällen Reflexabweichungen behalten, die den bekannten Nervenarzt zu einer Überweisung veranlaßten. Die Steigerung der Muskeleigenreflexe der linken Seite war auffallend und dazu ein beträchtlicher Herdbefund der rechten Scheitelregion im EEG. Roland Werner kam mit dem EEG in die Poliklinik und meinte, es könne nur ein Hämangiom, eine Gefäßgeschwulst, sein. Die Patientin war mit allen diagnostischen Maßnahmen einverstanden, auch mit einer Hirnoperation, wenn sie erforderlich werden sollte. Die Hirngefäßdarstellung ergab ein ausgedehntes arterio-venöses Hämangiom, eine gemischte Blutgefäßgeschwulst in der rechten Scheitelhirn-Region. Die arterio-venösen Zu- und Abflüsse waren so zahlreich, daß auch der versierte Neurochirurg, Professor Merrem, in Leipzig sich nicht zu einer Operation entschließen konnte, da anzunehmen war, daß die Operationsfolgen das jetzige Maß an Störungen mehr als verdoppeln würden.

So hatte ich der Patientin, die sich in ihr Schicksal fügte, eine antiepileptische Hydantoin-Dosierung verordnet, mit der sie einverstanden war und an die sie sich auch hielt. Mit Hilfe einer Invalidisierung hatte sie sich körperlich und geistig schonen können, daß die jährliche Anfallsfrequenz auf drei bis vier Anfälle beschränkt blieb und auch die anfallartigen Kopfschmerzen, unter denen sie infolge der Geschwulst litt, bedeutend gelinder und seltener auftraten.

Die Nachuntersuchung zwei Jahre später ergab keine Befundänderung. Auf eine Kontrolle der Gefäßdarstellung verzichtete ich. Die Patientin gestand aber, daß die Anfälle wieder schlimmer wurden, als sie für einen verunglückten Kollegen an der Schule eine Vertretung übernahm, so daß Dr. Schmuttermayr das Phenytoin mit einem westlichen Präparat, dem Tegretal, kombiniert und auch auszuwechseln versucht hatte. Es nützte nichts. Nachdem sie die Vertretung aufgab, waren die Anfälle ohne eine Änderung der Mittel wieder seltener geworden und auch die Kopfschmerzen.

Während der Vorbereitungen für den ersten Liquor-Sedimentier-Kammer-Kurs war aus dem Papanicolaou Research Laboratory of the Cornell University Medical College New York eine

Anfrage nach dem Hersteller der Sedimentierkammer eingetroffen. Außerdem wurde gefragt, ob bei den Untersuchungen für die Arbeit über Fortschritte der Liquorzytologie bei der Diagnostik bösartiger Hirngeschwülste die Papanicolaou-Färbung angewendet wurde. Ein willkommener Impuls für den Sedimentierkammer-Kurs. Vor einem Jahr haben wir uns darum bemüht, die Papanicolaou-Färbung zur Unterscheidung der Adenokarzinommetastasen von den Blastomen des Gehirns einzusetzen und bei den Versuchen, die ungünstigen Wirkungen der mehrfachen Alkohol-Verdünnungsreihen zu reduzieren und teilweise sogar wegzulassen. Einen Erfolg konnten wir an den Zellen des stoffarmen Nervenwassers nicht erreichen.

Zu Beginn des Kurses erörterte ich die Probleme einiger, bisheriger Zellanreicherungen, vorwiegend das Zentrifugieren mit den verschiedensten Zusätzen von Hühnereiweiß, homologen Blutserum, der Fixierung durch Alkohol, oder einer vorausgehenden Spontansedimentation mit Hilfe einer Ammonsulfatfällung, der histologischen Alzheimer-Methode mit dem im Alkohol und Äther gehärteten und auf dem Mikrotom geschnittenen Zentrifugensediment, bis zu der simplen Spontansedimentation, auf einem halbierten Objektträger im verschlossenen und horizontal, über 12 bis 24 Stunden gelagerten Reagenzglas, nach der Empfehlung von Schönenberg.

Eine Spontansedimentation hatte der französische Internist und Hämatologe Raveaut bereits 1909 versucht und wegen des Mißlingens aufgegeben. Ostertag und Otto Einstein, die den zellschädigenden Einfluß des Verdunstens der Restflüssigkeit auf dem Objektträger erkannten, versuchten mit einem Vorfixieren durch Alkohol und einem anschließenden Zusetzen von homologem Blutserum, die zellschädigenden Einflüsse des Zentrifugierens zu verringern. Aber auch Schönenberg war es nicht gelungen, mit Hilfe seiner Spontansedimentation die Darstellung der Nervenwasserzellen der einwandfreien Darstellung der Zellen im Blutausstrich entsprechend zu verbessern oder gar anzugleichen. Gravierende Fehldiagnosen führten zu der Entwicklung der akzellerierten Spontansedimentation mit Hilfe der Fließpapier-Kapillaraszension in einer speziellen Kammer.

Ich demonstrierte den ursprünglichen simplen Versuch mit dem Eigendruck eines 12 mm, 10 cm hohen Bleirohres, als Sedimentkammer, auf einen Fließpapierstreifen mit einer 12-mm - Öffnung - Öffnung auf Öffnung - auf einen Objektträger, den Boden der Kammer gestellt, als den entscheidenden Versuch für die Entwicklung der Zellsedimentierkammer. Die Beschleunigung der Spontansedimentation erfolgte mit Hilfe der oben bereits erwähnten Fließpapier-Kapillaraszension über die Fasern des Fließpapiers. Schädigungen der Faserstrukturen durch eine brüske, harte Druckwirkung konnten jetzt durch einen entsprechend konstruierten Gummitubus mit einer Öffnung für das Sedimentierglas und den Objektträger mit dem aufliegenden Fließpapierstreifen vermieden und ein irreguläres, zu schnelles Abfließen mit Hilfe eines regulierbaren Druckes auf den Gummitubus verhindert werden. Die ursprünglich kantige Blockkammer wurde im Zuge der Verbesserungen durch einen einfachen zweiteiligen runden Gummitubus und eine runde Metalldruckkammer ersetzt. Auch der Schraubdruck wurde nun in der neuen Zeiss-Sedimentierkammer durch einen einfachen, kp-markierten und leicht einstellbaren Hebeldruck entscheidend verbessert und damit eine sichere Bedienung gewährleistet. Der behutsame Abfluß von einem Milliliter Nervenwasser in 20 Minuten gewährleistete ein gleichmäßiges Ausbreiten der Zellen - Lumsden nannte es *cell spreading* - auf dem Objektträger, dies entsprach etwa dem Ausstreichen eines Bluttropfens auf dem Objektträger, so daß auch die Darstellungen der Zellen einander ähnlich waren.

Ein erheblicher Nachteil der Sedimentierkammer war nach wie vor der hohe Zellverlust durch das Abfließen, den flow off, in den Fließpapierstreifen, der in den alten Kammern 50 bis 70 Prozent betrug und nun in der Zeiss-Kammer mit 30 Prozent immer noch hoch war. In der Diskussion wurde gefragt, ob eine methodische Änderung des Abflusses den hohen Zellverlust beseitigen könnte. Ich erwähnte die Möglichkeit des kapillaritätswirksamen vertikalen anstatt horizontalen Abflusses über ein Dränage-System oder eines völlig geänderten Prinzips, das ich provisorisch als chemische Kammer entworfen hatte, die aber über das Hypothesestadium noch nicht hinausgelangt war. Anhand einer Skizze erläuterte ich das Prinzip kurz. Dazu ergänzte ich, daß der zunächst kaum wesentlich verbesserungsfähige flow off, einen weiteren Nachteil verursacht, nämlich eine Fälschung der Zellpopulationsanteile, infolge der verschiedenen Zelloberfächenaktivitäten und Adhärenzfaktoren zwischen den mehr und weniger auf dem Objektträger haftenbleibenden Zellen. Auf eine Frage nach der Reihenfolge der Haftfähigkeit antwortete ich, daß funktionsfähige Granulozyten und Monozyten in den Sedimentkammerpräparaten eine optimale Haftfähigkeit entfalten. Unter den Lymphozyten sind es vorwiegend die kleinzelligen, die weniger haftfähig sind, als die großen Zellen.

Von Bedeutung für einen behutsamen, gleichmäßigen Abfluß ist die Qualität des Fließpapiers. Am günstigsten eignen sich dafür die langsam fließenden Chargen der Firma Schleicher & Schüll. Bei der Vorbereitung der Fließpapierstreifen ist auf schadhafte Stellen, Falten und Fehler zu achten, die die Kapillarität, die Fließgeschwindigkeit, sowohl reduzieren, als auch erheblich steigern können, wobei Schäden an den Zellen nicht zu befürchten sind. Bei der Wahl eines optimalen Volumen-Druck-Zeit-Verhältnisses ist darauf zu achten, daß das Volumen je kleiner um so günstigere Ergebnisse bringen kann. Ein Volumen von 0,2 Milliliter Liquor mit einer Zellzahl von 2 Zellen in der Fuchs-Rosenthal-Zählkammer läßt eine Anzahl von etwa 150 Zellen auf dem Objektträger bei einem Hebeldruck von 2 kp nach einer Sedimentationszeit von 20 Minuten erwarten. Ein erheblicheres Variieren ist bei erhöhtem Eiweißgehalt der Zerebrospinalflüssigkeit möglich. Bei sehr hohem Eiweißgehalt ist ein schnellfließendes Fließpapier zu empfehlen. Bei extrem erhöhtem Eiweißgehalt können die Viskositätsgrade zu einem Kapillaritätsstopp führen, so daß es ratsam ist, die Zystenflüssigkeit zu verdünnen oder einfache Ausstriche auf Objektträgern anzufertigen.

An einem praktischen Übungstag wurde an den verschiedenen Kammern, an alten und neuen, geübt und auch typische Bedienungsfehler vorgeführt. Anschließend folgten die verschiedenen

Färbungen, auch die modifizierte PAS-Färbung, die Esterase- und auf besonderen Wunsch auch die Papanicolaou-Färbung mit der modifizierten Differenzierung in den reduzierten Alkoholkonzentrationen. Am letzten, dem zytodiagnostischen Tag, wurde an Archiv-Präparaten das zytodiagnostische Differenzieren und Beurteilen geübt und die Ergebnisse mit den Archivprotokollen verglichen. Zum Abschluß demonstrierte ich relativ seltene Befunde, eine Eosinophilie, Riesenzellproliferationen mit Mitosen, Fremdkörper-Riesenzellen nach liquorableitenden Operationen, Lipoid-Speicherzellen bei Fettembolien nach Beckenbrüchen, seltene Tumorzellpräparate, Fehlbeurteilungen und schließlich auch Kunstprodukte nach Langzeitsedimentationen von 60 Minuten mit eigentümlichen Kern- und Zytoplasmareaktionen in vereinzelten Zellen.

Vier Wochen nach dem Kurs stand die neue Zeiss-Sedimentierkammer im Laboratorium. Ich hatte sie dem Klinikdirektor, Graf Hugo, hocherfreut vorgeführt. Auch meiner lieben Frau zeigte ich die Kammer mit dem weltbekannten Zeiss-Markenzeichen. Sie hatte nicht nur die unendliche Geduld aufgebracht, ja sogar in ihrer Küche bei dem Bearbeiten des ersten Gummitubus unter fließendem Wasser im Abwaschbecken geholfen. Es ist kaum zu fassen, sagte sie, während ich schon wieder andere Sorgen hatte. Das Manuskript der Monographie:*Cytologie der Cerebrospinalflüssigkeit* mit den 88 Abbildungen war an einen Ablieferungstermin gebunden, den ich einhalten mußte.

In der Neurologischen Abteilung mußte ich einen Todesfall durch einen anphylaktischen Schock verantworten. Eine 42jährige Patientin, die seit sechs Jahren unter einer schubweise verlaufenden Multiplen Sklerose mit Lähmungen der Gliedmaßen litt; die Frau eines Werkleiters, der über Beziehungen das Margulis/Schubladse-Serum aus der Sowjetunion beschaffen konnte. Er hatte gehört, daß es gegen die Multiple Sklerose helfen sollte. Ich mußte die Anwendung des Serums ablehnen, denn ich hatte kurz zuvor eine Mitteilung über einen Todesfall während der Anwendung des Serums gelesen und folgerte, daß es eine schlagartige Unverträglichkeitsreaktion, ein tödlicher anaphylaktischer Schock gewesen sein könnte. Ich sprach mit dem Ehemann der Patientin, die sich von ihrer Forderung nach dieser Behandlung nicht abbringen ließ, mit der Begründung, wenn sie dadurch sterben müßte, würde sie sich lieber dem Tode fügen, als mit den Lähmungen, die immer schlimmer werden, dahinzusiechen. Der Ehemann bestärkte sie in ihrer Forderung, die protokolliert und unterschrieben wurde, zumal es sich hier eindeutig um ein Problempräparat handelte.

Die Testinjektion, die zwei Tage abgewartet wurde, war unauffällig geblieben. Auch die ersten beiden Injektionen hatte die Patientin störungsfrei vertragen. Ich hatte sie gebeten, zunächst abzuwarten. Weil sie aber spürte, daß sie die Beine etwas besser bewegen konnte, bestand sie auf der dritten Injektion. Nach der, mit einem Abstand von fünfzehn Stunden, ein massiver anaphylaktischer Schock mit einem permanenten Herzstillstand eingetreten war. Ich beantragte eine forensische Sektion. Außer den Schockzeichen fanden sich im Gehirn neben alten Entmarkungsherden frische Zellinfiltrate eines neuen, akuten Erkankungsschubs der Multiplen Sklerose. Das Pathologische Institut stellte unserer Forschungsabteilung das Untersuchungsmaterial zur Verfügung, das wir systematisch bearbeiteten. Die Zellvermehrung im Nervenwasser mit aktivierten Lymphozyten, reaktiven Monozyten und vereinzelten Plasmazellen erschien mit den perivaskulären Herden in den Pia-Häutchen-Präparaten identisch, einschließlich der reaktiven Monozyten und der vereinzelten Plasmazellen. In den Hirnpräparaten waren neben alten Entmarkungsherden mit Gliazellwucherungen frische, perivaskuläre Zellansammlungen überwiegend aus Lymphozyten, möglicherweise auch vereinzelten Monozyten und vereinzelten, bereits proliferierten Gliazellen, festzustellen.

Nahezu gleichzeitig mit der Zeiss-Sedimentierkammer bekam die Neurologie einen neuen, modernen Dreikanal DISA-Elektromyographen mit einem Monitor, einer Kipp-Schaltung und dem kompletten Zubehör. Da ich vor einem Jahr in Brüssel einen Vortrag des maßgeblichen Begründers der modernen Elektromyographie, Professor Wohlfarth aus Lund, gehört und auch an der

Demonstration des Gerätes teilgenommen hatte, konnte ich mit den Untersuchungen unverzüglich beginnen und den Wert der Elektromyographie für die Unterstützung der klinischen Diagnostik, der verschiedenen myogenen und neurogenen Muskelerkrankungen, Verletzungsfolgen mit Lähmungen und Bewegungsstörungen und auch psychogenen Lähmungen schätzen lernen. 1953 bat ich einen Zeiss-Feinmechaniker, eine Spezial-Kanüle zu konstruieren, die ich an einen umgebauten Elektrokardiographen anschließen wollte. Die Versuche waren aber an einer mangelhaften Isolierung der Elektroden in den Kanülen gescheitert.

Große Sorgen machte ich mir um die nicht nur unzureichenden Untersuchungsergebnisse der Pneumenzephalographie, vielmehr noch um die Gefahren der Füllung der Hirnkammern und der Hirnoberflächenspalten mit Luft und der anschließenden Lagerung und Untersuchung im Röntgenbild, um Hirngeschwülste, Blutungen, Hirnabszesse, Verletzungsfolgen oder auch Mißbildungen durch Verdrängungserscheinungen erkennen zu können. Schwierigkeiten tauchten besonders beim Dirigieren der Luft in die Spalten an der Hirnbasis auf, um in diesem Bereich kleinere Geschwülste im Bereich der Hypophyse, der Hirnanhangsdrüse, oder die Fasergeschwülste der Hirnnerven an der Schädelbasis, etwa ein Neurinom des Gleichgewichtsnervs, frühzeitig zu erkennen. Das Elerna-Schönander-Gerät mit der dreifachen Wechselkassette, die ich, nachdem ich sie in Köln gesehen hatte, nachbauen ließ, brachte zwar eine Besserung und Erleichterung, die aber bei weitem nicht ausreichte, um den Bedürfnissen gerecht zu werden. So waren wir gefordert, den Mangel durch geduldvolles Dirigieren der Luft, durch Lagerungen und umständliche Korrekturen zu beheben, worum ich mich zumeist persönlich bemühte, um die Mitarbeiter so akkurat wie möglich anzuleiten.

Während der zweiten Sedimentierkammer-Hospitation ließen zwei Zuschriften aus den USA mit Fragen und Bemerkungen über die neue Kammersedimentation die Teilnehmer aufhorchen. Professor Kurland aus der Mayo-Klinik in Rochester bat um ein Exposé über die immunkompetenten Befunde in der Zerebrospinalflüssigkeit der Multiplen Sklerose und eine Antwort auf die

Frage, ob es eine im Kabat'schen Sinne: expression of exceptionaly inflammation, sein könnte, auf die die Plasmazellen in Verbindung mit dem Gamma-Globulin hinweisen würden. Dr. E. A. Kabat, der Begründer der modernen Elektrophorese, hatte in Rochester ein Referat über das immunkompente Gamma-Globulin in Verbindung mit aktivierten Lymphozyten gehalten. Könnte es sein, fragte Kurland, daß bei der Wet-Film-Method die Plasmazellen zerstört werden, weil sie empfindlicher sind als die Lymphozyten?

Ich erklärte den Teilnehmern, daß die Wet-Film-Method einen beschichteten Objektträger darstellt, in der Regel mit einem Farbstoff- und Fixierungsmittel, auf dem das Zentrifugen-Sediment ausgebreitet wird. Es ist durchaus möglich, daß die wenigen Plasmazellen im Zentrifugat geschädigt werden und beim Ausstreichen zerfallen. Die zweite Zuschrift aus dem Departement of Pathology of the University of Michigan von Professor Bernard Naylor enthielt eine Frage nach dem Grund der exakten Darstellungen der Tumorzellen in allen mitgeteilten Fällen ohne Unterschiede. Die Antwort darauf hatte bereits der Neuropathologe Lumsden von der Universität Leeds 1957 in Brüssel parat; the cell spreading, hatte er gemeint, die Ausbreitung der Zellen auf dem Objektträger, durch den schwachen Abfluß der Flüssigkeit. Die zweite Frage nach der Seltenheit metastasierender, stachelzelligen Karzinome unter den Bronchialkarzinomen im Gegensatz zu den Adenokarzinomen, war auch aus unserer bisherigen Statistik mit Hilfe der Befunde zu bestätigen. Die dritte Frage nach der Art der Enzymaktivität, ob es eine proteolytische sein könnte, ist lediglich eine Vermutung, auch wenn sie auf den Ergebnissen der Feulgenreaktion beruht. Naylor bedauerte, daß er nicht in der Lage sei, eine Sedimentkammer herzustellen, oder eine andere Zellsedimentationsmethode parat zu haben. Er müsse sich mit der Wet-Film-Methode begnügen, die selten zuverlässige Schlüsse ergibt. Zytochemische Reaktionen auf dem Wet-Film-Träger sind nach seiner Erfahrung wertlos. Die Diskussionen der erörterten Fragen und Antworten erwiesen sich als eine willkommene Anregung zu Fragen und Bemerkungen der Kursteilnehmer, die ebenso ausführlich beantwortet und diskutiert wurden. Den praktischen Übungen folgten, wie im ersten Kurs, der zytodiagnostische Teil und die Beurteilungsübungen.

Nach dem Kurs berichtete Professor Warburg aus seinem Institut über die Kultivationsversuche mit den Stoffwechseluntersuchungen und Kulturzellsediment-Präparaten. Bedauerlicherweise reichte der empfohlene Maximaldruck nicht, oder er war durch einen Schraubfehler nicht erzielt worden, so daß die Kulturflüssigkeit schon am dritten Tag abgeflossen war. Einmal hielt der Stopp vier Tage. Aber alle Zelldarstellungen seien „fabelhaft" gewesen. Da für die Versuche aber zumindest sechs Tage erforderlich waren, mußten sie erfolglos abgebrochen werden. Da wir aus dem Zeiss-Werk zunächst nur eine Kammer zur Erprobung bekommen hatten, konnte ich Professor Warburg nicht weiterhelfen, lediglich empfehlen, es noch einmal mit einem zügigeren und kräftigeren Zuschrauben zu versuchen.

Als Antwort auf meinen Brief erhielt ich ein Päckchen aus dem Institut mit einem mörtelähnlichen Pulver, das zur Herstellung spezieller Dialyse-Hülsen diente und für unsere Zwecke, zur Herstellung der Saugkammern, mit einem vertikalen anstatt dem horizontalen Abfluß in den Sedimentierkammern mit einer erhöhten Fließpapierkapillarität geeignet schien. Herr Keuscher, der sich das Pulver angesehen hatte, meinte, das würde eine schöne Schmiererei werden. Er konnte sich erinnern, daß damals in München ein Dr. Ostertag mit einem ähnlichen Pulver versucht hatte, Sedimentröhrchen zu formen und alle geschimpft hatten über die Schmiere auf den Tischen, die so fest saß, daß sie abgeschliffen werden mußte. Nun, so schlimm war es nicht. Der gehärtete Mörtel konnte mit einem Lösungsmittellappen leicht weggewischt werden. So hatte er die Hülsen in einer maßgerechten Sedimentkammerform, die in den Werkstätten des Klinikums hergestellt worden war, selbst aus der Mörtelmasse gegossen und freute sich über die gut aussehenden kleinen Hülsen, die 24 Stunden härten mußten und mit einem dazugehörenden Kleber so fest am Objektträger hafteten, daß die Objektträger bei den Lösungsversuchen zerbrachen. Ich hatte wenig Hoffnung, daß daraus etwas werden könnte, bewunderte aber Herrn Keuschers Eifer. So riet ich ihm, einen Sedimentationsversuch mit einer Liquorprobe zu machen. Der Tages-Liquor war verbraucht. Da aber noch Harn vorhanden war, hatte er eine Harnprobe angesetzt, die nach 50 Minuten sedimentiert und in der Hülse verschwunden war. Keuscher schaute durchs Mikroskop auf den zerbrochenen Objektträger, den er in bewährter Weise zusammengeflickt hatte, schüttelte mit dem Kopf und flüsterte enttäuscht-entrüstet: „Alles nur Dreck, nur Dreck", und ließ mich nachschauen. Mit etwas Phantasie sah ich ganz vereinzelte Zellreste an den Dreckhaufen. Der Harn hatte über vier Stunden gestanden. Ich meinte, daß man, die Sedimentation hinzugerechnet, nach fünf Stunden frische Zellen nicht mehr erwarten dürfte. Also machte Herr Keuscher weiter mit einer schwächeren Mörtelmischung und verdünnten Kleber-Lösungen. Ich prüfte den Kleber. Auch verdünnt schien er noch deutlich säurehaltig. Ein neutraler Klebstoff hielt leider nur zehn Minuten. Herr Keuscher hatte unermüdlich weiter probiert und zeigte mir resigniert sein letztes Präparat mit ein paar Zellen und viel Dreck. Durch die erfolglosen und zeitraubenden Versuche waren wir in erhebliche Terminschwierigkeiten geraten

Aus der Chirurgischen Klinik hatte Professor Kuntzen einen 35jährigen Patienten, einen tüchtigen Glastechniker aus dem Schott-Werk, überwiesen, den er wegen eines Ileus, eines Darmverschlusses, operiert hatte, ohne eine Ursache dafür gefunden zu haben. Kuntzen war der Meinung, daß die Ileus-Symptome sich während der Operation in Wohlgefallen aufgelöst haben müßten. Die Spiegelbildung im Dünndarm sei eindeutig gewesen. Nach der Operation waren zunehmende Kopfschmerzen, Schwindelgefühl und Übelkeit aufgekommen, so daß Kuntzen um die Bauchnaht fürchtete. Glücklicherweise waren die anfallartigen Beschwerden spontan abgeklungen und jetzt in zunehmendem Maß wieder aufgetreten.

Der Patient bot eine typische Migräne-Anamnese. Im Vorschulalter hatte er unter „Koliken" gelitten, die ein Kinderarzt als Wachstumsbeschwerden angesehen hatte und die auch allmählich verschwunden waren. In der dritten und vierten Klasse hatte er über zeitweilig heftige Kopfschmerzen mit Übelkeit geklagt. Die damals von einem Arzt verordneten Tabletten halfen. Ein Jahr vor dem Abitur waren die Kopfschmerzen wieder so heftig, daß er oft auch während des Unterrichts in der Klasse plötzlich erbrechen mußte, ohne Vorboten gespürt zu haben. Nach dem Abitur bekam er wieder, „wie aus heiterem Himmel" wie in der Kindheit die Bauchkoliken. Ein Arzt hatte auf Gallensteine getippt. Im Studium und mehrere Jahre danach sei er beschwerdefrei gewesen. Im vergangenen Jahr hätten sich die Kopfschmerzen mit der Übelkeit und dem Erbrechen wieder gemeldet. Ein Internist vermutete eine Migräne und verordnete ein Pulver, das er aber nicht genommen hatte. Und jetzt hätte es wieder mit Bauchkoliken begonnen, so daß er sich vor Schmerzen krümmen mußte und auf der Toilette ohnmächtig umgefallen sei und in die Klinik gebracht wurde. Familienanamnestisch litten die Mutter und ein Großvater offenbar unter Migräne.

Der neurologische Befund war unauffällig. Auch psychischerseits konnte ich keine Abweichungen erkennen. So nahm auch ich eine Migräne an, zumal der Patient auch die Frage nach den typischen Flimmerskotomen, nach denen er noch nie gefragt worden war, bejaht hatte. Die Ileus-Symptome führte ich auf einen abdominellen, gastro-duodeno-jejunalen Anfall zurück. Pichler, der österreichische Migräneforscher, hatte in einem Symposion über gastro-duodeno-jejunale, Magen-Darm Anfälle mit Ileus-Symptomen, berichtet. Im Elektroenzephalogramm fand Roland Werner aktivierbare, steile Wellenformationen mit zwischengelagerten Verlangsamungen und schloß daraus, daß der Patient, auf die Aktivierbarkeit bezogen, auch seltene Anfälle mit Bewußtseinsstörungen haben könnte. Daraufhin mußte ich die Anamnese revidieren: An einen Anfall in der Schule konnte er sich erinnern. Ihm war plötzlich schlecht geworden, er war ohnmächtig umgefallen und wurde von den Mitschülern, weil ihm „im Kopf so duselig war", nach Hause gebracht. Es muß aber noch ein Anfall gewesen sein, über den seine Schwester ihm früher einmal erzählt hatte.

Nach einer kleindosierten Hydantoin-Medikation, dreimal täglich eine viertel Tablette, verschwand das schon vor der Operation bestandene Gefühl „eines Tiefschlags nach einem Boxkampf". Das Elektroenzephalogramm nach einem halben Jahr war unverändert. Der Patient war aber frei von Beschwerden und dafür sehr dankbar. Die Frau des Patienten war noch dankbarer als der Patient selbst und berichtete über zwei, in Wochenabständen vorausgegangene Anfälle, bei denen er ohnmächtig zusammengesackt war und immer wieder unter Kopfschmerzen gelitten haben muß, obwohl er nicht darüber klagte, hatte sie es ihm angesehen, daß es wieder seine Kopfschmerzen sein müssen, die ihm so zusetzten. Sie war von der Wirksamkeit der Phenytoin-Tabletten sehr überzeugt und hatte ihre Kaufmannsfrau, die seit Jahren unter Kopfschmerzen leiden mußte, zur Untersuchung angemeldet.

Die 42jährige Frau klagte „schon immer, mal mehr, mal weniger" über Kopfschmerzen, „manchmal so ein Ziehen und Drükken und auch so ein Stechen, manchmal ist er auch so dumpf, daß ich den Kopf schütteln muß. Aber am schlimmsten ist das Ziehen." In dieser Art schilderte sie allerlei Kopfbeschwerden und zeigte mir auch die verschiedensten Medikamente wie Analgetika, Mittel aller Art gegen Schmerzen, die ihr von verschiedenen Ärzten verordnet worden waren.

Die neurologische Untersuchung bot keinerlei Störungen. Psychischerseits war die neurotisch-hypochondrische Überbewertung der möglicherweise geringen Beschwerden - eine vasomotorische Labilität - aufgefallen. Ein Elektroenzephalogramm hielt ich als nicht indiziert. Die Patientin bestand aber auf einer elektrischen Gehirnuntersuchung, „wie die bei dem Patienten mit dem Darmverschluß gemacht worden war". Ich besprach diesen Fall mit Roland Werner. Es war zu erwarten, daß auch das Elektroenzephalogramm keinerlei Abweichungen bot. Meine Bemühungen, der Patientin ihre Beschwerden mitfühlbar zu erläutern, scheiterten an ihrer neurotischen Denkweise und Überbewertung. So versuchte ich ihr, ihre Nervosität zu erklären, womit sie zunächst auch einverstanden schien, und ihr ein gelindes Mittel gegen die Nervosität zu verschreiben, das sie auch akzeptierte.

Nach zwei Wochen war sie wieder da und beklagte sich, daß

die Tabletten „nichts nützen würden, vielleicht sogar schaden", weil sie jetzt, öfter als früher, etwas vergesse. Es waren gelinde Tranquilizer, die ich ihr verordnet hatte. Ich setzte sie wegen der Vergeßlichkeit wieder ab und gab ihr eine Kombination von Baldrian und Melisse. Damit war sie noch weniger zufrieden als mit dem Tranquilizer und beschwerte sich, warum sie nicht auch das Mittel bekommen könnte, das dem Patienten mit dem Darmverschluß so gut geholfen habe und immer noch weiter so gut helfe. Ich wußte mir keinen besseren Rat, als der Patientin anhand ihrer Elektroenzephalogramm-Kurven die Unterschiede zu erklären. Möglicherweise schien die Erklärung sie überzeugt zu haben. Die Überzeugung war aber nur von kurzer Dauer. Da der Patient mit der Magen-Darm-Migräne beschwerdefrei geblieben war, glaubte sie allen Ernstes, die gleichen Tabletten müßten auch ihr helfen und bat die Frau des Patienten, ihre Kundin, um die bewußten Tabletten, für die sie sich gut zu bedanken wüßte. Der Patient war aber strikt dagegen.

Die unterbrochenen Arbeiten zur Klärung der Frage nach der Herkunft der Nervenwasserzellen konnten mit Hilfe des neuen USA-Faserfarbstoffs Luxol fast blue fortgesetzt werden. Dabei war der enorme Reichtum an kollagenen Fasern, besonders im Bereich der Hirnbasis, aufgefallen. An neurochirurgischen Operations-Präparaten ließen sich aber keine Beziehungen zwischen einer Faserreaktion, einer Quellung und einer Zellproliferation erkennen. Auffallend war die beträchtliche Quellbarkeit der kollagenen Fasern, der eigenartigen Faserringe, der sogenannten Turban-Organellen der Leptomeninx, der weichen Hirnhaut, deren Bedeutung nach wie vor unklar ist. Aus den vergleichenden Untersuchungsergebnissen konnte geschlossen werden, daß die Leukozyten, die weißen Zellen, Granulozyten, Lymphozyten, Monozyten und Plasmazellen der entzündlichen Erkrankungen aus dem Blutkreislauf stammen. Ob das auch normalerweise der Fall ist, war mit den seinerzeit zur Verfügung stehenden experimentellen Methoden nicht möglich. Ich vermutete aber, daß die normalerweise vorkommenden Lymphozyten und Monozyten in einem Wert-Verhältnis von 3 : 1 möglicherweise nach einer vorübergehenden Sessilität in den Spalten der weichen Hirnhaut, vielleicht sogar den Turban-Organellen - da Lymphozyten und Monozyten auch hier in etwa gleichem Wertverhältnis gefunden werden konnten - aus dem Blutkreislauf stammten. Oskar Fischer vermutete dies bereits 1922. Seiner Empfehlung entsprechend, war ich bei der Nennung in der Ähnlichkeitsform, lymphozytär, monozytär, plasmozytär geblieben. Zwei Jahrzehnte später war es Manfred Oehmichen gelungen, in Tierversuchen mit Hilfe radioaktiver Markierungen und statistischer Daten nachzuweisen, daß der größte Teil der Zellen des Nervenwassers aus dem Blutkreislauf stammt.

Zur Funktion der Zellen konnten wir aus den Ergebnissen bei den verschiedenen Erkrankungen keine neueren Kenntnisse als die bisher aus der klinischen Hämatologie und Zytologie bekannten, von Streicher und Sandkühler 1953 publizierten, über die Granulozyten mit der vorwiegenden Abwehrfunktion und der Produktion und dem Transport der mehr oder weniger spezifischen Mediatorstoffe der Neuzeit, ebenso den Lymphozyten, den Helper- und Suppressorformen und den Monozyten mit den Phagozytosefaktoren, der Verdauung des anfallenden Zell- und Keimmaterials, der Antigenaufbereitung und der Produktion der Adhärenzmoleküle gewinnen. Das traf auch für die Funktion der Immunaktivitäten der Plasmazellen mit der Synthese des Gammaglobulins zu.

In einer Studie der Monozyten-Makrophagen-Funktion, gelang es, die intrazellulären Hämatinkristalle nachzuweisen und die diagnostische Bedeutung der Hämosiderophagen bis zu acht und zehn Wochen nach symptomenarmen Schädelhirntraumen zu erkennen. Professor Goertler, der Veterinär-Mediziner der Universität, hatte mich darauf aufmerksam gemacht, daß bei Rinderembryonen im vierten bis sechsten Monat im Plexus chorioideus, dem Produktionsorgan des Nervenwassers in den Seitenkammern des Gehirns, Merkmale einer Hämatopoese, also eine Bildung von roten und weißen Blutzellen, beobachtet und beschrieben worden sei. Ergebnisse über Untersuchungen an menschlichen Föten, aus denen auf eine Hämatopoese zu schließen wäre, konnte ich bislang nicht erfahren.

In der Ausbildung der Studenten überließ Graf Hugo mir aus der großen klinischen Vorlesung die Neurologie mit der Differentialdiagnostik und, wie gehabt, den Neurologischen Untersuchungskurs. Während seiner Abwesenheit hielt ich auch die Psychiatrie- und Psychopathologie-Vorlesung. Dafür mußten gründliche Vorbereitungen mit einer systematischen Konzeption aus den Psychiatrie-Vorlesungen Lemkes mit den erforderlichen Patienten-Demonstrationen erarbeitet werden. Und ich war auch dabei geblieben, am Ende eines Kapitels Fragen aus dem Hörerkreis zu fordern, die das Interesse der Studenten an der Nervenheilkunde fördern halfen. Die zunehmende Zahl der Doktoranden schien ein positiver Beweis dafür zu sein.

Auch die Betreuung der Patienten in der Chefstation, dem sogenannten Mittelbau, einer Frauen- und einer Männerstation hatte Graf Hugo mir überlassen. Die Stationspfleger Görig und Handsmann führten hier die Regie. Görig hatte nach der Untersekundareife sich gegen eine Fortsetzung des Schulbankdrückens gesträubt und eine Lehre als Pfleger vor dem ersten Weltkrieg in der Privatklinik des damals weltweit bekannten Direktors der Nervenklinik und Begründers der Jenaer Nervenheilkundeschule, Professor Ludwig Binswanger, begonnen. Ich hörte ihm interessiert zu, wenn er aus seinen Erinnerungen plauderte. „Es waren wohl die reichsten Patienten der Welt", meinte Görig. Maharadschas aus Indien, Angehörige der Chinesischen Kaiserfamilie, Großfürsten aus Rußland, Millionäre aus Südamerika, Lords aus England und auch die Frau Krupp, die Königin der Villa Hügel in Essen, hieß es, mit einem Stab von Begleitern. Zwei, manchmal auch drei von den Begleitern wohnten im Nebenzimmer oder hinter Vorhängen. Die großzügigsten Patienten seien die Inder und die Brasilianer gewesen. Der großzügigste von allen war ein Maharadscha aus Bombay. Er hatte Görig, der ihm die Tropfen brachte, eine goldene Brosche mit einem großen Rubin und eine goldene Tabatiere mit fünf kleinen Rubinen geschenkt. Auch die Frau Krupp sei sehr großzügig gewesen. Einen Fünfzig-Mark-Schein in einem Briefumschlag hätte er von ihr bekommen, erzählte Görig. Der Maharadscha soll unter epileptischen Anfällen gelitten und Tropfen bekommen haben, deren Zusammensetzung Binswanger mehrmals geändert hatte.

Eine chinesische Prinzessin, eine englische Gräfin und auch Frau Krupp hatten Depressionen und bekamen Tinctura opii. Die Opiumkuren waren damals bei den Patienten beliebt. Es wurde mit drei mal fünf Tropfen täglich begonnen und bis auf dreimal zwanzig, dreißig, selten auch bis vierzig Tropfen gesteigert und dann wieder verringert. Mit dreimal fünf, manchmal auch drei mal zehn Tropfen wurden die Patienten entlassen.

Auch ein namhafter deutscher Philosoph, dessen Forschungsergebnisse über die Entwicklung von Charaktereigenschaften sich der Faschismus und Nationalsozialismus aneignete, war um die Jahrhundertwende in stationärer Behandlung Professor Binswangers. Er war an einer Progressiven Paralyse erkrankt, sei verwirrt gewesen und habe mit Kot geschmiert. Ich habe es nicht glauben wollen und unsere Archivarin Frau von Fuß gebeten, mir das Krankenblatt, wenn es das noch geben sollte, raus zu suchen. Das Krankenblatt wurde gefunden, Görigs Angaben trafen zu. Auch die Diagnose. In einer Zeile las ich: schmiert mit Kot und trinkt seinen Urin. Als ich mit dem Grafen darüber sprach, versicherte er mir, daß das historische Archiv unter Verschluß stehe. Zu Professor Kiesers und Binswangers Zeiten seien Könige, Minister und Feldmarschälle in dieser Klinik behandelt worden. Sie ist auch eine Prominentenklinik geblieben. Lemkes letzter prominenter Patient war ein weithin bekannter Philharmonie-Dirigent.

Während von Keyserlingks Auslandsreise übernahm ich eine wohlhabende Patientin der ehemals führenden sächsischen Industrie. Sie litt seit ihrem zwanzigsten Lebensjahr unter einer Multiplen Sklerose. Sie kannte bereits die führenden Nervenkliniken Deutschlands, war zuvor in Behandlung bei Lemke und jetzt bei von Keyserlingk. Nun konnte die Patientin den linken Arm und das linke Bein nicht mehr bewegen. Therapeutisch war der Versuch einer Cortison-Behandlung geplant. Aber auch auf die B-Vitamin-Injektionen, die ihr stets gut getan hatten, wollte sie nicht verzichten. Beim Anlegen der Staubinde in der Mitte des Oberarms des noch gut beweglichen rechten Armes für die intravenöse Injektion bemerkte ich eine spontane Beugung der Finger und der Hand des linken willkürlich unbeweglichen, gelähmten Armes. Da die Beugereaktionen der linken Hand bei den Stauungen am beweglichen rechten Arm sich stets wiederholten, fragte ich die Patientin, ob sie die Spontanbewegungen beim Festziehen der Staubinde spüre. Sie verneinte es. Erst als ich sie beim Stauen darauf aufmerksam machte, meinte sie, es jetzt gespürt und gesehen zu haben. Was das wäre, fragte sie, darüber sehr verwundert, in der Meinung, ob ich etwa zaubern könnte. Es könnte möglich sein, meinte ich. „Dann müssen Sie mir die Multiple Sklerose wegzaubern", entgegnete die Patientin und lachte so enthemmt dazu, daß der Stationspfleger angelaufen kam. Ich erklärte der Patientin, daß es ein Reflex sein müsse, den ich aber noch nicht kannte und über den ich bis jetzt weder etwas gehört noch gelesen hatte.

Ich bat sie darum, ein paar Versuche machen zu dürfen, die sie gestattete, und prüfte, stufenweise steigernd, ihre Schmerzempfindungen und ihre Schmerzgrenze an den verschiedenen Stellen des rechten bewegungsfähigen und des linken gelähmten Armes. Merkwürdig, der Beugereflex der linken, gelähmten Hand ließ sich lediglich von einer bestimmten Stelle, einer reflexogenen Zone über der Mitte des Musculus biceps, auslösen. Der Modalität eines gekreuzt, kontralateral auslösbaren, nozizeptiven Reflexes, einem Meidreflex entsprechend, in einer Art Abhängigkeit von dem beträchtlich, spastisch gesteigerten Muskeltonus, der durch eine Vielzahl von Schmerzimpulsen ausgelöst sein könnte. Dabei war auch eine Ermüdung des Reflexes festzustellen. Mit den Schmerzreizversuchen war die Patientin in eine deutlich euphorisch betonte Stimmungslage geraten und sprach sogar mit dem beliebten Stationspfleger über meine Versuche, in der Meinung, mit ihren Gebrechen noch nützlich zu sein. Worauf der Pfleger ihr von der Sedimentierkammer-Erfindung erzählte. Bei der nächsten Visite gratulierte sie zu der zweiten Erfindung, dem Reflex. Und als von Keyserlingk von der Reise zurückkehrte, bat sie mich, dem Chef den Schmerz-Reflex vorzuführen. Graf Hugo schaute interessiert zu. „Ja", sagte er zu der Patientin gewandt, „in dieser Klinik war schon immer was los. Das war zu Binswangers Zeiten, zu Bergers und zu Lemkes Zeit so, und wir können froh darüber sein, wenn es so bleibt." Graf Hugo hatte sehr großes Interesse an dem Schmerzbeugereflex und fragte, warum es immer nur eine Beugung der Finger und der Hand sei, warum nicht auch eine Streckung. Ich erklärte, so weit war ich inzwischen schon vorangekommen, daß bei Schmerz-Abwehrreflexen der phylogentisch, alterprobte und fortgepflanzte Reflexweg zur Abwendung der Gefahr für die Erhaltung genutzt wird. Ich scheute mich, bei der Patientin elektromyographische Analysen mit den Einstichen für die Elektroden zu machen. Graf Hugo war der gleichen Meinung, obwohl er mit den Analysen geliebäugelt und ich mit der Cortisonbehandlung begonnen hatte, und demzufolge eine Infektionsbegünstigung der Stichkanäle vermeiden mußte. Nach der Behandlung kurz vor der Entlassung bat sie nachzusehen, ob sich an ihrem Spasmus etwas gebessert hätte, weil sie sich nach dem Cortison bedeutend leichter fühle und auch etwas sicherer stehen könne. Der linke Arm und die linke Hand seien aber „immer noch so faul". Die Patientin schaute zu und meinte: „Ne, die Finger und die Hand bewegen sich wie am Anfang." Und damit hatte sie recht.

Aber zum Abschied wollte sie mir noch von einer „epochemachenden Erfindung" aus urgroßmütterlicher Zeit ihrer Familie erzählen. Nach dem siebenjährigen Krieg des Preußenkönigs, als die Urgroßeltern noch jung waren, auf einem Bauernhof bei Chemnitz, hatte ein Hirte auf dunklen Steinen ein Feuer aus Reisig angezündet und sich gewundert, daß das Feuer immer noch so hell brannte und glühte, obwohl das Holz abgebrannt war. Er wollte es nicht glauben, daß die Flammen von unten, von den schwarzen Steinen, kamen, stocherte dort mit seinem Stock herum und sah, wie die Funken sprühten. Las dann ein paar von den schwarzen Brocken auf, die da herumlagen und nahm sie mit nach Hause. Zu Hause angekommen soll er über die schwarzen Klumpen gesagt haben: „Des derft ne wegwerfe, s'tat schön brenne." Mit diesen sieben Worten soll das Zeitalter der sächsischen Industrialisierung begonnen haben. Ich notierte mir die epochale Reminiszenz und habe sie so in meinen Unterlagen wiedergefunden.

Die Patientin hatte einen beträchtlichen Rest ihres Cortisons dagelassen, das in wenigen Tagen ein willkommenes Behandlungsmittel werden sollte. Der Nervenarzt Dr. Loebe aus Weimar überwies den 17jährigen Sohn eines Malermeisters mit einer Lähmung beider Hände und Arme und des rechten Beines mit Mißempfindungen. Auch das linke Bein war betroffen, da er ohne Unterstützung nicht mehr stehen konnte. Die Muskeleigenreflexe an beiden Armen waren kaum auszulösen, die Sensibilitätsstörungen erheblich. Der Stationsarzt punktierte unverzüglich, und Frau Heinrich rief mich ins Labor. Es war eine Nervenwasserzellbild, das überwiegend aus eosinophilen Granulozyten bestand, und zwar 72 %, zusätzlich einer mäßigen Eiweiß- und geringen Gammaglobulinvermehrung. Auch nach dem elektromyographischen Befund bestand an einer allergisch-hyperergischen Polyneuritis kein Zweifel. Zumal der Vater berichtete, der Sohn habe eine neue Farbe mit einem neuen Lösungsmittel erprobt, das aber als absolut unschädlich gekennzeichnet war. Vierzehn Tage nach der eingeleiteten Cortison-Therapie konnte der Patient die Gliedmaßen wieder frei bewegen und auch schon wieder stehen. Da der Patient sich von Anfang an gegen das Erlernen des Berufs seines Vaters sträubte, rieten wir wegen der vermutlichen Lösungsmittelallergie von einer Fortsetzung der Malerlehre ab.

Der Kreisarzt des Kreises Sömmerda, meiner Wahlheimat, lud zu einem Fortbildungsvortrag über die neuzeitliche Diagnostik und Therapie der entzündlichen Erkrankungen des Nervensystems ein. Anhand von Diapositiven über die Penicillin- und Sulfonamid-Behandlung nach bakteriologischen Resistenzbestimmungen empfahl ich für die Behandlung der Pneumokokkenmeningitis das Sulfonamid Supronal und für die weniger häufig vorkommende Meningokokkenmeningitis das Penicillin-G anzuwenden. Schwierigkeiten und Komplikationen waren bei den Infektionen mit dem Pneumococcus mucosus zu befürchten. Je früher eine Resistenzbestimmung erfolgte, um so günstiger waren die Behandlungserfolge. Großes Aufsehen erregten die neuen Agfa-Color-Diapositive mit den sanierten Liquorzellbildern, so daß ich in der Diskussion die Sedimentierkammer erklären und demonstrieren mußte.

Im Anschluß besuchte ich das Sömmerdaer Krankenhaus, in dem ich 1945 sehr zaghaft mit einem Krankenpflegepraktikum begonnen hatte. Von alten bekannten Ärzten habe ich lediglich Dr. Engelhard angetroffen, der auch in Jena studiert und approbiert, an der Erfurter Medizinischen Akademie promoviert und hier auch eine Fachausbildung für Geburtshilfe und Gynäkologie absolviert hatte. Von den übrigen Ärzten kannte ich niemanden. Bekannte Schwestern und Pfleger konnte ich auch nicht antreffen.

Die mit großer Spannung erwarteten Korrekturfahnen der Liquorzellmonographie waren endlich eingetroffen. Die Reproduktionen der Agfa-Color-Diapositive waren hervorragend gelungen. Es war offensichtlich, daß der Fischer Verlag in Jena keine Mühe gescheut und den Erfolg damit vorprogrammiert hatte. Frau Dr. Margarete Volkmer, die seinerzeit für Professor Gustav Döderlein in Jena das von ihm redigierte Zentralblatt für Geburtshilfe und Gynäkologie korrigierte, übernahm dankenswerterweise die Fahnenkorrektur, die ich bei der damaligen Belastung wohl kaum mit der notwendigen Sorgfalt zustande gebracht hätte.

Zur gleichen Zeit war auch Professor Vogts angekündigte Einladung zu einem Besuch in den Schwarzwald eingetroffen. Das Arrangement hatten die Biologinnen des Neustädter Instituts Frau Dr. Kraus und Frau Dr. Gihr übernommen. Da wir auf die Reisegenehmigung diesmal länger als vermutet warten mußten, hatte ich die Hoffnung aufgegeben. Eine Woche vor der Reise in den Schwarzwald war die Genehmigung doch noch eingetroffen und die gefürchtete Reaktion im Kinderhof eingetreten. Dora, die sich um die Spielverletzungen und Wehwehchen der Kinder kümmerte und deshalb ein großes Vertrauen genoß, konnte die Wogen glätten und die Gemüter beruhigen. Vor Begeisterung sangen Tavi und Juliane als Schlaflied: Vorfreude, schönste Freude. Dieser Jubel fand auf dem Grenzkontrollbahnhof in Probstzella eine jähe Unterbrechung, als ein kontrollierender Polizist in einer Reisetasche unser Notgeld von vierhundert Mark fand. Wir mußten sofort aussteigen und wurden auf die Wache gebracht, wo ich verhört wurde. Natürlich hatte man meine Angaben überprüft und auch Vogts Einladung. Stundenlang hatten wir dann in einem Warteraum auf eine Nachricht gewartet. Urplötzlich wurden wir und noch eine Familie mit dem gleichen Schicksal aufgefordert, in die Abfahrt-Kontrolle zur Gepäckkontrolle zu gehen. Erst nach der Kontrolle, vor Abfahrt des Zuges nach München, hieß es: „Sie können weiterreisen!"

Wir konnten es kaum begreifen. Vor Freude nahezu erstarrt, stiegen wir in den Zug. Ich fand ein leeres Abteil. Nun hüpften die Kinder wieder vor Freude. Jedesmal beim Umsteigen fuhr uns der Probstzella-Schreck in die Glieder, bis wir endlich in Neustadt mit achtstündiger Verspätung aussteigen konnten. Die Überraschungen wurden wir aber nicht los. Aus den besorgten Mienen unserer Gastgeber Frau Dr. Kraus und Dr. Gihr erahnte ich nichts Gutes. Professor Vogt war schwer erkrankt in die Medizinische Klinik Freiburg eingeliefert worden und in einen Verwirrtheitszustand geraten. Seine Frau Cecilie und die Tochter Marthe waren bei ihm und meinten, daß er wohl nicht wieder zu sich kommen würde. An einen Besuch war nicht zu denken. Ein Unglück kommt selten allein. Frau Dr. Gihr klagte, daß ihre Mutter vor drei Tagen einen Schlaganfall mit einer rechtsseitigen Lähmung und einem Sprachverlust erlitten hatte und der Chefarzt des Marienspitals wünschte, einen Neurologen zu Rate zu ziehen. So nahm ich mein Köfferchen zur Hand und reiste mit Frau Dr. Gihr nach Konstanz ins Marienspital. Ihre Mutter lag noch im Koma. Da ich aus den Symptomen mit den systolischen Blutdruckwerten um 100 bis 110 mm/ Hg. eine Kreislaufschwäche vermutete, die stützungsbedürftig erschien, hatte ich zu einer Herzglykosidbehandlung geraten. Nach zwei Tagen konnte die Patientin ihre Tochter wiedererkennen und auch den rechten, gelähmten Arm etwas bewegen. Die komplette Aphasie war unverändert geblieben. Nach vier Tagen schien sie Bruchstücke zu begreifen, aber konnte nur selten ein Wort formgerecht sprechen. Den Versuch einer Aphasie-Prüfung mußte ich abbrechen.

Frau Dr. Kraus war mit Dora und unseren Töchtern nachgekommen. So kamen wir zu einer Bodensee-Fahrt mit einem Besuch der imposanten und mit den Südsee-Früchten sehr interessanten Insel Mainau, die unsere Kinder bewunderten. Noch bewundernswerter und aufregender fanden sie aber das Baden im Bodensee und im Rhein. Professor Vogt war indessen verstorben. Als unser Notgeld auf dem Grenzbahnhof in Probstzella entdeckt worden war und wir aussteigen mußten, ahnte ich, daß unsere Ferien von sehr bedauerlichen Zwischenfällen unterbrochen sein würden. Um so zufriedener und gar glücklicher waren die Kinder, die außer dem Schwarzwald mit Hinterzarten, Hochfirst, Titisee auch noch den Bodensee erlebt und mit uns einen Ausflug in die Konstanzer Schweiz mit netten Zöllnern, die sich mit den Kindern unterhielten und ihnen rieten, sich noch dieses und jenes anzusehen, unternommen hatten.

Wieder zu Hause, ohne Zwischenfälle zurückgekehrt, hatte ich wegen des Probstzella-Zwischenfalls zumindest mit einer Vorladung in der Personalabteilung der Universität gerechnet. Aber in der Klinik fand ich nichts diesbezügliches vor. Die Freude darüber, mit einem blauen Auge davongekommen zu sein, wurde sogar noch erhöht durch die Nachricht, daß der bestellte Pkw Skoda-Oktavia geliefert worden und abholbereit sei. Endlich wieder eine ungetrübte, freudige Überraschung.

Die wirtschaftlichen Verhältnisse in der Republik begannen sich spürbar zu bessern und auch die marxistisch-ideologische Verbohrtheit und Verhärtung schien sich zu lockern. Mit unserem Verwaltungschef, zwar einem Parteigenossen, aber einem vernunftbegabten, tüchtigen Wirtschaftsfachmann, den ich von einer schlimmen Ischialgie befreit hatte, konnte ich offen darüber sprechen. Er machte sich Sorgen über die neue „spinnete" Parteiidee „überholen ohne einzuholen" und das waghalsige Streben nach dem Weltniveau. Die Kollektivierung der Landwirtschaft stehe auf dem Programm. Die kleinen Industriebetriebe werden von Kombinaten dirigiert, ohne Rücksicht auf den Gewinn der kleineren Betriebe. Das bringe wieder Verdruß und Verzweiflung. Die Republikflucht würde zunehmen, wenn die Berliner Hartliner es so weiter treiben, äußerte er sich. Von ihm erfuhr ich die neuesten politischen Witze, so über die Parteipresse: „Petrus hatte die größten Herrscher aller Zeiten zu einem Meinungsaustausch eingeladen. Alexander der Große begann mit seinen Feldzügen zu prahlen, lenkte aber nachdenklich ein: „Wenn ich die Kanonen Napoleons gehabt hätte, würden Europa, Indien und auch Afrika noch heute Alexandrien heißen." Der ehrgeizige Korse, der seinen Namen hörte, ließ Cäsar nicht zu Worte kommen und rief: „Wenn ich die Panzer Hitlers gehabt hätte, würden Indien und Afrika heute noch zur Grande Nation Francaise gehören." Als Hitler das Wort Panzer hörte, war er wütend aufgesprungen und brüllte: „Alles Unsinn, wenn ich die Zeitung „Das Neue Deutschland" gehabt hätte, wüßte die Welt heute noch nicht, daß ich den zweiten Weltkrieg verloren habe." Auch über Ulbricht liefen Witze um, die unter vorgehaltener Hand weitergegeben wurden.

Die Chefhonorare der Konsultationen in der Erfurter Nervenklinik, die Honorare der Chefvertretungen und Gutachten in der Jenaer Klinik und nicht zuletzt die beträchtliche Gehaltserhöhung mit dem Einzelvertrag ließen es zu, daß wir uns trotz des neuen Wagens endlich einen Familienurlaub leisten konnten, an dem auch ich, wenn auch mit einem Koffer voll von Literatur, die ich nachzuholen hatte, teilhaben konnte. Wenn es nach mir gegangen wäre, hätte ich einen Urlaub in den Bergen bevorzugt. Am Wasser, wenn auch nicht an der See, war ich geboren und aufgewachsen und kannte all die Vorzüge und auch die Nachteile. Die Berge dagegen zogen mich an. Daher kam wohl auch der Hang, in die Lüfte zu steigen, zur Fliegerei, zunächst zum Segelfliegen.

Wir waren abends in Erfurt in den D-Zug nach Wismar gestiegen. Ich war müde und wollte etwas schlafen. In der quirligen Erwartungsfreude der Kinder, die die Ostsee schon kannten, war auch nur ein kurzes erholsames Einnicken nicht möglich. Im Morgengrauen in Wismar angekommen, wünschten sie unbedingt ein großes Schiff zu sehen. Es war ein Glück, daß die „John Brinckman" zufällig im Hafen lag. Im Bus nach Boltenhagen waren sie endlich eingeschlafen. Auch Dora und ich mußten kurz vor Boltenhagen eingenickt sein. Die schwache Dünung und das Plätschern der Wellen in der Morgensonne mußten magische Kräfte entfaltet haben. Meine drei Damen waren nicht mehr zu halten, sie mußten ins Wasser, während ich heilfroh war, endlich ins Bett zu sinken. Ich hatte die Mittagsmahlzeit verschlafen und war zur Kaffeezeit erwacht. Nach dem Kaffee stürzte auch ich mich in die Ostseeflut.

Boltenhagen war 1959 noch ein Fischerdorf und eine bescheidene Seeurlaubsadresse, es hatte außer dem herrlichen Strand und ein paar mittelmäßigen Gastwirtschaften nicht viel zu bieten. Eine Strandkapelle wie in Binz, von der unsere beiden musikbegeisterten Töchter so schwärmten, gab es hier nicht, dafür aber einen Wald, in dem man Pilze suchen konnte und auch welche fand. Petrus verwöhnte uns knappe zwei Wochen mit strahlender Sonne und leichter Brise. Beide Töchter, Juliane mit ihren 8 und Tavi mit ihren 10 Jahren, konnten schwimmen. Ich tat so, als ob ich es mehr schlecht als recht vermochte und verschluckte mich auch noch dabei zur Belustigung unserer Töchter, die über ihren Vater, der nicht schwimmen konnte oder nur so tat, als ob er es konnte, herzlich lachten: Das war ein Spaß. Besorgt flüsterte Tavi zu ihrer Mutter: „Kann unser Vati wirklich nicht schwimmen?" Dora lächelte. Inzwischen war ich weggetaucht, verschwunden! Die Bestürzung war groß, schwand aber schnell, als ich auf der Sandbank weiter vorn in der See wieder auftauchte. Am Abend beobachtete ich Fischer beim Legen von Aalreusen und fragte unsere Wirtin, ob sie uns bei den Fischern ein paar Aale und Schollen bestellen könnte. Sie tat es mit Erfolg. Die frischen, gebratenen Aale und Schollen waren ein willkommener Hochgenuß.

Das Barometer war gesunken. Ich wollte meine Damen nicht beunruhigen und behielt die Schlechtwetterankündigung für mich. Am Ende der zweiten Woche waren Wolken aufgetaucht, die allmählich häßlicher wurden und einen Wind mitbrachten, der in einen Sturm ausartete. Jetzt konnte ich mich mit meiner Literatur befassen und auch noch ein paar Untersuchungsergebnisse ausarbeiten. Der Sturm brachte das Wasser von oben. Unser Urlaub war zu Ende, und auch meine Literaturtasche war leer, ich hatte alles geschafft und konnte zufrieden sein. Dora und die Töchter waren es auch. Ich sah mich schon vor dem Postberg zu Hause sitzen.

Professor Lumsden aus Leeds schickte mir einen Sonderdruck über aktivierte Lymphozyten und blast like cells aus dem Nervenwasser von Multiple-Sklerose-Patienten, die er mit einer maßgerecht nachgebauten Sedimentierkammer gewonnen hatte. Er lobte die einfache und doch so ideale Technik und wunderte sich, daß bisher noch niemand darauf gekommen war.

In einem Telegramm hatte Professor Wilder aus New York die Sendung von Chemikalien für eine Ribonuclease Co-Reaction angekündigt, die vier Tage danach eingetroffen war. Auch hier war die Reaktionsfähigkeit begrenzt. Bis zum Verfallsdatum waren es aber noch zwei Wochen. Ein wünschenswerter Tumorliquor stand uns nicht zur Verfügung, aber das Nervenwasser einer Hirnhautblutung mit auffallend aktiven Makrophagen, gierigen Freßzellen mit lysosomeren Vacuolen, die aber nicht leer waren, sondern eine schwache Ribonuklease-Reaktion erkennen ließen und die auch in der Photometrie Dr. Otto's im Zeiss-Labor, und zwar im Konzentrat, ein diesbezügliches Spektrum ergeben hatte. Hochgespannt warteten wir auf ein Metastasen-Nervenwasser und bemühten uns auch in der Inneren Medizin und in der Chirurgischen Klinik darum.

Akkurat am Verfallsdatum des Prüf-Sets war aus der Chirurgischen Klinik eine Patientin mit einem inoperablen Rektumkarzinom, zerebralen Krampfanfällen und einer rechtsseitigen Lähmung überwiesen worden. Im Nervenwasser einer kleinen Lumbalpunktion bot sich ein „erschreckendes Bild". Frau Heinrich holte mich aus einer Besprechung ins Labor. Eine seltene Vielgestaltigkeit der Zellen mit eigentümlichen Entartungen, Zellteilungen und abnormen Zellteilungsfiguren und auch den Anzeichen einer kapillären Blutung im Nervenwasserraum, mit Erythrozyten und Granulozyten. Ein Co-Enzympräparat lag bereits unter dem Mikroskop. Frau Heinrich hatte hervorragend gearbeitet, hatte auch ein Konzentrat bereitet, mit dem ich in die Spektralanalyse zu Dr. Otto rannte. Die Kennzeichen der proteolytischen Aktivität schienen eindeutig. Frau Heinrich schoß Agfa-Color-Aufnahmen, die ich Professor Zülch ins Kölner Max-Plank-Institut zur Begutachtung sandte. Zülch gratulierte zu dem Erfolg und bat mich, ein Kapitel *„Cerebrospinal Fluid of Brain Tumours"* für das internationale Handbook of Neurology vorzubereiten. Als ich Graf Hugo die Befunde in den Diapositiven zeigte und auch im Übersichtspräparat erklärte, meinte er, der Erfolg sei meiner unendlichen Geduld und Ausdauer zu verdanken.

Sechs Jahre später äußerten Dr. K. Blinzinger und R. Henn in einem Artikel über eine Carcinose der Hirnkammern infolge Geschwulstzellenaussaat auf dem inneren Liquorweg, in der Acta Neuropathologica 1966: „S. hält es für möglich, daß die Zellen bestimmter Geschwülste imstande sind, den Wandbelag der Ventrikel, der Hirnkammern durch Enzymwirkung aufzulösen. Im Gefolge einer solchen fermentativen Auflockerung der Ependymbarriere könnten sie dann in die subependymären Gewebsbereiche eindringen und sich hier weiter vermehren. Die bei der mikroskopischen Untersuchung unserer beiden Fälle wiederholt gemachte Beobachtung, daß gerade dort, wo die Karzinomzellverbände der Ventrikel, der Kammerwand, aufliegen, die Ependymzellen oftmals schwerste nekrobiotische Veränderungen zeigen oder schon völlig untergegangen sind, scheint die Ansicht S.s zu rechtfertigen." Allerdings finden sich selbst in neueren Darstellungen der Morphologie und der Biochemie der Geschwülste von Hamperl 1956 und Butenand und Dannenberg 1956 noch keinerlei Angaben oder Hinweise, denen man entnehmen könnte, daß Zellen von malignen Blastomen eine zur Auflösung normaler Gewebskomponenten besonders geeignete Enzymausstattung besitzen. Der Neuropathologe Professor Wechsler hatte über die Ergebnisse referiert.

Referate

Allgemeines

a) Normale und pathologische Anatomie

Blinzinger, K., und R. Henn (München), **Karzinose der Hirnkammern infolge Geschwulstzellaussaat auf dem inneren Liquorweg.** Acta neuropath. 6 (1966), 14-24.

Die Autoren berichten klinisch und pathologisch-anatomisch über 2 Fälle von Bronchialkarzinomen mit disseminierter Absiedelung von Tochtergeschwülsten an der Wand des Ventrikelsystems. Als Ausgangsort der Liquormetastasen fand sich bei beiden Fällen eine hämatogen entstandene Metastase im Großhirnmarklager, die in den Seitenventrikel eingebrochen ist. Die Autoren vertreten die Hypothese, daß für das Angehen liquorogener Ventrikelwandmetastasen die biologischen Eigenschaften der Tumorzellen ausschlaggebender sind als präexistente Ependymdefekte. In dieser Hinsicht wird vor allem auf die Ansicht von Sayk eingegangen, der sich dafür ausgesprochen hat, daß bestimmte Tumorzellen in der Lage sind, die Ventrikelwand enzymatisch aufzulösen.

W. Wechsler (Köln)

Aus: Zentralblatt f. d. ges. Neurol. u. Psych. 1968

Mit verschiedenen zytochemischen Reaktionen bemühten wir uns um eine eingehendere Analyse der Auflösung der Eiweißbestandteile in den Krebszellen mit einem Übergreifen auf normale Gewebszellen, waren aber über die provisorischen Ergebnisse nicht weiter hinausgekommen. Zehn Jahre später schossen neue biochemische Analysen wie Pilze aus dem Boden.

Ich wurde oft gefragt, wie es unter den erschwerten Bedingungen in der sowjetischen Besatzungszone und dann in der DDR möglich gewesen sei, derartige Leistungen zu vollbringen. Es gab weit hervorragendere Arbeitsgruppen auf den verschiedensten Gebieten und auch dementsprechende Leistungen. Der Fleiß und auch die Innovation in der Nachkriegszeit waren vorhanden. Was dann aber allmählich nachließ, war die Ausdauer, das geduldvolle Ausharren und Überwinden der Schwierigkeiten, der oft sehr behindernden, scharfkantigen mehr oder weniger politischen Stolpersteine.

Mit Hilfe der an Bodenschätzen und Naturprodukten so sagenhaft reichen Sowjetunion hätte der Rohstoffbedarf rascher und besser gedeckt und die rigorosen, grotesken Demontagen der Militäradministration durch Neubauten ausgeglichen werden können. Der Aufschwung kam zu sporadisch, verzettelt und zu spät. Viele wertvolle Führungs- und Arbeitskräfte verließen die Zone und die DDR. Die Kollektivierung der Landwirtschaft und die Vereinigung vieler Industriezweige zu Kombinaten, die Vereinnahmungen produktionsfähiger und profitabler Privatbetriebe nach sowjetischem Muster waren unüberlegt und überstürzt und löste 1960/61 eine irreparable Fluchtwelle aus. Moskau und dem mächtigen Berliner Zentralkomitee blieb nichts anderes übrig, als den Osten auf einem Höhepunkt des kalten Krieges durch eine Mauer aus Beton und Stacheldraht abzuschotten.

Kurz davor war aber noch das Nervenwasser-Zellbuch „*Cytologie der Cerebrospinalflüssigkeit*" erschienen. Die Aufmachung mit der Gesamtausstattung konnte sich sehen lassen. Graf Hugo lud uns daraufhin zu einem Gastmahl ein. „Die Rezensionen brauchte ich nicht zu fürchten", meinte er.

Im *American Journal of Medical Sciences* hieß es: „*The first half of this excellent book gives a full description of the various method used to obtain, to count and to stain the cells of the cerebrospinal fluid; on a review of the cytochemistry, the origin, and the function of these cells. The autor recommends sedimentation of the cells in a specially constructed chamber, the sedimentation being propelled by the capillarity attraktion of filter paper.*

This ideal technique permits perfect conservation and staining of the cells. The second half of the book contains a comprehensive description of the liquor cytology in the inflammatory diseases, multiple sclerosis, haemorrhage, tumours, lues and arteriosclerosis of the central nervous system. This is correlated with the chemistry of the liquor. The illustrations are excellent. Many are in color. The book is highly recommended to all who are interested in the cytology of body fluids, it is a must for students of liquor cytology."

Im *Yokohama Medical Bulletin* äußerte sich Professor T. Inose: *„Im Geleitwort von Professor Schaltenbrand ist das Verdienst des Verfassers, nämlich die Entwicklung eines neuen Verfahrens zur Konservierung und Färbung der Liquorzellen, sehr hoch geschätzt und gelobt. Der allgemeine Teil hat 11 Kapitel, in denen nicht nur ein historischer Überblick gegeben ist, sondern auch viele bisher gebräuchliche Darstellungs- und Färbemethoden ausführlich beschrieben sind. Unter den Beschreibungen des allgemeinen Teils zieht die Sedimentierkammer unser besonderes Interesse an, die durch den Verfasser neu entwickelt wurde. Die Struktur des Apparates und seine Gebrauchsmethode werden ausführlich dargestellt, indem drei Abbildungen dabeigegeben sind. Der spezielle Teil behandelt natürlich die zytologisch-klinischen Befunde, die sowohl für die praktischen Ärzte als für die Fachleute sehr lehrreich sind. Besonders kann man die schönen farbigen Abbildungen nicht übersehen. Unter den Büchern, die sich mit den Liquorzellen beschäftigen, besitzt dieses Buch eine Sonderstellung, die mit den anderen kaum vergleichbar ist."*

Wenn es sprichwörtlich heißt, daß das Wort des Propheten nicht im eignen Lande gelte, so dürfte das auf den Inhalt des Liquorzellbuches nicht zutreffen. Die ausführlichste und anerkennendste Rezension stammt von Professor Max Demme, einem der ältesten deutschen Neurologen aus der ersten deutschen Neurologischen Universitätsklinik aus Hamburg. Im *Zentralblatt für die gesamte Neurologie und Psychiatrie* schrieb er:

„Angesichts der großen Fortschritte, welche auf dem Gebiet der Erforschung der chemischen, kolloidchemischen, physikalischen und immunbiologischen Eigenschaften der Zerebrospinalflüssigkeit gemacht werden konnten, ist ihre Zytologie immer ein Sorgenkind der Klinik und Forschung geblieben, obgleich gerade mit ihr die Liquorforschung begonnen hatte.

Im Gegensatz zu den zellulären Elementen des Blutes ließen sich die Liquorzellen des Blutes nur schwer färberisch genügend darstellen, um eine Differenzierung, eine Unterscheidung der Zellarten, zu ermöglichen. Dies liegt daran, daß der Liquor meist nur relativ wenig Zellen enthält, so daß vor der Färbung eine Anreicherung der Zellen angezeigt ist, daß aber die Nervenwasserzellen größtenteils so wenig vital sind, daß sie sich an sich schon schlecht anfärben, und daß sie durch die Anreicherungsverfahren zum Teil weiter geschädigt und verändert werden.

Nach eingehender Beschreibung der bisherigen Darstellungsmethoden der Liquorzellen berichtet der Verfasser über eine von ihm entwickelte Apparatur, welche es gestattet, in denkbar schonender Weise die Liquorzellen in kurzer Zeit unter leichter Druck- und Absaugwirkung auf einen Objektträger sedimentieren zu lassen. Die so gewonnenen Zellpräparate lassen bei der nachfolgenden Färbung besonders gut die feineren Zellstrukturen erkennen, da kein leicht zu einer Überfärbung führendes Klebemittel, zum Beispiel Eiweiß, erforderlich ist und da keine Zellschädigung durch Zentrifugieren, Einbettung und anderer Hilfsmittel erfolgt. Die Präparate lassen sich mit den verschiedenen gebräuchlichen Färbemethoden bearbeiten.

Für praktisch diagnostische Zwecke wird die panoptische May-Grünwald-Giemsa-Färbung in leicht modifizierter Form empfohlen. Mit Recht wird die schematische Festlegung eines starren Grenzwertes für eine noch als normal zu wertende Zellzahl abgelehnt - er liegt etwa bei 5 Zellen im Kubikmillimeter. Auf Grund

eigener Beobachtungen und vorliegender Literatur werden die im Liquor vorkommenden Zellformen beschrieben, wobei für die Aufstellung eines Differentialzellbildes folgende Differenzierung angegeben wird.
A: 1. neutrophile Granulozyten, 2. eosinophile Granulozyten.
B: 1. lymphozytäre Zellformen, 2. plasmozytäre Zellformen,
   3. monozytäre Zellfomen, 4. Makrophagen,
   5. fibrozytäre Zellformen.
C: 1. Ependymzellen, 2. Plexuszellen,
D: entartete Zellformen.
   Ein besonders aufschlußreiches Kapitel ist der Herkunft der Liquorzellen gewidmet. Ausgehend von dem Satz, daß die Produktion des Nervenwassers und der zelligen Bestandteile zwei getrennte Funktionen sind, werden an Hand von Vergleichen der Liquorzellen mit den Zellen von Pia-Häutchenpräparaten die Möglichkeiten einer histio- und hämotogenen Herkunft der Zellen diskutiert. Besonders gut lassen sich mit der Sedimentierkammermethode auch Mitosen im Liquor darstellen, so daß der Verfasser auch zu der Frage der Teilungsvorgänge einen wichtigen Beitrag zu geben vermag.
   Die Ergebnisse des umfangreichen speziellen Teils, der sich mit Liquorzellbildern bei den verschiedenen Krankheiten befaßt, kann im Rahmen dieses Referates nicht im einzelnen wiedergegeben werden. Es liegt nahe, daß den Kliniker besonders die Differenzierung des Zellbildes bei den Geschwülsten, bei den Meningitiden und Enzephalitiden interessiert. Diese Kapitel werden besonders eingehend behandelt, wobei gezeigt wird, daß verhältnismäßig selten das Liquorzellbild allein eine sichere Diagnose gestattet, daß es aber im Rahmen des sonstigen Liquorbefundes und im Rahmen des gesamten klinischen Bildes sehr wertvolle Hinweise für die Diagnose und Therapie zu geben vermag.
   Der besondere Wert des vorliegenden Werkes liegt darin, daß der Verfasser mit Hilfe einer von ihm entwickelten Methodik neue Erkenntnisse vermittelt und daß er immer, sowohl im allgemeinen, wie im speziellen Teil, unter ständiger Berücksichtigung einer sehr umfangreichen Literatur zeigt, wie weit seine Ergebnisse

geeignet sind, schon Bekanntes zu ergänzen und zu erweitern und in welcher Beziehung sie zu den sonstigen Ergebnissen der Liquorphysiologie und Pathologie stehen. Zum Verständnis des Textes tragen die zahlreichen farbigen, ausgezeichnet reproduzierten Abbildungen wesentlich bei. Jeder Kliniker und Forscher, der sich mit Liquorfragen befaßt, wird das Werk gern zur Hand nehmen, das ein umschriebenes Gebiet wirklich erschöpfend behandelt."

Auch wenn ich mir mit den methodisch-experimentellen und klinisch vergleichenden Arbeiten sehr viel Mühe gegeben habe, mit derart lobpreisenden Beurteilungen in allen Rezensionen habe ich, zumal als Neuling, nicht gerechnet. Bei der Betrachtung und Vergegenwärtigung der Erfolge in aller Ruhe, die ich mir nun auch einmal gönnen mußte, erinnerte ich mich, dankerfüllt, all derer, die mir hilfreich zur Seite gestanden haben und auch der Gefährten aus der Studienzeit, besonders an Gerd Gral, den intelligentesten und befähigsten von uns, fleißig, rücksichtsvoll und stets hilfsbereit. Er hatte in einer Klinik in Köln eine Assistentenstelle gefunden und war frühzeitig zum Oberarzt ernannt worden. So hatte ich es gehört. Ein Bekannter wollte wissen, daß er als Chefarzt eine Innere Klinik übernommen hatte. Horst Rudat war mit seiner Promotionsarbeit in Schwierigkeiten geraten, die er nicht beheben konnte und das Thema aufgeben mußte, da er in einer lukrativen Betriebsarzt-Stelle eines großen Industriebetriebes in Suhl seßhaft geworden und zum Bezirksarzt für Arbeitsmedizin des Bezirkes Suhl avanciert war. Er wohnte in einer stattlichen Villa mit allem Komfort, ohne parteilich gebunden zu sein, weshalb er von vielen Kollegen beneidet wurde. Er lud uns mit unseren Töchtern zu einem Besuch ein, so konnten wir seine reizende Frau, die auch aus Ostpreußen stammte, mit den Kindern Ruth und Horst kennen- und die wohltuende Gastfreundschaft schätzenlernen. Auch Rudolf Zippel, der sich mit der bereits erwähnten Arbeit habilitiert hatte und zum Oberarzt und Dozenten ernannt wurde, war zunächst auch in Jena im vornehmen Westend seßhaft geworden. Seine Monographie mit dem Titel „Grippe, Ohr und Gehirn" und seine einfallsreiche, subtile otorhinolaryngologische Operationstechnik brachten ihm eine Berufung auf den Lehrstuhl seines Hals-Nasen-Ohrenfaches an der Universität Greifswald ein. Wir haben uns des öfteren besucht.

Graf Hugo nahm an einer Vorstandssitzung der Gesellschaft für Psychiatrie und Neurologie in Berlin teil, in der auch über die heikle Situation der Neuropsychiatrie an der Universität Rostock nach der fragwürdigen Entlassung des Direktors der Klinik Professor von Stockert und der wenige Monate später wegen einer Erkrankung erfolgten Entlassung des Nachfolgers Professor Elsässer vertraulich verhandelt worden war. Ein Jahr zuvor hatte das Staatssekretariat für das Hoch- und Fachschulwesen beschlossen, das Fachgebiet der Nervenheilkunde im Klinikum an der Universität Rostock in drei Einzelfächer und Einzelkliniken mit Lehrstühlen für Psychiatrie, Neurologie und Kinderneuropsychiatrie aufzuteilen. Dem inzwischen eingetretenen unhaltbaren Zustand mußte abgeholfen werden. Wegen der Größe der Neurologischen Klinik mit 128 Betten hatte das Staatssekretariat vorgeschlagen, zunächst den neurologischen Lehrstuhl mit einem Direktor der Neurologischen Abteilung zu besetzen und das Direktorat des gesamten Klinikums wechselweise durch einen der Lehrstuhlinhaber leiten zu lassen.

Es wurde lange debattiert, wer wohl dieser problemreichen Aufgabe in der heiklen Situation von den jüngeren Kräften, die mit den Verhältnissen in der DDR vertraut und gleichzeitig führend und leistungsfähig waren, gewachsen sein könnte. Drei Namen seien genannt worden, und auch mein Name war dabei. Graf Hugo sagte: „Daraufhin habe ich mich zurückgehalten, mußte dann aber nolens volens, was die Leistungsfähigkeit betraf, weil darauf offensichtlich der größte Wert gelegt wurde, zu Ihrer Eignung stehen. Ich sah keine andere Möglichkeit. Zumal der Vertreter des Staatssekretariats, Dr. Schüler, mit Ihrem Namen begonnen hatte. Einen Kollegen hörte ich flüstern, jetzt werden die Investitionen von Jena nach Rostock verlegt."

Die vertrauliche Nachricht irritierte mich. Offenbar sollte ich nicht zur Ruhe kommen. Ich war sprach- und ratlos zugleich. Auf meine Frage, was aus der Hirnforschung werden solle, meinte der Graf, die würde eingehen, weil die Charité-Nervenklinik eine Hirnforschung bekommen solle. Ein Berliner Oberarzt sei bereits in Neustadt bei Vogt ausgebildet worden. Es wird schon so sein, daß ich nach Rostock müsse. Die Rostocker Klinik bedürfe einer vorbildwirksamen Führung, hatte Graf Hugo ergänzend betont. Bei dem Wort Führung überkam mich ein Frösteln. Ich erinnerte mich an des deprimierende Urteil eines hohen taktischen Führungsoffiziers während eines Luftkriegsschullehrgangs, der mir geraten hatte, mich um einen Arbeitsplatz im kriegswissenschaftlichen Archiv zu bewerben. Er mag recht gehabt haben. Als Soldat war ich ein schlechtes Vorbild. Der Graf meinte mit einer abwertenden Handbewegung auf meine Einwände hin: „Ach das Militär mit seinen eklatanten Fehlern und erbärmlichen Versagern." Offensichtlich hatte er sich mit meinem Ausscheiden bereits abgefunden, obwohl es nicht definitiv war und die Entscheidung abgewartet werden mußte.

So faßte ich wieder Mut, um unser gemeinsames Vorhaben mit der Zeiss-Mikroabteilung - einen Kultivationsversuch mit metastasierenden Tumorzellen - vorzubereiten, zumal im Pilotversuch eine Monozyten-Kultivation im Nervenwasser einer Hirnhautblutung bei einer Druckbelastung von 6kp bei vollkommenem Luftabschluß über sechs Tage gelungen war.

Professor Kuntzen in der Chirurgie hatte um ein Konzil auf seiner Chefstation für eine Patientin gebeten, die er wegen einer Schenkelhernie operiert und die seit der Kindheit unter einer Migräne zu leiden hatte. Da die Migräneanfälle in letzter Zeit zugenommen hatten, vermutete Kuntzen in dem gehäuften Erbrechen eine Ursache des Schenkelbruchs und befürchtete jetzt ein Platzen der Nähte, weil nach der Operation wieder ein heftiger Anfall aufgetreten war. Bei der Untersuchung konnte ich keine Abweichungen feststellen. Da bislang aber noch kein Elektroenzephalogramm abgeleitet worden war, hielt ich es für notwendig, eine Hirngefäßerkrankung auszuschließen. Das EEG war unauffällig. Eine Aktivierbarkeit steiler Wellen konnte ich nicht erkennen. Da die Patientin ausgetrocknet erschien, riet ich zu einer intravenösen Infusion mit 0,002 Dihytamin, einem Mutterkornpräparat, und einer Wiederholung mit 0,001 Dihytamin am nächsten Tag und an den folgenden Tagen zweimal täglich eine Tablette Dihytamin zu 0,001 bis auf Widerruf. Nach der ersten Infusion klagte sie noch über Kopfschmerzen. Nach der zweiten Infusion war sie beschwerdefrei geblieben. Ich schaute noch einmal nach ihr und ließ ihr ein Dihytamin-Medikations-Schema da, das sie beim Nahen eines Migräneanfalls anwenden sollte.

Professor Kuntzen kam zur Visite. Er nahm mich auf sein Zimmer und bedankte sich für die Betreuung seiner Patientin und bedauerte sogleich meinen Verlust für das Jenaer Klinikum. Ich wußte zunächst nicht, was er damit meinte. Dann fiel mir die vertrauliche Botschaft des Grafen ein, und ich erwähnte das Gerücht. Nein, erwiderte er, es ist kein Gerücht. Er vertrat den Dekan und sagte: „Sie gehen nach Rostock. Die Rostocker Universität hat schon vor Wochen Ihre Personalakte angefordert. Wir bedauern sehr, daß wir Sie verlieren. Sie sind nun schon der Dritte, der von Jena nach Rostock berufen wird." Ich muß einen recht betroffenen Eindruck gemacht haben. Er bat mich noch um die Untersuchung eines Patienten, eines Kollegen, der ihn um die Operation eines Bandscheibenvorfalls ersucht hatte, die er aber nicht ohne die Lokalisierung mit meiner „Luftpunktion" vornehmen wollte.

Bei dem Kollegen schien es sich um ein heftiges Rezidiv zu handeln. Die beträchtliche reaktive Skoliose, der auch bei extremer Bahnung kaum auslösbare Achillesreflex und die Sensibilitätsstörungen deuteten auf das lumbale Wurzelsegment vier/fünf, auf der linken Seite hin. Die Luftmyelographie, die ich vor einem Jahr in unserer Neuroradiologie eingeführt hatte, ergab im neuen Schönander-Gerät, in linksseitiger Steißhochlagerung eine Eindellung der Luftsäule über der Zwischenwirbelscheibe des vierten und fünften Lendenwirbels. Kuntzen hatte den Nucleus pulposus Prolaps, den Bandscheibenvorfall, der bereits sequestriert, in Teile zerfallen war, entfernt. Bei der Nachuntersuchung schien sich der Achillesreflex erholt zu haben.

Meiner Frau hatte ich die Berliner Botschaft des Grafen bereits mitgeteilt, und sie war auf alles gefaßt. „Seit drei Jahren scheint es bei uns nur noch holterdiepolter vorwärtszugehen", sagte sie. Ich informierte sie darüber, daß die Berufung nach Rostock nun doch perfekt sei. Die Universität Rostock sei bereits im Besitz meiner Personalakte. Wir verabredeten, darüber noch nicht mit unseren Kindern zu sprechen.

Nur ein paar Tage später, am Nikolaustag, spürte ich auf dem Heimweg einen Schmerz in der rechten Lendenregion, der anfallsweise immer heftiger wurde, so daß ich mich in der Wohnung nicht mehr halten konnte und ins Bett mußte. Mit einer plötzlich aufgekommenen Übelkeit mußte ich erbrechen. Danach lösten sich die kolikartigen Schmerzen allmählich auf.

Am nächsten Tag wieder im Dienst erhielt ich ein Telegramm vom Staatssekretariat aus Berlin mit einer Einladung zu einem Berufungsgespräch, das ich dem Chef des Klinikums vorlegen mußte. „Na", sagte er, „nun sind die Würfel gefallen", und gratulierte mir. Er versicherte mir, daß er aus den Gesprächen in der Sitzung bereits davon überzeugt war, daß ich der per primo loco Anwärter auf die Rostocker Neurologie und auf den Lehrstuhl sei. Sehr verwundert war er über die hohe Bettenzahl der Rostokker Neurologie und meinte, von einer neurologischen Klinik mit mehr als hundert Betten noch nicht gehört zu haben. Er bedauerte mein Schicksal mit der Bemerkung, daß für die Forschung nicht viel Zeit übrig bleiben würde und bat mich, um Himmelswillen keinen Oberarzt und auch keinen Assistenten mitzunehmen. Wohl oder übel mußte ich es ihm versprechen, bat aber darum, wenigstens eine Sekretärin mitnehmen zu dürfen. „Von mir aus können es auch zwei sein", meinte er lachend. Fräulein Henning war seit zwei Jahren meine Sekretärin, auf die ich mich verlassen konnte. Graf Hugo war einverstanden, daß ich in Rostock einen zuverlässigen Menschen haben mußte. Ohnehin sei Rostock kein gutes Pflaster. „Aber so wie ich Sie kenne, werden Sie aus dem Laden schon was machen. Der Elsässer soll die Neurologie so heruntergewirtschaftet haben. Hoffentlich finden Sie im Gehlsheimer Klinikum ein zusagendes Arbeitsklima vor." Er informierte mich noch über die Rostocker Verhältnisse näher und drückte mir die Daumen seiner beiden Hände.

Wegen des Berufungsgespräches in Berlin rief ich meine Frau an, sie erahnte bereits den Grund meines Anrufs und wollte die Kinder schonend auf einen Wechsel vorbereiten. Auf dem Heimweg verspürte ich wieder diesen Druck in der rechten Lendenregion, der immer heftiger wurde. Ich hoffte, nur nicht auf der Straße erbrechen zu müssen, weil sich auch die Übelkeit wieder meldete. Mit Mühe und Not erreichte ich die Wohnung und mußte erbrechen. Nach einer kleinen Pause hatten die kolikartigen Schmerzen wieder eingesetzt und sich so gesteigert, daß ich mich festhalten mußte. Indessen hatte Dora unseren Freund, Professor Scharf, aus der Medizinischen Klinik gebeten, nach mir zu schauen. Er kam sofort und diagnostizierte eine Nierensteinkolik und vermutete, der Stein könnte bereits durch die Bauchpresse des Erbrechens vom Harnleiter in die Blase gelangt sein, weil die heftigen Schmerzen plötzlich nachgelassen hatten. Der Tastbefund bestätigte seine Vermutung. Er bat mich, beim Wasserlassen acht zu geben und den Stein abzufangen und morgen in die Klinik bringen zu lassen und füllte einen Arbeitsbefreiungsschein aus. Dora meinte, das sei mein erster Krankenschein. Sie hatte tatsächlich recht. Ich hatte erholsam geschlafen und brachte den kleinen gezackten Oxalatstein selbst in die Klinik und gab meinem lieben Scharf den Arbeitsbefreiungsschein zurück. Auch er gratulierte herzlich zur Berufung nach Rostock.

Wir beide waren die dienstältesten Dozenten. Er hatte seiner immensen Leistungsfähigkeit bereits die Ernennung zum Professor zu verdanken und erwartete auch eine Berufung. Ich wünschte ihm von Herzen, daß sie bald kommen möge. Wir sprachen noch über das Glück unserer Dozenten-Kollegen, den Orthopäden Seyfarth und den Dermatologen Flegel, die bereits frühzeitig auf die Lehrstühle ihrer Fachgebiete an die Universität Rostock berufen wurden. Daß ich nun der Dritte war, wollte ich noch nicht so recht glauben. Wir waren beide parteilos und wußten über die Probleme der nichtorganisierten Dozenten und sprachen auch über die Situation hierzubleiben, zu verharren oder zu fliehen, bevor das Gesetz über die Republikflucht, derzeit noch ein Gerücht, erlassen werden und dann erhebliche Gefahren brin-

gen könnte.
 Graf Hugo hatte mich noch einmal wegen der Berufung sprechen wollen. Da er zwei Berufungsgespräche hinter sich hatte und ein von uns allen sehr geschätztes psychologisches Feingefühl besaß, war ich sehr froh darüber, seinen Rat zu hören. Da es mein erstes Berufungsgespräch war, riet er mir ab, Bedingungen oder Forderungen zu stellen. Dazu würde ich in Rostock an Ort und Stelle immer noch Gelegenheit bekommen, an der dann auch der Rektor und der Dekan beteiligt wären. Sollte es sich aber um besondere Fragen handeln, so könnte ich um eine kurze Bedenkzeit bitten und ihn anrufen, er würde dann versuchen, mir zu helfen. Diesmal brauchte ich im Staatssekretariat nicht stundenlang zu warten.
 Dr. Schüler, immer noch der Abteilungsleiter der Medizinischen Fakultäten, eröffnete mir nüchtern und sachlich die Situation in der Rostocker Nervenklinik und bedauerte, daß durch die beträchtlichen Neubauten der Universität die Renovierung der Nervenklinik vernachlässigt worden sei. Es wird angenommen, daß die Vernachlässigung einer der wesentlichen Gründe für die Mißhelligkeiten und Streitigkeiten im Klinikum gewesen seien. Der im Bestreben um die Fortschritte in der Nervenheilkunde gefaßte Beschluß, das Fachgebiet zu teilen und drei Lehrstühle und Abteilungen, eine Neurologie, Psychiatrie und Kinderneuropsychiatrie, zu errichten, dürfe nicht aufgegeben werden. Da der Kinderpsychiater Professor Göllnitz neben der kleineren Kinderpsychiatrischen Abteilung die Psychiatrie kommissarisch übernehmen könne, wurde beschlossen, mich auf den Lehrstuhl für Neurologie und als Direktor der Neurologischen Abteilung zu berufen und damit auch meine Leistungen auf dem Gebiet der Neurologie und meine Erfindung zu würdigen. Meine Berufung solle zum 1. März 1961 erfolgen. Im Frühjahr würde in der Klinik mit Vertretern der Investabteilung des Staatssekretariats eine Besprechung über die Rekonstruktion der Neurologie stattfinden. Er wäre überzeugt, daß meine Wünsche berücksichtigt werden könnten. Damit und mit den besten Wünschen wurde ich entlassen.

In der Klinik hatte ich Graf Hugo über den Inhalt der Besprechung mit Dr. Schüler ausführlich informiert. Er meinte, wenn das Versprechen mit der Rekonstruktion gehalten würde, könnte ich durchaus zufrieden sein. Zu Hause hatte Dora die Kinder mit der Neuigkeit vertraut gemacht. Obwohl sie sich von Rostock noch keine Vorstellungen machen konnten, schienen sie von der See zunächst begeistert. Aber noch glaubten sie nicht so recht an die Neuigkeit. Die definitive Nachricht, mit der ich von Berlin zurückkehrte, änderte die Stimmungslage. Das kindlich-seelische Gleichgewicht geriet ins Wanken bei dem Gedanken, den über alles geliebten Kinderhort der Okenstraße verlassen zu müssen. Abends in den Betten flossen die Tränen. Dora meinte, es wird sehr schwer werden, die Kinder von der Notwendigkeit des Wohnungswechsels zu überzeugen. Da ich sie schon einmal, damals von ihrer geliebten Oma in Sömmerda, entführt hatte, war ich schon wieder ein Übeltäter und mußte mir viel Mühe geben, meine Beteuerungen den kindlichen Gemütern anzupassen. Dora hatte es da etwas leichter. Mit der Zeit gelang es ihr, unsere beiden Töchter nicht nur von der Notwendigkeit, sondern auch von den angenehmen und erfreulicheren Seiten der Zukunft zu überzeugen. Völlig außer acht gelassen hatte ich meine Schwiegermutter, die geliebte Oma, die uns in Jena oft besuchte und sich immer sehr darüber freute. Während ich über meiner Habilitationsarbeit saß und Dora sich mit den Kindern an der See erholte, hat sie mich wochenlang liebevoll bemuttert. Als sie von meiner Berufung nach Rostock hörte, hatte ich das Gefühl, als würde sie etwas Unwiederbringliches verlieren. In ihrem Alter mit der Bindung an ihre Tochter, an die geliebten Enkel Tavi und Juliane und den ans herzgewachsenen Schwiegersohn, für den sie alles tat, verkraftete sie die sehr rasch eingetretene, verhältnismäßig weiträumige Trennung nur schwer. Sechs Monate nach unserem Umzug nach Rostock starb sie im Alter von 76 Jahren. Ich war sehr froh darüber, daß sie die Berufung nach Rostock, die sie mit Stolz erfüllt hatte, noch erleben konnte.

Mit der Klinik in Jena war ich noch immer eng verbunden. Aus Berlin zurückgekehrt, wartete Frau Heinrich traurig und beklommen auf mich. Herr Keuscher war mit seiner Frau von den Kindern nach Hannover geholt worden. Sie hatten ihn in den letzten Wochen bedrängt, und er traute sich nicht, es mir zu sagen. Frau Heinrich reichte mir seinen Abschiedsbrief. Da er das Rentenalter erreicht hatte, mußte ich jedoch immer damit rechnen. Dennoch war es ein harter Schlag. Daß Freud und Leid so dicht beieinander liegen können, mußte ich schon ein paarmal erfahren. Neun Jahre haben wir gut zusammengearbeitet, er war mir immer treu ergeben. Ich habe ihm viel zu verdanken. Wilhelm Keuscher wählte für sein Ausscheiden einen günstigen Zeitpunkt. Trotzdem fehlte er mir sehr. Er hatte stets etwas parat, mitunter nur eine Kleinigkeit, einen Anstoß, der vollauf genügte, um etwas in Bewegung zu setzen. Welch ein Glück, daß Frau Heinrich noch da war. Es gelang ihr, die Regie Wilhelm Keuschers zu übernehmen.

Aus der Medizinischen Klinik war eine Patientin mit multiplen Metastasen eines kleinzelligen Bronchialkarzinoms überwiesen worden. Dr. Görner hatte die Patientin untersucht, erhebliche, aber sehr verschiedenartige Abweichungen gefunden mit einem ausgedehnten Herdbefund im Elektroenzephalogramm und orientierend lumbalpunktiert. Es war der Nervenwasserbefund, auf den wir gewartet haben, von einer tertiären Metastasierung über das Nervenwasser in den Hirnkammern und auch an den Wurzeln des Rückenmarks.

Ich benachrichtigte Dr. Otto im Zeiss-Labor, um die geplante und vorbereitete Kultivation in der neuen Zeiss-Kammer vorzunehmen, wenn möglich über vier Wochen. Dr. Otto meinte, seiner Berechnung nach müßte es klappen. Täglich habe ich, vier Wochen lang, die Kultur kontrolliert und sogar mehrere 0,2 Mikroliter-Proben für die Sedimentkammerpräparate entnehmen können, ohne eine Störung zu verursachen. Ein einziges Präparat war verunglückt. Dr. Otto war begeistert und auch Frau Heinrich. Schade, daß es Herr Keuscher nicht erleben konnte. Ich schrieb ihm darüber.

Am 15. Januar 1961 reiste ich zur Vorstellung und Besprechung nach Rostock, nachdem Harro Seyfarth, den ich als Oberarzt aus Kuntzens Chirurgischer Klinik kannte, der ein Jahr zuvor auf den Lehrstuhl für Orthopädie in Rostock berufen worden war, mich über die Rostocker Verhältnisse informiert hatte. Da auch der Dermatologe Heinrich Flegel und der Hygieniker Keil von Jena nach Rostock berufen worden waren, wunderten wir uns nicht, wenn man in der Fakultät von einer *„Jenaer Metastasierung"* sprach. Metastasierungen sind zwar grundsätzlich bösartig, aber von einem derartiges Ansinnen konnte ich bei dem Empfang und in der Besprechung mit dem Dekan Professor Harald Dutz und dem Kinderpsychiater Professor Gerhard Göllnitz nicht das Geringste spüren.

Rostock, dessen Universität von dem Mecklenburgischen Fürsten Borwin 1419 gegründet wurde, war mir beruflicherseits durch den Internisten und hervorragenden Begründer der klinischen Hämatologie, Professor Viktor Schilling, bekannt. Fachlicherseits wußte ich, daß der bedeutende Neuropsychiater und Hirnforscher und Verfasser der deutschen Gehirnpathologie, Professor Karl Kleist, im Gehlsdorfer Klinikum als Ordinarius kurze Zeit gewirkt, und Dr. Otto Schiersmann 1950 die subokzipitale Pneumenzephalographie, die diagnostische Darstellung der Hirnkammern durch Luft, erprobt und darüber eine Monographie verfaßt hatte.

Ich kannte Rostock noch nicht und war von der historischen städtebaulichen Anlage im Flußbogen der Warnow mit dem Rest der Wallanlagen, der teilweise erhaltenen Stadtmauer, der breitwuchtigen Marienkirche und der prächtigen Fassade des Universitätsgebäudes, dem erhaltenen Blücherdenkmal, dem großartigen Marktplatz mit den Patrizierhäusern und dem merkwürdigen, einzigartigen Ständehaus sehr beeindruckt.

Die Neurologische Abteilung des Gehlsdorfer Klinikums hatte in zwei Häusern fünf Stationen mit insgesamt 128 Betten, zehn Arzt- und zwei Oberarztstellen. Die Frauenstationen waren renoviert. Dagegen machten die Männerstationen mit Zwei-, Vier-, Acht- und Zwölfbettenzimmern einen heruntergekommenen Eindruck. Die Röntgenabteilung war renovierungsbedürftig; auch die Physiotherapie. Das klinische und neuroelektrische Labor jedoch machten einen befriedigenden Eindruck. Der Hörsaal war dringend rekonstruktionsbedürftig. Zufriedenstellend wirkte die reichbestückte und geräumige Bibliothek. Die Bausubstanz barg gute Voraussetzungen für eine zeitgemäße Rekonstruktion.

Hinsichtlich der Leitung des Nervenklinikum hatte der Dekan nach einer Abstimmung im Fakultätsrat vorgeschlagen, die Funktion eines Primus interparis im zwei- oder auch dreijährigen Wechsel unter den drei Direktoren der Abteilungen, zunächst aber lediglich der Neurologie und Kinderneuropsychiatrie, zu akzeptieren und die Leitung des Röntgen- und Klinischen Laboratoriums und der Physiotherapie der Neurologie zu überlassen.

Nach erfolgter Konsolidierung und Erbringung von Beweisen über eine Leistungsfähigkeit, würde unsere Ernennung zu ordentlichen Lehrstuhl-Professoren erfolgen. Professor Göllnitz behielte die Vertretung des Direktors der Abteilung für Psychiatrie bis zur Habilitation des jetzigen Oberarztes in der Psychiatrie, Dr. Alfons Herbst. Über die spätere Besetzung des Lehrstuhls für Psychiatrie würde eine Berufungskommission zu entscheiden haben. Über die Planung mit der Reihenfolge der Rekonstruktions- und Renovierungsmaßnahmen in der Neurologischen Abteilung würde Anfang April eine Besprechung mit einem Vertreter der Investabteilung des Staatssekretariats und der Bauleitung der Universität hier im Klinikum erfolgen.

Als Wohnung wurde mir die alte Direktorenwohnung des Klinikums zur Verfügung gestellt. Meine Diensträume, das Chefzimmer, Sekretariat, Ordinations- und Wartezimmer wurden bereits renoviert. Nach dem ersten Eindruck schien auch die Personalsituation zufriedenstellend zu sein. Die von dem Vorgänger zurückgelassene Sekretärin war den Ansprüchen eines weltweiten Schriftverkehrs nicht gewachsen. Ich vereinbarte, meine Sekretärin aus Jena mitzubringen und erbat ein zufriedenstellendes Zimmer als Übergangslösung.

Während der langen Rückreise hatte ich Zeit und Muße, über die Entwicklungen in den letzten drei Jahren nachzudenken. Die Geschehnisse hatten sich nahezu überschlagen. Dennoch mußte ich von der Habilitation, über die Dozentur bis zu der Berufung auf einen Lehrstuhl fünf Jahre warten. Mit 39 Jahren einen klinischen Lehrstuhl erreicht zu haben, darüber konnte ich sehr zufrieden sein, obwohl ich es mir nicht einmal hätte träumen lassen, eine derartige Position überhaupt zu erlangen. Ich bedauerte es, daß mein lieber Schwiegervater dies nicht mehr erleben durfte. Doras Mutter aber war es vergönnt und freute sich darüber mit uns. Doras Sorgen betrafen die zu erwartenden Wohnverhältnisse in Rostock. Als ich ihr über die herrschaftliche Dienstwohnung mit zwei großen Zimmern, einem komfortablen Kaminzimmer, einem Kinderzimmer und einem Wintergarten berichtete, wollte sie es zunächst nicht glauben, daß es so etwas noch gäbe. Sehr froh war sie auch über eine Verkaufsstelle des Konsums im Gebäude unserer Wohnung und weitere günstige Einkaufsmöglichkeiten in dem einen Kilometer entfernten Gehlsdorf, einem Ausflugsort von Rostock mit einer Uferpromenade und einem alten Park, einem kleinen Paradies für unsere beiden Töchter, die den herrlichen alten Park des Klinikums erobern konnten und den dagegen bescheidenen Kindergarten der Okenstraße bald vergessen würden.

Als ich Graf Hugo meine Eindrücke schilderte, meinte er: „Na, dann wird Ihr geliebtes Jena bald vergessen sein." Er bat nochmals inständig darum, keinen der Oberärzte oder Assistenten nach Rostock mitzunehmen. Er fragte, ob die neurologische Klinik tatsächlich 128 Betten hätte? Ich bestätigte es ihm.

In der Klinikkonferenz wurde die Frage erörtert, was nun aus der Hirnforschungsabteilung werden sollte. Ich schlug vor, die zytologischen Arbeiten von meinem vorläufigen Nachfolger Dr. Valentin Wieczorek fortführen zu lassen. Und den neurochemischen und molekularbiologischen Arbeitsplatz nach Möglichkeit auch biogenetisch zu erweitern und dafür zunächst einen interessierten Biochemiker, der sich bereits vorgestellt hatte, zu gewinnen. Die Verabschiedung im Hörsaal begann Graf Hugo mit der Darstellung meines Lebenslaufes und über meine ersten, zaghaften und wenig erfreulichen Schritte in der Klinik in seiner gewohnt, netten Art geplaudert und von der Sedimentierkammer angefangen, all die Leistungen und Verdienste aufgezählt, dabei auch Wilhelm Keuschers treue Hilfe nicht vergessen im Namen aller Mitarbeiter für die viele Mühe um den guten Ruf der Klinik gedankt. Die Andenken stehen noch heute auf meinem Schreibtisch.

In der Rostocker Neurologie
Ein klinischer Neubeginn

Allein auf mich selbst gestellt, beherrschte ich glücklicherweise die gesamte instrumentelle neurologische Diagnostik, einschließlich der Elektrodiagnostik, so daß ich an jedem Arbeitsplatz ohne eine Hilfeleistung auskommen konnte. Das galt auch für einen großen Teil der Arbeiten im klinischen und einschlägigen Forschungslaboratorium.

Für die Diagnostik raumfordernder Prozesse im Gehirn notwendige Pneumenzephalographie, die Darstellung der Hirnkammern mit einer genügenden Luftfüllung, wurde der Patient auf einem Marterstuhl, so wurde der Stuhl von den Patienten genannt, punktiert und dann unter Schwierigkeiten auf den Röntgentisch gehievt. Ich punktierte und füllte den Wirbelsäulenkanal gleich auf dem Röntgentisch und konnte den Patienten somit je nach Erfordernis entsprechend lagern und die Luft behutsam dorthin dirigieren, wo es erforderlich war. Schiersmann hatte den Stuhl 1950 für seine Pneumenzephalographieversuche konstruiert. Der Patient mußte in einer unangenehmen Zwangshaltung verharren und konnte dabei, zumal während der Luftfüllung, kollabieren. Da die Überwindung von Punktionshindernissen unbekannt war, führte ich den Mitarbeitern die Lateralpunktion an einem Patienten mit einer Baastrup'schen Anomalie vor. Den Mitarbeitern der Neuroradiologie erläuterte ich, wie das Röntgenlabor den Sicherheitsbestimmungen entsprechend umgestaltet werden müßte: Schaltgeräte im Raum der Strahlung waren nicht mehr zulässig.

Dr. Claus Giercke, einer der älteren Assistenten, sehr aufgeschlossen und hochmotiviert, bekundete seine Neigung zur Neuroradiologie und einer Weiterentwicklung der radiologischen Darstellungsmöglichkeiten. So konnte ich ihm, dank seines manuellen Geschicks und seiner Sorgfalt, schon bald die Punktion der Arteria carotis communis, der Halsschlagader, für die Darstellung der Hirngefäße anvertrauen und ihn zu einer Spezialausbildung in die Neuroradiologie der Neurochirurgischen Klinik zu

Professor Olivecrona nach Stockholm schicken. Seine Fähigkeiten und sein Geschick wurden sehr gelobt. Er hatte eine neue Methode, die spinale Osso-Venographie zur Verbesserung der Darstellung der Bandscheibenvorfälle für die Operation mitgebracht und mit beachtenswertem Erfolg eingeführt, so daß er sich mit den Ergebnissen dieser neuen Methode als einer der ersten meiner Rostocker Schüler 1967 habilitieren und zum Dozenten ernannt, mein Stellvertreter werden konnte.

Mein Dienst begann um sieben Uhr mit einem Informationsgang über die Stationen, nicht zuletzt, um auch das Personal kennenzulernen und die Reserviertheit gegenüber dem neuen, in verhältnismäßig kurzer Zeit jetzt dritten Chef allmählich abzubauen und nicht zuletzt, um die Dringlichkeit und Möglichkeit für die Rekonstruktionsvorhaben zu erkunden und an Ort und Stelle zu besprechen. Um acht Uhr begann die Chefvisite täglich auf einer der fünf Stationen, so daß ich in einer Woche über die Patienten und die Belegungssituation der Abteilung informiert war. Anschließend erfolgte die Vorstellung und Besprechung der Zugänge und Gutachten. Die Ärztekonferenz hatte ich, um den Stationsdienst nicht zu behindern, im Gegensatz zur Jenaer Klinik, auf zwölf Uhr dreißig vor die Mittagspause gelegt. Hier wurden aktuelle Zugänge, Tagesfragen und Probleme besprochen, und auch im Dienste der Ausbildung instrumentell-diagnostische Befunde vorgestellt und diskutiert mit den dazugehörenden differentialdiagnostischen und auch therapeutischen Erörterungen, Korrekturen oder Ergänzungen. Maßregelungen coram publico, versuchte ich, der Jenaer Schule getreu, soweit wie möglich zu vermeiden. Ich bemühte mich um ein harmonisches und dennoch innovativ motivierendes Arbeitsklima mit einer geziemenden persönlichen Freiheit, auch in der Wahl und Beteiligung an der Forschungsarbeit.

Die im Mittelpunkt der Leistungen auf den Stationen stehende Visite durfte nicht gestört werden. Es sei denn durch besondere Ereignisse. Dazu gehörte auch eine kleine Spätvisite vor dem Dienstschluß. Die Arztbriefe zur Unterschrift und Gutachten konnten im Postfach der Sekretärin abgelegt werden mit Ausnahme dringender Angelegenheiten, die unverzüglich erledigt werden mußten. Das Anstehen der Mitarbeiter um eine Arztbrief- oder Gutachtenunterschrift nach der Ärztekonferenz mit einer vergeudeten Wartezeit, wie es bedauerlicherweise in der Jenaer Klinik üblich war, habe ich in Rostock vermieden.

Bald hieß es, in der Neurologie wehe ein angenehmer, frischer Wind. Ein vorbildliches Beispiel ist der beste Ansporn, soll ein älterer Mitarbeiter gesagt haben. Tüchtige Assistenten bewarben sich um eine Mitarbeiterstelle. Einige Mitarbeiter verließen die Neurologie, ohne daß ich ihnen geraten hatte, sich um einen anderen Arbeitsplatz zu bemühen.

Im klinischen Laboratorium hatte sich Frau Dr. Rose-Marie Olischer, eine sehr begabte, labortechnisch geschickte und beispielhaft fleißige Mitarbeiterin, mit der Sedimentierkammermethode vertraut gemacht und sich in verhältnismäßig kurzer Zeit nahezu bewundernswerte zytodiagnostische Kenntnisse zu eigen gemacht, so daß ich ihr die Leitung des Laboratoriums anvertrauen konnte, zumal sie von einer alterfahrenen Labortechnikerin, Frau von Petersdorff, unterstützt wurde.

Dank ihrer pädagogisch-didaktischen Fähigkeiten konnte sie auch die Leitung der häufigen Sedimentierkammer-Hospitationskurse mit den organisatorischen Formalitäten übernehmen. Mit großer Sorgfalt und immensen Fleiß setzte sie meine in Jena begonnenen Entwicklungen nicht nur fort. Dank ihres technischen Verständnisses gelang ihr eine Verbesserung am Gummitubus der neuen Sedimentierkammer. Eine Vertiefung ihrer zytochemischen Kenntnisse führte zu einer Verbesserung der alkalischen Esterasereaktion zur Differenzierung aktivierter Lymphozyten.

Mit einer sehr gediegenen und umfangreichen Arbeit über die Zellreaktionen im Liquor cerebrospinalis bei verschiedenen Erkrankungen des Nervensystems konnte sie sich 1969 habilitieren und bereits ein Jahr später eine Methode zur Anreicherung der Nervenwasserzellen für die elektronenmikroskopische Untersuchung und Forschung inaugurieren. Große praktische Bedeutung erlangte ihre Arbeit über die Differenzierung atypischer Zellen der Zerebrospinalflüssigkeit.

Im Rahmen meiner Vorlesung der Klinischen Neurologie überließ ich ihr das Kapitel über die Untersuchung und Diagnostik der Zerebrospinalflüssigkeit. Nach Claus Giercke wurde sie die zweite Oberärztin und Dozentin in der Neurologischen Abteilung und erhielt einen Forschungsauftrag zur Entwicklung zytochemischer Methoden für die Liquorzytologie.

Weniger spektakulär verlief zunächst die Entwicklung des zurückhaltend wirkenden Mitarbeiters Dr. Hans-Joachim Meyer-Rienecker. Er hatte mit einer radiologischen Arbeit bei Professor Göllnitz promoviert und sich dann um eine Mitarbeit in der Neurologie beworben. Aufmerksam machte er auf sich mit einer vorzüglichen Arbeit über die Differenzierung der Globuline der Zerebrospinalfüssigkeit, über die er auf die immunkompetenten Globuline bei entzündlichen Erkrankungen und von hier aus auf die besonderen, entzündlich, schubweise wiederkehrenden Rückfälle der gefürchteten Nervenerkrankung, der Multiplen Sklerose, gekommen war. Nach einem Dutzend wertvoller Arbeiten und nun kräftig und steil ansteigender Aktivität und Kreativität konnte er sich 1969 mit einer Thematik zur *Immunbiologie des Liquor cerebrospinalis bei entzündlichen Erkrankungen des Nervensystems* habilitieren und meine Vorlesung über die Pathophysiologie des Nervensystems übernehmen. Nachdem Oberarzt und Dozent Giercke 1970 ausgeschieden war und er die Leitung der Schweriner Bezirksnervenklinik mit über 1000 Betten übernommen hatte, wurde Meyer-Rienecker erster Oberarzt, Dozent und mein Stellvertreter.

Die Elektroneurodiagnostik, um deren Einführung sich der Oberarzt der Psychiatrie, Dr. Alfons Herbst, noch unter der Leitung des Klinikums Professor von Stockerts verdient gemacht hatte, wurde für die Neurologie durch Dr. Klaus Ernst, der von der Kinderneuropsychiatrie, wo er sich bereits mit der Elektromyographie befaßte und dann zur Neurologie wechselte, verantwortungsvoll übernommen. Die Elektromyographie und Elektroneurographie wurden seine Spezialgebiete, denen er sich, zumal nach einer intensiven Hospitation an der Elektrophysiologischen Abteilung der Tschechoslowakischen Akademie der Wissenschaften in Prag, mit großer Hingabe widmete.

Eine besondere Beachtung fanden seine Untersuchungsergebnisse über die tageszeitlichen Schwankungen der elektromyographischen Aktivität und seine elektromyographische Habilitationsarbeit, so daß er in den Beirat der Deutschen Elektromyographiezeitschrift gewählt wurde. Da aber die zwei Dozentenstellen der Neurologie besetzt waren, wechselte er in die noch mitarbeiterschwache Psychiatrische Abteilung zu Professor Herbst, der gerade auf den Lehrstuhl für Psychiatrie berufen worden war.

Die Vorlesung der Klinischen Neurologie hatte ich in Rostock nach dem bewährten Modus mit den erörterten Konzeptionen der Jenaer und Erfurter Erfahrungen und ununterbrochenen aktuellen Ergänzungen in enger Verbindung mit dem Neurologischen Untersuchungskurs fortgesetzt. Als Frühaufsteher bekannt, konnte ich meine Vorlesung an den Gehlsdorfer Vorlesungsvormittagen am Dienstag und Donnerstag jeweils früh um acht Uhr beginnen. Am Abend vorher hatte ich das Vorlesungskonzept wohldurchdacht und in aller Ruhe an die Hörsaaltafel schreiben können. Besonders eifrige Studenten, in Jena und Erfurt hatte ich es nicht bemerkt, kamen frühzeitig in den Hörsaal, um das Konzept von der Tafel abzuschreiben.

Im Untersuchungskurs legte ich besonderen Wert auf die Erlangung einer möglichst sicheren Fertigkeit bei der Auslösung der normalen und pathologischen Reflexe und verschiedenen klinischen Funktionsprüfungen. Am Ende des Kurses versuchte ich, den Kandidaten die Reflexuntersuchungen ohne Reflexhammer ohne irgendwelche Hilfsmittel einfach mit der Handkante und dem pathologischen Babinski-Reflex mit dem Daumennagel und die Sensibilitätsprüfung mit der Zeigefingerspitze nach dem altbewährten Rezept des Londoner Queen Square Hospitals for Nervous Diseases beizubringen, damit sie für alle Fälle in prekärer Situation jederzeit einsatz- und arbeitsbereit sein könnten. Ein Arzt, der ohne irgendwelche Instrumente die einfachen klinischen Prüfungen, dazu gehört auch die Finger-Finger-Perkussion und die Auskultation mit der Ohrmuschel, beherrscht, wird in der Not stets erfolgreich sein. Manche Kandidaten waren sehr interes-

siert, die nötigen Fertigkeiten der Manual-Methode zu erlernen.
Die Sekretärin, Fräulein Henning, hatte sich mit der neuen Umgebung und den neuen Verhältnissen sehr rasch vertraut gemacht und zu den übrigen Sekretärinnen der Neurologischen und der anderen Abteilungen einen raschen und guten Kontakt gefunden. Und ich mußte mich über den raschen Wechsel des zunehmenden Schriftverkehrs von Jena nach Rostock wundern. Es hatten sich bereits die ersten Chefpatienten zur Untersuchung gemeldet.

Eine 71jährige Patientin in leidlicher Allgemeinverfassung aber in einem freischwebenden, eigentümlichen Verwirrtheitszustand mit einer rechtsseitigen Halbseitenlähmung wurde von Professor Gülzow, dem Direktor der Medizinischen Klinik, wegen des Verdachtes einer Gehirngeschwulst auf meine Chefstation überwiesen. Dem Elektroenzephalogramm nach und den neurologischen Abweichungen, vermutete ich einen Infarkt im Strombahnbereich der linken Arteria cerebri media, der linken mittleren Hirnarterie. Hieraus konnte ich die typischen Sprachstörungen, die als Verwirrtheitszustand aufgefaßt wurden, erklären. Eine Darstellung der Hirngefäße mit der Gefährdung durch ein kollaterales Ödem hielt ich für unangebracht. Der Sohn der Patientin konnte nicht verstehen, weshalb die todkranke Mutter, um zu sterben, in die Nervenklinik verlegt werden mußte. Da eine nennenswerte klinische Behandlung noch nicht eingeleitet worden war, begann ich mit einer angepaßten Infusionsfolge, unter einer normal dosierten Digitalisierung und Ergänzung durch Vitamin B6 und B12. In einer knappen Woche hatte sich die Verwirrtheit aufgelöst, und auch die Beweglichkeit der rechten Gliedmaßen kam wieder, so daß wir mit der physiotherapeutischen Mobilisierung beginnen konnten. Die Infusionen wurden beendet und die Digitalisierung beibehalten. Inzwischen hatte sich auch die Sprachartikulationsstörung behoben. Der vorwurfsvolle Sohn soll sich über die Besserung gefreut und gewundert haben, dennoch ließ er nichts wieder von sich hören. Erst als er nach einem Jahrzehnt selbst schwer erkrankte, sahen wir uns wieder. Seine Frau half bei den Gehübungen der gelähmten Schwiegermutter fleißig. Nach vier Wochen konnte die Patientin mit ein paar Restbeschwerden in die ambulante Betreuung entlassen werden. Die Werbewirkung dieses Behandlungserfolges war beträchtlich.

Die zweite bedeutsame Patientin war eine Studentin, die in einem Ferienlager nach einem plötzlich aufgetretenen, generalisierten Krampfanfall in einen Verwirrtheitszustand geraten und von einem Fachkollegen auf die Chefstation gebracht worden war. Der Kollege hatte eine Enzephalitis, eine Gehirnentzündung, vermutet und recht behalten. Im Nervenwasser mit einer geringen Eiweiß- und beträchtlicher Erhöhung des Gammaglobulinwertes fanden sich erhöhte Zellwerte mit aktivierten Lymphozyten und vereinzelten neutrophilen Granulozyten. Im Elektroenzephalogramm waren die sogenannten Radermaker'schen Rhythmen aufgefallen. Die rechtsseitig gesteigerten Muskeleigenreflexe wurden von einem spontanen Babinski-Reflex, einem bedrohlichen Pyramidenbahnzeichen, begleitet. Der Kollege hatte den Eltern keine Hoffnungen machen können, und mir blieb kaum etwas anderes übrig, als seine Meinung sehr bedauerlicherweise zu bestätigen.

Die Zeichen der Entzündung und des Hirnödems erforderten eine hirndrucksenkende Infusions- und Antibiotika-Behandlung. Mir stand das Oxytetracyclin zur Verfügung, danach hatte ich vor, eine Prednisontherapie anzuschließen. Die Oxytetracyclin-Medikation hatte einen Status epilepticus ausgelöst, an den sich ein zunehmend schwerer Exzitationszustand anschloß, so daß ich die Patientin in ein Einzel-Wachzimmer auf die Psychiatrie verlegen und dort betreuen mußte. Obwohl auch ich jetzt wenig Hoffnung hegte, setzte ich den Therapieplan fort. Nach sechs Tagen mit der letzten Oxytetracyclin- und der ersten Prednisolon-Injektion flaute der fürchterliche Erregungszustand ab. Am 10. Behandlungstag war die Patientin wieder ansprechbar. Es muß ein Wunder geschehen sein, raunten die Schwestern meiner Station und der Wachstation in der Psychiatrie. Die Eltern aber waren sehr betrübt, daß ihre einzige Tochter so leiden mußte und hatten Gott angefleht, sie zu erlösen. Und nun konnten sie ihre Tochter besuchen. Der Kollege hatte die Fieberkurven erbeten, um sie zu photokopieren. Am 12. Tag, früh bei der Visite fragte sie mich, wer ich sei und wollte wissen, was mit ihr geschehen war. Wegen der immer noch zu erkennenden Krampfzeichen im EEG konnte auf eine Fortsetzung der Hydantoin-Medikation nicht verzichtet werden. In der dritten Therapiewoche konnten wir bereits mit der physiotherapeutischen Rehabilitation beginnen und die Patientin nach insgesamt 5 Wochen anfallsfrei, mit vegetativen Restbeschwerden, geringen Konzentrationsstörungen und Kopfschmerzen bei geistigen Anstrengungen und Merkfähigkeitsstörungen entlassen.

Nicht nur unter den Studenten hatte sich der Behandlungserfolg herumgesprochen. Das Wartezimmer begann sich mehr und mehr zu füllen. Erfolge sind durch Mißerfolge besonders zu schätzen, pflegte Graf Hugo bei jeder passenden Gelegenheit in Erinnerung zu bringen. Freilich freute ich mich über den gelungenen Start.

Ein bekannter Internist vermittelte einen sehr tüchtigen Kollegen aus der Veterinärmedizin, der unter zunehmenden Schwindelanfällen litt, die aber auch über mehrere Monate ganz wegblieben. Der Patient erinnerte sich, daß die Anfälle im Dunkeln besonders heftig waren. Die Symptome sprachen für eine sich bildende Geschwulst im Bereich des Kleinhirns.

Aus dem neurologischen Befund und aus den wiederholten Kleinhirn-Funktionsprüfungen konnte ich keine Abweichungen erkennen. Da im Elektroenzephalogramm aktivierbare steile Abläufe zu sehen waren, nahm ich eine vestibuläre Migräne an, wenngleich die dafür mehr oder weniger typischen Flimmerskotome fehlten und verordnete dem Patienten, eine den periodischen Beschwerden angepaßte, kleindosierte Hydantoin-Medikation, mit der er zunächst zufrieden war.

Ein länger anhaltender Rückfall führte den Patienten wieder in die Klinik. Und auch diesmal waren alle Funktionsprüfungen unauffällig. Ich hatte so sorgfältig wie möglich mehrfach kontrolliert. Die Wellenformationen im Elektroenzephalogramm erschienen verringert, und auch der Augenhintergrund ließ keinerlei Stauungszeichen erkennen. Die als cerebellar fits zu bezeichnenden Symptome waren wieder über mehrere Wochen verschwunden, dann aber um so heftiger in Erscheinung getreten, so daß der Internist diesmal eine Stauungspapille fand und den Patienten mit dem dringenden Verdacht einer Kleinhirngeschwulst in die Neurochirurgische Klinik nach Berlin-Buch zur Operation überwies. Professor Weickmann konnte ein Kleinhirnastrozytom, einen relativ gutartigen und nur langsam, periodisch wachsenden Tumor ohne Schwierigkeiten entfernen. Der Patient hatte sich bitterböse über meine Unfähigkeit beschwert und wollte mich wegen einer Fahrlässigkeit verklagen.

Heutzutage hätte das Magnetresonanztomogramm bereits bei der ersten stationären Untersuchung das nicht mehr als kirschgroße, kleine Astrozytom zur Darstellung gebracht.

Über das Mißgeschick völlig entrüstet, sah ich mich nach Möglichkeiten einer Früherkennung kleiner Geschwülste im Kleinhirnbereich durch empfindlichere Kleinhirnfunktionsprüfungen um. Dabei erinnerte ich mich an die empfindliche Licht-Test-Prüfung Robert Wartenbergs zur Feststellung einer Ataxie der unteren Extremitäten und kam auf die Idee einer empfindlicheren Prüfung komplexer synergistischer Funktionen der oberen Extremitäten, der Hände, nämlich das Schreiben einer Zahl mit leicht meßbaren und vergleichbaren Rundungen. Nach vielen Versuchen erwies sich die Zahl „3" mit den einseitigen Rundungen als optimal geeignet, die bei einer vorgeschriebenen Größe von acht Zentimetern und einer Breite von zweieinhalb Zentimetern ein hohes Maß an synergen Feinabstimmungen der Alpha- und Gamma-Motoneurone agonistisch- und antagonistischer Muskelfunktionen und mnemotektischer Steuerungen erfordert. Obwohl es kein ausgesprochenes Schreiben ist, nannte ich die Prüfung einfach und verständlich: Synergie-Schreibversuch. Die Prüfung entsprach dem Muster der Funktionsanforderungen Adrians, Sniders und Hasslers in dem Maße einer gesteigerten Anforderung, einer Funktions-Feinabstimmung zwischen der Sehfunktion, der Muskeltonusregulierung und Steuerung der Kontraktionen der Beuge- und Streckmuskeln, also einem sehr komplexen und trotzdem einfach zu messenden und auszuwertenden Test.

Dem Schreiben der Zahl 3, dreimal mit offenen Augen zur Übung und Bahnung und gleich anschließend zweimal mit geschlossenen Augen, als Test auf einem Millimeterpapierbogen, mit leicht ablesbaren Abweichungswerten in Millimetern. Und zwar durch Messung der Abweichung zwischen der drittgeschriebenen 3 unter optischer Kontrolle mit offenen Augen und der ersten und zweiten 3 ohne optische Kontrolle mit geschlossenen Augen an funktionsgleichen Punkten mit der maximalen Abweichung und der Vergrößerung, oder Verkleinerung der Dreien in gleicher Weise an funktionsgleichen Punkten. Damit ließ sich auch die Summe der Abweichungswerte in Millimetern zwischen der rechten und linken Hand gut vergleichen.

Einer gründlichen Erprobung und umfangreichen klinischen Verwertung hatte sich Dr. Frank-Michael Loebe gewidmet. Mit dem Titel: *„Der Synergie-Schreibversuch"* als einer Methode zur objektiven klinischen Prüfung der Koordination, veröffentlichte er seine Ergebnisse in der *Deutschen Zeitschrift für Nervenheilkunde* bereits 1964. Er beteiligte sich an der Verbesserung der Methodik und auch an Kleinhirnfunktionsprüfungen und dehnte die Prüfungen auf Funktionen im Großhirnbereich aus. Er war auch um die Vermeidung subjektiver Einflüsse auf die Testfunktionen bemüht und fand bei zu erwartenden, simulierten Abweichungen während des Testes Modalitäten mit einer simulationsablenkenden Wirkung.

Mit dem Thema: *„Zum Problem der Lokalisation und der Beeinflußbarkeit der Koordinationsfunktion." Ein klinischer Beitrag zur Koordination willkürlicher Extremitätenbewegungen und zur Frage der Kleinhirnfunktion* konnte sich Loebe 1974 habilitieren. Zwei Jahre später verließ er die Klinik und übernahm als Chefarzt die Nervenklinik des Heinrich-Braun Krankenhauses in Zwickau.

Ein erheblicher Nachteil des Synergie-Schreibversuchs bestand in der Undurchführbarkeit bei bewußtseinsgestörten Patienten. Ursprünglich hatte ich auch die erwähnten simulationsbedingten Störungen befürchtet. Doch konnte Loebe das Problem der Täuschungsmöglichkeiten recht erfolgreich bearbeiten. Er fand bei den bewußt gewollten Abweichungen der Simulanten und auch den Probanden irreguläre, organpathologisch nicht erklärbare Abweichungen. Schließlich war der Test aus dem Bedürfnis entstanden, verborgene Störungen der Kleinhirnfunktion so früh wie möglich festzustellen und die Zunahme der Störungen, systematisch und belastungsfrei zu verfolgen, um zu diagnostischen Schlußfolgerungen zu gelangen. Und das war nach dem Bekanntwerden des Testes rasch geschehen:

Ein Hals-Nasen-Ohrenarzt überwies einen 48jährigen Patienten, der zunächst über gelegentliche, in letzter Zeit aber zunehmende Schwindelanfälle klagte, und im nur provisorisch gemachten Test eine rechtsseitige, deutliche Abweichung bot. Der Patient, ein Konstrukteur aus der Neptunwerft beklagte sich neben den Schwindelanfällen über Schwierigkeiten in der rechten Hand bei Feinarbeiten am Reißbrett. „Was ich früher mit Verfe an der Probeskizze schaffte, das macht mir jetzt Schwierigkeiten, das bringe ich nicht mehr so wie früher, und dabei bin ich doch nicht so alt, daß es eine Altersschwäche sein könnte." In den letzten Tagen wäre er im Flur, es sei aber noch nicht so dunkel gewesen, daß er die Stufe übersehen haben könnte, wiederholt gestolpert, und meinte, daß es nun doch wohl eine vorzeitige Altersstörung sein müßte.

Die klinisch-neurologische Untersuchung ergab keine Abweichungen. Auch die Kleinhirnfunktionsprüfungen waren unauffällig. Eigentümlicherweise war bei dem Blind-Gehör-Folgegang eine geringe Abweichung nach rechts aufgefallen. Auch die Röntgenaufnahmen der Felsenbeine und das Elektroenzephalogramm ließen keinerlei Abweichungen erkennen. Im Synergie-Schreibversuch bestätigten sich die Abweichungen des Kollegen. Die Summenfunktionsabweichung mit 3,5 Zentimeter auf der rechten Seite - der Patient hatte den Test zu Hause geübt - war zwar nicht erheblich, aber auch bei den Wiederholungen eindeutig. Nun verlangte der Patient eine ausführliche Erklärung. Minutiös mußte ich Ursachen und Wirkungen erläutern. Ich vermutete ein etwa kirschgroßes Neurinom, einen gutartigen Tumor des Gleichgewichtsnerven im rechten Kleinhirn-Brücken-Winkel, der in der

Vermeidung einer belastenden, instrumentellen Diagnostik, sicherheitshalber aber noch zweimal innerhalb eines Monats, kontrolliert werden müßte, bevor eine Überweisung zu einer Operation erwogen werden könnte.

Die zweite Kontrolle ergab eine Steigerung der Funktionsabweichung. Das bedeutete keineswegs, daß die Geschwulst in 14 Tagen gewachsen sein konnte. Obwohl die Abweichungen 8,2 cm betrugen, erschien die Störung relativ gering, da der normale Grenzwert lediglich um 3,2 Zentimeter überschritten war und unsere bisherigen Durchschnittswerte bei Kleinhirngeschwülsten 8 Zentimeter betrugen. Daher hegte ich Bedenken, ob der Neurochirurg Professor Weickmann der Operationsindikation überhaupt zustimmen würde, zumal ich auf eine instrumentelle Diagnostik verzichten wollte. Heutzutage würde die Computertomographie eine zuverlässige Lokalisierung und auch eine Artdiagnose ergeben. Weickmann stimmte meiner Vermutung zu und entfernte ein kirschgroßes Neurinom, unter größtmöglichster Schonung des benachbarten Nervus facials, des Gesichtsnerven. Die trotzdem entstandene Schwäche des Gesichtsnerven ließ sich rasch beheben. Der Patient war mit dem Ergebnis der Früherfassung und Behandlung sehr zufrieden.

Über die Brauchbarkeit des Synergie-Schreibversuchs bei der Differentialdiagnostik des vestibulären Schwindels und der Schwindelanfälle hatte Dr. E. Müller auf dem 26. Jahreskongreß der Polnischen Oto-Rhino-Laryngologischen Gesellschaft in Wroclaw, (Breslau) berichtet. Sogar in der forensischen Medizin gelangte er zur Anwendung, durch G. Hummelsheim und B. Forster, die in der Deutschen Zeitschrift für die Gerichtliche Medizin über „Die ersten Erfahrungen bei der Differenzierung der Blutalkoholwerte in der forensischen Medizin" berichteten. Sie fanden eine Verschiebung der Synergie-Schreibversuch-Mittelwerte von 10,5 auf 15,7 Zentimeter bei Blutalkoholwerten von 0,5 bis 3,0 pro mille, zumeist in Form einer Makrographie, einer Vergrößerung der 3. Bei 10 Prozent der Probanden stellten sie aber auch eine Mikrographie, eine Verkleinerung der 3 fest. Bemerkenswert und aufschlußreich wiesen sie nach, daß unter der

Alkoholeinwirkung bei einem gemessenen Gehalt von 1,89 pro mille schwere Konstruktionsfehler auftraten, nämlich Doppeldreien, wie bei Kleinhirngeschwülsten, und „gedrehte Dreien", die sonst bisher nicht beobachtet und auch nicht beschrieben worden waren. Aus heutiger Sicht schlösse man auf eine alkoholbedingte Störung der Neurotransmitterfunktionen in den optozerebello-kinetischen Circuits, Übertragungsstörungen in den Synapsen, den impulsübertragenden Membranen der Nervenzellen und fortsetzender Sehbahn und des Kleinhirns.

Interessante Ergebnisse, die auch von Pädagogen und sogar Psychologen beachtet wurden, ermittelte Frau Dr. Eva Tiedt bei den Untersuchungen für ihre Promotionsarbeit über Ergebnisse mit dem Synergie-Schreibversuch bei verschiedenen Altersgruppen. Sie untersuchte Kinder im Vorschulalter, Schulalter und Probanden im Jugendalter, Erwachsenen- und Greisenalter, bestätigte die Mittelwerte Loebes und stellte fest, daß die Synergie-Werte der Kinder im Vorschulalter keine Unterschiede zwischen der rechten und linken Hand erkennen lassen. Ich hatte auch von Anfang an nicht daran gedacht, mit dem Test die Funktion des Schreibens zu prüfen, sondern die der Kleinhirnfunktion, die von einer optischen Orientierung abhängig ist, wodurch die Empfindlichkeit gesteigert erscheint.

In der Rekonstruktionsbesprechung, die wie vereinbart stattfand, brachte ich zum Ausdruck, daß es nicht verwunderlich sei, wenn die Mitarbeiter einer Klinik wie dieser, keine Fortschritte in der Renovierung und Rekonstruktion der Gebäude und Arbeitsplätze sehen und resignieren oder ihre Arbeitsplätze sogar verlassen und dahin gehen, wo sie bessere Arbeitsbedingungen finden und größere Chancen erwarten. Ich fürchtete, zu weit gegangen zu sein. Ein Mitarbeiter aus der Psychiatrie war von meiner Offenheit überrascht und machte mir Mut. Und auch ich war überrascht, als die Rekonstruktionen pünktlich begannen.

Als erstes wurde in den Semesterferien der uralte Hörsaal völlig umgebaut. Wir bewunderten die moderne Demonstrationswand und die moderne, mit einem kaum hörbaren Elektroantrieb versenkbare Wandtafel und nicht zuletzt das neue, helle Gestühl, mit aufklapp- und feststellbaren Schreibbrettern. Später hatte Herr Göllnitz sogar eine Video-Anlage einbauen lassen. Die alten Pflasterstraßen bekamen eine Asphaltdecke; die grundlosen Wege und Stege wurden betoniert.

In kurzer Zeit wurde auch die Röntgenabteilung umgebaut und das Schönander Gerät erneuert. Nachdem die Medizinische Klinik die Isolierstation in einer Baracke unseres Klinikums geräumt hatte, konnten die beiden neurologischen Männerstationen provisorisch für die Zeit der Rekonstruktion des Männergebäudes in der Baracke untergebracht werden. Bei der Gelegenheit bemühte ich mich um die Errichtung einer kleinen Wachstation für die Intensiv-Überwachung. Mußte aber meine Wünsche wegen einer zu beträchtlichen Überschreitung des Gesamt-Rekonstruktionsvolumens aufgeben. Um die Rekonstruktion sorgte sich der erste Oberarzt mit viel Umsicht, und wir haben noch manchen kleinen Sonderwunsch erfüllt bekommen.

Zum siebenten Internationalen Neurologenkongreß der World Federation of Neurology in Rom vom 10. bis 15. September 1961 hatte der Generalsekretär Dr. Giovanni Alema, mir noch nach Jena mitgeteilt: that the Organising Commitee has unanimously decidet to appoint you as Digest Director for the topic: Physiopathology and Spinal Fluid Semiotic; und gebeten, die Wahl so rasch wie möglich als angenommen zu bestätigen. Beim letztenmal hatte ich gebeten, davon Abstand nehmen zu dürfen. Diesmal blieb mir nichts anderes übrig, als mitzumachen. Postwendend bekam ich ein Paket mit 16 Vorträgen und Referaten und mußte über die Akzeptanz entscheiden und mir eine Übersicht erarbeiten. Das war in der prekären Abschiedssituation nur mit einer Hauruck-Aktion möglich. Ich tat, was ich konnte. Bei drei Referaten erbat ich Ergänzungen. Ablehnungen vermied ich. Das Staatssekretariat teilte ursprünglich sein Einverständnis telegraphisch für diese Reise mit.

Am 10. August, vier Wochen vor dem Kongreß, traf aus Berlin die Nachricht ein, daß ich an dem VII. Weltkongreß der Neurologie vom 10. bis 15. September aus besonderen Gründen nicht teilnehmen könnte. Ich mußte den Generalsekretär zunächst telegraphisch benachrichtigen und anschließend das Paket mit den Referaten zurückschicken und den Sekretär der World Federation of Neurology Professor Lowenthal bitten, neben seinem Digest part auch noch meinen Teil mit zu übernehmen.

Am 13. August 1961 hatte in Berlin und an der Zonengrenze der Bau der Mauer begonnen, die den „sozialistischen Osten vor dem verderbenden kapitalistischen Westen" schützen sollte. Abschottung und Tod wurden billigend in Kauf genommen. Diese hielt über 28 lange und bange Jahre und wurde mit den mörderischen Selbstschußanlagen als härteste Grenze der Welt bekannt. Eingeweihte beteuerten, daß diese Härte von Moskau während des kalten Krieges gefordert worden war.

Wenn wir, meine Frau und ich, uns auch nicht mit der Absicht trugen, die DDR zu verlassen, da wir auch keine Gründe dafür sahen und uns vielmehr an den Wahlspruch des Präsidenten der altehrwürdigen Deutschen Gesellschaft der Naturforscher Leopoldina hielten: *Bleibe im Lande und wehre dich täglich*, so waren wir doch einer schicksalhaften Fügung zugeneigt für den Fall, daß unserem Umzug auf der weiten Strecke von Jena nach Rostock ein übles Mißgeschick widerfahren sollte: mit den Kindern sogleich ohne einen Aufenthalt nach Berlin weiterzureisen und unsere Heimat zu verlassen. Weil wir nach der Verwirklichung der zu befürchtenden Abgrenzung mit einer kaum erträglichen Verhärtung unserer Lebensverhältnisse rechnen mußten. In der Kollektivierung oder Kolchosierung nach sowjetischem Muster und der nun zunehmenden Verstaatlichung florierender Industriebetriebe waren die Anzeichen einer zu befürchtenden Zwangskollektivierung zu erkennen.

Da der Umzug ohne die geringsten Zwischenfälle verlief, waren auch unsere orakelhaften Gedanken verflogen. Wir blieben unserem Wahlspruch treu. Wie Dora es voraussagte, hatten unsere Töchter Tavi und Juliane ihren Kindergarten in der Okenstraße rascher vergessen als erwartet. Der faszinierende Klinikpark mit den geheimnisvollen Winkeln und Verstecken, die nahe Warnow mit dem Seglerhafen und der Uferpromenade und die gleichaltrigen Kinder in der Nachbarschaft sorgten schnell dafür. Um den Anschluß in der Gehlsdorfer Schule brauchten sie nicht zu bangen. Begeisterung brachte vor allem das Kennenlernen der nahen See, des prächtigen, breiten Promenaden-Strandes in Warnemünde und der Naturstrände in Markgrafenheide und Torfbrücke.

Auch für mich gab es wieder eine Überraschung, diesmal aber ganz anderer Art. Zeiss-Jena mußte wegen beträchtlicher Staatsaufträge aus der Sowjetunion alle kleinen Nebenvorhaben, darunter auch die Sedimentierkammer, streichen. Im Einvernehmen mit dem Gesundheitsministerium hatte eine private medizinische Instrumentalfirma WODO in Berlin die Produktion der Kammer übernommen. Der Chef des Unternehmens, Dorenburg, bat um eine Besprechung. Die Produktion war bereits angelaufen. Herr Dorenburg brachte die erste Kammer mit und bat um die Möglichkeit, die Kammern in der nahen Kinderklinik der Charité in Berlin durch Professor Ocklitz und einen geeigneten Assistenten erproben zu lassen. Ich habe seinen Wünschen entsprochen. Den Vertrieb behielt, wie seinerzeit mit Zeiss-Jena vereinbart, die Deutsche Export-Import GmbH in Berlin. Ich hatte Dorenburg den Verbesserungsvorschlag, den Frau Dozentin Olischer ausgearbeitet hatte, mit der Bitte um eine Realisierung mitgegeben.

Einen Monat später hörte ich von Kollegen in der Fakultät und auch aus der Klinik von einer Rundschau-Sendung über die Sedimentierkammer im DDR-Fernsehen. Hier hatte Professor Ocklitz die Zellsedimentierkammer vorgestellt und über die Anwendung des neuen Gerätes in der Klinik und in der Forschung referiert und meinen Namen im Zusammenhang mit der Erfindung in der Jenaer Klinik genannt. Fräulein Henning, meine Sekretärin, hörte, wie sich die Patienten im Wartezimmer über die Rundschau-Sendung mit der Zellsedimentierkammer unterhielten. Eine recht resolute Patientin, die mir die Erfindung wohl nicht zugetraut hatte, fragte meine Sekretärin, ob ich wirklich der Erfinder sei. s. S. 334.

Mit der in die Öffentlichkeit des Fernsehens geratenen Verbreitung erreichte die Sedimentierkammer eine verspätete Reaktivierung. Auch für die Prüfung der Adhärenzfunktion im Rosetten-Test fand die Sedimentierkammer eine Verwendung. Jorke und Wilke empfahlen sie 1971 sogar für die Untersuchung und Beurteilung der Granulozyten- und Makrophagenreaktion im Hautfenster-Test. Das von Anfang an bestandene Interesse der Pathologen, der eigentlichen Geburtshelfer bei der Methode, wurde wieder belebt. Der Schweriner Pathologe Professor Möbius veröffentlichte in der *Medizinischen Welt* einen Artikel mit gelungenen Abbildungen über die nun doch nicht mehr ganz neue Methode. Und auch der Pathologe Dr. Busch aus dem Rostocker Südstadtkrankenhaus empfahl die Methode mit einem Artikel in der *Zeitschrift für Medizinische Labortechnik*. Ja, sogar aus der Augenheilkunde publizierte Dr. W. Paul einen Artikel über Erfahrungen mit der Kammer bei zytologischen Untersuchungen des Augen-Kammer-Wassers, erwähnte aber auch zwei Nachteile: Das Verlorengehen des Wassers für weitere Untersuchungen und den 30 Prozent betragenden Zellverlust durch den unvermeidbaren Abfluß über das Filterpapier.

Die entscheidende Publikation für eine weltweite Verbreitung der einfachen und preiswerten Methode gelang dem englischen Neuropathologen der Universität Leeds, Professor Charles Lumsden, gemeinsam mit Professor Mc Alpin und Professor Acheson in dem *Handbuch über die Multiple Sklerose*, 1972. Im Kapitel über die Zellmorphologie äußerte Lumsden: „Idealleally the best routine laboratory method for fine cytology in the CSF is to concentrate the cells in the excellent sedimentation chamber designet bei Sayk (1960) - das ist das Erscheinungsjahr der Monographie Cytologie der Cerebrospinalflüssigkeit, im Fischer Verlag Jena - and to study the cells by phase contrast microscopie. With this method we have been able to identify plasma cells counts in the order of 10 per cubicmillimeter." Auf der Seite 336, die ich in würdiger Erinnerung an den weltbekannten englischen Forscher mit einem Foto der Jenaer Kammer beifüge - beschreibt er, mit der ihm eigenen Akribie, die Teile der Kammer mit ihren

Funktionen und einer Gebrauchsanweisung.

In Brüssel lernte ich Lumsden während des 6. Weltkongresses der Neurologie kennen und teilte ihm mit, daß ich mehrfach versucht hatte, die Methode zu verbessern und einen Weg zu finden, die zellfreie Flüssigkeit nicht horizontal abfließen zu lassen, sondern behutsam vertikal abzusaugen.

Lumsden hatte 1963, an unser Brüsseler Gespräch erinnernd, gefragt, ob ich inzwischen mit meinen Bemühungen um eine vertikale Sorption der zellfreien Flüssigkeit Fortschritte erzielt hätte und erörterte, daß er durch die subtilen Untersuchungen seiner Mitarbeiter zu der Überzeugung gelangt sei, daß der Diffenzierungsfehler von 9 gering sei und auch in Kauf genommen werden könne. Worüber die Mitarbeiter am meisten klagten, sei die verhältnismäßig lange Sedimentationszeit von 30 mitunter sogar 35 und 40 Minuten bei einer unterschiedlichen Beschaffenheit des Filterpapiers, das man nicht immer ohne weiteres prüfen kann. Bei Proben aus entfernten Kliniken, die auf eine schnelle Nachricht warten, zum Beispiel bei Pleura- oder Ascites und Punktionsflüssigkeiten von Zysten, sei die Zeit ein sehr zu bemängelndes Problem. Letztendlich fragte er, ob es eine Möglichkeit gäbe, die langsam arbeitende Sedimentierkammer mit der sehr viel schnelleren Zentrifuge zu kombinieren, auch wenn der Differenzierungsfehler dadurch um ein paar Prozent erhöht werden sollte.

Sedimentationskammer ermöglicht Erforschung lebender Zellen

BERLIN (ADN/OZ) Eine revolutionierende Neuheit auf dem Gebiet der Medizintechnik, eine Sedimentationskammer zur Erforschung lebender Zellen, kann jetzt durch vorbildliche Zusammenarbeit zwischen Wissenschaft und Produktion im Berliner Betrieb mit staatlicher Beteiligung Ingenieur D o r e n b u r g in Serienfertigung gehen. Alle Aggregate der Nullserie wurden in den vergangenen Monaten in verschiedenen Kliniken der DDR erprobt. Der Herstellerbetrieb unterhält auch einen ständigen Kontakt mit dem geistigen Urheber des in der ganzen Welt patentrechtlich geschützten Verfahrens und Erfinder des Gerätes, Professor Dr. S a y k aus Rostock.

Durch dieses in der Fachwelt einmalige Verfahren nach der Methode des international anerkannten Neurologen Prof. Dr. Sayk ist der Arzt in der Lage, lebende Zellen zu untersuchen. Das war nach der bisher üblichen Methode nicht möglich, da die Zellen infolge vorheriger Bearbeitung zugrunde gingen. Sie

Erfindung Professor Dr. Sayks, Rostock, in Serienfertigung - Vorbildliche Zusammenarbeit Wissenschaft-Produktion

konnten vom Arzt nur im groben differenziert werden. Feinere Zellen, wie beispielsweise Krebszellen, waren mit der bisher üblichen Methode nicht nachweisbar. Sedimentationskammern können insbesondere bei der Liquor-Zell-Diagnostik (Gehirnwasser) in der Neurologie, in der Neurochirurgie, in der Krebsforschung und -behandlung sowie in der Planktonforschung der Zoologie und der Ozeanologie eingesetzt werden.

Bereits auf der Leipziger Frühjahrsmesse erregte es in der medizinischen Fachwelt größtes Interesse. Ärzte aus der Schweiz, Schweden, den Niederlanden, der CSSR, den USA, Österreich sowie Westdeutschland wandten sich bereits an den Berliner Spezialbetrieb mit der Bitte, Einzelheiten über dieses für die Forschung so wichtigen Gerätes zu erfahren. Auch Fachzeitschriften in zahlreichen kapitalistischen und sozialistischen Ländern widmeten dem Verfahren des bedeutenden Wissenschaftlers große Aufmerksamkeit.

Die Sedimentierkammer
Eine ZEISS-Jena Konstruktion 1958

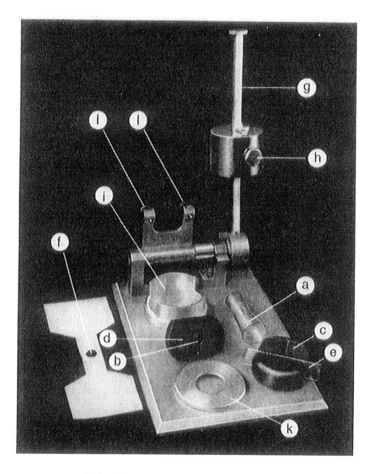

a Halteglas mit Gummistopfen
b Sedimentkammer im oberen Tubusteil
c unterer Tubusteil und Objektträgerlager
d oberer Tubusteil
e Objektträger
f Fließpapierstreifen mit Sedimentöffnung (13 mm Durchmesser)
g Druckhebel
h Druckgewicht
i Gehäuse
k Gehäusedeckel
l 2 Justierschrauben

MULTIPLE SCLEROSIS

Sayk's method. Immediately after the lumbar puncture, about 1 ml of CSF is taken into a small tube, 10 mm in diameter and 20 mm tall, with its open end pressed vertically against a slide. Interposed between the rim of this tube and the slide is a strip of hard-texture filter paper fitting the slide but with a central round hole of diameter exactly corresponding to that of the glass tube in apposition. When the apparatus is assembled, with the CSF in the tube, the CSF soaks out - both by capillary action and gravity - into this filter paper, and many cells, too, adhere to the edge of the hole in the filter paper but a preliminary quick blank run with normal saline reduces this cell loss. Normally anything from about 10 to 25 per cent of all the cells in the fluid will in fact settle gently on the surface of the glass slide in a circle or spot corresponding to the glass tube, provided the outflow is regulated to be sufficiently slow. In order thus to regulate the rate of draining, the glass tube is held in a block-shaped collar which can be clamped down with an adjustable weight on to the metal base holding the slide. This effectively clamps the filter paper gasket, reduces the rate of seepage

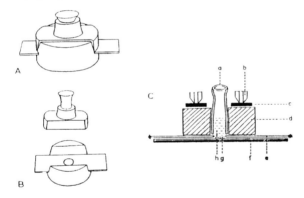

Cell sedimentation chamber for cerebrospinal fluid, based on original version by Sayk (1960). Drawings of an actual chamber: (A) assembled and (B) dis-assembled, with (C) explanatory diagram alongside:
   (a) glass tube (9 mm bore), slightly tapered to minimize sedimentation of cells on its walls
   (b) adjustable weight (both sides)
   (c) metal compression ring as recommended by Sayk (dispensed with in present author's model)
   (d) rubber collar, shaped below to fit into base as shown in diagram
   (e) thick Whatman paper, with central hole equal to internal diameter of glass tube (a)
   (f) ordinary 3 inch by 1 inch (76 mm x 25 mm) glass microscope slide
   (g) cell sediment, indicated
   (h) cerebrospinal fluid sample, indicated.

Ich antwortete ihm, daß die Kombination durchaus möglich sei und einen Fortschritt bringen könnte, zumal die zentrifugal beschleunigte Gravitation die intakten, überlebenden Zellen induzieren könnte, eine gesteigerte Haftfähigkeit zu entfalten oder die Haftfähigkeit auf dem Objektträger durch eine entsprechende Vorbehandlung zu erhöhen. Auf die Idee war ich vor einiger Zeit gekommen, als ich mit den Sorptionshülsen aus einem mörtelähnlichen Material probierte und die Hülsen mit der Zentrifuge zu kombinieren gedachte. Schließlich hatte ich noch hinzugefügt, daß eine Zentrifugation von einem Milliliter Flüssigkeit ausreichen würde. Einige Zellveränderungen, Zytoplasmaaustritte älterer Zellen, Zellschwänzungen, Kongregationen zytoplasmatischer, möglicherweise auch nukleärer Strukturen müßten, wohl oder übel, in Kauf genommen werden. Nötigenfalls ließen sich die Störungen durch homologe Viskositätszusätze, etwa homologes, vielleicht auch adäquates, bovines Albumin oder geeignete, ähnliche Stoffe, stabilisieren. Das größte Problem sei aber, einen Betrieb mit hochmotivierten Entwicklungstechnikern und einem nicht unerheblichen finanziellen Polster oder kulante Investoren zu finden. Ohnehin wird die kombinierte Zentrifuge sehr teuer sein, wenn sie wirklich leistungsfähig sein sollte.

Ich bedachte zu spät, daß mein Brief abgefangen werden und ich, wie schon einmal, zum Rapport beordert werden könnte. Es geschah nichts dergleichen. Und auch Lumsdens Antwort erreichte mich nur ein paar Tage später ebenso unbehelligt. Entweder war unser briefliches Entwicklungsgeplauder unentdeckt geblieben oder man überließ alles der Zeit, vielleicht auch dem sogenannten sozialistischen Gang und freute sich im Stillen auf ein lukratives Lizenzgeschäft in harter Währung. Letztere Bedenken schienen gar nicht so entfernt, als wir etwas über den Preis der ersten Zytozentrifuge, die Cytospin von Shendon, über die Woodruff 1973 publiziert hatte, erfahren konnten.

Die auffallend schnelle Genehmigung einer Vortragsreise nach Wien zerstreute alle meine Bedenken. Franz Seitelberger, der Direktor des bekannten Wiener Hirnforschungsinstituts, lud maßgebliche Vertreter der Nervenwasserforschung zu einem Symposion ein. Helmut Bauer aus Göttingen und Armand Lowenthal aus Antwerpen waren die Vertreter für die biochemischen und ich für die zytologischen Probleme.

Nach einem ausführlichen Referat über fremde und eigene und neue zytologische Untersuchungsergebnisse stellte ich eine Zusammenfassung von Nervenwasser-Syndromen vor. Es ergaben sich eine Reihe neuartiger Aspekte.

Professor Krücke vom Edinger Hirnforschungsinstitut in Frankfurt fragte zu den Glykogendarstellungen, die ich in den Nervenwasserzellen eines metastasierenden Adenokarzinoms feststellen konnte und ob eine Glykogenanreicherung auch in den Zellen des Primärtumors in der Lunge aufgefallen war. Das war nicht der Fall. Demzufolge hatte ich auf die Eigenartigkeit des Befundes in den Liquorzellen, des an sich zuckerarmen Nervenwassers hingewiesen. Offenbar sind die bösartigen, metastasierenden Tumorzellen bestrebt, für den erhöhten Energiebedarf Glykogen anzureichern. Ich hatte noch hinzugefügt, daß Otto Warburg die Glykogenspeicherung als einen besonderen Ausdruck der Bösartigkeit und der Metastasierungsfähigkeit vermutet hatte. Darüber gab es anschließend in einem kleinen Kreis eine interessante Diskussion.

Professor Jellinger aus Wien, der spätere Nachfolger Seitelbergers, fragte nach den Möglichkeiten einer verdachtsdiagnostischen Zuordnung, der allem Anschein nach gut differenzierbaren tumorverdächtigen Zellen und einer Anwendung zusätzlicher, zytochemischer Darstellungen. Ich antwortete darauf, daß die erhebliche Polymorphie und Polychromasie, der hohe Anteil vielkerniger Riesenzellen mit den Mitosen und Zellteilungsfiguren und den Strukturveränderungen nach der Feulgenreaktion, Anlaß sein können, um an die Metastasierung eines multiformen Glioblastoms mit der Konsequenz einer Inoperabilität zu denken und eine Cyclophosphamid-Therapie einzuleiten. Dasselbe könnte für die ähnlichen Zellbefunde metastasierender Organgeschwülste, beispielsweise die Adenokarzinome und auch die Melanosarkome, zutreffen. Freilich läßt die Sicherheit noch zu wünschen übrig mit dem Anlaß, uns um neue und sicherere zytochemische

Darstellungshilfen zu kümmern. Wir sind dabei, sie zu erproben. Anschließend wurde auch hier noch über die Indikation einer Zytostatika-Therapie debattiert.

Während meiner Abwesenheit hatte mein Vertreter, Herr Giercke, einen 57jährigen Patienten aus der Medizinischen Klinik mit dem Verdacht auf einen Hirntumor übernommen. Dort war die Einweisung wegen einer hypertoniebedingten Apoplexie mit einer schlaffen, rechtzeitigen Hemiplegie, einer Halbseitenlähmung, erfolgt. Giercke hatte bereits eine Darstellung der Hirngefäße mit einem neuen Kontrastmittel, Visotrast, vorgenommen, ohne eine Raumforderung, also eine Hirngeschwulst, dafür aber eine Fehldarstellung der mittleren Gehirnarterie erkennen können und eine Infarkttherapie eingeleitet. Vor der Gefäßdarstellung klagte der Patient über heftige, anfallartige Schmerzen in dem gelähmten rechten Arm und der Hand. Nach der Hirngefäßdarstellung nahm die Intensität der Schmerzanfälle, die der Patient wegen der sensorischen Sprachstörungen nicht äußern konnte, zu. Giercke konnte sich mit dem Patienten etwas verständigen und erfuhr, daß er derartige Schmerzen bisher noch nicht gekannt hatte. In der schlaff gelähmten Muskulatur des rechten Armes und Beines war der Muskeltonus deutlich angestiegen. Der Stationsarzt konnte Pyramidenbahnzeichen auslösen.

Die Stationsschwester beobachtete beim Anlegen und Festziehen der Staubinde am intakten linken Oberarm eine Bewegung der gelähmten rechten Hand, wobei der Patient gleichzeitig über heftigste Schmerzen - „brennt wie Feuer" - klagte, so daß die Schwester die Staubinde wieder lösen mußte und es nach kurzer Zeit erneut versuchte. Diesmal hatte sich die Hand wieder bewegt, die Schmerzen waren aber ausgeblieben. Der Stationsarzt konnte die Beugung im Handgelenk und der Finger mit dem Daumen einfach durch ein Kneifen der Haut über dem Bizepsmuskel am linken Oberarm auslösen.

Bei der Visite erläuterte ich das Zustandekommen des kontralateralen Schmerzbeugereflexes und schilderte auch die Entdeckung dieses Phänomens bei einer Patientin, die unter einer Multiplen Sklerose litt. Sicherlich war dieser Reflex nach Art der

Meid- und Abwehrreflexe bekannt, obwohl ich im Schrifttum eine ausführliche Beschreibung bis jetzt nicht finden konnte. Zugegeben, zu einer intensiven Nachforschung war ich bislang noch nicht gekommen.

In der Mittagskonferenz demonstrierte ich den Mitarbeitern den eigenartigen Schmerzbeugereflex und erläuterte ihn an einem einfachen, neuronalen Schaltschema. In Anbetracht der Doppelschaltung in den paläospinothalamischen und neospinothalamischen Neuronen wäre auch eine ipsilaterale Rezeption denkbar. In den beiden bisher eingehend untersuchten Fällen mit einer anzunehmenden, ventrolateralen und kaudalen thalamischen Übertragungsstörung fand ich lediglich eine kontralaterale Rezeption. Das Merkwürdige dabei schien die polysynaptische Rezeption zu sein. Im Hautareal über der Mitte des Bizepsmuskels befinden sich die Rezeptoren von fünf Segmenten auf einer kleinen Fläche von vier Quadratzentimetern. Mir war bereits in Jena aufgefallen, daß dieser eigentümliche Reflex von keiner anderen Region auszulösen ist.

Ein polysynaptischer Reiz von einem thorakalen und vier zervikalen Segmenten vermag über ein genetisch altes Schmerzleitungssystem des Tractus palaeo-spinothalamicus die C- und A-Zellen und Fasern, in Verbindung mit den retikulospinalen Gamma-Zellen und Fasern des neospinothalamischen Tractus, eine bewußte und auch eine unbewußte Abwehrreaktion auszulösen. Damit werden im ventrokaudalen und lateralen Thalamus den gespeicherten Erfahrungswerten entsprechend, zunächst die Beugemuskeln innerviert und betätigt, während die Streckmuskeln gehemmt werden. Demzufolge erscheinen im Elektromyogramm die Potentiale zunächst in den Beugemuskeln und anschließend in den Streckmuskeln.

Bei der Abwehrreaktion ist die in der Großhirnrinde gespeicherte Erfahrung funktionell überflüssig, wie bei dem soeben erwähnten Patienten mit einer Lähmung der willkürlichen Bewegungsfunktionen der Gliedmaßen auf der rechten Seite, in der Pyramidenbahn. Dort, wo die infarktbedingte Durchblutungsstörung, in einem umschriebenen Bereich der Capsula interna, die bewußten Bewegungen über die Muskulatur des rechten Armes und Beines unterbrochen hatte. Da von der Durchblutungsstörung auch die benachbarten Nervenzellen und Fasern des ventrolateralen sensiblen Thalamuskernes und ventrokaudalen thalamischen Schmerzkernes betroffen waren, ließ sich der Schmerzbeugereflex vom rechten, gelähmten Oberarm nicht auslösen, obwohl in dem Arm heftige, spontane und auch auslösbare Schmerzkrisen auftraten. Die Schädigung konnte durch die Durchblutungsstörung selbst oder auch durch ein infarktbedingtes Ödem, eine Schwellung, hervorgerufen worden sein.

Die Rehabilitation der mehr oder weniger gelähmten Patienten mit thalamischen Schmerzkrisen bereitet erhebliche Probleme und auch Komplikationen. Durch stereotaktische Operationen, heutzutage mikrochirurgisch gezielten Ausschaltungen mit Hilfe von Laser-Sonden, lassen sich die Schmerzkrisen zwar beseitigen, wenn der Patient bereit ist, dafür eine, wenn auch regional begrenzte, Schmerzunempfindlichkeit in Kauf zu nehmen, wie von neurochirurgischer Seite berichtet wird.

Zwei Mitarbeiter baten darum, sich an den Untersuchungen über die Neuropathophysiologie des kontralateralen Schmerzbeugereflexes bei thalamischen Störungen zu beteiligen und wollten deshalb mit der Problematik vertraut gemacht werden. Ich hatte vor, einen Mitarbeiter zu einer Hospitation in die Neuropathologie zu Professor Hassler und ihn auch in die Neurochirurgie der Universität Freiburg zu schicken. Ein ausführlich begründeter Antrag war vom Staatssekretariat in Berlin zwar nicht abgelehnt, aber wegen derzeit beschränkter finanzieller Mittel zurückgestellt worden, während das Ministerium für Gesundheitswesen an dem Projekt großes Interesse bekundete und um Mitwirkung in einer Arbeitsgruppe Schmerzforschung und Bekämpfung des Schmerzmittelmißbrauchs gebeten und eine Unterstützung zugesagt hatte. In Berlin war sogar geplant, eine Schmerzklinik zu errichten.

Während einer Fortbildungstagung in Weimar wurde über die mangelhafte Weiterentwicklung und Spezialisierung in den Fachgebieten der Neurologie und Psychiatrie diskutiert. Der Vorsitzende des Vorstandes der Gesellschaft für Psychiatrie und Neurologie, Professor Leonhard, hatte demzufolge in einer Vorstandssitzung zur Förderung der Entwicklungsbestrebungen die Gründung spezieller Sektionen und Arbeitsgemeinschaften vorgeschlagen. So entstanden unter Berücksichtigung der in den bisherigen kleinen Arbeitsgruppen erzielten Erfolge eine Sektion Neuroradiologie unter der Leitung von Professor Walter, eine Sektion Defektives Kind unter Leitung von Professor Göllnitz und eine Sektion Liquor-Diagnostik und Forschung unter meiner Leitung. Die Leiter der Sektionen wurden beauftragt, Tagungen, Symposien und Kolloquien im Bestreben um eine Weiterentwicklung zu veranstalten. Wünsche nach einem Symposion über Fortschritte in der Entwicklung der klinischen Nervenwasserdiagnostik wurden auch von den Teilnehmern an den liquorzytologischen Hospitationen in der Rostocker Neurologie immer wieder geäußert. Das Ministerium für Gesundheitswesen hatte meinem Antrag zugestimmt und eine großzügige finanzielle Unterstützung zugesagt.

Das Symposion mit den Themen Zytologie -, Zytochemie -, Eiweißforschung sowie Diagnostik und Enzymdiagnostik fand vom 7. bis 9. August 1964 in Rostock statt. Es hatten folgende Nervenwasser-Forscher teilgenommen: Bauer, H. J. aus Göttingen; Burgmanova, G. aus Moskau; Buy, E. aus Amsterdam; Delank, H. W. aus Bochum; Denker, S. J. aus Lillhagen; Eneström, S. aus Göteborg; Frick, E. aus München; Habeck, D. aus Münster; Hanzal, F. aus Prag; Hrazdira, C. L. aus Brünn; Lowenthal, A. aus Antwerpen; Van Sande, M. aus Antwerpen; Simon, G. aus Würzburg; Spriggs, A. I. aus Oxford; Wender, M. aus Poznan; und andere bekannte Fachvertreter.

Über neue Ergebnisse liquorzytochemischer Untersuchungen berichtete Frau R.-M. Olischer; über myeloide Zellen in der Zerebrospinalflüssigkeit der Zytologe I. A. Spriggs; über eine neue Saugkammer-Methode zur Anreicherung von Liquorzellen sprach S. Eneström; und über die Methodik und Leistungsfähigkeit eines neuen Fibrin-Netz-Zellfang-Verfahrens berichtete G. Simon.

Zum Eiweiß- und Enzymthema präsentierte A. Lowenthal die Ergebnisse einer neuen Enzymelektrophorese. M. v. Sande demonstrierte ein neues chromatographisches Analysegerät für den Nachweis der Aminosäuren in der Zerebrospinalflüssigkeit. H. W. Delank präsentierte neue Ergebnisse Infrarot-spektroskopischer Untersuchungsergebnisse von Liquoreiweiß bei verschiedenen neurologischen Erkrankungen. H. J. Meyer-Rienecker berichtete über Liquorbefunde im Verlauf akuter polyneuritischer Erkrankungen.

Das immer noch lesenswerte Schlußwort über die dargestellten Fortschritte aus der klinischen Liquorforschung und Diagnostik hielt der Gründer der Liquorforschungsgruppe der Weltföderation für Neurologie, Professor Armand Lowenthal.

Nachzutragen bleibt, daß die zunächst vielversprechende Saugkammer-Methode Eneströms auch nach der Verbesserung durch einen Prager Kliniker, der Eneström bedauerlicherweise nicht erwähnt hatte, keine Verbreitung erlangen konnte. Ebenso das Fibrinnetz-Zellfangverfahren von Simon und Schröer: auf Bitten des Behring-Werkes hatten wir uns bemüht, die Auflösung des Fibrinnetzes so schonend wie möglich zu gestalten. Bedauerlicherweise war auch uns eine tarierte Feinabstimmung der Auflösung des Fibrinnetzes ohne Konglomerate und ohne zellschädigende Einflüsse, nicht gelungen.

Nach der vorgeschriebenen Berichterstattung über das Symposion wurde ich vom Staatsekretariat in Berlin zu einer Besprechung aufgefordert. Ich hatte eine Beanstandung meines Berichtes erwartet, weil ich darin die DDR nicht in der gebührenden Weise hervorgehoben hatte. Weder das Symposion noch der Bericht wurden in der Besprechung erwähnt. Vielmehr lobte der Abteilungsleiter die Bemühungen um eine allseitig anerkannte Entwicklung der Neurologie an der Rostocker Fakultät mit einer beispielgebender Wirkung auf die Kinderneuropsychiatrie und Psychiatrie und eröffnete mir die Ernennung zum Professor mit Lehrstuhl für das Fachgebiet der Neurologie. Das schien aber nicht der eigentliche Grund der Besprechung zu sein. So war er noch einmal auf meine fachliche Leistungsfähigkeit zurückgekommen und bemerkte schließlich, daß die Universität es sehr begrüßen würde, wenn ich mich mit einer Funktion an der Fakultätsleitung beteiligen würde, nachdem ich nun im Klinikum so erfolgreich gestartet sei. Er erörterte auch das Vorhaben einer Hochschulreform und forderte mich zu einer aktiven Mitwirkung auf.

So übernahm ich im Zuge der ersten Hochschulreform die Funktion des Prodekans für die Medizinische Versorgung, die früheren Aufgaben des ärztlichen Direktors und wurde kurz darauf in den Wissenschaftlichen Rat und die Senatsgruppe für Forschung und Entwicklung gewählt, und gehörte somit auch zum Wissenschaftlichen Rat der Fakultät für Medizin.

Eine hohe Reformverantwortung übernahm der Prodekan für Ausbildung und Erziehung der Studenten, um das in den Schulen geübte verbale Bekenntnis zum Sozialismus nun an der Universität dialektisch-materialistisch zu fundieren und marxistisch-leninistisch klassenbewußt zu stabilisieren. Die Hochschullehrer, die über die Partei avanciert waren, es war zunächst nur ein geringer Teil, standen im großen und ganzen zu der Reform. Die älteren, profund gebildeten und elitären Professoren, von wenigen Ausnahmen abgesehen, räumten den parteipolitisch gebundenen Bestrebungen keine Chancen ein. Ganz vereinzelt begann die parteipolitische Erstarrung, zunächst kaum bemerkbar, aufzuweichen.

Im gleichen Jahr hielt der Physiker Professor Robert Havemann an der Humboldt-Universität eine Vorlesung über „Dialektik ohne Dogma", die von Studenten aus Jena, Leipzig und Halle besucht wurde und auch einzelne Parteifunktionäre aufhorchen ließ. Die steigende Resonanz forderte strikte Gegenmaßnahmen. Havemann wurde in den Ruhestand geschickt und mit einem Hausarrest und Redeverbot bestraft. Über die Korrekturbestrebungen Havemanns, der mit dem Staatsratsvorsitzenden und obersten Genossen Honecker unter dem faschistischen Regime im Konzentrationslager jahrelang zu leiden hatte, mußte Stillschweigen bewahrt werden.

Während dieser Periode war der Philologe Professor Heidorn Rektor der Universität Rostock. Dank seines respektablen und gleichsam resoluten Leitungsstils und auch der profilierten, überzeugend wirkenden Rhetorik, war es ihm nach den im wissenschaftlichen Rat vorgebrachten und ausführlich diskutierten Gründen in Berlin gelungen, das kostspielige, den Bezirk Rostock repräsentierende Gebäude in der Form eines riesigen Segelschiffes abzulehnen. Die Leipziger Universität hatte sich den Bau in Form eines aufgeschlagenen Buches gefallen lassen müssen, und die Jenaer mußten mit dem schrecklichen Turm-Bau vorlieb nehmen, dem sie dann auch noch einen obszönen Namen gaben.

Die erste Hochschulreform brachte nicht den gewünschten Erfolg. Die verbalen Bekenntnisse der Studenten wirkten kaum überzeugender als die der Schüler. Lediglich die vormilitärische Ausbildung der Studenten und die Ernte- und Sondereinsätze schienen die Bildung des erwünschten Klassenbewußtsein, die unverbrüchliche Bindung an die Arbeiterklasse, zu demonstrieren. An der Kritik über die konservativ-liberalen Professoren änderte sich nichts. Die laxen Teilnahmen an den abendlichen Schulungen, trotz einer Teilnehmerliste, brachten keine erkennbaren Wirkungen auf eine klassenbewußte Festigung und Bewußtseinsbildung der Studenten, so hieß es in einem Ergebnisbericht.

Es folgte eine zweite Hochschulreform. Die abendlichen marxistisch-leninistischen Schulungen wurden durch wirksamere, externe Wochenkurse mit seminaristischen Prüfungen ergänzt, die am Ende eines marxistisch-leninistischen Lehrjahres zum Führen des Zusatztitels „sc" berechtigten. Die Meinungen darüber waren geteilt. Während einige sich über das gesellige Beisammensein freuten, hielten andere die Zeitvergeudung für absurd. Ich hatte jedesmal meine Literaturtasche vollgepackt und Ausarbeitungen mitgenommen, um die Zeit nicht nutzlos zu verbringen.

Zu Besuch in der Heimat

Über das Schicksal meiner Eltern und Geschwister, erfuhr ich bereits nach dem Krieg durch Verwandte, daß meine Mutter und die Geschwister, Elisabeth, Friedel und Ernst, rechtzeitig über das gefrorene Frische Haff nach Pillau fliehen konnten und von Pillau aus nach Kopenhagen evakuiert worden waren.

Der Vater mit seinen alten Eltern und der 90jährigen Schwiegermutter Wilhelmine aus Grünwalde, die auf der Flucht erkrankt und gestorben war, wurde von der Roten Armee überrollt und zurückgeschickt, um als Fischereifachmann die masurische Seenfischerei unverzüglich wieder in Gang zu bringen. Er war interniert und mit einer Gruppe Rotarmisten zur Bekämpfung der Wildfischerei, die mit Handgranaten und Sprengsätzen betrieben wurde, eingesetzt. Da er keiner nationalsozialistischen Organisation angehört hatte, mußte er, unter strenger Bewachung, Fischereibrigaden gründen.

Nach der Übernahme durch die polnische Verwaltung, der bekannt war, daß der Vater weder Parteimitglied war noch sich irgend etwas hatte zuschulden kommen lassen, wurde er mit der Gründung einer Genossenschaft beauftragt, zumal er noch seine gesamten Fischereigeräte, die er rechtzeitig in Sicherheit bringen konnte, besaß. Mit Umsiedlern aus der polnischen Ukraine und Landsleuten konnte er eine Fischereigenossenschaft gründen, die bald profitabel wirtschaftete und es zu einem bescheidenen Wohlstand brachte, im Gegensatz zu den resignierenden deutschstämmigen Masuren und polnischen Umsiedlern. So hatte er das Angebot der Bezirksregierung in Allenstein angenommen, seine in Dänemark internierte Frau mit den Kindern nach Hause zu holen, zumal Haus und Hof das Kriegsgeschehen heil überstanden hatten und er sich mit zahlreichen bekannten Familien, die sich gegenseitig unterstützten, entschloß, für Polen zu optieren.

Auf einem polnischen Dampfer war die Mutter mit den Kindern über Danzig nach Sgonn zurückgekehrt. Die Geschwister

Elisabeth, Friedel und Ernst mußten eine polnische Schule besuchen und arbeiteten als Angestellte in der Buchhaltung einer polnischen Handelsgenossenschaft. Nicht nur die Lebensverhältnisse verbesserten sich allmählich, auch die Lebenserwartungen stiegen. Sogar wir bekamen es über eine Kompensationsverbindung zu spüren. Mein Vater unterstützte den alten, gebrechlichen Bauern Fritz Rudnik in Sgonn, dessen Frau auch auf der Flucht gestorben war, und wir wurden 1947 von seinem Sohn Richard, der einen großen Bauernhof bei Hannover übernommen hatte, mit Butterpaketen versorgt. Der Vater verdiente sehr gut und konnte das Haus renovieren. Nach meinem Staatsexamen bot er uns eine großzügige finanzielle Unterstützung an. Ich war eines Tages zum polnischen Konsulat in Leipzig bestellt worden und wurde mit allen möglichen Versprechungen bearbeitet, um für Polen zu optieren. Ich neigte zwar ein wenig dazu, konnte mich dann aber, nach dem glänzenden Start in der Chirurgischen Klinik in Jena, dazu nicht entschließen. Dora schloß sich meiner Meinung an.

Im Sommer 1956 besuchte meine Schwester Friedel uns in Jena und faßte den Entschluß, mit Hilfe des Vetters Dr. Werner Kalisch in West-Berlin in die Bundesrepublik auszuwandern. Der Bruder Ernst wollte ihr folgen. Ein Jahr später waren beide Geschwister angereist, und wir halfen ihnen bei den Vorbereitungen, die Übersiedlung in die Bundesrepublik zu schaffen. Vier Jahre später kamen beide Geschwister, Friedel und Ernst, in Wetzlar und Herborn gut unter und waren glücklich verheiratet, und hatten inzwischen gar die Eltern und die zurückgebliebene Schwester in Sgonn besucht.

So waren wir nun gehalten, endlich nach den Eltern und der kranken Schwester zu sehen. Da ich mir nicht zutraute, mit dem Wagen eine völlig unbekannte Tagesstrecke von 1000 Kilometern zu schaffen, hatte der uns gut bekannte Neurologe Professor Wender in Posen eine Hotelunterkunft reservieren lassen. Mit voll bepacktem Wagen waren wir bei vortrefflichem Reisewetter gestartet. Unsere Grenzpolizisten in Pomellen kontrollierten, ohne in den vollbepackten Wagen zu schauen. Und auch der polnische Grenzpolizist sagte lediglich: viel, viel, als er in den Wagen geschaut hatte und mir meinen Ausweis zurückreichte. Dora war der prächtig aufgemachte, polnische Intershop angefallen. Sie mußte ihn erkunden. Da es eine Weile gedauert hatte, vermutete ich einen überraschenden Einkauf. So war es auch. Es gibt hier alles mögliche, teils etwas teuer, teils aber auch preiswert, meinte sie. Auch ich war davon überzeugt. Wenn die Polen so weitermachen, dachte ich und es kam mir diese Floskel in den Sinn - werden sie uns überholen, ehe wir sie eingeholt haben. Nur ein paar Minuten später war ich von dem Überholen nicht mehr so überzeugt. Die alte Autobahn war in einem erschreckenden Zustand. Hinter Stettin war der Straßenbau in vollem Gange. Die Autostraße nach Landsberg an der Warthe war nicht zu beanstanden. Und die Strecke nach Posen schien neu zu sein. Doch der erbärmliche Zustand der kleinen Ortschaften und auch einiger Stadtteile in den Bezirken war nicht zu übersehen. Die teilweise häßlichen Farbanstriche ließen mich den Gedankensprung von dem Überholen ohne Einzuholen vergessen.

Dagegen waren wir von dem äußeren und auch dem inneren Eindruck des Hotels Mercury wieder überrascht. Die Speisen und auch die Bedienung waren vorzüglich. Eine Reisegruppe regte sich über unsere bevorzugte Bedienung auf. Te Germany, te Germany! hörten wir. Das Hotelpersonal sprach auffallend und überraschend gut deutsch. Dora wunderte sich, daß sich sogar die alte Frau auf der Toilette, der sie ein reichliches Trinkgeld auf den Teller gelegt hatte, in einem einwandfreien Deutsch mit ihr unterhalten konnte, ohne aufdringlich geworden zu sein. Ich erklärte Dora, daß die Frau in der deutschen oder preußischen Provinz Posen-Westpreußen zur Schule gegangen sei, und es bis heute nicht verlernt hatte.

Wenders führte uns durch Posen und luden uns zum Abendessen ein. Die Stadt machte einen guten Eindruck. Der alte historische Marktplatz war schmuckvoll restauriert. Herr Wender beklagte sich, daß der anfänglich zügige Aufschwung ins Stocken geraten war. Die industrielle Entwicklung sei von Moskau aus gebremst worden. Von der polnisch-russischen Brüderschaft wollte niemand etwas hören. Das Angebot in den Geschäften, besonders an Industriewaren, war dürftig. Das Sortiment an Textilien, meinte Dora, würde man bei uns nicht mehr anbieten können, zumal mit den überhöhten Preisen. Irgendwie eigentümlich und stilistisch verunglückt wirkte das Posener Schloß Wilhelm des II. aus der Gründerzeit, im Gegensatz zu den liebevoll restaurierten stilvollen Gebäuden in der Umgebung des Schlosses.

Auf der Weiterfahrt in Thorn sahen wir in den Gemüsegeschäften ein appetitlich sauberes frisches Obst- und Gemüseangebot. Ich mußte halten. Die prächtigen Weichsel-Kirschen und Grafensteiner Äpfel mußten wir kosten. Hervorragend, lobte Dora: nach einem derartigen Angebot müßte man in Rostock suchen. Dora hatte dabei an ihre Schwiegermutter gedacht und tüchtig eingekauft. Langsam durch die alte, im Gegensatz zu der Messe-Stadt Posen sehr renovierungsbedürftige Stadt fahrend, kam uns ein Radfahrer, laut und jovial „Heil Hitler" rufend und „die Fahne hoch" singend, entgegen. Kurz darauf, rief wieder ein älterer Mann an der Straße „Heil Hitler" mit erhobener Hand. Ich mußte schneller fahren, damit das Theater sich nicht wiederholen konnte. Oben am Weichselufer sah ich die alten Festungsanlagen, die Kasematten der Preußenkönige, einst gegen den Zaren und Rußland gerichtet, immer noch drohend und unversehrt. Hier war die Uhr der Zeitgeschichte, trotz der vernichtenden Schlacht im Weichselbogen 1945, stehengeblieben. Spuren der Vernichtung waren aber nicht mehr zu sehen. Auch die ehemalige polnisch-deutsche Grenze bei Deutsch-Eylau war nicht mehr zu erkennen. Hier begegneten wir aber noch einigen Spuren des Krieges, und auch in der Bilderbuchlandschaft der Kreisstadt Osterode. Die Ortschaften an der Straße nach Allenstein, der Hauptstadt des masurischen Regierungsbezirkes, waren in einem erbarmungswürdigen Zustand. Verlassene und zerfallene Häuser dicht an der Straße. Hier und da war aber auch ein Neubau zu sehen. In der Ferne erblickten wir die Ruinen eines einstigen, herrschaftlichen Schlosses. Streckenweise waren es trostlose Bilder.

Wenn ich das unscheinbare Ortsschild Olsztyn nicht beachtet hätte, wären wir durch die frühere masurische Hauptstadt gefahren, ohne es bemerkt zu haben. Die Umfahrt war sehr schlecht beschildert und die Straßen in einem fürchterlichen Zustand, besonders in einem Neubaugebiet am Stadtrand, wo eine neue Stadt zu entstehen schien. Jetzt erst sah ich den alten runden Turm der Allensteiner Ritterburg. Später erfuhren wir, daß die Altstadt wegen einer Rekonstruktion des Hohen Tores, der Laubengangstraße und der Nachbarstraßen schon längere Zeit gesperrt sei. Nach dem Krieg war in Allenstein eine Bewegung „Freies Masuren" entstanden, die in Warschau zunächst geduldet, auf höhere Anordnung aber aufgelöst worden war. Ich hatte mir vorgenommen auf dem Rückweg in die Roßen-Straße zu fahren und nach dem Haus von Onkel Fritz und Tante Emma zu schauen, wo ich als achtjähriger Steppke eine Bildungserziehung genossen hatte, an die ich mich noch erinnern kann. Meiner lieben Kusine Margot, die damals einen Teil dazu beigetragen hatte, und die seit 1946 am Elisabeth-Gymnasium in Marburg lehrte, wollte ich über den Besuch ihres Elternhauses berichten. So konnte ich lediglich erwähnen, daß das Haus gerade renoviert wurde.

An der Straße nach Ortelsburg überall das gleiche Bild mit den erwähnten Kennzeichen der zurückgebliebenen oder auf der Flucht von den Russen überrollten Landsleute, die, aus welchen Gründen auch immer, nicht ausreisen wollten oder konnten. Probleme machten jetzt auch die schmale Straße und das Überholen der Pferdefuhrwerke in der Erntezeit. Auf den gemähten Feldern standen die Garbenhocken und boten altgewohnte, romantische Bilder der Vergangenheit, die man bei uns, auch in der DDR, nicht mehr zu sehen bekam. So gerne ich in die Erinnerungen versank und hier und da verweilt hätte, ich saß am Steuer und mußte acht geben.

In Ortelsburg, der mir wohlbekannten Kreisstadt unseres beliebten Nachbarkreises, verfuhr ich mich. In dem völlig veränderten Stadtbild fand ich mich nicht zurecht. Glücklicherweise sah ich das Haus mit dem Fischgeschäft, dem altbekannten Aalbecken und dem Kescher im Schaufenster, wie eh und je. Es hatte seinerzeit unserer Fischereigenossenschaft gehört und lag an der Hauptstraße. Nun bekam ich meine Orientierung wieder. In Schwentainen konnte ich einige, gut erhaltene Häuser wiedererkennen, zumal den großen, auch jetzt noch gut erhaltenen Bauernhof am Ortsrand.

An dem Feldweg, der zu der Kuhweide, „Olsowa" genannt, führte, war ich, in glücksvoller Kindheitserinnerung, stehengeblieben. Ein düsteres Bild bot Grünwalde, das Heimatdorf meiner Mutter. Auf dem in früheren Zeiten stets gepflegten Friedhof suchte ich in einem verwahrlosten Wald und Gestrüpp nach dem Grab des Großvaters Gottlieb und fand auch noch ein verrottetes Gitter der Familiengrabstätte mit dem überwucherten Marmorrahmen. Auf dem freien Platz, der der Großmutter zugedacht war, wuchs jetzt eine hochstämmige Kiefer. Den großelterlichen Bauernhof konnte ich Dora, weil in der Einfahrt ein grimmig dreinschauender Mann mit Drohgebärden auf uns zugekommen war, nur von weitem zeigen. Hier fehlten etliche Gebäude und Anwesen zwischen Ruinen. Im nächsten Ort, der Bahn- und Poststation Puppen, das gleiche Bild. Die Kirche mit dem breiten Turm war unversehrt. Hier waren die Eltern getraut und ich getauft worden.

Vergeblich suchte ich die verträumte, romantische Gaststätte Dieblitztal mit der Paddelbootstation des masurischen Paddelbootsverein mit dem Sitz in Lötzen. Hier am Puppener Fluß wurden die Paddelboote der Gäste aus dem Reich, so hieß es seinerzeit, aufgebaut, die mit der Bahn nach Puppen befördert worden waren. Hier begann die Paddeltour und ging über den Puppener Fluß, den Sdrusno-, Uplik- und Mucker-See, an Sgonn vorbei, am Nordende in die Kruttinna, den Kruttinnersee und wieder der Kruttinna nach Kruttinnen, dem kleinen verwunschenen, masurischen Waldkurort, in einer Tagestour. In Kruttinnen konnte man sich in den Kurhäusern erholen und dann über Kruttinnerofen mit einem Übersetzen an der Mühle und weiter auf der Kruttinna an der verwunschenen Försterei Sakrent und Jägerswalde, Ekkersdorf mit dem Philipponen-Kloster und Ukta vorbei, in einer zweiten Tagestour bis Gonschor weiterfahren. In einer dritten Tagestour über den Beldan- und Nikolaikersee, für Fischliebhaber zu einem Fischessen nach Nikolaiken mit den bekannten Maränen. Rekordpaddler schafften es in einem Tag von Gonschor über Nikolaiken unter der Brücke mit dem Stinthengst über die Talter Gewässer und den Jagodner-See bis Rotwalde am Löwentin-See. Die Seen-Strecke Löwentin-See, Mauer-Kissain-See und Dargeinen-See mit der romantischen Steinorter Bucht und dem sagenumwobenen Schloß Steinort der Grafen Lehndorff, war bei einer leichten Brise gerade noch ratsam, bei steifer Brise nicht mehr empfehlenswert, es sei denn mit entsprechender Ausrüstung und auch Kenntnissen über die Flach- und Wasserkraut-Regionen. Die Liebhaber steuerten von Steinort in die nordöstliche Bucht des Mauer-Sees in die Mündung der Angerapp, paddelten bis Angerburg, ließen ihre Boote abbauen und vom Bahnhof Angerburg nach Hause befördern. Wer von den Liebhabern die Tour einmal geschafft hatte, war begeistert immer wiedergekehrt.

Von Dieblitztal kam mir das Nachbardorf Kelbonken durch die freie Sicht, da der Wald dazwischen abgeholzt war, so nahe gelegen vor, daß ich annahm, mich verfahren zu haben, zumal ich von der Kelbonker Höhe die Sgonner Brücke über die Mukker-See-Enge nicht sehen konnte, weil ein hoher, weiter Wald die Sicht behinderte. Dennoch erreichte ich in wenigen Sekunden die Brücke. Die in der kindlichen Erinnerung fixierte stattlich-große Brücke wirkte ärmlich und klein. So schienen auch die Entfernungen geschrumpft. Jetzt spürte ich ein wenig Furcht vor den Erwartungen. Von Garstkas Höhe hatte man immer den bezaubernden Blick auf das Heimatdorf. Ich hielt an, und wir stiegen aus, um den Blick zu genießen. Dora war begeistert. Die Häuserlücken waren grün bewachsen und fielen kaum auf. Das Windrad mit dem Turm auf der Pumpe, die das Quellwasser des Mulastasees in den Mucker-See pumpte, fehlte. Anscheinend war die Quelle, die zu Überschwemmungen der Wiesen und Felder des Dorfes geführt hatte, versiegt.

Ich winkte Dorfbewohnern zu, die ich nicht kannte, und die mich auch nicht kannten, dennoch aber freundlich wiederwinkten. Ein zufrieden stimmendes Gefühl. In der Mitte des Dorfes bog ich in eine Seitenstraße und stand nach 31 Jahren wieder vor meinem Elternhaus. Die Mutter stand regungslos auf dem Hof. Sie konnte es nicht fassen, kam dann aber auf mich zu. Mit ihren

75 Jahren war sie immer noch flink auf den Beinen. Auch der Vater stand in der Haustür und kam uns entgegen. Den Eltern standen die Freudentränen in den Augen. Wir waren alle eine Weile andächtig stumm geblieben. Dora brach das Schweigen, in der Freude darüber, meine Eltern noch so rüstig vorzufinden und brachte es auch liebevoll zum Ausdruck. Ihre beiden Eltern waren ja bereits verstorben. Sie fragte nach dem Befinden und kam schnell ins Gespräch. Ich wollte nicht stören und machte mich ans Auspacken, das nicht enden wollte.

Der Vater litt nach einer partiellen Netzhautablösung unter Sehstörungen. Konnte mir aber beim Tragen helfen. Das Haus war renoviert und einiges sogar vorteilhaft verändert. Der Vater berichtete, daß es 1945 zur Sprengung vorbereitet worden war. Das Nachbarhaus, sein Geburtshaus mit dem Lebensmittelgeschäft, war gesprengt und abgebrannt worden. Als er mit den Eltern von der Flucht zurückgekehrt war, lagen die Sprengsätze noch auf der Treppe, die er dann vorsichtig wegräumte und beseitigt hatte. In meinem Zimmer stand das Schreibschränkchen auf dem Tisch mit ein paar Büchern und Heften, so als ob ich vor kurzem noch daran gesessen hätte.

Auf dem Boden fand ich noch einen Kasten mit meinen Büchern und Kladden aus dem Langemarck-Studium. Dora bewunderte in der Biologie-Kladde die vorbildlichen Ausarbeitungen und die markante, vergilbte schöne Schrift, die man jetzt kaum lesen konnte. Zuunterst fand ich das in der verhängnisvollen Ära des deutschen Faschismus vielgepriesene Geschichtswerk des Historikers Suchenwirth über die Deutsche Geschichte und las zur Erinnerung, auch Dora interessierte es, die letzten Zeilen auf der letzten Seite. Aus historischem Interesse wollte ich das Buch mit den anderen zum Teil kostbaren Erinnerungen nach Rostock mitnehmen, ließ dann aber wegen der Gefahr, auf unserer Seite kontrolliert zu werden, davon ab.

Am Morgen wurden wir durch die Melodie des masurischen Liedes: So blau der See, so grün sein Strand, geweckt. Der Sänger Helmut Schiewy mit der im Dorf und der Umgebung bekannten und wohlklingenden Baritonstimme, ein Spielgefährte meines Bruders Ernst, hatte auf der Flucht mit seiner Mutter das gleiche Schicksal erlitten, wie mein Vater mit seinen Eltern. Er sprach darüber, daß mein Bruder ihm nahegelegt hatte, mitzugehen. Er wollte seine Mutter aber nicht allein lassen.

Vier meiner Mitschüler aus der Volksschule waren durch Mißgeschicke hiergeblieben oder wieder zurückgekehrt. Alfred Glembotzki, einer der Besten, ein tüchtiger Holzkaufmann bei Richard Anders, dem Masurischen Holzkönig in Niedersee, war als Fallschirmjäger in dem verunglückten Vorkommando auf Kreta in englische Gefangenschaft geraten, entlassen worden und bei Verwandten in der Bundesrepublik untergekommen und sollte bei der Firma Anders in Hamburg wieder angestellt werden. Als er erfuhr, daß sein Vater umgekommen war und seine erkrankte Mutter in Sgonn auf ihn wartete, war er auf abenteuerliche Weise nach Sgonn zurückgekehrt. Seine Mutter konnte genesen. Er gründete ein kleines Sägewerk, heiratete, aber seine Kinder waren ausgewandert und lebten in Leipzig. Er konnte sich, nachdem seine Mutter und auch seine Frau gestorben waren, von seinem Elternhaus, das auch unversehrt den Krieg überstanden hatte, nicht trennen. Ich hatte seine Wünsche, um die zu äußern, ich ihn gebeten hatte, erfüllen können.

In Sgonn lebten noch elf bekannte Familien, mehr oder weniger einträchtig mit den aus der polnischen Ukraine evakuierten Familien mit einem ähnlichen Schicksal. Die Nachbarn, biedere, aber fleißige und ehrliche Bauern, mit Kindern im Schulalter, lernte ich durch einen Unfall kennen. Die Kinder hatten mich zu ihrer Mutter geführt, die gestürzt und noch bewußtlos war. Es schien nur eine Gehirnerschütterung zu sein. Nach der Versorgung der Kopfplatzwunde, war sie wieder zu sich gekommen. Die erschrockenen und verzweifelten Kinder freuten sich.

Der Vater schilderte die schauderhaften Erlebnisse auf der Flucht. Dabei mußte ich mich an seine mahnende Prophezeiung erinnern, aus der Kindheit, als ich ihn mit dem Fahrtenmesser, das mir eine Tante schenkte, geärgert hatte. Die Großeltern sträubten sich gegen die Flucht, da sie der Meinung waren, der Russe würde wie 1914 kommen und auch wieder gehen. Die Großmutter Wilhelmine war im Glauben an die Befreiung gestorben. Sie fragte, bevor sie eingeschlafen war, ob die Russen schon wieder abgezogen seien, erzählte der Vater.

Dora war von allem berührt, von dem gepflegten Haus und Garten, dem gesamten Anwesen und der liebevoll zubereiteten Begrüßungsmahlzeit, den fabelhaft wohlschmeckenden Fischen, Maränen, Hechten und Aalen des Mucker-Sees. Auch ich war nach den betrüblichen Eindrücken während der Reise, zufrieden. Der Höhepunkt aber war der See, über den ich Dora viel und oft genug vorgeschwärmt hatte. Mit dem Boot des Vaters, fuhren wir auf den See. Dora prüfte das klare Wasser. Wundervoll meinte sie, es wirke wie Balsam auf der Haut. Sie war vom Boot ins Wasser gesprungen und trank das Wasser, ich mußte lachen und rief: wie eine Ente. So ein Wasser habe ich beim Baden noch nicht getrunken, das ist ein Wunderwasser, rief sie zurück. Wir waren auf den beiden romantischen Inseln des Sees wie ein jungverliebtes Pärchen. Auch am Ufer der sagenhaften Mucker-Eiche stiegen wir aus, um das siebenhundert Jahre alte Naturdenkmal zu bewundern, dem Helmut Skrodzki ein Poem gewidmet hatte. Dann ruderte ich vergnügt über den See bis zur Mündung der Kruttinna, dem romantischen masurischen Flüßchen, das den See durch die masurische Seenkette, die Angerapp und den Pregel mit dem Frischen Haff und der Ostsee verbindet. Da wir uns Kaffee und Kuchen mitgenommen hatten, kehrten wir erst gegen Abend glücklich wieder heim.

Am nächsten Tag half Dora der Mutter, und ich wanderte auf den Pfaden meiner Kindheit, die ich nur mit viel Mühe, manchmal auch gar nicht mehr wiederfinden konnte. Es hatte sich soviel verändert, und vor allem waren die Entfernungen geschrumpft. Der beliebteste Spielplatz, der schiefe Berg, früher im freien Feld gestanden, lag jetzt im wild gewucherten Wald. Von einer Wanderung zu dem bedeutungsvollen Kurwig-See mit den gravierenden Erinnerungen riet uns der Vater ab, wegen der kaum freundlich gesinnten, neuen Bevölkerung in der Umgebung des Sees und zum anderen liege der See jetzt in einem unansehnlichen Urwald, so daß sein Ufer nur von einem kleinen Stück

Feld neben der Brücke und dem überwucherten Fluß erreicht werden könnte. Fotogen sei die Gegend nun nicht mehr.

So unternahmen wir eine Wanderung zu dem berüchtigten Mulasta Moor-See, der jetzt weniger See als vielmehr Moor war, auf dem seit eh und je zwei bis drei Kranichpaare brüteten. Die Wasserfläche war kaum zu sehen. Um so mehr Kranichpaare hatten jetzt von dem Moor Besitz ergriffen. Ich konnte ein halbes Dutzend Nester zählen, die nicht einmal mehr in der sonst üblichen, schützenden Weise besonders gut getarnt waren, weil es nicht mehr nötig war. Wer, außer ein paar Waldtieren, sollte sich jetzt hier verirren, wenn nicht einmal die Rehe ans Wasser gelangen konnten. Einen Pfad zum Moor konnte ich nicht finden. Das war auch nicht nötig. Mit dem Fernglas konnte Dora die brütenden Kraniche beobachten. Obwohl wir geflüstert hatten, mußten die Kraniche uns bemerkt haben. Drei Wachposten flogen warnend auf. Die brütenden Vögel blieben auf den Nestern sitzen. Ein Kranich begann, aus einer Moorecke wütend zu trompeten. Das war das eindeutige Warnsignal des kommandierenden, wachhabenden Kranichs. So leise wie möglich schlichen wir unauffällig davon.

Am Gartenzaun waren mir schadhafte Stellen aufgefallen. Ich suchte mir im Holzschuppen ein paar neue Ersatz-Zaunlatten, schnitt sie zurecht und besserte die Stellen aus. Ich nahm an, es würde den Vater freuen und hatte mich geirrt. Auf der Stelle monierte er die neuen Zaunlatten. Ein paar alte Reste hätten es auch getan, meinte er entrüstet und beschwerte sich bei der Mutter über meine Verschwendung, die keine wirkliche Hilfe sei. Es hätte nur noch die Bemerkung „der dumme Bengel" gefehlt, und ich fühlte mich in das Jahr 1938 zurückversetzt. Die Mutter muß ihm ihre Meinung darüber gesagt haben. Offenbar über sich selbst ärgerlich, hatte er sich eine Weile nicht blicken lassen und mich dann um Verzeihung gebeten. Er fühlte sich immer noch der eisernen Sparsamkeit verpflichtet, die ja nun nicht mehr nötig sei.

Ich sah mir den Netzspeicher an und bewunderte den Vorrat, den er angelegt hatte. Es waren Netzballen aus dem Jahr 1939 dabei. Ich mußte mit dem Kopf schütteln über soviel Energie und sprach mit der Mutter darüber. Sie meinte beschwichtigend, daß der Vater der Überzeugung war, daß seine Söhne und auch sein Bruder Julius eines Tages zurückkehren und über seine Ersparnisse glücklich sein würden.

Nachdem wir die Besuche hinter uns und die Geschenke verteilt hatten, suchten wir auch den alten und den neuen Friedhof mit den Gräbern der Großeltern und der Verwandten auf, um ihrer zu gedenken und die Gräber zu schmücken. Dabei erregte sich meine anfallskranke Schwester Elisabeth so, daß sie wieder einen Anfall bekam. Der erste Anfall war damals auf der Flucht aufgetreten, während einer schweren Lungenentzündung. Bei einer passenden Gelegenheit fragte ich den Vater, ob er sich vorstellen könnte, eines Tages seine Heimat, seinen geliebten Mukker-See mit der Mutter und Elisabeth zu verlassen, wenn sich die Verhältnisse hier nicht wesentlich bessern würden. Ich spürte förmlich wieder seine Entrüstung. Es hat jeder seinen Platz auf dieser Erde, sagte er in seiner prophetischen Art, den er zu bewahren habe, so lange er die Kraft dazu besitze und Gott ihm dabei helfe. Bis jetzt haben wir seine Hilfe gespürt. Die gottgläubigen Polen haben mit seiner Hilfe eine jahrhunderte lange Knechtschaft ertragen. Wir und die Russen haben ihnen so viel Leid zugefügt. Napoleon hatte ihnen die Freiheit versprochen und sein Versprechen nicht gehalten. Sehr viele Polen haben im ersten Weltkrieg in unserer Armee gegen die Russen gekämpft. Der Versailler Vertrag brachte ihnen endlich die Freiheit, die nicht einmal ein halbes Menschenleben lang währte, bis der gottlose Hitler, der sich über alles hinwegsetzend, nur von der Vorsehung sprechend, Polen überfiel und die Beute mit den russischen Bolschewiki teilte. Die Strafe Gottes war über uns gekommen. Wir müssen dafür büßen. Und der Russe, der Wolf im Schafspelz, wird auch noch büßen müssen. Wir werden es noch erleben. Er hat es nicht mehr erlebt. Denn nach der Übersiedlung, war er 1977 nach Wetzlar zur Tochter Friedel und ihrem Mann Hans Jürgen Preuß gezogen und dort gestorben.

Die Tage waren schnell vergangen. Zum Abschied stieg ich noch einmal auf den schiefen Berg. Die Spiel- und Sandseite war überwuchert. Durch das hohe Gebüsch war ich am Südhang zur Teerkocherei, Smolak genannt, heruntergestiegen. Mit dem Teerkochen aus den harzreichen Kiefern des unermeßlichen masurischen Waldes war aus der herzoglichen Wachbude, am Ende des Waldes, vor dem See das Dorf Sgonn entstanden. Mit dem Feuer und Wasser war das Dorf gewachsen. Der karge, gerodete Waldboden gab nicht viel her. Die Bauern waren arm geblieben. Auch die Waldarbeit brachte nicht viel, außer dem billigen Holz. Und die Fische waren auch billig. Am Hang des Smolak-Berges lernten wir Skilaufen und versuchten auch, auf einer kleinen Schanze zu springen. So manche Skispitze war dabei gebrochen. Im Gras sah ich prächtige Edelreizker und Butterpilze, wie vor vielen Jahren, an derselben Stelle. Damals war ich ein kleiner Bub, als Ole Nasgowitz mir das Pilzesuchen und -erkennen beigebracht hatte. Der Kofferraum im Wagen war nicht leer geblieben. Einen Korb mit geräucherten Maränen von Herrn Kilisch, dem Nachfolger meines Vaters, masurischen Bienenhonig von Klara Feuersänger und frische Butter von der Familie Kloß mußte ich kühl verpacken. In der polnischen Tageszeitung hatte Frau Kloß die Pressemeldung über eine Sahne-Rationierung in der DDR gelesen. Beim Abschiedsfrühstück sprach der Vater ein Gebet. Wir versprachen, im nächsten Sommer wiederzukommen.

Viel eher als erwartet, kehrten wir nach einem halben Jahr wieder zurück. Ein Telegramm mit der Nachricht über eine Erkrankung der Mutter hatte uns dazu verpflichtet. Nach einer Lungenentzündung mit hohem Fieber, die ein Sensburger Kollege, antibiotisch, erfolgreich behandelt hatte, war eine zunehmende Herzinsuffizienz eingetreten, um die sich der Kollege erfolglos bemühte und nun das Schlimmste befürchtete. Ich übergab meinem Oberarzt Giercke die Klinik, packte meinen Not-Koffer und ging mit Dora noch am selben Tag auf die Reise, bei Schneetreiben und frostiger Kälte. Unterwegs mahnten zunehmende Frostaufbrüche zur Vorsicht. Am späten Abend hatten wir Prenzlau erreicht. Obwohl es aufgehört hatte zu schneien, war mein Mut, weiterzufahren, gesunken.

Wir übernachteten in einem Hotel und waren am nächsten

Morgen in aller Herrgottsfrühe aufgebrochen, in der Hoffnung, am späten Abend in Sgonn zu sein. Südlich von Stettin gab es keine Schlaglöcher mehr. Wir mußten uns wundern, die Straßen waren sogar schneefrei. Nach einer kurzen Rast in Posen, raste ich bei dem schwachen winterlichen Verkehr durch bis Allenstein. Dann mußte Dora das Steuer übernehmen. Sie schaffte es spielend bis Ortelsburg. Ich hatte mich wieder erholt, war wohl sogar kurz eingenickt, und hatte mich für die letzte, etwas schwierige Strecke wieder ans Steuer gesetzt. Um halb zehn abends standen wir auf dem Hof.

Der Vater saß am Bett der Mutter und hielt ihren Kopf, weil sie neben der Atemnot auch heftige Kopfschmerzen hatte. Du bist doch noch gekommen, flüsterte sie. Die Dekompensationszeichen erschienen mit den niedrigen Blutdruckwerten etwas bedenklich. Ich griff zum Kombetin mit reichlich Infusions-Lävulose und injizierte äußerst langsam. Die Kopfschmerzen ließen nach. Der Vater meinte, daß die Atmung etwas tiefer und ruhiger sei, ich hatte zwar nicht den Eindruck, ließ ihn aber daran glauben. Klara Feuersänger, die die kranke Mutter betreute, erzählte, daß die schwache Mutter und der Vater schon ein paar Nächte nicht geschlafen hatten. Ich stellte mir eine Liege ins Zimmer und war in die Küche gegangen, um noch etwas zu essen, Dora hatte mich daran erinnert. Wieder im Zimmer, sah ich, daß beide ruhig schliefen. Nach Mitternacht war ich aufgewacht, als der Vater der Kranken mit dem Schieber, den wir mitgebracht hatten, beim Wasserlassen half. Danach waren beide wieder eingeschlafen. Am späten Vormittag wiederholte ich die Injektion und war am dritten Tag auf Digitoxin übergegangen. Die Mutter bekam Appetit auf ein Butterbrötchen. Der Vater freute sich. Jetzt wird sie wieder gesund, meinte er.

Es war der 14. März. Inzwischen hatte, am 5. Tag, Tauwetter eingesetzt. Die inotrope Wirkung bei der Kranken schien sehr erfolgreich. Sie war schon allein zur Toilette gegangen. Ich hatte den Eindruck, daß die Mutter es nun allein mit Hilfe des Sensburger Kollegen, dem ich Kombetin, Lävulose, Digitoxin und B-Vitamine daließ, schaffen könnte. Sie wollte schon wieder in ihre

Küche, um uns eine Sandtorte zu backen.

Es war offenbar so wie ich es vermutet hatte. Der pneumonische Infekt führte bei dem Alter zu einer Herzklappeninsuffizienz, die mit einer erhöhten Rückwirkung auf die geschwächte Lunge eine generalisierende Insuffizienz bewirkte, die zum Ende geführt haben könnte. Der Sensburger Kollege gab sich viel Mühe. Aber die Wirkung des Digitalispräparates war mangelhaft, im Gegensatz zu der prompt sich entfalteten Inotropie des Kombetin-Strophanthins, mit einer individuell sehr günstig einsetzenden Wirkung, wohl auf Grund einer zufälligen Empfindlichkeit. Ich wunderte mich, daß die Mutter so lange durchgehalten hatte. Wir dankten der Nachbarin Klara Feuersänger, einer Schulfreundin, für ihre treue Hilfe.

Es hatte einen heftigen Nachtfrost gegeben, und es fing an zu schneien. Der masurische, schlagartig eingesetzte Vorfrühling war sehr kurz. Wir packten unsere Koffer und reisten zurück. Es hatte aufgehört zu schneien. Die Sonne schien wieder. Ich wollte die Rückreise an einem Tage schaffen, war aber nicht weiter als bis nach Stettin gekommen, wo wir übernachten mußten. Zu Hause angekommen, sah ich die gefüllte Postmappe auf dem Schreibtisch liegen.

Die Weiterentwicklung in Rostock

Die zweite Hochschulreform war mit einer Erweiterung des Rektorats der Universität verbunden. Die Funktionsstufen unterhalb des Rektors bildeten jetzt sechs sogenannte Direktorate mit den funktionsspezifischen Direktoren. Die beiden wichtigsten waren das Direktorat für Ausbildung und Erziehung und das Direktorat für Forschung und Entwicklung. Aber auch das Direktorat für Weiterbildung, zumal der marxistisch-leninistischen Weiterbildung, war von eminenter Bedeutung.

In der ersten Sitzung des Wissenschaftlichen Rates der Universität schlug der Rektor die Erarbeitung von Plänen für die Forschung und Entwicklung in den Fakultäten vor, die nach ausführlichen Diskussionen in einem Generalplan der Universität zusammengefaßt werden sollten.

Nach langwierigen Besprechungen erarbeitete ich mit viel Mühe ein Konzept über die Schwerpunkte der Forschungs- und Entwicklungsthemen, die hier nur übersichtsmäßig angeführt werden können und die Grundlagen für den Fortgang der weiteren Entwicklungen legten, die später in den Forschungsberichten der Medizinischen Fakultät der Universität in allen Einzelheiten und der weiteren Differenziertheit dokumentiert wurden.

Für die Medizinische Klinik stand die Fortsetzung der sehr erfolgreich bearbeiteten Themen der gastro-enterologischen Forschung und die Entwicklung einer Abteilung für Tropenmedizin, mit Rücksicht auf die Bedeutung Rostocks als Hafenstadt, im Vordergrund.

Die Chirurgische Klinik bemühte sich maßgeblich um die Weiterentwicklung der Herz- und Gefäßchirurgie und der Kinderchirurgie; erwog aber auch die früher oder später zunehmend notwendige Entwicklung einer Neurochirurgischen Abteilung, sei es in der Chirurgischen oder auch mit einem Anschlußbau an ein Gebäude in der Nervenklinik.

In der Frauenklinik stand die erfolgreiche Früherfassung der Komplikationen in der Schwangerschaft, der bösartigen Genitalgeschwülste und des Mammakarzinoms im Vordergrund. Aber auch die Hormonforschung für die klinische Behandlung sollte weiter betrieben werden.

Die Medizinische Poliklinik bemühte sich um die Weiterentwicklung der Dialyseverfahren und der intra- und extrakorporalen Nierenfunktionsdiagnostik sowie Erfassung und Vermeidung von Komplikationen.

Die Radiologische Klinik befaßte sich hauptsächlich mit der Weiterentwicklung der ultraharten strahlentherapeutischen Verfahren und speziellen, neuen strahlendiagnostischen Entwicklungen. Die Augenklinik bestand darauf, die Glaukomforschung mit der Früherfassung und Frühbehandlung fortzusetzen.

Die Hals-Nasen-Ohrenklinik wollte die erfolgreiche Weiterentwicklung der gehörverbessernden Operationen fortsetzen und die Sprachtherapeutische Abteilung weiter ausbauen.

Die Kinderklinik bemühte sich um eine Früherfassung und Frühbehandlung der Leukämien, der kindlichen Geschwulsterkrankungen und der entzündlichen Nervenerkrankungen, der Hirnhautentzündungen im Kindesalter und spezieller Anfallserkrankungen.

In der Kinder- und Jugendneuropsychiatrie sollte die erfolgreich betriebene Erforschung und Behandlung mit der Früherfassung der frühkindlichen Gehirnschäden mit der Entwicklung rehabilitationswirksamer Methoden fortgesetzt werden.

Die Neurologie bemühte sich um eine Weiterentwicklung der liquorzytologischen Diagnostik und die Entwicklung eines neuroimmunologischen Laboratoriums, neben den Bemühungen um eine Früherfassung und Frühbehandlung der bösartigen Gehirngeschwülste.

Die Institute des Bereiches Medizin hatten einen speziellen Forschungs- und Entwicklungsplan, insbesondere bezüglich der Immunologie und der Etablierung von Forschungsabteilungen erarbeitet, den ich dem Plan der Kliniken beigefügt hatte.

Der Rektor Heidorn war mit dem realistischen Plan des Bereiches Medizin sehr zufrieden und fragte, ob in der Medizin bisher schon einmal ein solcher Plan ausgearbeitet worden war. Diese Frage konnte ich nicht beantworten, weil ich es wirklich nicht wußte. Eines Tages wurde ich zum Direktor des Bereiches Medizin im Beisein einer Referentin des Personalrats beordert. Es ging um eine mir nicht bewußte Unterlassung und zwar um die Nennung des Universitätsnamens und der DDR in einem Geleitwort, das ich für den Atlas der Liquorzytologie H. W. Kölmels aus dem Klinikum der Freien Universität West-Berlin geschrieben, den der Springer-Verlag Heidelberg herausgebracht hatte. Kölmel erzielte die hervorragenden Ergebnisse mit der Sedimentierkammermethode, und bat mich deshalb um ein Geleitwort. Ich hatte, wie so üblich, lediglich meinen Namen und Vornamen und Neurologische Abteilung der Universität Rostock darunter gesetzt und die DDR mit dem Namen der Universität vergessen. Dieses Vergessen wurde vom Direktorat für Kader als Mißachtung angesehen, so daß ich eine Rüge mit einem Verweis hinnehmen mußte. Von dem Zeitpunkt an, nahm ich mich auch mit politischen Äußerungen in acht.

Bereits in Jena galt mein klinisches Interesse neben der Diagnostik, um die ich mich sehr bemühte, auch dem Sammeln und Erweitern von therapeutischen Erfahrungen. Ich begann damals schon therapeutische Ergebnisse zu sammeln, die ständig erweitert wurden. Die Sammlung habe ich in Rostock fortgesetzt und mit Literaturhinweisen ergänzt. Daraufhin regte ein Lektor des Jenaer Fischer Verlages die Herausgabe einer Monographie an. Mein Mitarbeiter Oberarzt Loebe half mir bei der Zusammenstellung und übernahm vor allem die Korrekturen. Da meine Sekretärin Fräulein Henning nach ihrer Heirat ausgeschieden war, übernahm die Nachfolgerin Frau Woiwode die Herstellung des Manuskripts.

Der Fischer Verlag brachte das Buch der *„Therapie neurologischer Erkrankungen"* in der Publikationsreihe für die Medizinische Praxis heraus. 1970 war die erste Auflage erschienen. Keineswegs war ich so vermessen, um mit weiteren Auflagen zu rechnen. Als aber die beachtenswerten Rezensionen eintrafen, von denen ich einige als Beispiele anschließend zitiere, begann ich schon daran zu denken.

Im *Nervenarzt* schrieb Professor Bay, der Düsseldorfer Neurologe,:
Insgesamt entsprechen die vereinzelt noch durch Fallbeispiele illustrierten Empfehlungen dem üblichen therapeutischen Vorgehen eines kritischen Neurologen. Infolge seiner übersichtlichen und gedrängten Darstellungsweise, die noch durch umfangreiche Sachregister (Sach- und Arzneimittelverzeichnis) ergänzt wird, ist das Buch ein ausgezeichnetes Hilfsmittel sowohl für den Anfänger, wie auch für den in der täglichen Praxis tätigen Neurologen.

In der *Schweizerischen Medizinischen Wochenschrift* äußerte der Berner Neurologe Professor Mumenthaler:
Im Buch ist ein gewisser therapeutischer Optimismus evident, der verständlich wird aus der Notwendigkeit, daß der Arzt am Krankenbett etwas unternimmt. Manche Empfehlungen wird man deshalb ohne einen Beweis der Wirksamkeit anwenden, immer aber handelt es sich um vertretbare Maßnahmen. Von diesen geringfügigen Vorbehalten abgesehen, kann dem Buch Vollständigkeit, sorgfältiger Aufbau und klare Darstellung der Materie attestiert werden. Es kann jedem, der sich mit der Behandlung neurologischer Leiden abgibt, empfohlen werden.

In *La Semaine des Hopitaux (Paris)* erörtert Professor Goldmann:
La lecture de l'ouvrage est facile. Toutes les notions les plus modernes sont traites, et specielment la corticotherapie et le questions d'immunologie dont la constante expansion nest plus a soulingner. Une tres importante bibliographie termine l'ouvrage breviaire du neurologue qualifie et precieux aide-memoire pour le generaliste.

Im *Deutschen Ärzteblatt* referierte Professor Solcher, Marburg:
Hier handelt es sich um eines der Bücher, deren Titel eine Untertreibung darstellt, da es auch noch ein Kompendium der gesamten Neurologie enthält. Die Behandlungsmöglichkeiten werden erschöpfend aufgeführt. Dabei ist erfreulich, daß neben modernsten therapeutischen Erkenntnissen auch in Vergessenheit geratene, aber bewährte Methoden erwähnt werden. Die Autoren

haben ihre eigenen Erfahrungen sehr kritisch, teilweise an Hand von Krankheitsverläufen, beigesteuert. Die Medikamente werden in der Reihenfolge, WHO-Bezeichnung, DDR-Präparat, BRD-Präparat, aufgeführt. Das Buch kann jedem, der mit neurologischen Kranken zu tun hat - auch dem Facharzt - wärmstens empfohlen werden.

Im *Zentralblatt für Neurochirurgie* äußerte Professor Zülch aus Köln:
Übersichtlich gehaltenes Taschenbuch mit vielen Angaben zur Behandlung neurologischer Erkrankungen mit Hinweisen auf Autoren mit Schrifttumsreferenzen. Die Übertragung der Handelsnamen der Arzneimittel in die verschiedenen Bereiche (WHO, DDR, BRD) erweist sich als nützlich. In der Tasche des „weißen Mantels" ist das Buch, leider nur gerade so eben zu tragen, aber durchaus zu empfehlen.

In der Zeitschrift *Der Medizinalbeamte* urteilt Dr. Tessmer:
Ich glaube, daß viele Leser die Neurologie, insbesondere ihre Therapie in den Lehrbüchern der inneren Medizin, nur mit einem gewissen Unbehagen gelesen haben. Im Gegensatz hierzu, besteht zu diesem Werk schnell ein erfreulicher Kontakt. Wegen seiner großen Vorzüge wird sich jeder Arzt mit dem Buch befreunden. Es sollte daher auch im Bücherschrank des Arztes im öffentlichen Gesundheitswesen nicht fehlen, weil es gut gegliedert, klar und übersichtlich geschrieben ist und dadurch einen umfassenden Informationswert hat.

In der *Zeitschrift für die gesamte Innere Medizin* erwähnt Dr. G. Hoffmann:
Es wird deutlich, wie eng verwurzelt die Neurologie mit den Nachbardisziplinen, insbesondere mit der inneren Medizin ist. Das Buch wird nicht nur von Nervenärzten dankbar benutzt werden, sondern kann auch einem breiten ärztlichen Leserkreis wärmstens empfohlen werden.

Der Grundstein für weitere erfolgreiche Auflagen ist gelegt.

Ich hatte es nicht für möglich gehalten. Der internistische Kollege sollte recht behalten. Es folgten vier Auflagen. Nach der dritten Auflage schlug die Leitung des Jenaer Verlages, die mit dem Stuttgarter Verlag bereits vor der Wiedervereinigung kooperierte, vor, für die vierte Auflage Ko-Autoren aus der Bundesrepublik zu gewinnen. Dazu hatten sich Professor Suchenwirth und Professor Gottwald aus Erlangen bereit erklärt. Suchenwirth, der Leiter der Kommission für Begutachtungen der Deutschen Gesellschaft für Neurologie lernte während einer Auslandsreise in China Dr. Hou Hsi-Zeh, den Neurologen des Kianzug Worker Hospital in Nanking kennen, der 1962 die Sedimentierkammer nachgebaut und mir auch über die erfolgreiche Anwendung geschrieben hatte. Offenbar war die Zuschrift verloren gegangen. Erst 1978 traf eine Nachricht aus Nanking in Rostock ein.

Anläßlich des 450jährigen Jubiläums der Universität Rostock, die in ihrer wechselvollen Geschichte mit Tiefen und Höhen auch einmal „Leuchte des Nordens" genannt wurde, waren im gesellschaftlichen und wissenschaftlichen Rat Stimmen aufgetaucht, die das alt-ehrwürdige Gründungs-Siegel als unzeitgemäß erkannten und vorschlugen, ein neues Siegel zu schaffen, das den neuen Zeitgeist repräsentiere, nach dem Vorbild des Zeichens eines aufgeschlagenen Buches der Leipziger Karl-Marx-Universität, das die sieben „Kennewarden" Rostocks, die sieben Türme, tragen sollte. Das war dann auch geschehen mit dem Zusatz der lateinischen Inschrift: Theoria cum praxi. Dieses Siegel währte aber nicht länger als ein Jahrzehnt, gleichsam mit der Namensgebung des Gründungspräsidenten der Republik.

Der jubiläre Festakt fand im großen Saal des Rostocker Volkstheaters statt. Der dezente Veranstaltungsrahmen war beeindruckender als manch andere akademische Jubelfeier. Dazu gehörte auch die Festrede des Rektors Heidorn, angemessen würdevoll und dennoch schlicht, mit feingewählter stilistischer Rhetorik und einem ebenso angepaßten Maß an Lobeshymnen. An besondere feierliche Höhepunkte kann ich mich darüber hinaus nicht erinnern.

Die liquorzytologischen Arbeiten hatte Frau Olischer, nach wie vor, mit immensem Fleiß und bewundernswerter Hingabe, die mich an den getreuen Wilhelm Keuscher erinnerte, erfolgreich fortgeführt und schließlich auch die Leitung der Arbeitsgemeinschaft der klinischen Liquordiagnostik und Forschung übernommen. Sie war die erste in der Liquorzytodiagnostik, der eine erfolgreiche Reaktionsdarstellung der alkalischen Esterase gelungen war. Und auch die Arbeiten mit der Liquor-Tumorzell-Kultivation konnte sie mit Ausdauer und Akribie fortsetzen, so daß ich meine in Jena gefaßte Theorie der Rezeption einer proteolytischen Enzymaktivierung „weiterspinnen" konnte. Bedauerlicherweise fehlten uns die biochemischen technischen Voraussetzungen und die inzwischen bereits darüber hinaus entwickelten speziellen Kenntnisse.

Dennoch konnte ich mit den uns zur Verfügung stehenden Mitteln die geno- und phänotypischen Eigenschaften der extrem gesteigerten Bösartigkeit der Krebszellen im Nervenwasser weiter verfolgen und auch in den Kulturen, abends zu Hause in meiner kleinen Laborküche, beobachten und weiter experimentieren. Eine derart genetisch aktivierte Zelle scheint fähig zu sein, ihre lysosomal rezeptierte proteolytische Fähigkeit über die Codierung beizubehalten.

Bei Glioblastomen und Adenokarzinomen, die im nährstoffarmen Nervenwasserraum metastasierten, kamen vereinzelte Zellen vor, die eine Doppelfunktion während der Zellteilung in der Telophase erkennen ließen, nämlich eine genetische Aktivität in einem Teil der Zelle ohne erkennbare proteolytische Anzeichen und einer genetisch inaktiven Zelle mit entfalteten, proteolytischen Merkmalen, die zu einer Selbstzerstörung und Schädigung der normalen Gewebszellen und möglicherweise zur Freisetzung von Adhäsinen führt, die den genetisch codierten Zellen eine Implantation, ein Anwachsen ermöglicht, das dann in Form der mit bloßem Auge erkennbaren, blumenkohlartigen Metastasen sichtbar wird. Da ich bei der erwähnten Metastasierung immer wieder die gleichen oder ähnliche Beobachtungen machen konnte, dachte ich an eine Möglichkeit die proteolytische Aktivität durch ein Co-Enzym, das über die gerade in der Entwicklung stehende Rikham-Kapsel in die Nervenwasserräume zur Inaktivierung der Proteolase, gebracht werden könnte, wirkungslos zu machen. Professor Warburg, dem ich mein Ansinnen mitgeteilt hatte, meinte, es sei eine ideenreiche Konzeption, die er zu unterstützen bereit sei, mir aber zu bedenken geben möchte, ob es nicht womöglich das Hämoglobin sein könnte, daß derartige Formen der Metastasierung induzieren könnte. Er war durch den Tod seines Hundes, eines Boxers, der an einem Hirntumor mit Metastasen, wie der Tierarzt ihm mitgeteilt hatte, eingegangen war, auf das Hämoglobin gekommen. Weil „die Blutversorgung des Kopfes der Boxer - die ja eine Art Mißbildung sind - einen Fehler möglicherweise im Hämoglobin haben konnten. Nach unseren Arbeiten wird jede chronische Störung der Blutversorgung karzinogen sein können. Und es wäre doch schön, wenn man auf dem Umweg über die Hirntumoren der Boxer etwas über die Ursache der menschlichen Hirntumoren und die scheußlichen Metastasierungen erfahren und die Erfahrungen nutzen könnte."

Meine Antwort verzögerte sich wegen einer mehrtägigen Vortragsreise nach Österreich. So bekam ich lediglich eine kurze Nachricht, daß Professor Warburg erkrankt sei. Zwei Jahre später starb er.

Aus Jena rief Professor Graf Hugo von Keyserlingk an wegen einer Kollegin, die seit zwei Jahren unter zunehmenden Sehstörungen litt und die sein Oberarzt Dr. Wieczorek pneumenzephalographiert, aber keine krankhaften Veränderungen am Ventrikelsystem gefunden, die Kollegin aber dennoch zu Professor Merrem in die Neurochirurgische Klinik nach Leipzig geschickt hatte. Auch Merrem konnte keine krankhaften Veränderungen, weder an den Hirngefäßen im Arteriogramm, noch in mehreren elektroenzephalographischen Kontrollen, feststellen, die eine Operation indizieren konnten, und die Patientin wurde wieder nach Hause geschickt.

Inzwischen hatte die überwiegend hemianopische Sehstörung mit einer beginnenden Schrumpfung des Sehnerven auf der rechten Seite so zugenommen, daß die Patientin händeringend bat, etwas zu unternehmen, zumal auch die Ophthalmologen dazu drängten, weil die Atrophie fortgeschritten war. Mir war eingefallen, sagte Graf Hugo am Telephon, daß Sie damals mit Halten und Lagern der Patienten bei den Pneumenzephalographien bei den Kleinhirnbrückenwinkel-Neurinomen und den Hypophysenadenomen die Röntgenbilder mit den schönen Befunden gemacht haben, vielleicht gelingt es Ihnen damit, etwas zu finden. Die Kollegin und ihr Mann sind am Verzweifeln. Der ophthalmologische Befund wies eindeutig auf die Hypophysenregion mit einer Akzentuierung der rechten Seite. Das Elektroenzephalogramm und der neurologische Befund waren im wesentlichen unauffällig. Von der partiellen Optikusatrophie, der begrenzten Schrumpfung des Sehnerven, meinte ich auf ein kleines Meningeom, also einen gutartigen Tumor, mit einer dringenden Operationsindikation schließen zu müssen und versuchte es mit einer gezielten Darstellung der basalen Zisternen mit einer Luftfüllung. Oberarzt Giercke hielt dafür den Kopf der Patientin in einer unbequemen Streckstellung, damit die Luft nicht über die Foramina Luschkä entweichen und an der Hirnbasis hochsteigen konnte. Die Darstellung gelang handbuchmäßig. Ich dankte meinem Oberarzt für das maßgebliche Kopfhalten. Die kleine, sichelförmige Luftbegrenzung sprach für ein etwa kirschgroßes Meningeom in der Region der Sella turcica, des Türkensattels, wie ich es vermutet hatte.

Professor Weickmann, der Neurochirurg in Berlin-Buch, entfernte ein etwas mehr als kirschgroßes Meningeom des Tuberculum sellae. Die Patientin und der Ehemann waren überglücklich. Der Sehnerv hatte sich nach vierzehn Tagen bereits deutlich erholt, der dunkle Schleier war aufgehellt. Die Perimeterwerte besserten sich. Die Schädigung war glücklicherweise begrenzt geblieben und bildete sich nun langsam zurück. Beim Abschied versicherte mir die Patientin und Kollegin in Gegenwart ihres Mannes, ich habe ihr das Vertrauen in die Medizin, das sie bereits verloren hatte, wiedergegeben. Ein hohes Lob, bislang das höchste. Daran erinnert mich noch heute eine aparte Messingschale, die der Ehemann, ein passionierter Hobbybastler, selbst mit einer Hammertechnik angefertigt hatte.

Die diagnostische Leistung und die geglückte, komplikationslose Totaloperation mit der zunehmenden Besserung des Sehvermögens hatte im Bekanntenkreis eine sensationelle Wirkung hinterlassen, die meine Sekretärin, Frau Lange, mit den Anmeldungen von Patienten nicht nur aus Thüringen zu spüren bekam. Es waren auch nicht nur Patienten mit Kopfschmerzen und Sehstörungen. Einige neurotische Patienten waren darunter, die mir mitunter mehr Mühe abverlangten als die organisch kranken Patienten. Aber auch in Mecklenburg hatte sich mein medizinisches Glück herumgesprochen. Ich schien nahe dran, ein Modearzt zu werden, wovor ich mich fürchtete.

Es bedurfte keiner langen Zeit, als eine neue Überraschung, aus ganz anderen Gründen, möglicherweise aber wohl doch im Zusammenhang in einer gewissen Abhängigkeit mit dem oben geschilderten Glück gestanden haben könnte.

Die Sekretärin vermittelte ein Gespräch mit dem Leipziger Neurochirurgen Professor Merrem, der im Urlaub in Ahrenshoop weilte und mich bei dieser Gelegenheit besuchen wollte. Nach dem Grund wagte ich nicht zu fragen. Etwas salbungsvoll freundlich, fragte er nach dem Ergehen im Gehlsdorfer Klinikum und in der Fakultät. Ich gestand, daß ich hier einiges erreicht hatte und mich im norddeutschen Klima recht wohl fühle. Ich zeigte ihm die rekonstruierte neurologische Männerabteilung, das klinische Forschungslabor, die modernisierte Röntgenabteilung und den Hörsaal. Er schien von all dem angetan und meinte, daß ich sicherlich wenig geneigt wäre, eine Berufung an eine andere Universität anzunehmen und fragte, ob ich wüßte, daß ich im Gespräch für eine Berufung an eine Universität in der BRD sei. Ich hatte von einem solchen Gerücht gehört, das auch nach hier gedrungen war und einigen Argwohn erregte. Er war derzeit Dekan der Leipziger Fakultät und daran interessiert, meine Wirkungsstätte zu sehen und mich nach langer Zeit wieder zu sprechen. Er erinnerte mich an meine Jenaer Wirkungsstätte, von wo aus ich ihm Patienten mit besonderen neurochirurgischen Anliegen überwiesen hatte. Er tat etwas verwundert, daß er jetzt von Jena nichts mehr hören würde.

Einige Wochen nach dem Besuch rief mich die Sekretärin des

Rektors an und monierte das Fehlen einer Bewerbung und eines Lebenslaufes in meiner Personalakte. Ich möchte doch so schnell wie möglich diesen Mangel beheben. Ich war sehr verwundert darüber und bat Frau von Tüppen, die persönliche Sekretärin des Rektors, mir zu helfen; ich wüßte nicht, mit welcher Begründung ich mich jetzt bewerben müßte. Ich ging ins Rektorat und erklärte, daß ich seinerzeit in Jena zur Habilitation aufgefordert worden war und weder eine Bewerbung noch einen Lebenslauf hatte vorlegen müssen. Frau von Tüppen führte mich kurzerhand zum Rektor, von dem ich nun erfuhr, daß die Universität Leipzig zwecks einer Berufung auf den Leipziger Lehrstuhl für Neurologie meine Personalakte angefordert hatte. Nun war mir alles klar, auch der Besuch des Leipziger Dekans der Medizinischen Fakultät. Unter Kollegen hätte er doch über das Anliegen seines Besuches offen sprechen können. Der Rektor fragte, ob ich geneigt sei, nach Leipzig berufen zu werden. Ich hatte ohne zu überlegen erklärt, daß mir hier in Rostock bis jetzt jeder Wunsch erfüllt worden war und daß ich mich hier sehr wohl fühle und das Vertrauen der Fakultät nicht ohne einen Grund aufs Spiel setzen wolle. Ich wolle gerne hier bleiben. Der Rektor dankte für das Vertrauen mit einer Verbeugung, die ich gleichermaßen erwiderte.

Wieder in der Klinik, teilte mir Frau Lange, meine Sekretärin, mit, ich solle, wenn ich noch könnte, zum Dekan kommen. Der Rektor hatte ihn über unser Gespräch informiert. Ich bat um Vergebung wegen des Wirbels, der um mich entstanden war. Ich konnte nichts dafür. „Doch doch, Sie können schon was dafür", meinte er, drückte mir heftig die Hand und faßte mich bei der Schulter, „mit Ihrer Tüchtigkeit können Sie schon etwas dafür. Aber ich bin sehr froh, daß Sie uns nicht im Stich lassen." Wir sprachen auch über das Gerücht aus der BRD. Nun müßte ich noch zum Staatssekretariat, jetzt: Ministerium für das Hoch- und Fachschulwesen der DDR. Dr. Schüler hatte gerade angerufen. Ich mußte über das Getue mit dem Kopf schütteln.

Dr. Schüler begrüßte mich, blendend gelaunt. Ich gratulierte ihm zu seiner Beförderung. Er erklärte mir, ich nahm an pflichtgemäß, die Vorteile der Berufung nach Leipzig, zumal die Leipziger Fakultät meinen Austritt aus der Partei 1951, großzügig auf sich beruhend, übergangen und meine Berufung ausdrücklich gewünscht hatte. Auch Dr. Schüler bedankte sich für meinen Entschluß, in Rostock zu bleiben. Ihm lag sehr viel daran, daß im Gehlsdorfer Nervenklinikum endlich wieder Ruhe eingekehrt sei und eine Entwicklung eingetreten ist, die sich überall sehen lassen kann. Er bat mich noch, die Psychiatrie etwas zu unterstützen. Ich versprach es.

Die Hoffnung auf eine ruhigere Zeit hielt nicht lange. Der Herausgeber des Handbook of Neurology in der North-Holland Publishing Company in Amsterdam, Professor Vinken, bat um Mitarbeit mit einem Kapitel XII des sechzehnten Bandes mit dem Titel: *„The cerebrospinal fluid in brain tumours."* Über den Umfang könnte ich nach eigenem Ermessen entscheiden. Gleichzeitig fragte Vinken, ob ein oder auch zwei Mitarbeiter meiner Klinik ein Kapitel über das Bannwarth-Syndrom, der Mcningoradikulitis, übernehmen könnten. Es war ein großzügiges, die Leistungen unserer Klinik anerkennendes Angebot, dem ich ohne weiteres zugestimmt hatte. An eine derart rasche Anerkennung unserer Leistungen, freilich nur auf zwei kleinen Gebieten, allerdings im internationalen Maßstab, hätte ich nicht im Traum gedacht.

Im ersten, aber offensichtlich dem entscheidenden Jahr, war ich mehr oder weniger allein. Von 1962 bis 67 publizierten die Mitarbeiter Klaus Ernst, Claus Giercke, Beta Hitzschke, Frank-Michael Loebe, Hans-Joachim Meyer-Rienecker, Rose-Marie Olischer mit mir insgesamt 78 wissenschaftliche Arbeiten. Und der Oberarzt Claus Giercke hatte seine Habilitationsarbeit über das Thema: *„Vergleichende Kontrastmitteluntersuchungen bei neurologisch nachweisbaren Prozessen im Spinalkanal unter besonderer Berücksichtigung der kaudalen Abschnitte"* erfolgreich verteidigt. Während der gleichen Zeit waren 10 Promotionsarbeiten entstanden. Der Dekan meinte dazu, ein bewundernswerter Mitarbeiterstab in so kurzer Zeit.

Ohne Zweifel hatte die hier im Klinikum bereits länger etablierte Leistungsfähigkeit des Direktors der Kinderneuropsychiatrischen Abteilung, Professor Göllnitz, mit seinen tüchtigen Mitarbeitern und bedeutend aktuellen Themen der frühkindlichen Hirnschädigung dazu anspornend beigetragen.

In zwei- und dreijährigen Abständen fanden unter der Regie der Akademie für Ärztliche Fortbildung und federführenden Fachvertreters, des politisch zuverlässig profilierten Leipziger Psychiaters Professor Müller-Hegemann - der meinen Lehrer Rudolf Lemke so sehr bedrängt hatte - Neuropsychiatrische Fortbildungslehrgänge statt. Über die steile Karriere Müller-Hegemanns habe ich bereits berichtet. Er war in seinem Fachgebiet wenig erfolgreich und hatte die DDR verlassen. Sein Nachfolger in der *Akademie für ärztliche Fortbildung* wurde Professor Jochen Quandt, der nach seiner Emeritierung von meinem Schüler Professor Claus Giercke abgelöst worden war.

In den Fortbildungstagungen hatte ich von 1962 bis 1982 das Rahmenthema Nervenwasser-Diagnostik und Forschung organisatorisch leiten müssen, während der Tagungen in Weimar, Leipzig, Berlin, Bernburg, Gernrode i. Harz und Reinhardsbrunn.

Mein Ausscheiden aus der Akademie geschah nicht ohne Grund. Die Ministerien für das Hoch- und Fachschulwesen und das Gesundheitswesen rieten allen Mitgliedern von wissenschaftlichen Gesellschaften und Vereinigungen in der DDR, die gleichzeitig Mitglieder von wissenschaftlichen Gesellschaften in der BRD waren, diese Mitgliedschaft, im Zuge der politischen und territorialen Abgrenzung, zu kündigen. Ich hatte das Anraten nicht ernst genommen und erhielt nach wie vor die Mitteilungen der Deutschen Gesellschaft für Neurologie zugeschickt. Die zuverlässige Postkontrolle mußte das Vorkommnis der Personaldirektion mitgeteilt haben. Ich wurde erneut vor den Direktor des Bereiches Medizin und den Personaldirektor zitiert. Die Direktoren mißbilligten meine Haltung zu den Wünschen der Ministerien gegenüber und drohten mit disziplinarischen Maßnahmen. Es hieß exemplarisch deutlich, daß angesichts meiner Verdienste um die Entwicklung der Neurologie in der DDR und der internationale Anerkennung noch einmal Rücksicht genommen werden könnte. In der Androhung eines Verfahrens im Wiederholungsfall sah ich das Schwert des Damokles über meinem Haupte schweben.

Die Abwendung des Schwebens verdankte ich wieder einem Zufall, nämlich dem Glücken unserer seit kurzem eifrig betriebenen Versuche mit der endlich erfolgreichen Entwicklung der Sorptionskammer, einem Nachfolge-Patent der alten Sedimentierkammer, das nun als ein Wirtschaftspatent der Universität Rostock anerkannt wurde. Unser Biologe Dr. Lehmitz hatte das tonähnliche Material „Porolith" ausfindig gemacht. Das Porolith-Werk Meißen hatte uns die maßgerecht hergestellten Hülsen zur Erprobung zur Verfügung gestellt. Das Problem einer zu raschen Anfangssorption der Flüssigkeit in dem tonartigen Porolith-Material konnte Lehmitz durch ein einfaches Benetzen der Innenwand der Hülse mit der zu untersuchenden Flüssigkeit, in dem Fall dem Nervenwasser, im Sinne einer Präsorption lösen.

Die Sedimentationsergebnisse übertrafen bei weitem die der nun alt gewordenen Sedimentkammer. Ein lediglich geringer Nachteil waren die vereinzelten, fossilen Rückstände aus dem tonartigen Material, übrigens einem Grundstoff des Meißner Porzellans. Unter dem Titel: Die Sorptionskammer. Eine neue Methode der spontanen Zellsedimentation, hatten wir die ersten Ergebnisse in der Zeitschrift *Das Deutsche Gesundheitswesen* 1979 veröffentlicht. Damit war meine ursprüngliche Idee von einer chemischen Sedimentierkammer beinah verwirklicht worden.

Die mittlere Zellverlustrate der alten Kammer sank von 30 auf 10 Prozent. Lediglich die spontane, jetzt durch die vertikale, beschränkte Kapillaraszension lag noch bei 30 Minuten. Sie könnte durch einen Kunstgriff, Lumsdens Vorschlag entsprechend, auf 10 Minuten verringert werden durch eine Reduzierung der Präsorption. Wir hatten bereits daran gearbeitet, weil ich die Möglichkeit einer Kombination mit einer Zentrifuge bei 1000 Umdrehungen pro Minute erproben wollte. Meinen Berechnungen nach müßte es möglich sein, aus einer Nervenwasserprobe von 0,2 Milliliter mit einem Zellgehalt von einer Zelle pro Kubikmillimeter in der Fuchs-Rosenthal-Zählkammer, 180 bis 200 Zellen gewinnen zu können. Auf ein Volumen von 0,2 Milliliter

Liquor könnte man für die Weiterverarbeitung durchaus verzichten. Damit hätten wir Professor Lumsdens Wünsche erfüllen können, wenn uns das Mißgeschick nicht schon wieder einen jähen Strich durch die Rechnung gemacht hätte. Das Filterwerk Meißen teilte uns mit, daß die Porolith-Produktion wegen Rohstoffmangels eingestellt werden mußte.

Der Europäische Zytologenkongreß 1976 fand in Weimar statt. Das Präsidium führte der Jenaer Pathologe Professor Bolck, der 1955 meine Habilitationsarbeit als erster Koreferent beurteilt hatte. Seine bedeutungsvolle Eröffnungsrede hielt er in englischer, französischer und deutscher Sprache.

Um die Organisation des liquorzytologischen Anteils hatte sich Valentin Wieczorek gekümmert, der inzwischen die Leitung der Neurologischen Abteilung in Jena übernommen hatte und zum Professor ernannt worden war. Die Themenleitung oblag dem Berner Neurologen Professor Alfred Bischoff, einem der ersten Teilnehmer an dem ersten Sedimentierkammerkurs 1958 in Jena. In seinem Referat hob er die Bedeutung des Sedimentkammerverfahrens des Vaters der modernen Liquorzytologie hervor und betonte, daß die akzelerierte Spontansedimentation der Sedimentierkammer über die Nervenheilkunde hinaus, auch in anderen Fachgebieten eine erfolgreiche Anwendung finden konnte. Es wurden verschiedene neue und interessante Ergebnisse vorgestellt. Der Oxforder Zytologe, präsentierte zytochemische Befunde bei Leukosen und Lymphadenosen und ging auf die Unterscheidungsmerkmale zu den myeloiden Zellen des normalen Knochenmarks ein, die durch Punktionsverletzungen der Wirbelkörper in die Punktionskanüle und Liquorzellpräparate gelangen können.

Neue Ergebnisse über die Herkunft der Zellen des Nervenwassers bot der Pathologe Dr. Oehmichen. Mit Hilfe von tierexperimentellen Untersuchungen an Ratten war es ihm durch radioaktive Markierungen, die ich auch schon erwähnt hatte, gelungen zu postulieren, daß die meisten Zellen des Nervenwassers, insbesondere die Lymphozyten und Monozyten und ohnehin die Granulozyten, aus dem Blutkreislauf stammen, im Gegensatz zu den histiozytären Plexus- und Ependymzellen und Fibrozyten. Darüber hinaus wurden von zahlreichen Forschern neue zytologische Markierungsmethoden und zytochemische Analysen vorgestellt, die inzwischen Eingang in die klinische Zytologie der verschiedenen Disziplinen finden konnten und die klinische Diagnostik bereichert hatten.

Die Meinungen ausländischer Fachleute über die Forschungs- und Wissenschaftsentwicklung in der DDR enthielten unter vielen ehrlichen Anerkennungen freilich auch schmeichelhafte Bekundungen, und auch Stimmen über ein Zurückbleiben in letzter Zeit auf verschiedenen Spezialgebieten. Einem maßgeblichen Kollegen aus Berlin, von dem ich wußte, daß er beträchtlichen politischen Einflüssen unterlag, äußerte ich auf seine Frage nach den Ursachen, daß es nicht allein das Schmoren im eignen Saft sei. Vielmehr sei es der hohe Preis des eisernen Vorhangs und der kostspieligen Bewaffnung einer Riesenarmee für ein paar Millionen Menschen, die immer weniger werden und nun auch noch ins Schmollen geraten sind.

In der Neuroradiologie wurde die Arbeitsgruppe Giercke durch einen tüchtigen jungen Mitarbeiter, Dr. Till Bretschneider, bereichert. Bretschneider war für die cerebrale Computertomographie vorgesehen, die hier in Rostock immer noch auf sich warten ließ und jetzt durch eine beabsichtigte Spitzenleistung auf kardiologischem Gebiet noch weiter in den Hintergrund gedrängt wurde. Meine Beschwerde darüber wurde mit dem Hinweis, daß auch die Weiterentwicklung der Kardiologie sicherlich nicht ohne eine computertomographische Technik auskommen könnte, nicht im geringsten beachtet.

Nach dem Ausscheiden von Oberarzt Ernst aus der Neurologie hatte Dr. Kmietzyk, ein technisch versierter und innovativ fleißiger Mitarbeiter, das neuroelektrophysiologische Labor übernommen und sich 1987 mit einer Arbeit habilitiert. Sein Thema lautete:

Neurophysiologische Untersuchungen nozizeptiv evozierter Reflexe unter besonderer Berücksichtigung einer supraspinalen Beeinflussung und ihre Darstellung bei verschiedenen neurolo-

gischen Erkrankungen.

In Anbetracht des zunehmenden Schmerzmittelmißbrauchs veranstaltete das Präsidium der Akademie für ärztliche Fortbildung unter der Leitung ihres Präsidenten Professor Brüschke aus Berlin eine Fortbildungstagung über das Alarmsymptom Schmerz in der ambulanten und klinischen Diagnostik und die Schmerzbekämpfung.

Zu meinem Referat über die Migräne, ihren verschiedenen Formen, der Diagnose und Differentialdiagnose zu den verschiedenen in Frage kommenden Gehirnerkrankungen und Behandlungsempfehlungen, wurde nach den Gründen der zunehmenden Verordnung von ergotaminhaltigen Zäpfchen gefragt, die in zunehmendem Maße proktologische Schäden verursachen. Ich antworte, daß im Anfall, wenn die Tablette oder die Tropfen erbrochen werden, nur noch das ergotaminhaltige Zäpfchen helfen kann. Phenacetin-, coffein- oder salizylhaltige, oder die neuen Mittel, Divascan und die verschiedenen Serotoninantagonisten, sind im Anfall nur wenig wirksam. Und dabei muß man bedenken, daß der Migräne-Patient außerhalb des Anfalls nicht dazu neigt, einen Anfall zu verhindern, und wenn er es beabsichtigt, ist es meist schon zu spät. Der kommende Anfall läßt sich dann nicht mehr aufhalten. Das Ergotaminzäpfchen lindert die Schmerzen. In einem heftigen Anfall oder einem Status migraenosus hält die Wirkung nicht lange an, der Patient führt ein zweites und auch noch ein drittes Zäpfchen ein. Damit ist der proktitische Schaden eingeleitet. Die Patienten müssen eindringlich darauf hingewiesen werden, daß die Afterschäden schlimmer sind als die Migräne.

Prompt folgte die Frage nach anderen therapeutischen Möglichkeiten. Ich antwortete mit der Heyck'schen Empfehlung, eine Hydantoin-Prophylaxe zu versuchen, zumindest bei den Patienten mit Status migraenosus, die auch im Elektroenzephalogramm aktivierbare, steile Rhythmen, Spitzen und Wellen erkennen lassen. Die Hydantoin-Dosierung läßt sich auf kleine Dosen, 3- 4mal täglich eine viertel Tablette, (0,025) Phenytoin, verteilen. Die Migräne wird dadurch nicht beseitigt, aber wesentlich reduziert, sowohl in der Häufung als auch in der Intensität der Anfälle. Nach einem viertel oder halben Jahr kann auf Paracetamol, Pizotifen oder neue Serotonin-Antagonisten übergegangen werden oder können sich die Patienten mit einem einfachen Elektro-Stimulator, der punktförmigen Elektrostimulation - Putens -, nach einer Einübung selbst helfen und damit auch vom immer häufiger werdenden Schmerzmittelgebrauch mit den kaum ausbleibenden Magensekretionsstörungen loskommen, oder es gar nicht dazu kommen lassen.

Herr Brüschke meinte, ob ich mich nicht dazu entschließen könnte, ein Kopfschmerz-Kompendium unter Beteiligung mehrerer Fachleute herauszugeben. Der Jenaer Fischer Verlag hatte eine umgehende Drucklegung zugesagt. Ich machte mich an die Konzeption des Kompendiums und mußte meine persönlichen Forschungsarbeiten ruhen lassen, wie so oft in letzter Zeit, und konnte für die Mitarbeit aus der Inneren Medizin Frau Professor Gisela Teichmann aus Rostock, aus der Hals-Nasen-Ohren-Heilkunde Professor Rudolf Zippel aus Greifswald und der Augenheilkunde Professor Georg Pietruschka aus Rostock gewinnen. Das 368 Seiten umfassende *Kopfschmerz-Kompendium* erschien 1984 im Jenaer Fischer Verlag in der Publikationsreihe für die Medizinische Praxis in großzügiger Aufmachung und Qualität.

Die Rezensionen waren durchaus zufriedenstellend.

Im *Nervenarzt* urteilte der Neurologe Professor Gänshirt, Heidelberg:

Das Buch kann dem bereits Erfahrenen uneingeschränkt empfohlen werden. Er wird sich über das gute Stichwortverzeichnis ohne Schwierigkeiten zurechtfinden und viel Wissenswertes aus der Darstellung ziehen können, etwa bei den heute so häufigen arzneimittelbedingten Kopfschmerzen und jenen durch technische und Genußmittelgifte.

Der bekannte Hamburger Neurologe und Schmerzforscher Professor Rudolf Janzen kommentierte:

Der Herausgeber hat sich um eine Integration der verschiedenen Disziplinen bemüht, die in der Gegenwart in Gefahr geraten sind. Der Titel des Buches entspricht nicht dem, was die Patien-

ten mit Klagen über Kopfschmerzen zum Arzt führt; denn es werden Schmerzsyndrome, die im Kopfbereich vorkommen, umfassend abgehandelt.

Der Berliner Oto-Rhino-Laryngologe Professor H. J. Gerhard äußerte:

Zusammenfassend kann gesagt werden, daß hier von den Autoren viele Informationen zusammengetragen wurden, die es vor allem dem ambulant tätigen Arzt ermöglichen, seine differentialdiagnostische Palette bei der Aufklärung von Kopfschmerzzuständen erheblich und zum Nutzen seiner Patienten zu erweitern. Jeder, der häufig Patienten mit einer Kopfschmerzsymptomatik zu behandeln hat, wird dieses Buch mit Gewinn lesen.

Nach vielen Bittgesuchen war es endlich gelungen, für den bevölkerungsarmen Norden der Republik ein Computertomographiegerät zu erstehen, das in der Chirurgischen Klinik installiert werden konnte. Bis dahin hatten wir uns in der Arbeitsgruppe Früherfassung und Behandlung der Hirngeschwülste und nachfolgend im Rahmen der von Frau Dr. Barbara Bauer begründeten 3. Arbeitsgruppe zur Neuroonkologie bemüht, die klinische Diagnostik so zu erhöhen und zu präzisieren, daß unmittelbar nach der computertomographischen Lokalisierung in dem Wohnort des Patienten näher gelegenen Berlin oder Magdeburg, oder auch dem Wunsch des Patienten entsprechend, die Operation in den Neurochirurgischen Kliniken der genannten Orte erfolgen konnte. Frau Dr. Barbara Bauer habilitierte sich 1988 mit der Thematik „Wertung klinischer Verlaufsanalysen bei malignen Hirntumoren des Erwachsenenalters - Ein Beitrag zur Bedeutung prognostisch relevanter Faktoren zur Behandlungsstrategie und zur psychosozialen Betreuungssituation". So war es verständlich, daß unter der Sorgfalt der klinischen Symptomen- und Befundanalysen mit den sorgfältigen Differenzierungen, alle Mitarbeiter über einen langen Zeitraum stöhnten. Den Maximen der Jenaer Schule getreu, mußten die neurologischen Abweichungen immer wieder durch Kontrollen so rasch wie nur möglich, um keine Zeit zu verlieren, verfolgt und die Differenzierung ergänzt werden. Nicht nur die habilitierten Schüler, so mancher Facharztkandidat hatte die Penibilität und die geziemende Strenge verwünscht, sich dann aber, früher oder später, dankbar daran erinnert.

Während einer der letzten Fortbildungstagungen im thüringischen Rheinhardsbrunn sah ich sehr früh in der Morgensonne Graf Hugo in dem herrlichen, alten Schloßpark spazieren und leistete ihm Gesellschaft, über die er hocherfreut war, zumal wir das Gespräch vom Abend vorher fortsetzen konnten. So philosophierten wir über Gott und die Welt, den Alltag und die immer merkwürdiger sich entwickelnden politischen Verhältnisse und deren Folgeerscheinungen. Graf Hugo meinte, der infantile Sozialismus leninistisch- stalinistischer Prägung sei bisher immer noch, wenn auch in Grenzen, aber doch noch im großen und ganzen, made in germany korregierbar gewesen. Manchmal waren es geschickte Korrekturen, die aber nach dem Tode des skurrilen Stalinisten Ulbricht durch den Nachfolger in ein undurchschaubares, trübes Fahrwasser geraten sind.

Leiste was, leiste Dir was, las ich auf einem Plakat; meine Frau sprach von einem Zick-Zack-Kurs der Preise; Ihr Kaufmann meinte, das seien die Auswüchse des kapitalistisch getönten Sozialismus, der noch nicht ganz entwickelt ist. Graf Hugo lachte laut und schilderte eine Story über seinen Nachfolger, einen angeblichen Neffen eines Mitglieds im Zentralkomitee in Berlin. Er hatte den Auftrag, die trotz einiger Mitarbeiter mit dem richtigen Parteiabzeichen immer noch stockkonservativ gebliebene Nervenklinik endlich sozialistisch und klassengerecht umzugestalten. Um das fertig bringen zu können, wurde er in die USA zu einer Hospitation geschickt, bevor er auf den altehrwürdigen Lehrstuhl Binswangers und Hans Bergers gehievt wurde. In zwei Jahren tat er sich so hervor, daß er wieder heruntergehoben werden mußte, was in der Klinik noch nie geschehen war, bis auf einmal nach 1945, nach dem Kriegsende. Ein Enkel der Berger-Lemke-Schule, ein Schüler Helmut Rennerts aus Halle, der sich in Magdeburg bewährt hatte, mußte die Situation retten.

Ich hörte aufmerksam zu, als Graf Hugo fortfuhr zu erzählen, daß Hans Berger dem Nationalsozialismus nicht traute und auch eine Mitgliedschaft in der Partei abgelehnt hatte, ohne den Lehrstuhl verlassen zu müssen. An seinem 65. Geburtstag war er emeritiert worden. „In seinem letzten Dienstjahr, 1938, hatte ich bei ihm eine Assistentenstelle bekommen, und war damals sehr glücklich", erzählte Graf Hugo und fuhr fort, „viel glücklicher als Sie 1952 von der Chirurgie kamen und bei uns anfingen, aus Verzweiflung Blutzucker zu kochen, damals bei den Komplikationen in den Insulinkuren. Ich war dann noch ein Jahr bei dem Nachfolger Kihn und wurde einberufen. Ich erinnere mich noch, als ich zu einer Prüfstellen-Ausbildung der Luftwaffe kommandiert war und davor Urlaub bekam. Das war nach dem Überfall auf die Sowjetunion. Mein Vater raunte, das wird übel ausgehen. Unsere ostpreußischen Verwandten werden dann so arm sein wie wir. Ich kann mich an seine leisen Worte noch gut erinnern. Ich kam dann von Gatow nach Erfurt-Bindersleben und übernahm die Luftwaffenprüfstelle für die Höhentauglichkeitsprüfung."

Ich hatte gebeten, ihn zu unterbrechen, um nun das Gespräch zu übernehmen und schilderte, daß ich 1942 unter einer Fernaufklärergruppe einer seiner Prüflinge gewesen sei, just in der Prüfungsstelle am Flugplatz Erfurt-Bindersleben. Ich saß mit der Atmungsmaske und schrieb den Prüfungs-Text eifrig auf das Protokollblatt und trotzte einer erheblichen Sauerstoffdrosselung. Sie kontrollierten den Sitz meiner Maske, die offenbar nicht defekt war. Ich war bei 9000 Meter Höhe angelangt und schrieb immer noch weiter, bis Sie einfach, aber sicher den Schlauch zu meiner Atmungsmaske abklemmten, so daß ich jetzt auf dem Protokollblatt nur noch kritzelte. Er lachte laut, und klopfte mir angeregt auf die Schulter: Ich hatte damals einen Jagdflieger, der schaffte 10 000 Meter; das war eine unwahrscheinliche Leistung, ergänzte er. Ich mußte ihm noch erzählen, daß ich damals in Erfurt meine Frau kennengelernt hatte. Mit den Erinnerungen an das Kriegsende beendeten wir auch unser Gespräch. Es war ein sehr langes Gespräch, das Abschiedsgespräch. Zwei Jahre später starb er an einem Leberkrebs.

Mit der zunehmenden Aktivität unserer drei, schließlich sogar vier Arbeitsgruppen, wuchs auch die Zahl ausländischer Besucher aus dem Fachgebiet. Dazu bedurfte es jetzt ausnahmslos einer Genehmigung des Ministeriums auf dem Dienstweg. Professor Schaltenbrand aus Würzburg hatte zweimal den Wunsch geäußert, die Klinik zu besuchen und einen Vortrag über die Verbesserung seines Stereotaxie-Gerätes zu halten. Obwohl er zu den Professoren zählte, die den Göttinger Appell über die Ächtung der Atomwaffen unterschrieben hatten, wurde der Antrag abgelehnt. Niemand konnte den Grund erklären. Dagegen mußte ich Besucher empfangen, die unangemeldet, oft mit einem Besuchsführer, bereits vor der Tür standen. Andererseits gab es überraschende Genehmigungen, bei denen ich ziemlich sicher mit einer Ablehnung gerechnet hatte.

Der Neurologe und Nervenwasserspezialist der brasilianischen Escola Medicina Paulista, einer der ältesten medizinischen Akademien Südamerikas, dem die Diagnostik und Bekämpfung der epidemischen Meningokokken-Meningitis oblag, Professor Dos Reis und sein Kollege Professor J. Nasser aus Sao Paulo, hatten darum gebeten, das Sedimentierkammerverfahren kennenzulernen. Der Antrag der beiden Besucher wurde prompt genehmigt. Dos Reis hatte in Sao Paulo versucht, die Sedimentierkammer nachzubauen. Da die Versuche mißlungen waren, wollte er die Methode an Ort und Stelle für die dringliche Bekämpfung der meningitischen Seuche kennenlernen und die Ursachen der Fehler, die er gemacht hatte, ergründen. Ich hatte Dos Reis eines der neuesten Geräte geschenkt, an dem er eifrig übte und auch die Fehler fand. Das Fließpapier sei zu dick und zu weich, offenbar ein zu schnell fließendes Papier, und der Druck zu gering gewesen.

In einer ausführlichen Demonstration führte ich den beiden brasilianischen Gästen unser reichhaltiges Archivmaterial an Diapositiven vor. Mit bemerkenswerter Aufmerksamkeit und auch beachtenswerten Fragen nahmen sie an den Chefvisiten teil, wobei Dos Reis sich besonders für die entzündlichen Erkrankungen und Nasser für die Gehirntraumen interessierten.

Nasser bemerkte während der Visite auf einer Männerstation eine Untersuchung mit dem Synergie-Schreibversuch, den Dr. Moubarak, ein libanesischer Arzt in Fachausbildung, bei einem

Patienten mit einer alkoholtoxischen Polyneuropathie, einer Schädigung der Nerven der Gliedmaßen, vornahm. Bei den Fragen und Antworten kam es zu einer überraschenden Feststellung. Nasser und Moubarak stammten aus Beirut aus dem Libanon, in dem gerade die schreckenerregenden Auseinandersetzungen tobten. Sie hatten ihre Informationen in ihrer libanesischen Muttersprache fortgesetzt. Ich mußte Nasser den letzten Rest der Sonderdrucke über die Anwendungsmöglichkeiten des Synergie-Schreibversuches mitgeben. Er war neben der Professur an der Escola Paulista Neurologischer Berater im Verkehrsmedizinischen Dienst der 12-Millionen-Stadt Sao Paulo. Daher kam das große Interesse für den Synergie-Versuch unter Alkoholeinwirkung.

Bei der Verabschiedung erwähnte Dos Reis die Planung eines achtwöchigen Fortbildungskursus aller Fächer der Escola Paulista Medicina in Sao Paulo und fragte, ob ich bereit sei, die Neurologische Woche mit Themen der Nervenwasser-Diagnostik und Grenzbereichen zu übernehmen. Alle Unkosten, das Honorar eingeschlossen, würde die Brasilianische Medizinische Akademie übernehmen. Ich könnte alle Vorträge in englischer Sprache halten. Sollte ich dazu bereit sein, so hätte ich auch noch eine Einladung der Medizinischen Fakultät der Universität Sao Paulo zu erwarten. Der Neurologe Professor Spina-Franca würde sich darum kümmern. Ich hatte der Bitte entsprechend zugesagt, freilich unter dem Vorbehalt der Genehmigung der Berliner Ministerien. Darüber brauchte ich mir keine Sorgen zu machen, das würde der brasilianische Botschafter in Berlin übernehmen und mir sicherlich schon bald eine offizielle Einladung schicken, meinte Dos Reis. Die war tatsächlich, ein Jahr vor dem Termin des Fortbildungskurses, eingetroffen.

Im Hochschulministerium fragte ich vorsichtig, ob Professor Schaltenbrand aus Würzburg die Rostocker Neurologie besuchen und seinen schon länger geplanten Vortrag mit der Demonstration seines neuen Stereotaxie-Gerätes halten dürfte. Die Zusage kam postwendend. So benachrichtigte ich Schaltenbrand umgehend und traf die Vorbereitungen für eine Fortbildungsveranstaltung. Frau Schaltenbrand rief mich unverhofft an und teilte mir mit, daß ihr Mann plötzlich an einer Thrombose erkrankt sei, die zu einer Gehirnembolie geführt hatte und daß er immer noch ohne Bewußtsein sei. Eine Woche danach traf die Todesanzeige ein.

Professor Zülch, der Direktor des Max-Planck-Instituts für klinische Neurologie, hatte sich angekündigt. Er war der Herausgeber der im Barth-Verlag in Leipzig erscheinenden Zeitschrift: Zentralblatt für Neurochirurgie, dem die Herausgabe, im Zuge der zu vollendenden Abtrennung, gekündigt worden war. Deshalb rechnete ich mit einer Ablehnung. Das Gegenteil war der Fall. Berlin teilte die Zusage über die Rostocker Universität mit.

Zülch hatte unseren Artikel über die Früherfassung und Komplextherapie der Hirngeschwülste gelobt und uns einen Vortrag über die Graduierung der bösartigen Hirngeschwülste, insbesondere der Astrozytome, gehalten und war sehr ausführlich auf die Schwierigkeiten in der Beurteilung der Übergänge vom ersten auf den zweiten Grad mit der Entwicklung der Bösartigkeit, zumal für unsere therapeutischen Überlegungen und Entscheidungen, im Hinblick auf die Strahlen- und Chemosensibilität der Zellpopulationen und die Entwicklung spezialisierter Teste, eingegangen.

Zülch äußerte auch seine Meinung über meine Enzymtheorie der sekundären und tertiären Metastasierung im Liquorraum und bat mich um Aufklärung, auf welche Art und Weise ich zu der Theorie gekommen sei. Anhand der Präparate, die ich mit den Beurteilungen über die Reaktionen, die zwar nicht mehr zu erkennen, aber vielleicht zu erahnen waren, konnte ich die proteolytischen Phasen in den Liquorzell- und operativen Biopsie- und auch den Kultur-Zellpräparaten demonstrieren. Die nur kurz dauernde Reaktion konnte ich in mikrophotographischen Diapositiven festhalten und jetzt erläutern. Er meinte, diese subtilen Befunde hätte ich der Sedimentkammermethode zu verdanken, ohne die großartige Ausbreitung der Zellen wäre es nicht möglich gewesen, darauf zu kommen. Ich gab ihm fünf Diapositive mit, die ich doppelt hatte. Vom Tumor-Metastasen-Symposion in Rom schrieb er mir, daß er die eindrucksvollen Diapositive im Rahmen einer Diskussionsbemerkung vorgeführt und erwähnt hatte, daß die sehr interessante Aktivierung eine rezeptorische Folge, eine Art Induktion auf das cell spreading auf dem Objektträger in der Überlebensphase in der Sedimentierkammer sei, weil sie hier viel deutlicher und eindeutiger zum Ausdruck gekommen war als in den Schnittpräparaten. Die Darstellung in den Diapositiven wurde diskussionslos akzeptiert.

Eine herausragende Neuigkeit bot die Mitteilung H. J. Kmietzyks und J.Piatkowskis mit J. Planitzer über eine erfolgreiche Behandlung einer 36jährigen Patientin mit thalamischen Schmerzkrisen und einem thalamischen Fuß, nach einem umschriebenen Infarkt im dorso-lateralen Kerngebiet des Thalamus mit heftigsten, anfallartigen, brennenden Schmerzen: „als ob der rechte Fuß verschmort", in der Zeitschrift: *Fortschritte der Neurologie und Psychiatrie*. Piatkowski hatte den Schmerzbeugereflex der Patientin in der Poliklinik kontra- und ipsilateral auslösen können. Kmietzyk war es bei der Patientin gelungen, durch einen elektrischen Impuls, der zu einem heftigen Schmerzbeugereflex und einer vorübergehenden erheblichen Hypalgesie und Hypästhesie des rechten Fußes und Armes geführt hatte, die heftigen Schmerzkrisen zu stoppen. Wir vermuteten, daß der Elektroimpuls zu einer Endorphinauschüttung geführt und die schmerzreflektorischen Neuronenschaltung und pathogene Impulsübertragung unterbrochen haben könnte. Die Patientin berichtete, daß die Schmerzen zwar noch kommen würden, aber dann auch gleich nachlassen und verschwinden. Daraus schloß ich auf eine, durch den Elektroimpuls ausgelöste, autonom-reflektorische, therapeutisch wirksame Endorphin-Rezeption. Ein weiteres Nachlassen der Schmerzen und eine Gewöhnung ermöglichten der Patientin, ihre Arbeitsfähigkeit wieder zu erlangen.

Daneben aber im Klinikum, erwuchs ein Problem, das einer Lösung bedurfte. Die zunehmende Erweiterung der Fachgebiete Kinder-Neuropsychiatrie und Neurologie war auf den wenn auch wesentlich vergrößerten Hörsaal beschränkt geblieben. Dazu fehlten kleinere Seminar- und Sitzungsräume.

Da ich mit Hilfe der Chefstation und der Sprechstunde, auch

bei den relativ niedrigen Gebühren, mit einer Abführung von 30 Prozent - 10 % an die Universität und 20 % an den Fiskus - bei regelmäßigen Kontrollen durch die Finanzprüfer der Universität und angeborener Sparsamkeit, gute finanzielle Entwicklungsmöglichkeiten hatte, konnte ich in Dierkow ein Hausgrundstück erwerben, das Haus renovieren lassen und 1976 umziehen und die Wohnung in der Klinik räumen. Damit gewannen wir aus dem großen Kaminzimmer einen großartigen Sitzungsraum, aus dem Wohnzimmer einen Seminarraum und aus dem Schlaf- und Kinderzimmer zwei Physiotherapie-Räume, ohne eine kostspielige Renovierung.

Bei einem 61jährigen Patienten, der über Gedächtnisstörungen, Schwindelgefühl und merkwürdige Sehstörungen klagte, die während eines Spaziergangs zum Stolpern, zu einem Sturz und einer Kopfplatzwunde geführt hatten - er war von einem Kollegen wegen Veränderungen im EEG. überwiesen worden - fand ich ausgeprägte Greif- und Schnappreflexe neben Merkfähigkeitsstörungen und häufigen Wiederholungen von Wörtern. Da der Augenhintergrund unauffällig war und ein subdurales Hämatom, eine Hirnhautblutung, durch den Kopfunfall unwahrscheinlich erschien, vermutete ich eine dahinter steckende Alzheimersche, präsenile Gehirnabbauerkrankung.

Nach Abheilung der Kopfplatzwunde und Entlassung aus dem Krankenhaus nahm das Schwindelgefühl zu und er war wiederholt hingefallen, berichtete die Ehefrau und schilderte auch psychische Veränderungen.

Die hirnelektrische Untersuchung bot einen Herdbefund mit einer Betonung im rechten Hinterhauptbereich und aus dem Computertomogramm konnte auf eine flächenförmige Blutung mit unterschiedlicher Dichte im gleichen Bereich geschlossen werden. Nachdem die teilweise hygromartig veränderte Blutung neurochirurgisch abgesaugt und die organisierten Ränder versorgt waren und die Operationswunde glatt verheilte, nahmen die psychischen Veränderungen zu.

Der später eingetroffene histologische Befund über vereinzelte Gehirnpartikel aus dem abgesaugten Blutungsmaterial „Deformierungen der Nervenzellen mit Ablagerungen und Verdikkungen und korkenzieherartigen Verkrüppelungen der Nervenfasern" bestätigte die Vermutung der Alzheimer Erkrankung.

Die Alzheimersche Schrumpfung der Gehirnwindungen schien die Wirkung der Prellung durch den Sturz auf dem Wanderweg in der knöchernen Schädelkapsel erhöht und somit zu einer Schädigung und Blutung der kleinen Gefäße, der Kapillaren, geführt zu haben. Möglicherweise war dabei die Entstehung und Leitung von Schmerzen in den deformierten Nervenzellen und verkrüppelten Nervenfasern erheblich eingeschränkt. So hatte ich der Frau des Patienten nachträglich die ungünstigen Aussichten über den Verlauf dieser Erkrankung mit einer Ablagerung modifizierter Cytokeratine, veränderter Eiweißmoleküle, in den Nervenzellen und Fasern und einer Zunahme der Störungen und psychischen Abbausymptome erläutern und hinzufügen müssen, daß über die eigentlichen Ursachen noch geforscht wird.

Im Gegensatz zu den Fortschritten in der instrumentellen Ultraschall-, der computertomographischen, molekular-biochemischen und allmählich zunehmenden biogenetischen Diagnostik, waren trotz der ständig zunehmenden chemotherapeutisch und bakteriostatisch wirksamen Mittel die großen Fortschritte in der Therapie nur sporadisch erkennbar. Auf manchen Gebieten traten wir bei angemessener Ehrlichkeit auf der Stelle.

Was die Therapie der Multiplen Sklerosen anbetraf, sprach man kaum verändert von einer Crux medicorum. Wobei die Frequenz in den Morbiditätsstatistiken weltweit angestiegen war. Wenn auch die kausalgenetischen Parameter der Immunologie und Neuropathochemie für eine autoimmuninduzierte Demyelinisation, also eine reaktiv ausgelöste Entmarkung der markhaltigen Nervenfasern und eine reparative Wucherung der Gliazellen und Fasern, also des Stützgewebes der Nervenzellen und Fasern sprachen, so war bislang durch eine immunsupressive, immunbremsende Wirkung durch das Cortison oder andere Immunsupressiva wenig zu erreichen. Da seit den profunden Untersuchungen des Multiple Sklerose Forschers Marburg bekannt ist, daß die Multiple-Sklerose nach jahrelangem, schubweisen Verlauf zum Stillstand gelangen kann und auch bettlägerig, gelähmte Patienten wieder bedingt gehfähig werden können, darf man nach wie vor mit Spontanheilungen rechnen. Durch Professor Bauer aus Göttingen und Bammer aus Hamburg erfuhr ich von überraschenden Besserungen akuter fortschreitender Lähmungen durch eine Anwendung hoher Prednisolondosen:

Ein 20jähriger Patient mit einem der Anamnese nach zweiten, akuten Schub einer Multiplen Sklerose mit rasch fortschreitenden Lähmungen, beträchtlicher Gammaglobulinerhöhung und Lymphozytenaktivierung im Nervenwasser, bekam 120 Milligramm Prednisolon, ohne erkennbare Besserungszeichen seiner Lähmungen und seines Befindens. Eine therapeutisch nicht im geringsten beeinflußbare Pneumonie bereitete dem fulminanten Siechtum ein Ende. Eigentümlicherweise ergab die neuropathologische Untersuchung keine älteren Entmarkungsherde oder Glianarben. Im Nachhinein erkannte ich auch an den Monozyten des Nervenwassers eine erhebliche, in einem derart gesteigerten Maße bisher noch nicht aufgefallene Aktivierung. Charles Lumsden aus Leeds, dem ich den Befund mitteilte, meinte, es könnte die Folge einer ungünstigen, gestoppten Abwehrphase gewesen sein. Mit der Prednisolonwirkung bestand keinerlei Zusammenhang, weil die Punktion vor der Medikation erfolgt war.

Eine 36jährige Patientin, die Frau eines Kollegen, drei Jahre zuvor im zweiten Schub einer Multiplen Sklerose mit mittleren und anschließend niedrigen Prednisolon-Erhaltungsdosen behandelt, hatte sich an das Prednisolon so gewöhnt, daß sie trotz des zunehmenden, entstellenden Cushing-Gesichts von den Prednisolon-Tabletten nicht loskommen konnte. Mit Adjuvantien hatte ihr Mann das Absetzen zu erleichtern versucht. Es war mit bestem Willen nicht möglich. Nach dem Absetzen nahm das Lähmungsgefühl in den Beinen so zu, daß sie sich nicht zutraute, ein paar Schritte zu gehen. Der Kollege bat nun dringend um Abhilfe.

Ich besann mich auf meine Jenaer psychotherapeutischen Kenntnisse und leitete persönlich die Physiotherapie, psychotherapeutisch kombiniert mit einer reduzierten Prednisolon-Dosis und äquivalenten Placebo, also Prednisolon-Schein-Tabletten, ein und reduzierte die Tabletten mit zunehmenden physiotherapeutischen Übungen. Das funktionierte problemlos, so daß sich die Patientin über ihre Fähigkeiten selbst wunderte und gehfähig, wenn auch noch wenig belastbar, entlassen werden konnte. Ich vermutete, daß die Erkrankungsschübe bei der Patientin bereits früher zum Stillstand gekommen waren, und die nicht entmarkten Nervenfasern die Funktion übernehmen konnten, die Patientin sich aber an die Funktionsschwäche und die Tabletten so gewöhnt hatte, und es dann nur mit der adaptierten Kombination möglich war, sie von ihrer gewohnten Haltung wegzulenken.

Bemerkenswerte Auslandsreisen

Im allgemeinen hatten die Einladungen zu Vorträgen, Symposien und Kongressen aus dem Ausland, zumal aus den westlichen, kapitalistischen Demokratien, wenig Bedeutung. Das schien sich aber gegen Ende der siebziger Jahre mit steigendem wirtschaftlichen Interesse der Republik, am Beispiel der Beziehungen zum kapitalistischen Japan, zu ändern. Auffallend war, daß sich die Kontakte jeweils im Anschluß an einen Staatsbesuch entwickelt hatten.

So wurden Professor R. M. Schmidt, der Neurologe der Universität Halle, der ein vielbeachtetes Handbuch über das Nervenwasser im Verlag Volk und Gesundheit publiziert hatte, und ich zu Vorträgen auf dem 12. Weltkongreß der Neurologie 1981 in die Kaiserstadt Kyoto in Japan eingeladen. Da die World Federation of Neurology eingeladen hatte, wurde dies, unabhängig von der DDR-Delegation, prompt genehmigt. Die DDR-Delegation bestand nämlich aus Parteimitgliedern, wir waren parteilos. Besonders interessant war, daß ich auch diesmal nicht zur Berichterstattung aufgefordert wurde.

Die Flugreise, merkwürdigerweise war es ein verbilligter Nachtflug, führte von Moskau über die Sowjetunion, direkt zur Hauptstadt Tokyo. Die Bordbetreuung und Versorgung während des Nachtfluges, zumal über Sibirien, als es nachts recht kühl wurde, so daß Decken verteilt wurden, war quantitativ und qualitativ gut, wobei es reichlich sowjetischen Krimsekt und Wodka gab. In der gehobenen, heiteren Stimmung lernten wir einen japanischen Fachgelehrten von der Stahlindustrie-Osaka kennen, der berichtete, daß der Inlandflug Tokyo-Osaka und die Busreise nach Kyoto automatisiert sei und wir uns um unser Gepäck nicht kümmern brauchten. Herr Schmidt meinte mit heiterer Stimmung: „Weil es nicht mehr vorhanden ist." Unser Gesprächspartner schien es nicht verstanden zu haben. Er meinte noch, die Strecke könnten wir verschlafen und trotzdem pünktlich ankommen. Gefährlich sei die Kollapsneigung nach dem Rußland-Nachtflug beim Aussteigen in Tokyo. Aber der Service der ABC-Männchen an der Gangway sorge dafür, daß niemand zu Boden stürtze. Ich spürte die Kollapsneigung mit einem Schwindelgefühl sehr deutlich. Auf dem Flugplatz war es mit 28 Grad feucht-warm. Über Osaka lag ein dichter Dunstschleier. Wir landeten pünktlich, waren in den Bus nach Kyoto ein- und vor dem Intourist-Hotel ausgestiegen. Das Gepäck wurde uns gegen das Flugticket vor die Füße gestellt. Übermüdet waren wir in die Betten gefallen und, aus dem Rhythmus geraten, und erst am nächsten Morgen aufgewacht. Die Reise war doch anstrengender als vermutet.

Die imposante Eröffnungszeremonie in dem riesigen, neuen, hochmodernen und erdbebensicher erbauten Kyoter Kongress-Center auf dem Kyoter Bergmassiv mit den Bekanntschaften aus der weiten Welt bot wieder recht eindrucksvolle Erlebnisse. Professor Tourtellotte aus Los Angeles war nicht davon abzuhalten, die fernöstlichen Speisen zu probieren. Professor Akimoto riet mir, beim „western part" zu bleiben. Ich befolgte seinen Rat. Hier traf ich den Londoner Queen-Square Neuropathologen und Neurochemiker Professor E. Thompson. Er hatte, gleich mir, ein Stück Bratenfleisch gekostet und flüsterte: „What the origin this meet is?" Ich antwortete: „I think it is possible from pork." „O no," flüsterte Thompson wieder, „it may be from dog!" Wir mußten beide lachen. Alfred Bischoff, mein lieber Freund aus Bern, probierte einen trockenen französischen Wein, er fand ihn passabel, und wir waren dabei geblieben.

Er berichtete mir über seine Gastprofessur in den USA, wo er für die Sedimentierkammer geworben hatte. Thompson kam auf meine Publikation über eine eosinophile Polyneuritis mit einer beträchtlichen Eosinophilie im Nervenwasser und den eosinophilen Infiltraten an den Nervenfasern zu sprechen und fragte nach einer Erklärung für die massive hypererge Reaktion im Nervengewebe und Liquorraum. Ich entgegnete, daß außer der Überbeanspruchung der Nervenwurzeln durch die Tätigkeit, möglicherweise innerhalb einer prädispositionellen Abhängigkeit, für die anamnestisch allerdings keine Erklärung gefunden werden konnte, waren ursächliche Faktoren nicht zu erkennen.

Auch ein Zusammenhang mit einem viralen Infekt, etwa neurotropen Viren, konnte ausgeschlossen werden. Merkwürdigerweise waren im Nervenwasser und auch im Nervengewebe keine anderen Zellreaktionen als die der Eosinophilie erkennbar, so daß die Ursache, abgesehen von der Lösungsmittel-Allergie, verborgen blieb.

In meinem Referat über die neuen Methoden der Zellanreicherung von der Spontansedimentation Schönenbergs über die Sedimentierkammer, die Saugkammer Eneströms, die Seal'sche Millipore-Filtermethode, die Fibrinnetzmethode und die Zytozentrifuge, hatte ich die Vor- und Nachteile der Methoden, auch den hohen Zellverlust in der Zytozentrifuge, die trotzdem eine zunehmende Verbreitung findet, erörtert. Ich erwähnte aber auch die in Rostock entwickelte Porolith-Sorptionskammer mit den optimalen Anreicherungsergebnissen infolge der apikalen, anstatt der bisherigen horizontalen Flüssigkeitsströmung, dem flow off, mit dem die Zellen abfließen. Nicht nur der Zellverlust ließ sich in der Sorptionskammer von 30 auf 10 Prozent verringern. Auch das cell spreading in der Sorptionskammer sei bedeutend geringer. Bedauerlicherweise mußte ich auch auf das „Aus" der Porolith-Sorptionskammer durch den Materialmangel eingehen und zugeben, daß es bis jetzt nicht gelungen war, ein gleichwertiges Ersatzmaterial zu finden. Die Leiterin der Hämatologischen Abteilung des Queen Square-Klinikum in London, Frau Dr. P. Norman, hatte die neue Shendon-Zytozentrifuge mit den Vorzügen des verkürzten Zentrifugierens von 3 Minuten und dem geringen Volumen von einem Milliliter Nervenwasser vorgestellt. Nach der Darstellung verschiedener neuer biochemischer Analysen zur Unterstützung der klinischen Diagnostik würdigte der Leiter der Nervenwasser-Forschungsgruppe der World Federation of Neurolgy, Professor A. Lowenthal, die erreichten Fortschritte.

Über die Kongreßpost erhielt ich eine Mitteilung von Frau Dr. Margono de Neef, der Leiterin einer Neurologischen Klinik aus Djarkata, in Indonesien, die im Kongreßraum I einen Vortrag über Hirngewebe im Nervenwasser halten würde und bat mich, mir den Bericht anzuhören und die Ergebnisse zu beurteilen. Nun, ich erinnerte mich, in den sechziger Jahren in Jena von einer Ärztin aus einer Klinik in Jarkata-Indonesia eine Nachricht über den erfolgreichen Nachbau der Sedimentierkammer erhalten zu haben, die dem Ehemann, einem Dipl.-Ingenieur, gelungen war. Den Namen der Ärztin hatte ich vergessen. Ich hörte den Vortrag und sah auch die Diapositive und war enttäuscht, wunderte mich aber, daß von den Zuhörern niemand die Befunde kritisierte, so daß ich mich dazu entschließen mußte. Behutsam und nachsichtsvoll versuchte ich Frau Margono de Neef zu erörtern, daß Nerven- und Gliazellen wegen des hohen Lipoidgehalts mit einer Pappenheim-Färbung kaum darstellbar sind und daß lediglich mit der Kresyl-Violettfärbung die Nissl-Schollen der Nervenzellen in reduzierten Alkohollösungen differenziert werden könnten. Ich habe ihr anschließend in meinen Diapositiven Nerven- und Gliazellen aus dem Nervenwasser einer Gehirnoperation und bei einer ausgedehnten Gehirnblutung gezeigt. Ich bedauerte sehr, der tüchtigen indonesischen Kollegin, die aus Holland stammte, eine Enttäuschung bereitet zu haben, und war etwas deprimiert und gleichsam gerührt, als sie mir aus Dankbarkeit ein Geschenk für meine Frau, eine Kette überreichte und sich auch noch entschuldigte, daß es nur Zuchtperlen seien. Von derartigen Geschenken bislang nicht verwöhnt, dachte ich augenblicklich an die Berliner Zollkontrolle. Und bat die großzügige Spenderin, mir zu bescheinigen, daß die Kette ein Geschenk sei. Ich mußte ihr die Verhältnisse an unserer Grenze erklären, auch wenn es mir peinlich war. In Ermangelung eines entsprechenden Gegenpräsentes schenkte ich ihr die gezeigten Diapositive und erfüllte ihr den Wunsch mit einer Widmung in meiner Jenaer Zytologie-Monographie, die sie mir vorgelegt hatte. Im Kongress-Abstrakt-Band fand ich die Zusammenfassung ihres Vortrages über den Hirngewebsbefund im Nervenwasser mit dem Vermerk: *The CSF was concentrated according to the Sayk method and stained by May-Grünwald-Giemsa.*

Den letzten Kongreßtag mit wenig interessanten Themen nutzten wir für einen Ausflug im Rahmenprogramm des Kongresses, einer Stadtrundfahrt und einer Besichtigung der ältesten, japanischen Pagoden im zugänglichen Teil des alten Kaiserviertels in Kyoto. Schließlich machten wir uns auch selbständig und schlenderten durch die alte Kaiserstadt mit den schlichten und dennoch fremdartig, interessanten Anlagen mit der merkwürdigen, erdbebensicheren Bauweise, die sogar bei Licht- und Telegraphenmasten zu erkennen war. Jedes freie Fleckchen, nahezu jeder freie Quadratzentimeter, diente einer Verschönerung des Einerlei in dem grauen Gemäuer. Hier eine kleine Eibe, dort eine exotische Pflanze oder auch nur ein kleiner Blumentopf mit farbenprächtigen Blüten. Beeindruckend waren auch die Sauberkeit der Straßen und kleinen Plätze und die Stadtteile mit niedlich kleinen Holzhäuschen.

Über den Kyotoer Bergen war ein wolkenbruchartiger Regenguß niedergegangen. Die Wassermassen rauschten in den ausbetonierten Rinnen und Becken zu Tal, und der dichte Verkehr in den Straßen floß unbehindert weiter. Wir konnten uns vorstellen, daß es hier jetzt, ohne die mächtigen, betonierten Flußbetten mit dem rauschenden Abflüssen, zu einer Flutkatastrophe hätte kommen können. Nach wenigen Minuten schien über den Bergen wieder die Sonne und von den prächtigen Blüten der Glyzinienbäume eines kleinen Parkes strömte ein betörender Duft in die Straßen.

Mit Professor Akimoto, der 1956 die Jenaer Nervenklinik besucht hatte, konnte ich eine Innere-Medizinische und eine Neurologische Klinik besichtigen. Beeindruckend war die einfache, dennoch praktische und recht beengte räumliche Ausstattung. Voller Stolz zeigte ein Abteilungsarzt ältere Krankenblätter aus dem Jahr 1950, mit einem englischen und sogar deutschen Text mit den Untersuchungsbefunden, mit der Diagnose eines Parkinsonismus, mit der Darstellung des Verlaufs, mit der Bemerkung „Besserung nicht sichtbar" und der krankengymnastischen Behandlung. In dem kleinen Laboratorium sah ich eine alte Jenaer Sedimentierkammer mit dem vernickelten Metallgehäuse, die ich damals Akimoto geschenkt hatte. Sie war noch funktionstüchtig, und ich sah auch noch die Sedimentpräparate. Akimoto war lange Zeit der Chef dieser Klinik. Er teilte mir mit, daß Professor

Massugi Namba vor einem Jahr durch einen Verkehrsunfall tödlich verunglückt sei.

Da die russische Maschine frühmorgens in Tokyo startete, mußten wir am Abend vorher mit dem Bus nach Osaka. Ein Nachtquartier in Osaka zu bekommen, war nicht möglich, es war zu spät. So kampierten wir mit unseresgleichen, verspäteten Reisenden, im Warteraum. Dafür waren wir um so zeitiger an der Auslandsabfertigung im Flughafen in Tokyo. Beim *Check in* stimmte etwas im Koffer nicht, wir hörten ein schwaches Alarmzeichen und auf der Stelle standen plötzlich drei Sicherheitsbeamte neben mir. Der Geiger-Zähler hatte den Alarm ausgelöst. Ich mußte den Koffer öffnen. Einer der Beamten erblickte das Spielzeugauto, daß ich meinem Enkel mitbringen wollte. Das war also die Ursache des Schrecks in der Morgenstunde. Die russische Maschine startete pünktlich und zog über die unendlichen, eintönigen, kaum vorstellbaren Weiten Nordchinas und der mongolischen Steppen. Ein grandioses Bild bot der sibirische Baikalsee, auf dem aus 9000 Meter Höhe ein Dampfer zu erkennen war. Auch Irkutsk machte von dieser Höhe aus einen großartigen Eindruck. Das dann folgende, endlose Grün wirkte einschläfernd. Nach der diesmal, im Vergleich zum Hinflug, sehr kargen Bordmahlzeit war ich eingeschlafen und erst zur Landevorbereitung über Moskau wieder aufgewacht, als die Uhrzeit um sieben Stunden zurückgestellt wurde.

Im Flughafen von Moskau hieß es, die Berliner Maschine sei noch nicht gelandet, wir müßten mit einer Verspätung rechnen. Das waren betrübliche Aussichten auf eine zweite schlaflose Nacht. Herr Schmidt verwandelte die letzten Kopeken in Bier, das vorzüglich mundete und aber auch müde machte, so daß wir einschliefen. Sitznachbarn hatten uns wecken müssen; der Flug Berlin wurde angezeigt. Ich war so tief eingenickt, daß ich mich zunächst einmal orientieren mußte. In der Maschine wurden uns Plätze in der ersten Klasse zugewiesen.

Uns gegenüber nahmen zwei Malimo-Experten aus Chemnitz platz, die in Tokyo erfolgreiche Geschäfte getätigt haben mußten und ihre Erfolge nun mit Krim-Sekt weiterfeiern konnten.

Wir wurden eingeladen mitzumachen und waren keineswegs abgeneigt, in Erwartung der pünktlichen Landung in Berlin und dem Erreichen unserer Züge. So zechten wir in fröhlicher Runde, wie schon lange nicht. An die ganz sicher zu erwartende Zollkontrolle hatte ich nicht im entferntesten gedacht. Um so schlimmer kam es, als ich dicht davor stand.

Da ich die Perlenkette angegeben hatte und vorzeigen mußte, machte der Zöllner ein bedenkliches Gesicht und forderte mich auf, zur „Feststellung" mitzukommen. Es dauerte eine Weile, bis er mit seinem Vorgesetzten wiederkam, der um Verständnis für die Kontrolle bat. Als ich ihm die Bescheinigung und den Vortrag der Spenderin im Kongreß-Band mit dem Zitat meines Namens vorzeigte, war er zufrieden, eröffnete mir aber, daß der Wert der großen Perlenkette erheblich sei und daß ich einen gesetzlichen Einfuhrzoll entrichten müßte, doch erst, nachdem der Wert der Kette von einem Fachmann geschätzt worden wäre, ich müßte mich also eine Woche gedulden und würde telegraphisch benachrichtigt werden. Mit einer Hinterlegungsbescheinigung wurde ich wieder entlassen. Der Taxifahrer war mit mir zum Bahnhof Lichtenberg gerast. Ich hatte wieder Pech. Der D-Zug nach Rostock hatte eine beträchtliche Verspätung. Zu Hause war die Wiedersehensfreude nach der Weltreise überwältigend, trotz des Wermutstropfens um das prächtige Perlenkettengeschenk, das ich nach einer Woche gegen eine Zollgebühr von 1.368,-- DDR-Mark einlösen und damit Dora eine unverhoffte Freude bereiten konnte, an die sie sich immer noch sehr gerne erinnert.

Den Mitarbeitern vermittelte ich mit Lichtbildern einen amüsanten Erlebnisbericht über den Weltkongreß, über die interessanten Vorträge und Referate über Tokyo, Kyoto, Osaka und die Flugreise. Indessen konnte unser Dr. Lehmitz seine Bemühungen um eine Verbesserung der Sorptionskammermethode fortsetzen, da er noch einen gehörigen Vorrat an Porolith-Kammern besaß und an eine Überwindung der Materialprobleme glaubte. Freilich war auch ich nicht untätig. Sogar während der Reise tüftelte ich an der Konzeption einer Sorptionskammer aus sozusagen langsam fließenden Filterpapier weiter. Um bei dem gedrosselten und zellschonenderen Prinzip der apikalen Sorption zu bleiben, kam ich auf die Anfertigung einer Hülse aus einem langsam fließenden Filterpapier, also eine reduzierte Kapillaraszension. Ein 2 Zentimeter breiter und 40 Zentimeter langer Streifen, aus langsam fließenden Fließpapier, auf der Innenseite mit einem säurefreien Kleber bestrichen, der beim Feuchtwerden eine halbe Stunde fest bleibt, wurde auf einem runden Stab - mit einem Durchmesser von 10 Millimeter - unter leichtem Druck zu einer Hülse, der Sorptionshülse, gerollt. Die Sorptionszone, eine an der Basis spitzwinklige nach oben zu breiter werdende Fläche von 8 Quadratzentimetern, blieb wegen der Kapillarität für die Sorption des zellfreien Nervenwassers klebstoffrei.

Das Problem des Haftringes - die Papierhülse mußte auf dem Objektträger schließlich über 30 Minuten haften bleiben - wurde mit folgendem Trick gelöst. Durch das Wegschneiden eines über die Gesamtlänge des Streifens gehenden, ganz schwach konvex bis zur Mitte - bei 20 Zentimetern - ansteigenden Randstreifens von 3 Millimeter und zum Ende wieder absteigend auf 0 Millimeter, entstand eine 3 Millimeter tiefe Rille, in die ein silikonhaltiger, nach Möglichkeit auch säurefreier Kleber, mit glattem runden Rand, eingestrichen wurde. Der Trick funktionierte. Mit der Fließpapiersorptionskammer, die ich in meinem Küchen-Labor konstruiert und erprobt hatte, erzielten wir die gleichen Ergebnisse wie mit der Porolith-Kammer. Irrtümlicherweise hatte ich einmal einen anderen Kleber verwandt. Die Ergebnisse waren miserabel. Der Klebstoff war säurehaltig. Die Zellmembranen des größten Teiles der Zellen wurden dadurch geschädigt.

Als uns die Leiterin der Hämatologischen Abteilung der Queen Square Klinik in London, Frau Dr. Norman, besuchte, waren wir dabei, um die Fließpapier-Sorptionskammer in einer Kombination mit der Zentrifuge zu erproben. Zu diesem Zweck hatte uns ein Techniker des Klinikums eine Stahlklammer als Halterung für die Kammer gefertigt. Ich träumte bereits von einer sehr billigen Kammer für kleinste Nervenwasserproben von 0,2 Milliliter, also fünf Zellpräparaten aus einem Milliliter innerhalb einer Minute durch eine Anreicherung in der Zentrifuge.

Frau Norman bekam die Besuchserlaubnis über unsere Botschaft in London. Das war nach dem Besuch des Staatsratsvorsitzenden Honecker in London. Der Zweck ihres Besuches war die Erkundung unserer Leistungsfähigkeit und die Planung und Vorbereitung von Seminar-Veranstaltungen in London. Hierzu bat sie um ein privates Referat über meine bisherigen Ergebnisse auf dem Gebiet der Nervenwasser-Zelldiagnostik und -forschung und der Zellsedimentationstechnik. Das einstündige Referat mit vielen Diapositiven hatte genügt. Offenbar war sie beauftragt, einen Vertrag für ein Seminar über zytologische Untersuchungsmethoden und Ergebnisse bei Nervenerkrankungen am Queen Square Klinikum, ein Seminar für einen zytopathologischen Fortbildungskurs im Pathologischen Institut des St-Mary's Hospitals in London und einen Vortrag über Geschwulst-Zellbefunde im Nervenwasser in der Neurochirurgischen Klinik in Bristol und vorzubereiten.

Aus der Escola Medicina Paulista, Sao Paulo in Brasilien, erhielt ich die Nachricht, daß Professor Dos Reis inzwischen emeritiert worden sei und sein Sohn den Lehrstuhl und die Klinik übernommen hatte und nun dabei war, den Fortbildungslehrgang der Akademie zu organisieren. Professor Dos Reis filho wünschte insgesamt 12 Seminare: Eine Seminarreihe über die verschiedenen Zellreaktionen und biochemischen Veränderungen des Nervenwassers bei den epidemischen, entzündlichen und sporadischen Erkrankungen der Gehirn- und Rückenmarkhäute; ein Seminar über Zytoteste; ein Seminar über das Vorkommen von Riesenzellen im Nervenwasser und die Unterscheidungsmöglichkeiten; ein mehrteiliges Seminar über die Zellreaktionen, die Immunaktivität mit den markauflösenden Ursachen der Multiplen Sklerose und besonderen entzündlichen Erkrankungen des Gehirns; ein Seminar über die Nervenwasserveränderungen bei Schädel-Hirn-Verletzungen; ein Referat über die Bedeutung der Endorphine in der Schmerzbekämpfung; und einen Vortrag mit Filmdemonstration über den Schmerzbeugereflex. Am Ende der Seminare wurden Kolloquien gewünscht. Inzwischen hatte auch der brasilianische Botschafter in Berlin zu einem Besuch eingeladen.

Während die Seminare und Referate von beiden Ministerien genehmigt wurden, gab es am Tag der Abreise Probleme. Der brasilianische Botschafter bestand darauf, mich vor der Abreise sprechen zu müssen. Das Hochschulministerium aber lehnte die persönliche Vorstellung ab. Der Grund war der von Sao Paulo festgelegte Reiseplan, demnach ich von West-Berlin nach Frankfurt mit einer Maschine der Lufthansa und von Frankfurt nach Rio de Janeiro und Sao Paulo mit der brasilianischen Fluggesellschaft Varig fliegen sollte. Die Flugreise von West-Berlin nach Frankfurt hatte das Hochschulministerium strikt abgelehnt. Nachdem ich mehrere Stunden im Ministerium gewartet hatte, wurde ich doch noch mit einem Dienstwagen und einem Begleiter zum brasilianischen Botschafter gebracht. Der Botschafter dankte mir für die Bereitschaft, den Fortbildungskurs der Brasilianischen Akademie der Neurologie und des Bildungsministeriums an der Escola Medicina Paulista zu übernehmen und für die Hilfe bei der Modernisierung des Laboratoriums von Professor Dos Reis, und überreichte mir ein Visum mit meinem Paßbild und einer Schilderung meiner Aufgaben für den Fortbildungskurs, das mir die Reise erleichtern würde. Nach einem kleinen Imbiß und einen Cocktail verabschiedete ich mich mit einem venezianischen Kratzfuß.

Da ich im Ministerium stundenlang gewartet und keine weitere Gelegenheit hatte, etwas zu mir zu nehmen, war die Wirkung des lito coffe und des brasilianischen Cocktails um so drastischer, so daß ich den Fahrer und Begleiter bitten mußte, umgehend in einer allernächsten Gaststätte eine Toilette aufsuchen zu dürfen. Im Bahnhof Friedrichstraße war ich nach der Grenzkontrolle erleichtert in den Interzonenzug nach Frankfurt gestiegen. Das Flugticket der brasilianischen Fluggesellschaft Varig für die Business-Class war o.k. Aber die schwere und große Reisetasche mit all den Unterlagen und 186 Diapositiven mit dem Film, die ich bei mir haben mußte, wurden kritisiert, so daß mir das Visum des Botschafters helfen mußte.

In der Kabine des Jets konnte ich endlich aufatmen. Erleichtert und nun ein wenig auf den langen Flug der unbekannten südamerikanischen Fluggesellschaft gespannt, hatte ich mir eine Mercedes-Zigarette angezündet, dabei hatte mein Sitznachbar gelächelt und mit einer Nil-Zigarette das gleiche getan. So waren wir rasch ins Gespräch gekommen. Es ist kein angenehmer Duft, meinte er, sie werden es gleich an den Mienen unserer Nachbarn merken. Ich mag weder die Filter noch das parfümierte Zeugs, ergänzte er etwas erklärend. Ich teilte seine Meinung. Auch ich probierte, mehrfach zu wechseln, es war mir nicht gelungen. Mein Nachbar kannte die Varig-Flugrouten gut. Und auch die Kutscher sind zuverlässig im Landen. Kutscher und im Landen, das klingt so bekannt, dachte ich und fragte ihn geradewegs, ob er bei der Luftwaffe gewesen sei. Warum fragte er zurück. „Ach Sie waren bei dem gleichen Verein?" Nach meinem Bejahen, schilderte er eine Kutscher-Story. Er war ein Jahr älter als ich und gehörte zum Nachschub für die hohen Verluste im England-Einsatz und hatte zunächst Glück, weil die verrückten Funkleit-Einsätze auf höchsten Befehl gestoppt worden waren. Aber dann kam es noch schlimmer, als es nach Stalingrad ging. Im Oktober wurde er verwundet, konnte aber noch notlanden. Nach der Genesung sei er mal hier mal da gewesen und zuletzt bei dem Schuhmacher-Haufen gelandet, aber nicht mehr zum Einsatz gekommen. 1951 hatte er als Eleve in der Konstruktionsabteilung im VW-Werk in Wolfsburg als „Bleistiftspitzer" angefangen und sich allmählich hochgearbeitet. Ich war kaum zu Wort gekommen. So brachten wir den stundenlangen Flug rasch hinter uns. Zwischen Rio und Sao Paulo waren wir übermüdet eingeschlafen und mußten geweckt werden. Mit dem Ausweis der Berliner Botschaft konnte ich unkontrolliert passieren und erblickte von weitem ein großes Schild mit meinem Rang und Namen und sagte zu meinem Reisenachbarn, daß es mich beträfe und winkte, verabschiedete mich und er rief noch, daß wir uns sicherlich bei einer Gelegenheit wiedersehen würden.

Professor Dos Reis, Vater und Sohn, und Professor Nasser standen neben dem Schild. Es war eine laute, stürmische Begrüßung, die auch mein Reisenachbar sah und noch einmal winkte. Vom

Berliner Botschafter hatte Dos Reis über die ministeriellen Schwierigkeiten erfahren. Ich mußte ausführlich berichten. Mein Abflug mit der großen Tasche war von der Varig an die Escola in Sao Paulo gemeldet worden. Im Gästehaus der Escola Medicina stand ein Begrüßungsimbiß bereit. Nach den reichlichen Bordmahlzeiten hatte ich wenig Appetit und war immer noch übermüdet. Die Gastgeber mußten es mir angesehen haben und verschoben die Honeurs auf den späten Nachmittag. Ich schlief wie ein Toter, so daß mich die Zimmerfrau durch lautes Rufen wekken mußte. Pünktlich um 16 Uhr erschien Dos Reis Sohn. Er hatte mir einen Umschlag mit einer riesenhaften Summe brasilianischer Cruceiros überreicht und mich zu den Honeurs in der Escola gebracht, wo es beinah wie nach einem Protokoll feierlich und angemessen steif zuging. In jedem Zoll der Gestaltung und der Gestalten war die Würde der alten brasilianischen Adelsgeschlechter, die diese älteste Medizinschule Südamerikas gegründet hatten, zu spüren.

Der nächste Besuch galt dem 1752 errichteten Hospital Santa Casa de Misericordia, einem Prachtbau im sakralen gotischen Stil mit einem einzigartigen Kreuzgang. Dos Reis sah mir meine Bewunderung an und ließ mir auch etwas Zeit, das jahrhundertealte, historische Flair zu genießen. In den Seitenflügeln wurden hier bis vor wenigen Jahren die Patienten mit der epidemischen Hirnhautentzündung, der Meningokokken-Menigitis, betreut. Professor Dos Reis Vater, der uns in Rostock besuchte, hatte bei der Bekämpfung dieser, das Land so oft heimgesuchten, seuchenhaften Erkrankung, große Verdienste erworben. Schließlich führte mich Dos Reis noch in die Gastro-Clinca in der Rua Borges Lagoa, einer modernen Klinik, zur Bekämpfung der in Sao Paulo zunehmenden Magen- und Darmerkrankungen, mit einem großen hochmodernen Hörsaal, meiner Wirkungsstätte in den nächsten zwei Wochen. Ein Techniker der Klinik erläuterte mir die Technik zur Bedienung des Steuerungspultes. Nach den historischen Eindrükken war ich von der modernen Hörsaal-Automatik nachhaltig überrascht. Während eines Empfangs im Rathaus begegnete ich, beinah wie verabredet, dem Wolfsburger Konstruktionstechniker, der mit Sicherheit angenommen hatte, daß wir uns in Sao Paulo irgendwo wieder treffen würden. Er kannte Sao Paulo sehr gut und wollte mir mit einer Entladung zu einem Ausflug in die Hafenstadt Santos, am Atlantik, eine Freude bereiten. Ich hatte aber mein Vortragsprogramm bei mir und konnte ihn davon überzeugen, daß ich in den nächsten 14-Tagen lediglich ein paar freie Stunden haben würde. Mir war es nur recht. Denn schließlich war der Grund meines Hierseins der Fortbildungslehrgang, und außerdem spürte ich, daß meine Gastgeber über die Reisebekanntschaft mit dem Techniker nicht sehr erbaut waren. So verabschiedete ich mich von ihm dankbar und freundlich.

Am 10. Oktober begann mein Debüt mit einem einstündigen Referat über die neuzeitlichen Methoden der Zellanreicherung aus dem Nervenwasser mit ihren Vor- und Nachteilen und ich erwähnte am Schluß, die derzeitigen Bemühungen um die Entwicklung einer Sedimentierkammer, die aus 0,2 Milliliter Nervenwasser, nach einem einminütigen Zentrifugieren, mit 1000 Umdrehungen pro Minute, ein optimales Differentialzellbild ergeben soll, und zeigte auch die vorläufigen Ergebnisse in Diapositiven.

Im angeschlossenen Praktikum führte ich die Konstruktion der neuesten Fließpapier-Sorptionskammer zum Selbstbasteln mit den erforderlichen einfachen Geräten und Materialien vor. Einige Kursteilnehmer bastelten sogar erfolgreich mit und konnten sich über das eigene Geschick freuen. Am Ende mußte ich aber erklären, daß die Stabilität der Papierkammer für eine Anreicherung in der Zentrifuge nicht ausreiche, daß wir aber bemüht wären, ein dementsprechendes Material zu finden. Dos Reis berichtete strahlend, die Kursteilnehmer seien von der Klarheit des Referates, noch mehr aber vom Praktikum, begeistert gewesen.

Im nächsten Referat mit einem Seminar über die Differenzierung der besonders gearteten entzündlichen Erkrankungen des Nervensystems und den verschiedenen Arten subakuter, schleichender Entzündungen mit den Kennzeichen einer geringen und einer erheblichen Immunaktivität, der Gammaglobulinvermehrung, der aktivierten Lymphozyten, helper- oder/und supressor-

Zellen, der blast like cells Lumsdens und Plasmazellen, die ich in Diapositiven zeigte, wies ich ausdrücklich darauf hin, daß die genannten Erkrankungen auch ohne die typischen Kennzeichen im Nervenwasser vorkommen können. Dabei war ich auch auf die Behandlung, die Therapieerfolge und Mißerfolge und ihre Widerspiegelung in den Nervenwasserbefunden und auch auf das Fehlen einer solchen eingegangen, etwa bei einer begrenzten Beherdung ohne Auswirkung auf den Liquorraum mit einer Aktivierung über die Leukine und Mediatoren, oder durch eine besonders geartete Immunschwäche bei AIDS und Erkrankungen des blutbildenden Knochenmarks. Schließlich wies ich auch auf das Vorkommen immuninhibitorisch wirksamer Mediatoren, einer Art von Hemmstoffen, hin, die bei entzündlichen Erkrankungen vorkommen können.

In dem speziellen Referat über die Zytodiagnostik von Riesenzellen im Gefolge entzündlicher, proliferationsakzentuierter Erkrankungen der Gehirnhaut oder des Gehirns, die die retikuloendothelialen Mediatoren, zumal der Leptomeninx, der weichen Hirnhaut, wachstumskinetisch stimulieren, kann es, und dabei demonstrierte ich das Beispiel der Schädel-Hirn-Verletzung eines Waldarbeiters, zu einer sogenannten Fremdkörper-Riesenzellbildung im Liquor kommen. Das gleiche kann nach einer liquorableitenden Operation oder im Gefolge einer Tumor-Chemotherapie über eine Rikham-Kapsel der Fall sein. Schließlich können Langhans'sche Riesenzellen mitunter bei der Tuberkulose-Meningitis oder Menigoenzephalitis vorkommen, in Verbindung mit den Schaumann-Körperchen. Eine Unterscheidung zwischen den genannten Riesenzellen, die ich in Diapositiven zeigte, und den Tumor-Riesenzellen mit Hilfe der Kriterien der Atypie, Poly- und Metachromasie ist problematisch, auch wenn die genannten Kriterien bei den Geschwulstzellen ausgeprägter sind. Eine wertvolle Unterscheidungshilfe ergeben die Mitosen und die entarteten Zellteilungsfiguren, die quadri- und tetrapolaren Mitosen, die bei den Fremdkörper-Riesenzellen und Langhans-Zellen in der Regel nicht, zumindest nicht in dem Maße wie bei den Geschwülsten vorkommen.

Eine sicherere Unterscheidungsmöglichkeit dürfen wir von den neuen in der Entwicklung stehenden zellgebundenen Markierungen, die derzeit in einigen Laboratorien erprobt werden, erwarten. Ich empfahl für den ausschlaggebenden Erregernachweis bei den Gehirnhautentzündungen ein unbedingt rasches Finden des Erregers in einem ausgestrichenen zellreichen Liquortropfen, unmittelbar nach der Punktion. Bei einem zellreichen trüben oder gar eitrigen Nervenwasser ist eine Zellanreicherung überflüssig. Für das zweite Präparat ist eine Gramfärbung zu empfehlen, um so schnell als möglich mit der antibiotischen Behandlung zu beginnen, vor dem Antibiogrammergebnis.

Da eine Erreger-Kultur eine Zentrifugenanreicherung erfordert, und Bakterien, zumal kapsellose Kokken, kälteempfindlich sind, ist es ratsam, die Probe gut verpackt zu transportieren. Aber auch die gramnegativen Kolibakterien und Enterobakteriazaen, der Hirnhautentzündungen Neugeborener, mit einem Mangel an IgM, oder auch die Bakterien älterer, bettlägeriger Patienten mit einer höheren Mortalitätsrate, bedürfen eines beschleunigten Erregernachweises für eine erfolgreiche Behandlung.

Die in den Sedimentkammer- oder den Zentrifugenpräparaten sehr spärlichen Listeria monocytogenes Stäbchen können durch das Zentrifugieren Formveränderungen aufweisen und Enterokokken ähneln. Ein verzierter Zytologe kann die geißeltragenden Listerien mitunter in der Fuchs-Rosenthal-Zählkammer erkennen. Wegen der optischen Erkennungsfehler ist auch hier eine rasche Kulturdiagnostik unentbehrlich. Nicht selten versagt auch die Kulturdiagnostik. Und das Versagen führt dann, wie in dem demonstrierten Beispiel auf einem Diapositiv, zur Anwendung verschiedenster Antibiotika und auch Sulfonamide, die heute aber kaum noch angewandt werden, es sei denn, in besonderen Fällen.

Komplizierter und folgenschwerer kann der Verlauf einer Kryptokokkenmeningitis sein. Der grampositive Hefepilz Kryptokokkus neoformans ist in Zentrifugenpräparaten leicht mit verschieden großen Lymphozyten zu verwechseln, die aneinander gelagert sind, besonders wenn additive, zelloberflächenaktive Veränderungen oder auch Kapselbrücken, die typischen Kennzeichen der Kryptokokken vortäuschen. Der Erfahrene vermag die Kryptokokken bereits in der Fuchs-Rosenthal Zählkammer, im abgedunkelten Blickfeld zu erkennen. Charakteristisch sind aber die zusammenhängenden Pilzsprosse. Ein Tusche-Präparat ist überflüssig. Es genügt ein normal nach Pappenheim gefärbtes Sedimentkammerpräparat, ohne die zentrifugalen additiven Kunstprodukte. Bei einem zell- und eiweißreichen Präparat erfüllt ein gut ausgestrichener Tropfen auf dem Objektträger den gleichen Zweck. Das Sicherste aber ist auch hier eine Pilzkultur mit dem Antibiogramm.

Da heutzutage, aus welchen Gründen auch immer, sei es infolge besonderer immunreaktiver Bedingungen, sei es die Resistenz der Erreger oder Antibiotikareste und Kortikosteroide in den Fleischwaren oder auch neuzeitliche Lebensbedingungen ganz allgemein, die Erregernachweise immer schwieriger werden, sind derzeit spezifische, biogenetische Teste, beispielsweise der Immuno blot, in der Erprobung.

Bei der Erörterung der Viruserkrankungen erwähnte ich im Gegensatz zu der Mitteilung Heinrich Pettes über das „bunte Zellbild", zu dem neutrophile und auch eosinophile Granulozyten gehören, eine überwiegende Einförmigkeit aus Lymphozyten, vereinzelten Monozyten und mitunter einzelnen Blast like und Plasmazellen, oder im Sinne Dietfried Jorkes, hell- und auch dunkelplasmatischen Lymphoidzellen, in Verbindung mit einer mehr oder weniger auffälligen, im Beginn aber auch fehlenden Vermehrung der Immunglobuline, wobei dem vorausgehenden IgA, seltener IgM, das IgG folgt. Ähnliche, aber weit geringere Zell- und Glubulinveränderungen kommen bei den meningealen Begleitrektionen im Gefolge von Virusinfekten vor.

Ein sehr großes Interesse fanden das Referat und die Diskussion über die Veränderungen des Nervenwassers bei Schädel-Gehirn-Verletzungen mit einer zunehmenden Bedeutung bei der sich weiter mit immer höherem Tempo entwickelnden Verkehrstechnik. Dos Reis fand bereits 1947 bei Patienten mit Gehirnkontusionen im Nervenwasser bei normalen und gering erhöhten Zellzahlen in der Fuchs-Rosenthal-Zählkammer Granulozyten in Verbindung mit einem ebenso normalen oder gering erhöhten Eiweißgehalt und publizierte die Ergebnisse. Ein Befund, der einmal bestätigt und als Dos-Reis-Syndrom anerkannt, aber im hirntraumatischen Schrifttum als spezieller Liquorbefund kaum erwähnt worden war. Dos Reis hatte seiner Zeit, weit voraus, die Granulozyten in der Fuchs-Rosenthal-Zählkammer erkennen können.

Als wir seine Feststellungen 1954 in den Sedimentkammerpräparaten auch bei geringradigen, kontusionellen Verletzungen ohne eine nennenswerte Erhöhung des Eiweißgehaltes bestätigen konnten, war uns an vereinzelten Granulozyten eine Phagozytose von Erythrozytentrümmern aufgefallen und eine beträchtliche Aktivierung der Monozyten mit einem Phagozytosefaktor. Eingehende Differenzierungen hatten nämlich geringe, initiale Erythrophagenwerte ergeben. Heute stellen die Erythrophagen und Hämosiderophagen mit erhöhten Albuminwerten ein hirnkontusionelles Liquorsyndrom dar. Mit Diapositiven konnte ich nun die verschiedenen Phasen des historisch bedeutungsvollen Dos-Reis-Syndrom, von der Aktivierung der Granulozyten über die Monozyten, zur Phagozytose von Erythrozyten bis zu den Hämoglobinabbauprodukten, Hamatin und Hämosiderin erläutern.

Von besonderer Bedeutung ist der Nachweis von Lipophagen im Nervenwasser nach ausgedehnten Frakturen, Becken- und Rippen-Brustbeinbrüchen, zumal für die Einleitung einer lipolytischen, fettlösenden Behandlung. In der exfoliativen Zytologie sind die Fettkörnchenzellen seit langem bekannt. Ein sicherer Nachweis gelingt durch die Amidoschwarzfärbung, die in den Sedimentkammerpräparaten präzise Darstellungen der Lipide ergibt. Der dringende Verdacht einer Lipoid- oder Fettembolie besteht, wenn infolge einer der obengenannten Knochenbrüche eine zunehmende Bewußtseinstrübung und gar eine Bewußtlosigkeit des Patienten eintritt, oder eine Halbseitenlähmung, ohne eine feststellbare Gehirnschädigung und in der Magnetresonanztomographie in einer Gehirnregion oder gar disseminierte, Lipoid-

Tropfen zu erkennen sind.

Eine erhöhte Aufmerksamkeit erreichte das Referat, zu dem auch noch ein Seminar gewünscht wurde, über den Tumorzell-Nachweis im Nervenwasser, ein zwar sehr heikles, aber auch interessantes Gebiet, das mit den zunehmenden therapeutischen Bemühungen auch um die Behandlung der metastasierenden Erkrankungen steigendes Interesse erreichen wird, aber wohl kaum mit den Methoden der klassischen exfoliativen Zytodiagnostik, der Färbung von Tumorzellen, die aus dem Tumorzellverband oder den Metastasen, abschilfern. Die einfache, also nicht artdiagnostische Treffsicherheit liegt hier unter Berücksichtigung der Ergebnisse von Bischoff, 1961; Kleine, 1962; Naylor, 1964; Dufresne, 1973; King, 1977; Balhuizen, 1978; Watson, 1978; Den Jager Hartog, 1980; Jellinger, 1985; und den eigenen im Durchschnitt bei 28 Prozent, einem relativ geringen, unzuverlässigen Wert.

Das kann sich in nächster Zeit ändern, wenn die in der Erprobung stehenden Tumorzell-Marker der Cookham-Research-Group in Bristol, oder eine Darstellung der Proteinase-Mediatoren - etwa bei den Metastasen - der Baseler Forschungsgruppe um J. Robert, H. Baugh und Schnebbli, zum Tragen kommen sollten. Dabei erwähnte ich auch kurz die eigenen, nun schon historischen Bemühungen um eine Begründung der, bereits in den fünfziger Jahren in metastasierten Tumorzellen vermuteten proteolytischen Anzeichen, und erläuterte die damals gefundenen eigentümlichen Merkmale an Hand der alten Diapositive. Ich erwähnte auch, daß der weltbekannte Zellphysiologe Otto Warburg mir dabei geholfen hatte.

Um die Proteolase-Vermutungen zu stützen, untersuchte mein Mitarbeiter Rainer Lehmitz mit Hilfe von Trypsin-Azokasein / Enzym-Substrat-Bestimmungen, Nervenwasserproben bei verschiedenen neurologischen Erkrankungen und stellte die Ergebnisse zusammen. Ich zeigte die Tabelle und erklärte. Im Nervenwasser der Geschwülste betrügen die Extinktionswerte:
$\bar{x} = 88$, $s = 56$, $n = 5$ in 200 ul. Bei anderen Erkrankungen lagen die Werte um 45, 57 und 6. Lediglich bei Patienten mit nachge-

wiesenen Bandscheibenvorfällen waren sie, zumal der x-Wert, mit 81 deutlich erhöht. Dazu hatte ich erörtert, daß die Erhöhung eine Folge des phagozytären, proteolytischen Abbaus der Nuclei pulposi der Bandscheiben sein könnte. Demzufolge war auch versucht worden, die sequestrierten, im Zerfall begriffenen Nuclei, durch eine schirmbildkontrollierte, intranukleäre Injektion von Chimopapain, einem proteolytischen Enzym der Carcia papaya Frucht, aufzulösen, wobei die proteolytische Wirkung auch ungünstige Folgen brachte, so daß die Methode der Nukleolyse kaum zur Anwendung gelangte.

Im abschließenden Colloquium betraf eine der letzten Fragen die Entwicklungsmöglichkeiten neuer Methoden zur Erfassung geringster Zellvorkommen im Nervenwasser, im Hinblick auf die zunehmend schwächer und geringer werdenden Zellreaktionen, auch bei den entzündlichen Erkrankungen der Gehirnhäute und des Gehirns, den verschiedene Immunschwächen und Reaktionen nach Implantationsoperationen.

Ich erwähnte die Bemühungen um die Entwicklung von sogenannten Container-Zentrifugen mit der Möglichkeit, die Zellen aus einem Gesamtvolumen von 5 Millilitern nach dem Kammer-Prinzip auf einen Objektträger sedimentieren zu lassen, so daß die gesamte Flüssigkeit für die biochemischen Untersuchungen zur Verfügung steht und nicht, wie in der Zytozentrifuge, verloren gehe.

Ich war eine Zeitlang der Meinung, mit kleinsten Flüssigkeitsvolumina auszukommen, wie ich eingangs im ersten Referat erklärt hatte. Das Bedürfnis aber in Anbetracht der zunehmend geringer werdenden Zellreaktionen, möglichst alle erreichbaren Zellen zu erfassen und zu beurteilen, wurde immer dringender, so daß wir uns in letzter Zeit auch mit dem Konzept der Gesamtvolumen-Anreicherung befassen. Die Entwicklungsarbeiten sind aber sehr kostspielig und die Frequenz der Nervenwasserpunktionen und Untersuchungen zunehmend rückläufig. Und die in der Entwicklung stehende nicht belastende Magnetresonanz-Tomographie wird die Nervenwasser-Punktionsdiagnostik weiter verdrängen. Ich bedauerte sehr, die Vortrags- und Referatserie, an der ich jahrzehntelang gearbeitet habe, mit einer wenig günstigen Prognose beenden zu müssen.

Sehr angetan waren die brasilianischen Kollegen von der Filmdemonstration über den kontralateralen Schmerzbeugereflex bei Schädigungen von ventrocaudalen und lateralen Kernarealen des Thalamus. Auf die schon oft gestellte Frage, weshalb der bei der Prüfung gesetzte Schmerzreiz nicht unmittelbar zu dem gleichen Abwehr- oder Meid-Reflex führt, antwortete ich, daß die in der Gehirnrinde assoziierten, also normal verarbeiteten Bewußtseinsimpulse über die ungestörten kortiko-thalamischen Neuronen und Synapsen-Nervenzellen und Verbindungsstellen der Gehirnrinde und des Thalamus, des besonderen Gefühls- und Schmerzzentrums - den normalerweise zustandekommenden Abwehrreflex blockieren.

Bei einer Schädigung der ventro-lateralen oder caudalen Neuronen und Synapsen bewirken reafferente - rückläufige - Impulse, retikulospinal von der nicht geschädigten Seite, die Auslösung des Abwehrreflexes auf der entgegengesetzten, kranken Seite, deshalb also gekreuzt oder kontralateral. Bei noch intakten Resten von Nervenzellen und Verbindungsstellen kann auch ein gleichseitiger, ipsilateraler Reflex ausgelöst werden.

Mehr oder weniger entscheidend ist die polysynaptische Auslösung des Schmerzreizes, ein Schmerz, der viele Nervenzellen und Verbindungsstellen trifft und auch über eine Reihe von Zellen und Schaltstellen fortgeleitet wird, und zwar von fünf Rückenmarksegmenten in der Haut, einer Stelle in der Mitte der Beugeseite des Oberarms, wo die Schmerzempfindung, durch ein Zusammentreffen der vier Hals- und eines Brustsegmentes am stärksten ist. Von hier aus ist die Beugung der Hand und Finger, auf der Gegenseite, eine Art des Abwehrens, auszulösen. Eine ähnliche Stelle für die Auslösung des Reflexes mit der Beugung des Fußes ist am Oberschenkel unterhalb der Leistenbeuge zu finden. Auf eine ähnliche Art von Funktionsstörungen über tonusregulierende Neuronen und Synapsen sind die eigenartigen Haltungsstörungen der thalamischen Hand und des thalamischen Fußes zurückzuführen.

Der Schmerz mit den vielen Ursachen, Begleiterscheinungen, Beziehungen und Auswirkungen stand auch im Mittelpunkt einer Diskussion mit brasilianischen Neurologen in Rio de Janeiro. Im Mittelpunkt stand die Migräne, bei der die Kopfschmerzerkrankung in fulminant heftigen ophthalmischen Attacken und protrahiertem Status migraenosus vorkommt. Es wird vermutet, daß die obstreiche Ernährung, die coffeinstrapazierten Hirngefäße, Zuckerrohrprodukte und das besondere atlantische Klima damit im Zusammenhang stehen. Da in der Jenaer Klinik die Elektroenzephalographie entwickelt worden war, hatte ich einige Fragen zu beantworten, insbesondere die Deutung und Bedeutung der auch bei der ophthalmischen Migräne zu findenden gruppenförmigen, langsamen bioelektrischen Rhythmen in den frontotemporalen Hirnregionen und den gelegentlich abzuleitenden Spikes- and Wawes-Komplexen in den genannten und auch den okzipitalen Regionen. Die einfachste Erklärung beruht auf einer Vermutung biogenetischer Beziehungen zu den epileptischen, bioelektrischen Rhythmen, zumal, und das ist seit Charcot bekannt, in Epilepsie-Familien Migränestörungen, seltener in Migräne-Familien epileptische Anfallserkrankungen, vorkommen. Sichere biogenetische, zumal molekularbiogentische Untersuchungen sind bislang nicht bekannt und deshalb abzuwarten. Eine gezielte Frage lautete: Kommen Spikes- and Wawes-Rhythmen auch normalerweise ohne Migräne und ohne Epilepsie vor. Das ist der Fall, antwortete ich, die Frequenz ist aber sehr gering und liegt, so weit ich mich erinnern kann, bei 0,01 pro mille. Ich konnte mich an eine heftige Diskussion über die Bedeutung der sogenannten epileptischen Rhythmen im Rahmen einer Habilitations-Verteidigung erinnern. Es ging um die Streitfrage, welche Spitzen und Wellen sind bereits epilepsieverdächtig und welche sind es noch nicht. Eine Einigung hatte es nicht gegeben. Neueste Einzelzell-Analysen versprechen eine meßbare Klärung. Inzwischen werden Meinungen diskutiert, die dafür sprechen, daß die bioelektrische Störung der Epilepsie weniger eine Einzel- sondern vielmehr eine komplexe, regional induzierte Störung sein könnte.

Eine heftig geführte Diskussion war zu den Bemerkungen eines Kollegen über die Diagnostik und Therapie der Komplikationen des Status migraenosus entstanden. Ich versuchte, die Wogen zu glätten und bestärkte die Meinung, daß ein tagelang anhaltendes Erbrechen durchaus zur Exsikkose führen könne, die sogar im Elektroenzephalogramm zu erkennen sei und einer parenteralen Flüssigkeitszufuhr bedürfe, zunächst aber ohne einen Liquor-sekretionsfördernden Zusatz. Sicherheitshalber kann eine Computertomographie zu Rate gezogen werden, deren Ergebnis über eine Hypo- oder Aliquorrhoe zu entscheiden gestattet.

Ich erinnerte mich an eine Patientin mit einem schreckenerregenden Status migraenosus post partum und einem beiderseitigen, frontalen Herdbefund im EEG. In der Vermutung einer Hypoliquorrhoe wurde die Patientin befundgerecht intravenös infundiert, weil ich zum Ausschluß eines frontalen Hämatoms, da die Patientin auf der Toilette gestürzt war und sich eine Kopfplatzwunde zugezogen hatte, eine Darstellung der Hirngefäße vornehmen mußte. Das Angiogramm war aber unauffällig. Um diagnostisch alles versucht zu haben, entschloß ich mich schweren Herzens zu einer sehr behutsamen Lumbalpunktion. Dabei hörte ich das Eindringen der Luft in der Kanüle. Wider Erwarten hatte die Patientin die Punktion und das Einstreichen der Luft gut vertragen, so daß wir noch einmal Röntgenaufnahmen machen konnten und verwundert waren über die Luft, die bei der Punktion eingeströmt war. Die Seitenventrikel und der dritte Ventrikel waren zwar zart, aber orthograd dargestellt. Die Infusion wurde mit einem sekretionsanregenden Mittel fortgesetzt. Der Brechreiz ließ nach. Die Patientin war während der Infusion eingeschlafen und klagte nach dem Erwachen über einen „dumpfen, schweren Kopf" und verlangte aufzustehen, damit der Kopf klarer werden sollte. Eine ähnliche, Status migraenosus bedingte Aliquorrhoe, habe ich in meiner dreißigjährigen Dienstzeit nicht wieder erlebt. Der Beifall für die ausführliche Schilderung war beeindruckend.

In der Pause fragte ein Kollege nach meiner Meinung zu der von Heyck und Pichler empfohlenen Hydantoin-Behandlung und Prophylaxe und ob ich damit auch Erfahrungen bei Migräne-Kindern hätte. Aus eigener Erfahrung hatte ich der Hydantoinbehandlung und Prophylaxe mit kleinen Dosen, drei- bis viermal 0,025 bei Erwachsenen und bei Kindern 0,050 als maximale Tagesdosis, zugestimmt. Da es bei Kindern unter höheren Dosen zu cholestatischen Nebenwirkungen kommen kann, ist es ratsam, die Leberwerte zu kontrollieren.

Über die rasant wachsende Industriestadt Südamerikas Sao Paulo hatte ich schon viel gehört, vorteilhafte, aber auch nachteilige Meinungen. Der erste Eindruck war nahezu überraschend angenehm. Neun Millionen Einwohner hatte die Stadt 1980. Die riesenhafte Ausdehnung war nicht übersehbar. Am 8. Oktober, der Ankunft, regnete es ein paarmal. Dos Reis meinte, das sei der Frühlingsregen. Sonst war aber vom Frühling noch nichts zu sehen. Das riesige Stadtbild trug noch das triste braun-graue Winterkleid. Das könnte sich in drei Tagen ändern, hatte er kommentiert. Und das erlebte ich nun.

Ich war wieder, wie gewöhnlich, früh wach. Die Sonne schien schwach von einem trüben Großstadthimmel. Es war aber warm geworden. Der Morgenspaziergang war nicht mehr wegzudenken. Frau Rosa, der gute Geist des Gästehauses, riet, ich solle einen Schirm mitnehmen und acht geben, es würde ein starker Regen kommen, ich müßte in der Nähe bleiben. Ich versprach, in 30 Minuten wieder zurückzukehren. Sollte ich es nicht schaffen, würde es etwas später. Sie schüttelte heftig den Kopf. Nein, wiederholte sie ein paarmal, ich rufe die Polizei! Ich nahm an, sie war beauftragt worden, nötigenfalls die Polizei oder den Pförtner in der Escola anzurufen. Der Morgenverkehr war in vollem Gange. Es war kurz nach 6 Uhr. Die Sonne schien durch einen Schleier, der immer dichter wurde. Frau Rosa schien recht zu bekommen. Ich überlegte, ob ich nicht doch schon umkehren sollte. Die Busse waren jetzt überfüllt und auch die Stadtbahn. In der Rua Napoleana fielen ein paar nicht abgeräumte Kehrichthaufen auf. Die Sonne war verschwunden, und es begann zu regnen. Und in wenigen Minuten goß es derart, daß mein Schirm kaum noch etwas nützte. Auf der Straße floß bereits ein kleiner Bach, den ich überqueren mußte, um unter einen überdachten

Eingang zu kommen. In den wenigen Minuten war ich durch die Spritzer des klatschenden Platzregens, eines Wolkenbruchs, völlig durchnäßt. Der Regen war warm, im Gegensatz zu der gewohnten Kühle in unseren Breiten. Im Gästehaus würde es eine gehörige Aufregung geben. Unter dem überdachten Eingang winkte mich ein Angestellter der Escola Paulista, der in mir einen der jetzt hier weilenden ausländischen Lektoren vermutete, heran. Er sprach ein gut verständliches Englisch. Die Frühlingsgüsse hier hätten es in sich. Er hatte sich rechtzeitig untergestellt und war trocken geblieben. So rasch wie der Guß gekommen war, so schnell hatte er aufgehört. Und die Sonne kam wieder zum Vorschein. Mein „Regen-Freund" riet mir mitzukommen, er würde mir helfen. Als ich ihm sagte, daß ich im Gästehaus wohne, spürte ich augenblicklich eine Kluft zwischen uns. „Herr Professor", sagte er, und machte eine Verbeugung. Ich bedankte mich bei ihm für das Unterstellen und reichte ihm die Hand. Nun war die Verbeugung noch tiefer.

Es war noch keine halbe Stunde vergangen, und ich hatte den Frühlingsregen erlebt. Im Gästehaus schlich ich unbemerkt auf mein Zimmer. Im Bad sah ich ein zweites Badetuch bereitliegen. Und Frau Rosa bat um meinen nassen Anzug, die Schuhe und die Socken. Der Frühstückstisch war jeden Morgen fürstlich gedeckt mit einem gut schmeckendem Grau- und Weißbrot, einer wohlschmeckenden Butter und einer Art Margarine, Orangenjuice, frischen Orangen, Ananas und Bananen; eine Art Streichkäse, eine Mortadella wie sie kaum besser sein kann und ein fein aufgeschnittener zarter Schinken in der Packung Schwarzwälder Schinken aus Blumenau, einer „deutschen" Stadt in Brasilien. Auch der schwarze brasilianische, eine Art Assuan-Tee, beeindruckte mich. Ein derart opulentes Frühstück reichte für den ganzen, langen Tag. Zwischen ein und zwei Uhr mittags wurde aber schon wieder gespeist, und ohne einen lito coffe - mit viel Wasser - ging es nicht weiter. Und überhaupt der lito coffe, ein schrecklich bitterer schwarzer Kaffee, den ich lediglich einmal in Berlin, bei dem Botschafter, genossen, danach aber stets durch eine passende Ausrede zu meiden verstand. Ebenso drückte ich mich vor dem Zuckerrohr-Alkohol.

Am Nachmittag des zweiten Tages stand eine Stadtrundfahrt auf dem Programm, die mit einem Bummel durch die Prachtstraße Sao Paulos begann. Der brasilianischen Weiträumigkeit entsprach die Breite der Rua paulista, die mit den vielstöckigen machtvollen Bankhäusern, in denen die weltbeherrschenden Banken vertreten sind, die einen sagenhaften Reichtum repräsentierten. Dennoch glaubte ich, erkennen zu können, daß die brasilianischen Banken zahlreich vertreten waren. Dos Reis bestätigte es. Er führte mich durch die schillernden Juwelier-Geschäfte mit den sagenhaften Geschmeiden und verschiedenartigsten Schmuckstücken, zeigte mir aber auch ein Geschäft, in dem ich preiswerte, brasilianische Geschenke wählen und kaufen konnte. Der Pracht-Nachmittag wurde durch Frau Dos Reis mit einem Besuch des einzigartigen Orchideeariums der Welt beendet. Die Zahl der gerade blühenden Orchideen stand an der Tafel am Eingang. Es waren über viertausend. Die Farbenpracht und Vielfalt war so überwältigend, daß ich es nicht wagen kann, auch nur andeutungsweise die Eindrücke dieser Pracht zu beschreiben.

Es regnete noch zweimal heftig. Und an meinem dritten Vorlesungstag konnte ich den Einzug des brasilianischen Frühlings in Sao Paulo bewundern und war überrascht, wie viele Bäume und Sträucher es plötzlich in der Stadt gab. Vorher hatte ich sie in dem tristen braun-grauen Ton des Stadtbildes, in der Umgebung des Gästehauses, nicht gesehen. Und das Merkwürdige war, daß der kaum vorstellbaren Blütenpracht in allen Farben, das Blattgrün, wie bei einigen einheimischen Magnolienarten des Frühlings, fehlte. In einem leuchtend rosa erblühten Strauch, dicht vor dem Fenster meines Zimmers, sah ich die ersten Kolibris und war nun vollkommen überzeugt davon, in einem fernen, fremden Land zu sein.

Das Referat über die entzündlichen Erkrankungen, das mit dem Seminar zwei Stunden dauerte, bedurfte einer längeren Vorbereitung, derentwegen ich eine halbe Stunde früher in der Gastro Clinca erschienen war, vor der verschlossenen Hörsaaltür stand und ein lautes Staubsaugergeräusch hörte. Der Hörsaalwart offnete die Tür und berichtete mir von dem Malheur. Er hatte am Abend die Lüfteranlage wie immer geöffnet und dabei vergessen, daß im Frühling, normalerweise aber erst später, die Termiten schwärmen. In diesem Jahr muß aber alles anders sein, meinte er. So sind heute nacht die Schwärme eingedrungen. Es mußte gesprüht und abgesaugt werden. Die Reinigung würde noch 10 Minuten dauern. In 10 Minuten war mein Helfer Dr. Andreas erschienen. Kaum verwundert meinte er, daß die Termiten in manchen Jahren eine Plage seien. Der Hörsaal war wieder sauber und funktionsbereit, und wir machten uns an die Vorbereitungen.

An einem freien Nachmittag hatte die Familie Dos Reis senhor zu einer Party eingeladen. Es waren vier Familien, denen ich von Dos Reis senhor vorgestellt wurde, die bereits einiges über mich wußten. Nach den üblichen Toasten erinnerte sich Dos Reis senhor an seine damalige Deutschland-Reise, an die Autofahrt von Berlin nach Rostock, mit der verspäteten Ankunft, an die Besichtigungen, an das Warten auf dem Polizeimeldeamt und auch an die interessanten Arbeiten im Labor und an den langen Vortrag über die Forschungsergebnisse. Ein Höhepunkt der Party war, nach altem brasilianischen Brauch, die Fetschuada, ein sehr köstliches und reichhaltiges Festmahl. Danach hatte ich ein paar amüsante, erheiternde Erinnerungen aus der Jenaer Studentenzeit preisgeben müssen. Es waren ein erholsamer feucht-fröhlicher Nachmittag und Abend geworden.

Der nächste Tag war vortrags- und arbeitsfrei. Dr. Andreas mit seinen vielseitigen Sprachkenntnissen hatte sich mit seiner Braut, einer Nichte des Generalfeldmarschall Paulus, die nach dem letzten Krieg mit ihren Eltern ausgewandert war, zu einer Stadtführung angeboten. Das Ziel war die Besichtigung einer neuen, im Rahmen eines Sozialprogramms errichteten Arbeiter-Siedlung, die zu umstrittenen Problemen geführt hatte. Ein Referent des Sozialamtes hatte uns bereits erwartet und stehenden Fußes das Problem vorgestellt. Die Bewohner einer alten, ärgerniserregenden Fawella, die abgetragen werden sollte, waren bereits in die neue Sozialsiedlung eingezogen und nach kurzer Zeit wieder in die alte Fawella zurückgezogen, weil sie sich weigerten, die geringe, subventionierte Miete zu zahlen. Mehrere Monate habe die Siedlung leer gestanden. Und ich sollte sehen, daß ein großzügiges Sozialprogramm mißachtet und nicht angenommen wird. Nun war aber inzwischen eine neue Situation entstanden. Etwa die Hälfte der Bewohner, größtenteils junge Familien mit vielen Kindern, waren wieder zurückgekehrt und sogar den Mietverpflichtungen nachgekommen. Wir freuten uns alle über den Fortschritt in der Sozialpolitik der größten und unaufhaltsam wachsenden Industriestadt des riesigen und auch nicht armen südamerikanischen Landes.

Nach dieser vielsagenden Vorstellung sollte ich die große Festspielhalle Sao Paulos sehen. Unterwegs warben große und kleine Gruppen Jugendlicher in Sprechchören für eine Vorstellung der Popsängerin Nina Hagen. In der Escola Paulista waren mir bereits die Plakate aufgefallen. Und die Festspielhalle war von weitem durch die Riesen-Reklame zu sehen. Dr. Andreas meinte, es würde wieder wie vor ein paar Monaten ein Massenspektakel geben. Seine Braut fragte, ob ich Nina Hagen und ihre Darbietungen kenne. Ich mußte verneinen, gab aber zu, ihre Mutter aus Veranstaltungen in der DDR zu kennen. Und dabei fiel mir ein, Mutter und Tochter im Ostseebad Boltenhagen gesehen zu haben. Unsere Töchter hatten mit der kleinen Nina, die damals vier oder fünf Jahre alt war, am Strand gespielt und nach einem Ring gesucht, den die Frau eines bekannten Musikdirigenten verloren hatte. Mir war aufgefallen, daß Ninas Mutter sich um die Erziehung ihrer Tochter sehr bemüht hatte.

Zum Abendessen bat ich Dr. Andreas und seine Braut, ein einfaches, gewöhnliches Restaurant, das ich gerne erleben wollte, aufzusuchen. In einem gewöhnlichen Stadtviertel fanden wir die gewünschte Gaststätte. In einem geräumigen und auch geschmackvollen Entree wählten wir die Speisen, konnten sogar eine Kostprobe machen und bezahlten einen Bon, nachdem die Speisen korrekt serviert wurden. Ich wählte einen brasilianischen Rumpfbraten. Es war ein riesiges Stück, so daß ich annahm, es sei wohl ein Angebot für einen unbekannten, neuen Gast. Der

Rumpfbraten eines brasilianischen biederen Gastes am Nachbartisch war aber ebenso groß. Qualität und Geschmack waren hervorragend. Danach hätte man bei uns auch in den besten Speisegaststätten lange suchen müssen. Und die köstliche brasilianische Fruchtschale konnten wir zu dritt nicht schaffen. Die Krönung in dem einfachen Lokal so hatte es Andreas genannt, war ein gepflegter, trockener brasilianischer Rotwein, vorzüglich, anders konnte ich es nicht ausdrücken. Und der Preis entsprach unseren Preisen.

Für den Sonntag war ein Barbecue auf dem Landgut der Dos Reis bei Tiéte, einer Kreisstadt an einem Nebenfluß des Rio parana, im Programm. Die Dos-Reis-Familien waren wieder beisammen. Die Bauern, die das Land bewirtschafteten, hatten alles vorbereitet. Es schien ein herzlich vertrautes Verhältnis zwischen ihnen und den Reis-Familien zu bestehen. Dos Reis senhor klagte über das Schicksal der alten Bauern, die von ihren Kindern, ähnlich wie bei uns, im Stich gelassen wurden, in der Meinung, in der Industrie der Städte ihr Glück suchen zu müssen, ohne sich um die alten Eltern zu kümmern. Es gab bereits Bauern, die sich zu Genossenschaften zusammenschlossen, um die Leistungen der teueren Maschinen und Unterhaltungskosten auszunutzen und auch junge Leute für die Landtechnik zu gewinnen. Es muß sehr schwer gewesen sein, den Konkurrenzkampf zu bestehen. Die alten Bauern können es nicht schaffen. Einige Betriebe waren bereits in den Konkurs geraten. Ein Barbecue mit vielen Wermutstropfen. Dennoch schmeckten die verschiedenen, köstlichen Rostbraten, Geflügel, Schweine und Rumpsteaks und die Rostbratwurst vorzüglich, und dazu ein Blumenauer Pilsner, wobei der ubiquitere lito coffe, den ich seit Berlin nur mit viel Wasser - zum Mißfallen der Gastgeber - genoß, nicht fehlen durfte. Bei einem Spaziergang mit Dos Reis filho mußte ich einen uralten Bambushain bewundern, Bäume von einem Umfang und einer Höhe wie ich sie noch nicht gesehen hatte. Ein beliebter Rohstoff, der hier in der Niederung, in der Nähe des Flusses, schnell gedeiht und auch einen guten Ertrag bringt. Die Nachfrage sei groß, meinte Dos Reis.

Eine Orangenplantage war die nächste Überraschung. Der Boden war von Früchten übersät, und ich wußte nicht, was ich dazu sagen sollte. Es war auch nicht nötig, auf meine überraschte Miene hin erklärte Dos Reis, daß es sich diesmal nicht gelohnt hätte, die Winterfrüchte zu ernten. So wurden sie als Dünger einfach liegengelassen. Die Exporteure nahmen die Winterfrüchte nicht einmal zu den billigsten Preisen an. Und die Früchte dieser Plantage sind auch unseren Bauern zu sauer. Ich konnte nicht widerstehen und hatte ein paar von den noch etwas frischeren Orangen mitgenommen und ausgepreßt. Sie schmeckten besser und auch süßer als manche Orangen, die es damals bei uns in den Geschäften gab, wenn es sie überhaupt gab.

Nach einem kleinen Nachtimbiß hielten wir Siesta. Es war sehr warm, 34 Grad im Schatten. Wir zogen uns in die Schlafräume zurück. Die neuen Eindrücke, dazu gehörten auch ein Ananasfeld am Fluß mit den kleinen Früchten, dicht über dem Boden und eine Bananenplantage mit den prächtigen rosa-roten Blüten, das alles bewegte mich derart, daß ich trotz Müdigkeit nicht einschlafen konnte. Nach einem erfrischenden Bad im Swimmingpool, beim unvermeidlichen lito coffe, berichtete Dos Reis senhor über interessante Begebenheiten aus seiner Kinderzeit.

Sehr eindrucksvoll und amüsant war auch das „Visiting Programme" Professor Nassers. Ein Besuch des exklusiven Strandbades von Guaruja. Mit einer Chip-Karte und seinem Mercedes passierten wir die Schranke der Pforte zu den imposanten Strand-Hochhäusern, in denen er ein Appartement besaß. Die Haushälterin empfing uns mit einem Imbiß und einem köstlichen Eiskaffee. Am Strand mit einem feinen hellen Sand erklärte mir Nasser die Eigenart der Dünung des Surf-Bades mit den waghalsigen Kunststücken der guaruja'schen Wellenreiter. Die Dünung am Ufer sei noch so stark, daß ich nur breitschrittig, nach vorn geneigt und zunächst nur bis zu den Oberschenkeln ins Wasser gehen dürfte, um die Strömung kennenzulernen und breitschrittig weiterzugehen, aber nicht tiefer als bis zum Bauchnabel. Dann könnte ich versuchen zu schwimmen, um die Strömungen schwimmend kennenzulernen, aber um Himmelswillen nicht hinausschwimmen und von einer Riesendünung ans Ufer geworfen und mit einem Beinbruch weggetragen werden zu müssen. Zum Schwimmen empfahl er, auf die schwachdünende Damenseite zu gehen, wo eine Landzunge die Atlantik-Dünung hemmt. Ich befolgte seine Ratschläge und hatte tatsächlich auch breitschrittig Mühe voranzukommen. Auf schwachen Wellen war ich hin und her geschwommen. Ein Versuch auf einer größeren Welle war gescheitert. Ich mußte untertauchen und mich am Boden mit den Beinen festhalten und hatte auch etwas von dem salzhaltigen Wasser geschluckt, versuchte es aber noch einmal. Wie erholsam war dagegen das Baden an der Copacabana.

Nach dem Migräne-Disput in Rio de Janeiro hatte ein früherer Studienkollege Dos Reis zu einem Bade-Besuch an der Copacabana, dem Bad der Superlative, eingeladen. Er galt als einer der tüchtigsten Neuropsychiater Rios und dirigierte eine großartige, moderne Privatklinik. Ich spürte es, daß er auch ein geschäftstüchtiger Unternehmer war und mich zu den Prachtplätzen und -stätten Rios geführt hatte und sie nicht hoch genug preisen konnte. Freilich war er auch sehr großzügig. Mit der längsten Brücke der Welt, dem größten Fußballplatz, dem prächtigsten Karneval und der Prachtallee im alten historischen Palaisviertel, in Gegenwart des immer stiller werdenden Dos Reis prahlend, mußte ich, als er auch noch einen Vergleich mit Sao Paulo anstellte, etwas dämpfend erörtern, daß Sao Paulo auch seine Sehenswürdigkeiten habe und darüber hinaus, als eine der größten und bedeutendsten Industriestädte Brasiliens, ein Brutto-Sozialprodukt erbringe, über das Rio zufrieden sein könne. Über die von mir für Sao Paulo gebrochene Lanze hatte sich Dos Reis freudestrahlend bedankt und darüber auch mit Nasser am Strand von Guaruja gesprochen.

Ich ging dann noch auf der Damenseite mit der geringeren Dünung ins Wasser und schwamm auch ein Stück hinaus und versuchte es noch einmal auf der Wellenreiterseite. Es ging bedeutend besser und leichter, und ich spürte auch den Grund. Die Dünung war inzwischen geringer geworden. Nasser bestätigte es. Am letzten Tag durfte ich Frau Dos Reis bei einem Einkaufsbummel begleiten, wobei sie mich auf die Preisunterschiede zwischen den gewöhnlichen und gehobeneren Markthallen aufmerksam machte. In einem vornehmeren Warenhaus in der Nähe eines Stadtviertels der High Society mit hohen Park- und Gartenmauern konnte ich an einer Tabakwarenabteilung nicht vorbeigehen. Hier gab es Tabakwaren aus aller Welt. Geschmackvoll aufgemacht war der Bahia-Verkaufsstand mit einer Probierecke. Ehe ich mich versah, hatte ein Diener mir ein Bahia-Etui mit einer kleinen Zigarre vorgehalten und auch schon ein Streichholz angezündet, offenbar ein Trick, dem ein vornehmer Raucher nicht ausweichen kann. Wenn ich mir auch nicht vornehm vorkam, konnte ich dem höflichen Angebot nicht mehr ausweichen. Die Zigarre war ausgezeichnet. Der Diener sprach englisch. Ich bedankte mich, während Frau Dos Reis sich zwei Kästchen einpacken ließ. Der Preis auf der Steuermarke war geschwärzt. So wird man also in einem Entwicklungsland bedient. Und ich war gezwungen, vornehm zu tun, da ich annahm, daß Frau Dos Reis hier bekannt war.

Zum Abschiedsessen hatte Professor Nasser in einem feinen Creyfish-Restaurant eingeladen. Man sprach english only. Es waren verschiedene Krebsmenüs. Jede Krebsart wurde beim Servieren mit dem Namen und der Herkunft genannt. Und dazu wurden Mayonnaisen-Toast und der jeweils dazu passende Wein gereicht. Den krönenden Abschluß bildete ein riesiger Atlantik-Hummer, auf der Anrichte vor unseren Augen entkrustet und besonders würdevoll serviert, so daß man hätte glauben wollen, wenn der Hummer ein solches Zeremoniell erahnt hätte, würde er seinem Tod ohne weiteres zugestimmt haben. In der fröhlichgelösten Stimmung erwähnte Dos Reis meinen Kommentar über Sao Paulo im Vergleich mit Rios Pracht und ergänzte ihn mit der Bemerkung eines Kollegen aus Rio, daß ich wohl doch ein Kommunist sei, weil ich aus dem östlichen, dem russischen Teil Deutschlands käme. Nasser und Dos Reis senhor, die mich nun schon ein paar Jahre kannten, bogen sich vor Lachen. Am letzten Morgen machte ich einen Abschiedsspaziergang bis zur Gastro Clinica, in der ich zwei Wochen gewirkt und manchmal auch geschwitzt hatte. Am frühen Morgen war es schon sehr warm.

Dabei hatte ich mich sehr schnell an das Klima und überhaupt an das ferne, fremde Land mit den vielen sympathischen Menschen, die ich in der kurzen Zeit kennenlernte, gewöhnt. So versprach ich Dos Reis filho, ihn zu einem Gegenbesuch nach Rostock einzuladen. Zwei Jahre später wurde ich zum Ehrenmitglied der Brasilianischen Akademie für Neurologie gewählt. Eine graphisch hervorragend gestaltete Urkunde erinnert mich daran (siehe Anhang).

Mit einem großen Geleit ging es zum Flughafen, und hier nicht ohne den obligaten lito coffe mit viel Wasser, wie es für mich typisch geworden war, fiel der Abschied mit herzlichen Gesten nicht nur mir sehr schwer. Bei der Abfertigung muß ich die Aufmerksamkeit einer Stewardeß erregt haben, durch die Bemerkung der Dame am Schalter: „O...ouer number one." Die gleiche Stewardeß führte mich in die first class Kabine und fragte nach meinen Wünschen. Noch unter dem Eindruck des Abschieds stehend, hatte ich keine, bedankte mich höflich und hoffte auf ein paar ruhevolle, besinnliche Stunden, in denen ich meine Notizen mit den Erinnerungen über das eigenartige, immer noch etwas rätselhafte südamerikanische Land ergänzen wollte. Dabei störte die erregte Unterhaltung der Stewardessen über die Darbietungen Nina Hagens in der Festspielhalle Sao Paulos. Die erwähnte Stewardeß schien so begeistert, daß sie fragte, ob ich die Sängerin Nina Hagen kennen würde, da ich auch aus Germania komme. Begierig, um etwas zu erfahren, war sie stehengeblieben. Höflicherweise mußte ich mein Notizbuch weglegen und die Story vom Ostseebad Boltenhagen in Alemanha oriental erzählen. Sie hatte sich auf den freien Platz neben mir gesetzt und zugehört. Ein wenig später und nach ein paar Notizen war ich eingenickt. Als ich wieder wach wurde, lag ich unter einer Decke, und sogar der Sitz war flach gestellt, ohne daß ich es bemerkt hatte. Diese fürstliche Bedienung hatte ich Nina Hagen zu verdanken. Mit der Zeitung *Die Welt* war ich up to date, top orientiert. Vor der Ansage erfuhr ich von ihr, daß wir in Zürich zwischenlanden würden, und in 10 Minuten die afrikanische Küste erreichen werden. Im Flughafen Frankfurt rechnete ich als DDR-Bürger mit einer zünftigen Kontrolle und war auch darauf vorbereitet. Nach dem wohlbekannten Blick auf die bewußte Liste, unter dem Tisch, durfte ich ohne weiteres passieren.

Für mein Honorar hatte ich mit Rat und Tat von Dos Reis in einem preiswerten Pedra preciose Shop ein paar der beliebten südamerikanischen Schmucksteine, Amethyste, Topase und Aquamarine, eingekauft. Eine Dame und ein Herr nach mir mußten mit dem Gepäck zur Kontrolle. Dieser Schreck blieb mir erspart. Da ich meiner Schwester in Wetzlar die Ankunft meiner Maschine, die auch pünktlich gelandet war, telegraphiert hatte, stand sie mit ihrem Mann Hans-Jürgen Preuß, einem Physiker bei *Leitz*, bereits in der Wartehalle. Er half mir mit meinem Gepäck schon bei der Abreise und mußte jetzt wieder zupacken. Mit einem Stein für die Schwester konnte ich mich bedanken. Und auch an die Schwägerin Leonore, die Frau meines Bruders Ernst in Herborn, hatte ich gedacht. Von Wetzlar meldete ich mich bei Dora und den Töchtern in Rostock, wie versprochen, prompt nach drei Wochen zurück. Sie waren wohlauf und hatten auch von mir nichts anderes erwartet.

Merkwürdig, diesmal machte ich mir nicht die geringsten Sorgen um eine Kontrolle an unserer eisernen Grenze. Somit gab ich auch in der Reisebescheinigung nichts an. Bei einer peinlichen Durchsuchung, hätte ich ein fürchterliches Nachsehen gehabt. Die Furcht war ausgeblieben. Doch als ich dem Grenzpolizisten meinen Paß reichte und dabei der zusammengefaltete Ausweisbogen des brasilianischen Botschafters aus Berlin herausfiel, war ich erschrocken aufgestanden und sah mich schon auf dem Weg zu einer Überprüfung mit einer Gepäckkontrolle. Ich hatte das Blatt aufgehoben und dem Polizisten gereicht. Der sah lediglich auf das ungewöhnlich große Paßbild, blätterte in den vielen Visa der Auslandsreisen und reichte mir beides sogar dankend zurück. Einen Zollbeamten sah ich nicht.

Zu Hause war die Freude über die erfolgreiche Reise sehr groß; nicht allein wegen der mitgebrachten Kostbarkeiten, den typischen südamerikanischen Erinnerungsstücken, die Dora und den Töchtern sehr gefielen. Es waren auch die Erlebnisse, die Berichte über das eigenartige, bewunderungswürdige Land, die vielfältige Art und Abstammung der Menschen, der Mentalität, und die Kluft zwischen einem nahezu sagenhaften Reichtum und einer gottergebenen Armut. Ich hatte wochenlang zu erzählen.

Diesmal mußte ich einen ausführlichen Bericht auf dem Dienstweg abgeben. Sogar in der Tagespresse war ein Artikel über die Vortragsreise erschienen. Und vor den Mitarbeitern der Klinik gab ich mit Lichtbildern meine Eindrücke, Erlebnisse und meine Tätigkeit wieder.

Doch nicht nur ich war durch die Leistungsfähigkeit in den Vordergrund geraten. Auch die Arbeiten und Ergebnisse meines ältesten Mitarbeiters und Schülers, Professor Meyer-Rienecker, mit seiner neuroimmunologischen Forschungsgruppe und der Zusammenarbeit mit Professor Field aus New Castle an der Erforschung der Eigenschaften der Makrophagenmobilität und der Bedeutung der Interleukine bei entzündlichen Erkrankungen des Nervensystems und der Multiplen Sklerose, erlangten eine weltweite Anerkennung. Das Department of Neurology des National Institut of Health Bethesda in den USA hatte ihn zu einem Vortrag über die Wertigkeit von Multiple Sklerose-assoziierenden Faktoren mit Testmethoden für die klinische Diagnostik, eingeladen. Damit bewiesen wir, daß auch eine unzureichende Ausstattung, die Motivation und Innovation eines leistungsfähigen Teams kaum behindert und sogar hemmende Faktoren von geringer Bedeutung sein können.

Die Londoner Vortragsreise

Der Termin war wegen der Kopplung mit den zytopathologischen Seminaren des Department of Cytopathology des St. Marys Hospitals in London und dem gewünschten Referat vor der Cookham-Tumor-Forschungsgruppe an der Neurochirurgischen Klinik in Bristol mehrfach verschoben, und auch die Reihenfolge war verändert worden.

Mit dem Referat über die Ergebnisse der Tumorzelldiagnostik in der Zerebrospinalflüssigkeit vor der Cookham Research Group in Bristol, die besonders an den vermuteten proteolytischen Aktivitäten in den Liquor-Tumorzellen und einem Zusammenhang mit den von J. Robert und Mitarbeitern beschriebenen Proteinase-Mediatoren interessiert war, hatte ich begonnen.

Nach den seinerzeit bekannten zytodiagnositischen Kriterien stellte ich die substratmarkierten proteolytischen Befunde in den Adenokarzinom-Metastase-Zellen und den Glioblastom-Metastase-Zellen mit den Resten der noch feulgenpositiven Darstellungen vor, da die präparativ zytochemischen Werte im Zellpräparat sonst kaum darstellbar sind. Damit war in einigen, gering proteolytisch aktiven Zellen eine hinreichende Reaktion aktivierter perinucleärer Lysosomen zu erkennen. Daraus schloß ich auf eine liquorbedingte Induktion proteolasespezifischer Mediatoren, die sich heute möglicherweise transskriptionsgenetisch erklären lassen könnten. Um die proteolytische Wirksamkeit zu stützen, referierte ich die bereits erwähnten Ergebnisse der Trypsin-Azokasein - Enzym/Substrat Bestimmungen meines Mitarbeiters R. Lehmitz mit einer Gegenüberstellung der Tumorwerte zu den Normalwerten im Nervenwasser und einem Vergleich mit den ebenfalls erhöhten Werten bei sequestrierten Bandscheibenvorfällen.

Ein besonderes Interesse erregten die Darstellung und Interpretation der Ergebnisse mit den Überlebenskriterien und der Apoptose der proteolyseaktiven, metastasierenden Tumorzellen in den Sedimentierkammer-Kulturpräparaten. Schließlich war das eingetreten, was ich vermutet hatte, die Diskussion dauerte viel länger als mein eigentlicher Vortrag.

Cookham fragte nach meiner Meinung über die zu vermutenden, entscheidenden Faktoren für die beträchtliche Aktivitätssteigerung der zu einer Metastasierung im Nervenwasserraum befähigten Tumorzellen in dem wässerigen, nährstoffarmen Nervenwasser. Ich äußerte, wie in Sao Paulo, daß die kininogenen Adhäsionsmoleküle über mitochondrale Mediatoren - heute könnte man meinen, ein Transskriptions- und ein Operatorgen - die Ribonuklease aktiviert, die zur Aggression führt. Eine über das Ziel hinausgehende Proteolase führt zur Apoptose, die mit den Nekrosen zum Metastasierungsprogramm gehört. Bemerkenswert ist nämlich, das im Nekrosegebiet, in dem die Ependymzellen oder Endothelzellen, die Zellen der Gewebsauskleidung der Nervenwasserräume aufgelöst und abgestorben sind, die Tumorzellen sich ansiedeln können und rasch vermehren. Dabei kann es vorkommen, daß ein ganzer metastasierter Tumorzellverband abschilfert und zugrunde geht. Ich zeigte ein derartiges Präparat, wo an einem kleinen Rand noch ein paar intakte Zellen und auch eine Zellteilungsfigur zu erkennen sind, die vermutlich auch abgestorben waren. Das sind Befunde, die durchaus überzeugen dürften. Hier muß die Forschung ansetzen und zunächst ergründen, was könnte in diesem Verband geschehen sein. Hat hier ein Gentransfer versagt? Hat ein normales Lysosom aus dem normalen Gewebsrand die krebsige Transskription durcheinander gebracht oder ein eigener transskriptorischer Konstruktionsfehler zu der Katastrophe geführt? Meine Frage, ob die Steigerung der bösartigen karzinogenen Metastasierung ein enzymgenetischer Wettlauf zwischen dem Wachstum und der Zerstörung sein könnte, blieb unbeantwortet. Cookham bewunderte die Tumorzellbefunde aus dem Nervenwasser und meinte, daß das Nervenwasser Eigenschaften enthalte, die in der Forschung mehr berücksichtigt werden sollten als bisher.

Einen Mitarbeiter der Gruppe interessierte der Nachweis der Adhäsine in der Zerebrospinalflüssigkeit. Glykolipide und Glykoproteine, aus denen die Adhäsine bestehen, sind im Nervenwasser pherographisch und spektrophotometrisch nachzuweisen. An großen, enzymaktiven Tumorzellen im Nervenwasser fallen die lipidhaltigen Teilchen durch eine zarte Amidoschwarz-Färbung auf. Mitunter ist auch ein Amidoschwarzkörnchen an der Zellmembran zu erkennen. Einwandfrei sind die Befunde jedoch nicht.

Eine Frage betraf die Möglichkeit einer optimalen Zellanreicherung, die auch eine sichere, mathematisch-statistische Bearbeitung der Ergebnisse gewährleistet. Ich gestand, daß dem leidigen Problem des hohen Zellverlustes in der Zytozentrifuge um 50 Prozent und in der Sedimentierkammer ohne eine zentrifugale Beschleunigung der Kapillaraszension im Fließpapier um 30 Prozent derzeit immer noch nicht entscheidend beizukommen ist. Auch in den neuesten sogenannten Sorptionskammern beträgt der Zellverlust immer noch 10 Prozent.

Ein Mitarbeiter der Gruppe fragte, ob ich es für möglich halten könnte, daß besonders aktivierte Lymphozyten der Zerebrospinalflüssigkeit mit spezifischen Tumorzellmarkern assoziieren könnten. Ich entgegnete, daß ich mir eine Markerassoziierung gewöhnlich aktivierter Lymphozyten nicht vorstellen könne. Es müßte dann schon eine besondere Aktivierung in Verbindung mit Adhäsinmolekülen sein, oder vielleicht auch besonders aktivierte blast like cells in akuten Fällen von Multipler Sklerose. Dagegen ist eine Markierung aktivierter Monozyten mit den mediatorbedingten imprimierenden und exprimierenden Eigenschaften, möglicherweise auch spezifischen Adhäsinen, denkbar.

Da keine weiteren Fragen gestellt wurden, übernahm Dr. Cookham eine Präsentation und Erläuterung der bisherigen Markierungsergebnisse der Tumorzellen folgender Gehirngeschwülste und Metastasen. Die phenotypischen monoklonalen Antikörper FD 19 markieren die Zellen der Gliome, Medulloblastome und Neuroblastome. Die monoklonalen und polytypischen Antikörper UJ 13 A dagegen entfalten Markierungseigenschaften bei allen gliomatösen Hirngeschwülsten, Meningeomen und auch metastasierenden Karzinomen. Die Marker UJ 21 11 markieren lediglich Zellen der Medulloblastome, Neuroblastome und Schwannome.

Dr. Cookham betonte, daß die Markierungstest-Ergebnisse von insgesamt 164 Tumor-Patienten stammten und der Sicherheitsgrad damit hinlänglich gewährleistet sei. Die Fehlerquote müßte aber noch mal mit den Ergebnissen der Rezidivoperationen überprüft werden. Danach hatte ich fragen wollen.

Dr. Cookham fragte schließlich noch nach der Bedeutung der Makrophagenaktivität im Nervenwasser bei Hirntumoren und Metastasierungen. Ich hatte die Untersuchungsergebnisse Buddenhagens aus unserer Klinik dabei und konnte sie erläutern. Nach den statistischen Mittelwertsberechnungen mit dem Student'schen T-test, lag die Phagozytose der aktivierten Monozyten im Nervenwasser der Gehirntumorpatienten bei 95 Prozent, bei den Patienten mit Bandscheibenvorfällen um 85 Prozent. Die Aktivierung war durch einen assoziierten Gamma-Globulin Zusatz bewirkt. Bemerkt hatte ich noch, daß die Phagozytose-Mobilität in der diagnostischen Bedeutung an Wertigkeit beträchtlich eingebüßt hat. Dr. Cookham hatte schließlich noch angeregt, die Markierungen neben den Nervenwasserproben in den Sedimentierkammerkulturen zu versuchen.

Im Londoner Nationalinstitut für Nervenerkrankungen am Queen Square referierte ich über verschiedene Nervenwasser-Syndrome bei einigen Nervenerkrankungen, im wesentlichen den gleichen, über die ich auch in Sao Paulo berichtet hatte.

Mit den Darstellungen der blast like cells erinnerte ich an die Verdienste des Leedser Neuropathologen Charles Lumsden. In der Aktivierung dieser Lymphozyten hatte Lumsden bereits die immunaktiven, exprimierenden Funktionseigenschaften im Nervenwasser vermutet, die er dann auch in den Hirnbiopsiepräparaten bei der Experimentellen, Allergischen Enzephalomyelitis nachweisen und in einem Zusammenhang mit der Gammaglobulinsynthese im Nervenwasserraum stehend, erachtet hatte. In ausgeprägten, immunaktiven Erkrankungsphasen erscheinen Plasmazellen und erhöhte Gammaglobulinwerte. Bei manchen Patienten werden die immunaktiven Zeichen auch im fortschreitenden Krankheitsprozeß vermißt. Eine Erklärung dafür zu finden, ist kaum möglich, aber es ist zu vermuten, daß der immunaktive Prozeß offenbar mit dem Nervenwasserraum nicht kommuniziert. Eine andere Erklärungsmöglichkeit bestünde in der Vermutung, daß der demyelisisierende, die Nervenfasern entmarkende Prozeß, ohne eine Immunaktivität, in Form einer entmarkungswirksamen Enzymaktivierung, die derzeit noch nicht hinreichend faßbar ist, fortschreitet.

Immunaktive Eiweiß- und Zellmerkmale sind auch bei Erkrankungen mit einer Immunschwäche sehr spärlich oder fehlen sogar wie bei der virogenen Immunschwäche AIDS, so daß die sonst typischen Zeichen einer heftigen immunogenen Zellreaktion, einer bakteriellen Hirnhautentzündung fehlen, die schwere Erkrankung aber durch die Bakteriengifte zum Tode führen kann. Fatal ist die Situation auch, wenn eine tuberkulöse Hirnhautentzündung, infolge beschränkter Immunsymptome und nicht zu erreichenden Tuberkelbazillen, verkannt oder gar übersehen wird.

Eine Immunschwäche kann aber auch durch Behandlungsmaßnahmen entstehen, beispielsweise durch hochdosierte immunsuppressive Medikamente im Gefolge von Organtransplantationen, die eine immunaktive Abstoßung des implantierten Organs verhindern sollen, wodurch aber andererseits günstige Bedingungen für einen Befall durch Pilze, die dann auch sehr schnell wachsen und sich vermehren, entstehen. Eine Kryptokokken-Gehirnhaut- oder Gehirnentzündung kann dann zum Tod führen, bevor sie erkannt wird. Auch hier sind die Zellreaktionen gering, und die wenigen Zellen ähneln den normalen Lymphozyten, wie ich in einem Fall in Lichtbildern zeigen konnte. Es gibt aber einen Trick, die Brücken zwischen den Pilzsprossen in einem einfachen Tuschepräparat im abgedunkelten Blickfeld oder exakter aber kostspieliger, mit einer modernen Fluorochromierung im Fluoreszenzmikroskop zu erkennen. Je früher die Behandlung eingeleitet wird, um so rascher ist der Erfolg zu erwarten. In fortgeschrittenen Fällen kann heute das Fluctyosin intrathekal in den Nervenwasserraum eingebracht werden.

Überraschende Befunde im Nervenwasser sind heutzutage keine Seltenheit. Mit Hilfe eiweiß- und zellanalysierenden Me-

thoden sind sie rasch und problemlos zu erlangen; wie beispielsweise bei einem 34jährigen Handwerker, der mit einem neuen Lösungsmittel gearbeitet und nach einem Exanthem an den Händen und Armen, das nicht beachtet wurde, an einer Lähmung beider Arme und eines Beines erkrankt war:
Die Zellvermehrung von 296 Zellen pro Kubikmillimeter bestand zu 72 Prozent aus eosinophilen Granulozyten. Die Gamma-Globulin-Fraktion im Eiweißspektrum war nur gering erhöht. Die erhöhte Körpertemperatur zu Beginn hatte sich wieder normalisiert. Ich zeigte das eindrucksvolle Zellbild mit der Eosinophilie. Nach einer Cortison-Therapie verschwanden die eosinophilen Zellen aus dem Liquor. Und auch die Lähmungen der Gliedmaßen bildeten sich schnell zurück. Die gering erhöhten Gammaglobulin-Werte normalisierten sich.

Eine Überraschung ganz besonderer Art teilte mir Professor Bischhoff aus Bern mit. In seiner Züricher Zeit bat ihn Professor Krayenbühl, der bekannte Schweizer Neurochirurg, um die Untersuchung einer trüb-serösen Flüssigkeit, die aus einer Zyste stammte, die er als „Tumor" operiert hatte, weil nicht nur im Elektroenzephalogramm, sondern auch im zerebralen Angiogramm, der Gehirngefäßdarstellung, eine Geschwulst zu erkennen war. Bischoff schrieb: „Ich fiel fast vom Stuhl, als ich die Erreger entdeckte, die ich noch nie gesehen hatte. Ich mußte den Bakteriologen um Hilfe bitten. Der stutzte auch und sagte dann: 'Filaria bancrofti; wie sind die Filarien in die Zystenflüssigkeit gekommen?'"

Der Patient, ein vermögender Industrieller aus den USA, hatte an einer Großwildjagd in Südafrika teilgenommen und war von Insekten gestochen worden. Am rechten Unterarm war ein Geschwür entstanden, das rasch abheilte. Etwa drei Wochen danach war ein erster Jackson-Anfall mit Krämpfen und Zuckungen im linken Bein aufgetreten. Nachdem die Krämpfe sich wiederholten und ein Neurologe im Elektroenzephalogramm einen Herdbefund fand, den er auf einen Tumor zurückführte, wurde beschlossen, den Patienten zu einem der besten europäischen Spezialisten auf dem Gebiet, Professor Krayenbühl in Zürich, zu überweisen. Das zerebrale Angiogramm, die Darstellung der Gehirngefäße - eine Computertomographie existierte damals noch nicht - hatte seinerzeit in Verbindung mit den Jackson-Herdanfällen den Hirngeschwulst-Verdacht ergeben. An einen erregerbedingten Hirnabszeß, der sich sehr rasch gebildet haben mußte, hatte niemand gedacht. Aus den USA war sehr schnell das gerade entwickelte Flucytosin beschafft worden. Der Patient wurde beschwerdefrei entlassen; freilich nicht ohne sich fürstlich für die lebensrettende Operation und die Behandlung des Grundleidens, der Filariose, zu bedanken. Alfred Bischoff wurde mit einer Gastprofessur in den USA und einer Unterstützung für sein zytologisches Forschungslaboratorium bedacht.

Gehirnabszesse fallen gewöhnlich, wenn sie sich in der Nähe der Nervenwasserräume, der Hirnkammern oder der Hirnhaut entwickelt haben, durch eine Aktivierung von Makrophagenfaktoren in den Monozyten auf, die ich an Beispielen demonstriert hatte. Daß sich auch Hirngewebszellen, die Gliazellen, daran beteiligen, ist im Nervenwasser sehr selten zu erkennen. Das sind dann die von Spielmeyer entdeckten „gemästeten Gliazellen", die ich auch am Beispiel zeigen konnte. Es sind große, spindelförmige Zellen, die lediglich mit einer Kresylviolett-Färbung und anschließenden Alkohollösungen zu differenzieren sind, wie ich in einem Diapositiv zeigen konnte. Da die älteren Makrophagen in der Zytozentrifuge zerfallen, ist es ratsam, für eine sichere Differenzierung ein Sedimentierkammerpräparat anzufertigen.

Kritische Anzeichen im Verlauf einer Hirnhaut- oder Gehirnentzündung sind mit Hilfe einer Monozyten- und Makrophagenaktivierung, zunehmender Suppressor-Lymphozyten, blast like cells und gelegentlich auch Plasmazellen zu erkennen. Das Eiweißspektrum verändert sich zugunsten der Gamma- und Beta-Globuline. Im Magnetresonanztomogramm kommen Infiltrat-Wichtungen vor, die zunehmen, aber auch wieder verschwinden können, so daß Kontrollen notwendig sind.

Bei toxischen oder allergisch-hyperergen Schäden, können Mediatorzellen Phagozytosehemmstoffe entwickeln und exprimieren, zum Beispiel bei Virus-Gehirnentzündungen, die mit

Blutungen, einer hämorhagischen Enzephalitis einhergehen, ohne daß im Nervenwasser eine Makrophagenaktivität zu erkennen ist und wobei die neutrophilen Granulozyten ihre Kernsegmente kugelförmig im Sinne der, den Internisten bekannten, Kugelzellen umbilden. Blutungen im Gehirn oder der Oberfläche der Hirnwindungen, der Leptomeninx, der weichen Hirnhaut, die Subarachnoialblutungen, sind durch die Erythrophagen, die ich in verschiedenen Phagozytosephasen, den Freß- und Verdauungsphasen gezeigt hatte, in den zellschonenden Kammerpräparaten leicht zu erkennen. Ebenso die Blutabbauprodukte, Hämatin (Hämatoidin) und das eisenhaltige Hämosiderin, die sich in den Phagozyten nach einer Blutung wochenlang halten können. Siderophagen hatten wir bei einem Patienten achteinhalb Wochen nach einer Schädelverletzung feststellen und dementsprechend bewerten können.

Gelegentlich gelingen in den zellschonenden Kammerpräparaten Ergebnisse kurioser Zelldarstellungen und Befunde. So wurde uns das Zellpräparat eines Nasensekrets einer rezidivierenden, allergischen Rhinitis, eines allergischen Schnupfens vorgestellt. Einem kritischen Kollegen aus der Rostocker Hals-Nasen-Ohren-Klinik war das Fehlen typischer, rhinitischer Symptome aufgefallen. Bei der Revision der Anamnese hatte sich ein bereits fünf Monate zurückliegendes Schädel-Hirn-Trauma mit einer anhaltenden „Nasenblutung" herausgestellt, ohne irgendwelche Auffälligkeiten im Schädel-Röntgenbild. Trotzdem vermutete der Hals-Nasen-Ohren-Arzt eine fronto-basale Schädelverletzung im Bereich der Lamina cribrosa, der Durchtrittsstelle der Nasen-Geruchsnerven zum sogenannten Riechhirn und bat Frau Professor Olischer, die Leiterin der Rostocker Nervenwasserabteilung, um eine Analyse des Nasensekrets, das schließlich ein Liquorzellbild mit den Zeichen einer Entzündung, Granulozyten, Lymphozyten, Monozyten, Makrophagen und großen, sehr auffälligen Nasenepithelzellen ergeben hatte. Nach der antibiotischen Behandlung der Hirnhautentzündung war ein plastischer Verschluß der fronto-basalen Liquor-Fistel in der Neurochirurgischen Klinik erfolgt.

Eigentümliche Zellgebilde fand Frau Professor Olischer in der Zerebrospinalflüssigkeit bei einem Kind aus der Rostocker Kinderklinik mit einem Gargoylismus, der von Pfaundler-Hurler'schen Erkrankung, die sogenannten Krüppelzellen in der Form der - durch den hierbei bestehenden, zur Speicherung von Abbauprodukten führenden Enzymdefekt - stark veränderten Leukozyten.

Im letzten Teil des Referats stellte ich die bereits mehrfach zitierten Ergebnisse von Zellbefunden bei Hirngeschwülsten und Metastasierungen von Organgeschwülsten vor und erwähnte auch die diesbezüglichen Forschungsergebnisse. Eine Diskussion war im Zeitplan des großen Auditoriums mit der Königsloge, in der die Prinzessin Diana zugehört hatte, nicht vorgesehen. Sie hatte aber anschließend in der hämatologischen Abteilung von Dr. Norman stattgefunden und keine wesentlich neuen Aspekte ergeben.

Das dritte Referat mit dem Titel: *„The value of neuroimmunological techniques for the cytological investigation of cerebrospinal fluid"* leitete ich mit einer Wertung der gebräuchlichen Zellsedimentationsmethoden ein und zitierte die erste Mitteilung im Schrifttum von M. Sandberg-Wollheim über die Ergebnisse einer immunaktiven Markierung von T-Lymphozyten-Subpopulationen im Nervenwasser bei Multiple Sklerose-Patienten.

Mit der Herstellung von zuverlässigen Markern, zunächst den monoklonalen Antikörper-Markern von Coulter-Nuclear und Dakopatts A/S haben die klinischen Markierungsuntersuchungen rasch zugenommen. Ein erhebliches Hindernis dabei ist die geringe Zahl der Zellen im Nervenwasser bei den Erkrankungen, die eines Fortschritts in der Therapie dringend bedürfen, beispielsweise bei der Multiplen Sklerose, die Markierung der T-Helper- und Suppressor-Lymphozyten. Hierbei hat es vom Beginn der ersten Markierungen an Probleme gegeben, weil der hohe und dazu auch noch wechselhafte Zellverlust eine sichere mathematisch-statistische Wertung kaum ermöglicht.

Es wäre aber möglich, bei einer einzigen, standardisierten Methode, etwa der Zytozentrifugation von 0,2 Milliliter Zerebrospinalflüssigkeit über eine Minute bei einer Tourenzahl von 1000 pro Minute mit einem nahezu regelmäßigen Fehlwert von 30 Prozent zu bleiben, um eine ausreichende statistische Vergleichsmöglichkeit der markierten Zellpopulationen zu bekommen. Dazu bedarf es aber der Einigung auf eine bestimmte Zytozentrifuge, nach dem bekannten Shendon- oder Hettich-Prinzip mit den Einfach-Kammern. Bei der Winkel-Kammer ist der Zellverlust durch das primitive und ungleichmäßige Abkippen der dabei aufgewühlten, zellhaltigen Flüssigkeit zu hoch und von Mal zu Mal verschieden, abgesehen von einem zweiten Zellverlust durch das sogenannte Trockenzentrifugieren. Freilich zählt aber dabei die Wiedergewinnung des nicht zell- und korpuskelfreien Liquors, der für die biochemischen Untersuchungen, sicherheitshalber noch einmal zentrifugiert werden muß. Bei einem Zentrifugieren von 0,2 Milliliter ist eine Gesamtzellzahl von 100 Zellen, die durchaus genügt, zu erreichen. Das Trockenzentrifugieren mit den sekundären Zellveränderungen, die dann auch die Zellkerne betrifft, fällt weg. Und auf den Verlust von 0,2 Milliliter Liquor dürfte zu verzichten sein. Für die Markierung ist eine vorausgehende Glutaraldehydfixierung, die ein gleichmäßiges Fixieren und demzufolge auch ein gleichmäßiges Markieren ermöglicht, zu empfehlen.

Die anschließende Inkubation der IgG-assoziierten Antikörper OKT 4 der Helper-Lymphozyten und OKT 8 Suppressor-Lymphozyten erfolgt am zweckmäßigsten im phosphatgepufferten 10prozentigen Kälberserum über 40 Minuten, bei der üblichen Laboratoriumstemperatur in einer feuchten Kammer. Ebenso die Inkubation der sekundären Antikörper oder auch der tertiären, der B-Lympozyten in peroxdasekonjugiertem Rabbit-Antiserum-lmmunglobulin. Ursprünglich wurde erwartet, aus dem Wertverhältnis der Helper und Supresssor-Markierungen auf die Wirksamkeit der immunsuppressiven Behandlungen der Multiplen Sklerose zu schließen. Das war aber bislang nicht möglich. Ich möchte meinen, daß es an den unterschiedlichen, sehr differierenden Methoden der Zellanreicherung gelegen hat, aber auch an der nicht immer sicher zu erfassenden Immunaktivität dieser komplizierten Erkrankung. Wer sich die kostspieligen Marker-Antikörper nicht leisten kann, vermag sich mit einer Peroxydasedifferenzierung begnügen; einer frisch zubereiteten Diaminobenzidin-Lösung, die nach einer 10 Minuten langen Einwirkung auf dem Objektträger, oder in der Küvette, bei positivem Ausfallen eine braun-rötliche Färbung, die nach dem Waschen des Präparates in destilliertem Wasser und einer Giemsa-Färbung als einfache Azur-Eosin-Färbung zum Ausdruck kommt. Sie entspricht in etwa dem Ergebnis der Markierung der T-Helper-Zellen.

Auf die zu erwartende Frage, ob das Liquorvolumen von 0,2 Milliliter nicht zu klein sei, antwortete ich, daß es bei einem guten Durchmischen nicht der Fall sein dürfte. Dennoch sei die Frage berechtigt mit der Forderung nach einer Zellanreicherung aus einem möglichst großen Volumen. Dazu erwähnte ich unsere prospektiven Entwicklungsarbeiten an einem Zytozentrifugen-Container, der mit einer Sedimentierkammer kombiniert ist, so daß nach der Abkoppelung des Containers das volumengerechte Zellsediment am Boden auf dem Objektträger konzentriert ist. Das Problem ist aber immer noch die schonende Entfernung der Restflüssigkeit ohne einen Verlust an Zellen.

Die Frage, ob nicht eine einfache Markierung der Zellen in der Sedimentierkammer möglich wäre, konnte ich dahingehend beantworten, daß mehrfache Versuche unternommen worden waren, die Ergebnisse aber so verschieden gewesen sind, daß eine Weiterentwicklung sich nicht gelohnt hätte.

Nach der Diskussion bat Dr. Coleman um die Beurteilung eines Zytozentrifugenpräparates, in dem Tumorzellen eines metastasierenden Mammakarzinoms vermutet wurden. Ich hatte aber den Eindruck, daß es ein zytopathologisches Examen war, das mir die Gelegenheit einer Stellungnahme zu den typischen Zentrifugenschäden an den erheblich entarteten Zellen bot. Besonders auffallend waren die perinukleären Vakuolen und merkwürdigen Veränderungen an den Zellteilungsfiguren und Zellmembranen, die in den Sedimentkammerpräparaten nicht vorkommen. Ich legte eigene Diapositive zum Vergleich vor und konnte die schädigenden Wirkungen erläutern. Kam dabei auch auf die proteolytischen Veränderungen in den Zellen der metastasierenden Glioblastome und metastasierenden Organgeschwülste des Typ I unserer Tumor-Liquor-Syndrome zu sprechen, die auch für die derzeitigen Bemühungen um eine intrathekale Chemotherapie von Bedeutung sein könnten.

Da Frau Dr. Coleman lediglich andeutungsweise von Dr. Norman über die drei Kategorien der Rostocker Tumor-Liquor-Syndrome gehört hatte, bat sie um eine ausführliche Erläuterung, zumal sie von einem Referat des Neuropathologen Jellinger über die drei Symptomengruppierungen gehört hatte. Ich schilderte den Typ I mit den atypischen, polymorphen, dys- und metachromatischen Zellen, den erheblich gesteigerten Mitoseraten und Mitosestörungen in den frühen Phasen, tetra- und quadripolaren Zellteilungsfiguren und den proteolytischen Veränderungen, möglicherweise über Adhäsinmediatoren, oder einer karzinogenen Aktivierung von Lysosomen mit eiweißauflösender Wirkung nicht nur in den Krebszellen, auch auf normale Gewebszellen proteolytisch wirkend, wie Blinzinger und Henn es bestätigen konnten. Mit den Zellveränderungen kommen auch abnorme Geschwulsteiweißkomponenten, vermehrte Albumine und Globuline im Nervenwasser vor. Weniger auffallend sind die einen normalen Eindruck machenden, sogenannten G-0 Zellen als potenzierungsfähige Träger der Geschwulstmerkmale. Zu bedauern ist, daß die abnormen Eigenschaften in den Tumorzellen der Zytozentrifugenpräparate erhebliche Veränderungen aufweisen, die kaum kontrollierbar sind.

Der Typ II besteht aus atypischen, polymorphen, metachromatischen Zellen, die aus einem in den Nervenwasserraum eingedrungenen Tumor abschilfern und ohne Zeichen einer gesteigerten Bösartigkeit zu entfalten absterben. Mitosen und Zellteilungsfiguren fehlen oder sind so gering, daß sie nicht ins Gewicht fallen. Eine Metastasierung und Verbreitung über das Nervenwasser mit Ansiedlungen in den Ventrikeln, den Hirnkammern oder dem Subarachnoidalraum, den Spalten in der weichen Hirnhaut an der Gehirnoberfläche, haben wir bislang nicht gefunden. Es waren oft Astrozytome und Oligodendrogliome, im Gegensatz zu den Glioblastomen, Medulloblastomen und Karzinom- und Sarkommetastasen der Körperorgane. Im Liquor-Eiweiß Spektrum sind zumeist die Albumine mehr oder weniger erhöht. Die Patienten können mehrjährig überleben. Eine Bösartigkeitssteigerung, etwa vom Typ II zum Typ I, haben wir bis jetzt nicht beobachten können.

Der Typ III entspricht in der Zell- und biochemischen Zusammensetzung einem unspezifischen Reaktionssymptom mit einem normalen oder gering vermehrten Zellgehalt, einer geringen Aktivierung der Monozyten und Lymphozyten. Das Eiweißspektrum kann unauffällig sein oder eine geringe Albuminerhöhung aufweisen. Ein Typ III kann bei gesteigertem Wachstum in einen Typ II übergehen.

Dr. Coleman wollte meine Meinung zu den Markierungseigenschaften und Fähigkeiten der bösartigen Zellen des Typs I und Typs II hören. Ohne lange zu überlegen, hatte ich geantwortet, daß der größte Teil der entarteten Typ I Zellen mit einer abnorm gesteigerten Stoffwechselleistung exprimierende Eigenschaften mit einer Adhäsinwirksamkeit und auch eine hohe Markierungsfähigkeit entfaltet, wobei möglicherweise auch fehlerhafte Markierungen vorkommen könnten. Während die Zellen des Typs II keine derartigen erkennbaren Eigenschaften zu entfalten in der Lage sind, da etwa ein Viertel bis ein Drittel der Zellen die Anzeichen einer Apoptose erkennen lassen und unfähig sein dürften, adhäsive Aktivitäten zu exprimieren.

Die letzte Frage betraf die artdiagnostische Vermutung. Ich bestätigte, daß eine Vermutung bereits viel bedeute. Bei Glioblastomen mit den multiformen Entartungen und den Zellteilungsfiguren, den lysosomalen, proteolytischen Eigenschaften kann die Vermutung zutreffen, möglicherweise auch noch bei den Adenokarzinom-Metastasen, mit den entgleisten, gesteigerten Enzym-Aktivitäten, den Melanoblastom-Metastasen und, höchst selten, den Neuroblastomen mit den seltsam verunglückten, primitiven Nervenzellen am Boden des dritten Ventrikels, die in die dritte Hirnkammer eindringen und dann abschilfern können, aber kaum metastasieren. Die alles entscheidende Diagnostik liefert heutzutage die Magnetresonanztomographie und die neurochirurgisch erreichte histologische Diagnostik. Freilich können auch hier dann und wann Probleme aufkommen, die das Grading betreffen.

Damit war das Vortragsprogramm beendet. Frau Norman war sehr zufrieden und ich froh darüber, das Programm in der Queen Square Klinik, der Wirkungsstätte weltberühmter Neurologen, bewältigt zu haben.

Da der Rückflug sich um einen Tag verzögerte, konnte ich mir auch noch London ansehen, was ich sonst nicht geschafft hätte. Normans, die in ihrem Landhaus Besuch erwarteten, übergaben mir die Schlüssel ihres Londoner Hauses mit einem gefüllten Kühlschrank und einer Map of London, für den Trip von Chiswick über die King Street, Kensington High Street, am Hyde-Park mit Speeker Corner, über Green Park mit Buckingham Palace, Piccadilly und Leicester Square, zum Britischen Museum und der Londoner Universität.

Bevor ich die Chiswick High Road erreichte, waren mir an den stattlichen Villen die Plakate „For sale" aufgefallen. Ein vornehmer, älterer Herr bemühte sich, um das an seinem Haus hängende For sale Plakat, das sich an einer Seite gelöst hatte, wieder festzumachen. Ich war hilfsbereit hinzugesprungen und bot ihm meine Hilfe an. Oh, that s courteous, thank you, bedankte er sich, als ich das Plakat schon festhielt. Herzlichen Dank, wiederholte er, Sie sind doch Deutscher, so ist es! Höflich sind jetzt nur noch die Deutschen. Wir Engländer kennen seit dem letzten Krieg keine Höflichkeit, sprach er in nahezu akzentfreiem Deutsch, wofür ich ihn lobte. Der letzte Satz klang etwas verbittert. Im Handumdrehen, waren wir in ein Gespräch geraten. Auf seine Frage, was ich hier in London täte, schilderte ich ihm meine getanen Aufgaben und Frau Dr. Normans Einladung. Ihr Ehemann, Dr. Norman, war sein behandelnder Arzt. Er schob einen Ärmel hoch und zeigte mir eine scheußliche Narbe: Ich habe schlimme Schmerzen! Er war Staffelkapitän im letzten Krieg und über Potsdam durch einen Flaksplitter verwundet worden. Nahezu erschrokken war ich über das gemeinsame Schicksal, vermied es aber, über meine Erlebnisse zu reden. Das Schild war befestigt, und ich wurde zu einer Tasse Tee eingeladen. Seine Großmutter stammte aus Hannover. Vor dem Krieg sei er oft zu Besuch dort gewesen. Im Elternhaus sei bei jeder Gelegenheit deutsch gesprochen worden. Seine Frau war vor kurzem verstorben. Da sie keine Kinder hatten, sei er jetzt mit seinem 92jährigen Butler allein, der seit der Kindheit in diesem Hause ist, das er nun verkaufen und dafür mit seinem Butler in ein Seniorenheim ziehen möchte. Dem netten alten Herrn standen Tränen in den Augen. Ich bat ihn, meine Eile entschuldigen zu wollen und verabschiedete mich mit einer ehrfurchtsvollen Verbeugung. Er hatte meine Hand mit beiden Händen gedrückt, und ich hatte Mühe meine Anteilnahme zu verbergen.

Von dem kleinen Erlebnis tief beeindruckt, brauchte ich noch ein paar Minuten bis zur High Road, um auch das nötige Besichtigungstempo wiederzufinden. Schließlich wollte ich mich auch noch eine Weile im Museum umschauen und abends noch meine Koffer packen. Das Britische Museum ist für mich ein immer noch nachhaltiges Erlebnis dieser Reise. Von der Universität war ich weniger beeindruckt.

Der acht Kilometer lange Fußmarsch und die tief beeindrukkenden musealen Sehenswürdigkeiten hatten mich ermüdet, so daß ich an Lyons Corner in den Bus gestiegen und sehr froh darüber war, bis kurz vor das Haus der Normans gebracht zu werden. Unterwegs vor Müdigkeit eingenickt und plötzlich erwacht, kam mir das erwanderte Straßenbild plötzlich so fremd vor. Ich war die Bustreppe heruntergestürzt und fragte den Fahrer nach dem Chiswick-Park. Five minutes, war seine Antwort. Mir war es vorgekommen, als hätte ich eine Stunde geschlafen. In Normans Haus fiel ich zunächst über den Kühlschrank her und stellte den Teekocher an.

Gesättigt und wieder sehr zufrieden blätterte ich noch einmal in den Vortragsunterlagen und machte mir ein paar Notizen, und dabei kam mir das Programm der zytopathologischen Seminare der letzten Woche in die Hände. Erschreckend fiel mir auf, daß nach dem Titel der Seminare und meinem Namen lediglich Wilhelm-Pieck-University, Germany, anstatt German Democratic Republic oder GDR stand. Das war sicher ein erneuter Anlaß zu einer Vorladung nach Berlin. Zumal ich mich nicht um eine Berichtigung bemüht hatte. Ich rief Frau Dr. Norman an und teilte ihr das Mißgeschick mit. Dr. Norman erklärte, daß auch im Queen-Square-Seminar-Programm lediglich Germany gestanden hätte, aus dem simplen Grund der Teilnehmer-Werbung. Weil bisher noch keine Seminar-Lektoren aus der DDR aufgetreten waren, wurde eine zu geringe Teilnahme befürchtet, zumal die Seminare gebührenpflichtig sind. Das hatte ich bereits vermutet. Wir waren übereingekommen, alles auf sich beruhen zu lassen. Sollte es ernsthafte Probleme geben, würde sie sich darum bemühen, die Angelegenheit zu regeln, wenn ich aus Rostock eine Notwendigkeit telegraphieren würde. Ich war lange wach geblieben und hatte gegrübelt. Die reine Freude über die gelungenen Vorträge war dahin.

Zu Hause wohlbehalten angekommen, wollten die Sorgen dennoch nicht weichen. So harrte ich der Dinge, die da auf mich zukommen würden. Nach einer Woche, als der Kummer bereits vergessen war, wurde ich doch noch nach Berlin zitiert. Es war mein Glück, daß der Name Wilhelm Pieck genannt worden war. Das Fehlen der Staatsbezeichnung GDR hatte ich als ein Versehen angegeben, das ich zwar bemängelt hatte, aber nichts daran ändern konnte, weil die Programme bereits im Umlauf waren. Man nahm den Umstand im Ministerium zur Kenntnis, ohne eine Rüge, ohne einen Verweis, ohne eine Ermahnung.

Während meiner Abwesenheit hatte Professor Meyer-Rienekker die Klinik geleitet. Seine Sorgfalt in der allgemeinen Leitungsarbeit und auch die Anleitung in der Forschungsarbeit wurden von allen Mitarbeitern gelobt.

Hohe Anforderungen an die klinische und instrumentelle Diagnostik stellte die schleichend beginnende und mit zunehmenden Bewegungsstörungen, infolge eines Schwundes motorischer Nervenzellen in der Gehirnrinde und im Rückenmark mit Schluck- und Atmungsstörungen zum Tode führende, Amyotrophe Lateralsklerose. Als Sklerose wird hier die Wucherung der Gliazellen, der Hüll- oder Mantelzellen bezeichnet.

Ein 34jähriger Pädagoge klagte über eine „angespannte Bewegungsschwäche zunächst in der rechten Hand, nach mehreren Monaten auch im rechten Bein". Da auch die nervenärztlichen Untersuchungen ergebnislos blieben „fühlte ich mich als Hypochonder, weil es mir manchmal besser ging, und ich wieder tüchtig schreiben konnte". Als die Schrift wieder schlechter wurde, erfolgte eine Überweisung.

In der Sprechstunde bei der Untersuchung fiel ein wechselhaftes Faszikulieren, ein Muskelwogen im rechten Daumenballen und ein Fibrillieren in der Zungenmuskulatur auf. Neben den etwas gesteigerten Eigenreflexen an den Beinen konnte ich ein Babinski'sches Zeichen auslösen. Noch deutlicher zeigten sich die Störungen im Elektromyogramm: unverkennbare Reduzierungen und vereinzelte Lichtungen der Muskelpotentiale neben steilen Ausschlägen, sogenannten Denervierungspotentialen. Eine später durchgeführte Nerv-Muskel-Biopsie bestätigte die Diagnose. Über fünf Jahre war der Patient in unserer stationären und ambulanten Betreuung. Die verschiedenen medikamentösen und physikalischen Maßnahmen, aminosäurehaltigen und innervationsstützenden Injektionen und Infusionen schienen die fortschreitenden Denervierungen zunächst etwas aufzuhalten, versagten dann aber völlig. Nach insgesamt sieben Jahren vom Beginn der ersten Symptome erlag der Patient dem unaufhaltsamen Leiden, dessen Ursachen immer noch der endgültigen Erforschung harren.

Während die Behandlungserfolge an Patienten mit Multipler Sklerose in den Anfangsstadien der Erkrankung zufriedenstellend und bei einigen Kranken nach dem Abklingen der enzephalomyelitischen Erkrankungsphase, die gefürchtete Entmarkung, die sich jetzt im Computertomogramm kontrollieren ließ, sogar ausgeblieben war, hatten wir aber auch mit hartnäckigen Entmarkungsfolgen an den Nervenbahnen und Herden zu kämpfen.

Eine 38jährige Patientin mit drei vorausgegangenen Erkrankungsschüben, deren entmarkender Schaden zu einer Geh- und

Stehunfähigkeit geführt hatte, war, von unseren Erfolgen hörend, mit großen Erwartungen in die Klinik gekommen. Die Nervenwasserbefunde in den Berichten waren so eindeutig, daß wir von einer Kontrollpunktion absehen konnten. Die erhoffte Besserung nach einer hochdosierten Prednisolonbehandlung war ausgeblieben. Durch die Bettruhe schienen die Lähmungen, zumal jetzt auch des rechten Armes, zugenommen zu haben. Die angeschlossene, allmählich aufgebaute Physiotherapie änderte wenig an den neurologischen Abweichungen und den Lähmungen, so daß sie enttäuscht nach Hause gegangen und nach einem halben Jahr, als die Lähmung auch den linken, noch leidlich bewegungsfähigen Arm ergriffen hatte, wiedergekommen war, weil sie von einer anderen Patientin mit einer ersten Erkrankungsphase über eine sehr erfolgreiche Behandlung gehört und sich selbst davon überzeugt hatte. Die Patientin bestand sogar auf einer Wiederholung der hochdosierten Prednisolonkur, nach einer Kontrolle der Entmarkungen im Computertomogramm. Die Enttäuschung über die ausgebliebene Besserung war diesmal noch entmutigender als nach der ersten Behandlung. Unter begütigenden Suggestionen gelang es ihr, die Misere der enttäuschenden Cortisonbehandlung zu überwinden und autogene Übungen mit einer Lockerung ihrer spastischen Lähmungen zu erlernen.

Nach eineinhalb Jahren und einem Behandlungsversuch in einer anderen Klinik war sie nun völlig bettlägerig wiedergekehrt. Ihre Hypnose hat mir überhaupt nicht geholfen, hatte sie bei der Wiederaufnahme vorwurfsvoll kritisiert. Eine dritte Prednisolonbehandlung hatte ich ihr mit Erfolg ausreden können und verabreichte ihr eine kleine Serie von Laevadosin-Infusionen in Verbindung mit physiotherapeutischen Mobilisierungen. Bei der Entlassung konnte sie die rechte Hand zur Faust machen und sogar eine Tasse festhalten, aber noch nicht zum Munde führen. Sie versprach mir, weiter zu üben, auch das autogene Training, die „Hypnose", fortzusetzen, um das Üben beim nächstenmal erweitern zu können. Die vollkommen verlorene Hoffnung, von der sie sprach, schien sie mit dem Besserungserlebnis wiedergefunden zu haben und bat darum, bald wiederkommen zu dürfen.

Das tat sie auch und konnte mir bei der Begrüßung sogar die Hand reichen. Ihr Mann berichtete, daß sie fleißig geübt und auch die autogenen Übungen gemacht hatte. Mit einer vorsichtig forcierten physiotherapeutischen Mobilisierung versuchten wir, die autogene Wärmeübung mit einer Kraftübung zu verbinden und machten die Übung ihrem Mann vor, der sie zu Hause mit seiner Frau weitermachen sollte. Im Einvernehmen hatten wir auf eine medikamentöse Behandlung verzichtet.

Bei der fünften Wiederaufnahme begrüßte mich die Patientin am Bett stehend mit einem spürbaren Händedruck. Die Besserung schien befriedigend. Ich überlegte, ob eine ergometrische Therapie unter Mithilfe des Unterwasserauftriebs weiterhelfen könnte unter Beachtung aller Vorsichtsmaßnahmen, um einen Erkältungsinfekt zu vermeiden. Die Sommerwärme nutzend, machten wir einen Versuch. Der Erfolg war sichtbar. Jetzt galt es, vorsichtig wie bisher weiter aufzubauen. Die Unterwasserbehandlung schlaucht mich ganz schön, hinterher bin ich fix und alle, klagte sie. Wir machten größere Pausen.

Im *Journal of Neurology* las ich in einer experimentellen Arbeit, daß EAE-gelähmte Ratten sehr schnell das Schwimmen wieder erlernen. Die Experimentelle Allergische Enzephalitis gilt als eine Art Modell-Erkrankung der Multiplen Sklerose. Erkältungsinfekte, mit der Gefahr einer Infektion durch neurotrope Viren, mußten unter allen Umständen vermieden werden. Als ich ihr, im Beisein ihres Mannes, die möglichen Wirksamkeiten erläuterte, meinte die Patientin mit entrüstend drohendem Blick, sie sei doch keine Ratte. Dennoch war sie zur Weiterbehandlung wiedererschienen.

Als sie zum sechstenmal wiedergekommen war, konnte sie mich an der Hand festhalten, die Tasse zum Munde führen und im Zimmer ein paar Schritte, wenn auch sehr mühsam, auf und ab gehen. Das mit der amerikanischen Ratte sei keine schlechte Idee gewesen, hatte sie jetzt beschwichtigend gemeint. Ich erklärte ihr und ihrem Mann, daß die enzephalomyelitische, also entzündlich bedingte Entmarkung der Nervenfasern inzwischen spontan, ohne irgendein Dazutun, zum Stillstand gekommen sei, und die noch intakt gebliebenen Nervenfasern nun allmählich die Funktion übernehmen. Professor Marburg, hatte als einer der Ersten auf die erörterte Bewandtnis hingewiesen und damit seine Patienten nicht nur getröstet, sondern auch ermutigt. Der Mann der Patientin, teilte mir das Geständnis seiner Frau mit, die davon überzeugt war, daß ich der Forscher sei, der das alles erforscht und ersonnen hatte, daß es ein anderer gewesen war, enttäuschte sie sehr. Ja, die Macht des seelischen Empfindens ist eine unsichtbare Macht mit einer spürbaren Wirksamkeit im uralten menschlichen Bestreben, demnach der Glaube Berge versetzen kann, hatte er beteuert. Die Besserung der Lähmungen war weiter fortgeschritten. Unglücklicherweise war ihr lieber, treusorgender Mann, der seine kranke Frau auf Händen getragen hatte, an einem Herzinfarkt plötzlich verstorben.

Zwischen die neurologischen Patienten geriet gelegentlich auch ein Kranker mit vegetativ-depressiven Symptomen in die Sprechstunde. Ich erinnere mich an einen hochprofilierten, weit bekannten lyrisch-essayistischen Schriftsteller, der unter quälenden Schwächezuständen, Magen-Darm-Beschwerden, heftigen Kopfschmerzen, Schwindel- und Unruhezuständen litt, der von einem der Cheflektoren des Hinstorff-Verlages avisiert worden war, mit der Bitte um eine stationäre Behandlung.

Die neurologische Untersuchung hatte keine krankhaften Zeichen ergeben mit Ausnahme einer geringen Abschwächung der Muskeleigenreflexe an den Beinen. Psychischerseits waren etwas verborgene, depressive Zeichen aufgefallen mit dem Unvermögen, klare logische und gleichsam interessante, lesens- und begeisterungswerte Gedanken zu fassen und zu formen. Ich weiß nicht, was mit mir los ist; ich hatte es mit alkoholischen Getränken versucht, mit starkem und schwachem Kaffee und Tee; ein Arzt hatte mir Tabletten und Tropfen verschrieben, die mir meine letzten Fähigkeiten, etwas zu Papier zu bringen, raubten; ich hatte etwas begonnen und kam nicht weiter, gestand er in einem Gespräch, und gab auch zu, daß er sich ein paarmal aus Verzweiflung betrunken hatte. Die Leberwerte waren geringfügig erhöht. Eine Vitamin B 12-Störung lag nicht vor. Auch die übrigen hämatologisch-serologischen Befunde boten keine Abweichungen. In der Vermutung geringer, ungünstiger alkoholischer Nachwirkungen beschränkte ich die medikamentöse Behandlung auf eine kleine Serie von Vitamin B 12-Injektionen und versuchte, vor allem psychotherapeutisch wirksam zu werden unter Zuhilfenahme von Übungen des autogenen Trainings. An der Schilderung seines Mißgeschicks, eigenartigen, quälenden Erlebnissen und Vorstellungen aus „frühen Tagen" bemühte ich mich, verständnisvoll teilzunehmen und ihn behutsam mitfühlend abzulenken, zumal von den körperlichen Beschwerden, wofür ich auch das autogene Training erweitert hatte, was ihm auch eine spürbare Erleichterung brachte. Er war aber der Meinung, daß ihm die Spritzen sehr gut getan hatten, von denen er eine Ampulle zur Erinnerung aufzubewahren gedachte. Eines Morgens bei der Visite meinte er, ich hätte ihn von einer Art „Sisyphosie" befreit. Ich wußte zwar nicht, was er damit meinte, wollte ihn aber auch nicht danach fragen, um womöglich einen neuen Komplex entstehen zu lassen.

Eines Abends zeigte er mir ein paar beschriebene Blätter, las mir auch daraus vor, es war eine bewundernswerte Erzählung. Ich spüre es, sagte er, meine Fähigkeiten kommen wieder. Er war sehr froh und schenkte mir eines seiner Bücher mit der Widmung: „Mit herzlichem Dank für das Heranführen an einen neuen Lebensabschnitt".

Jahrelanger kummervoller Bemühungen bedurften die Patienten mit Hirngeschwülsten. Während die Diagnostik und Lokalisierung mit Hilfe der Computertomographie wesentlich verbessert und auch erleichtert wurde, hatten sich die Hoffnungen auf eine Besserung der Behandlungssituation durch die Chemotherapie zunächst nicht erfüllt. Das betraf vor allem die bösartigen Geschwülste, die Glioblastome, Medulloblastome und Organgeschwulstmetastasen. Bei Patienten mit Astrozytomen und Oligodendrogliomen hatte es vor der Chemotherapie-Ära bereits beachtenswerte Überlebenszeiten gegeben.

Bei einer 30jährigen Patientin, die nach der zweiten Schwangerschaft und Entbindung unter linksseitigen Herdanfällen mit

Bevorzugung der linken Hand und des linken Armes, zunächst ohne Bewußtseinsstörungen litt, wurde im Elektroenzephalogramm und der Hirngefäßdarstellung ein fibrilläres Astrozytom im rechten Scheitel-Schläfenbereich festgestellt und 1966 neurochirurgisch entfernt. Das Grading, der Grad des Wachstums der Geschwulst, veranlaßte uns zu einer Röntgenbestrahlung. Auf ein Antiepileptikum hin, 0,3g Diphenylhydantoin täglich, war die Patientin 1 1/2 Jahre anfallsfrei geblieben. Das nach der Operation eingetretene Lähmungsgefühl im linken Arm war hinreichend kompensierbar, so daß sie ihren vierköpfigen Haushalt weiter führen konnte.

Als 1967/68 fünf große, generalisierte Anfälle aufgetreten waren, hatten wir uns zu einer Cyclophosphamid-Chemotherapie entschlossen, weil im Elektronezephalogramm eine Zunahme der herdförmigen Störung erkennbar wurde. Nach einer anschließenden Umstellung von Diphenylhydantoin auf Carbamazepin, war die Patientin erneut ein Jahr anfallsfrei geblieben. Die Schwäche im linken Arm hatte nicht zugenommen. Bei zwei bis vier generalisierten Anfällen im Jahresdurchschnitt konnte die Patientin ihren Haushalt weiterführen mit der Hilfe ihrer beiden Jungen und des Ehemannes.

Die Zahl der Anfälle hatte 1971 wieder zugenommen und auch die Schwäche im linken Arm. Eine Zunahme der Herdzeichen im Elektroenzephalogramm konnte nicht festgestellt werden. Schließlich entschlossen wir uns doch noch zu einer zweiten Cyclophosphamid-Behandlung. Bei einer Antiepileptika-Kombination von Finlepsin und Phenytoin war die Patientin 1972 anfallsfrei. 1973 und 1974, als die Herdzeichen im Elektroenzephalogramm zunahmen und auch im Computertomogramm ein Tumorwachstum zu erkennen war, wurde eine zweite Röntgenbestrahlungsserie durchgeführt. Während der Bestrahlung waren drei Anfälle in einer Woche aufgetreten. Und danach war die Patientin wieder acht Monate anfallsfrei geblieben. Eine Computertomogramm-Kontrolle 1976 ließ eine Zunahme der Veränderungen nicht erkennen. Auch die Herdzeichen im Elektroenzephalogramm schienen unverändert. Die jährliche Anfallsfrequenz hielt sich bei vier bis sechs Anfällen.

Als die Patientin sich weigerte, die Tabletten gegen die Anfälle weiter zu nehmen, war es zu einer Anfallshäufung gekommen. Danach hatte die Lähmung des linken Armes zugenommen. 1980 hatten wir uns nach verschiedenen Erwägungen zu einer sogenannten Komplex-Chemotherapie, einer Kombination von Cyclophosphamid, Fluoruracil, Vinblastin, Methotrexat und Prednisolut, entschlossen. Die Anfälle sistierten danach vorübergehend. Dafür war jetzt eine Parese des linken Beines hinzugekommen. Im letzten Jahr, also 14 Jahre nach der Operation des fibrillären Astrozytoms zweiten bis dritten Grades, war die Patientin bettlägerig und wurde von ihren beiden Söhnen betreut. Besonders von ihrem zweiten Sohn, nach dessen Geburt die Herdanfälle aufgetreten waren, der sie bis zu ihrem Ende rührend umsorgte und pflegte.

Die Bemühungen der Arbeitsgruppe Früherfassung und Behandlung der Hirngeschwülste unter der Leitung von Dozentin B. Bauer brachte trotz der Erschwernisse, vor allem dem Fehlen einer Neurochirurgie im Klinikum, lobenswerte Fortschritte auch in der Betreuung und Nachsorge der Patienten mit Hilfe der Psychologin Dr. Schmidt, die sich um die Probleme und Nöte der mehr oder weniger bösartigen Geschwülste der Patienten kümmerte und ihnen mit Rat und Tat zur Seite stand.

Die letzten Dienstjahre mit der Emeritierung

Die Computertomographie und die wenig belastende Magnetresonanztomographie mit einer präzisen Darstellungs- und Markierungsmöglichkeit und Meßbarkeit von Enhancements in den Strukturen des Gehirns hatte die Nervenwasserdiagnostik erheblich verdrängt. Die gefürchteten Punktionen am Rücken wurden zum Teil überflüssig, nicht nur bei den Geschwülsten, auch bei einigen entzündlichen Erkrankungen des Gehirns, den Subarachnoidalblutungen, Blutungen in den Spalten der weichen Hirnhaut und auch der Multiplen Sklerose. Den Rückgang der Nervenwasseruntersuchungen bekamen die Liquor Laboratorien zu spüren. Die Frequenz war in den letzten Jahren um mehr als die Hälfte gesunken.

Nebenher machte ich mir Sorgen um das bedauerlich konsekutive Nachlassen in der Sorgfalt der klinisch-neurologischen Untersuchungen, die durch die minutiöse Erfassung geringster Infiltrate und Dichteveränderungen im Gehirn und Rückenmark, eine immer wieder kontrollierende, zeitaufwendige neurologische Untersuchung mutmaßlich, nicht nur überflüssig erscheinen ließ, sondern auch das Interesse an einer Weiterentwicklung neurologisch-funktioneller Kompetenzen erheblich minderte; und das auch noch in Gegenwart der bahnbrechenden molekular-biogenetischen und neuroelektrischen Fortschritte.

Während eines *Multiple-Sklerose-Symposions* hatte der Sekretär der Nervenwasser-Forschungsgruppe der *World Federation of Neurology*, Professor Lowenthal ein Symposion über Fortschritte der Liquorforschung *„Progress in CSF-Research"* der Arbeitsgemeinschaft für klinische Neurochemie und Liquorforschung der DDR in Verbindung mit der *CSF Research Group of World Federation of Neuology* vorgeschlagen, das in Rostock stattfinden sollte. Ich war skeptisch, hatte aber versprochen, mich um eine Genehmigung und eine Unterstützung im Ministerium in Berlin zu bemühen. Überraschenderweise wurde das internationale Symposion mit einer großzügigen finanziellen Unterstützung genehmigt. Die Vorsitzende der DDR-Arbeitsgemeinschaft für klinischen Neurochemie und Liquorforschung war Frau Professor Olischer. Das Symposion fand am 6. und 7. September 1984 im Hörsaal unseres Nervenklinikums statt.

In dem einleitenden Referat würdigte Lowenthal die Verdienste aller an der klinischen Erforschung der Immunkompartimente der Zerebrospinalflüssigkeit beteiligten Ärzte und technischen Assistenten und erinnerte an das erste Symposion des Pioniers der CSF-Immunglobulinforschung, Professor Helmut. J. Bauer, 1952 in Hamburg.

Zum Rahmenthema *„Proteine und humorale Faktoren"* wurden neun Vorträge gehalten, von denen der des Professors Schüller aus Paris, über Antinukleinsäure-Antikörper und eine intrathekale Ribonuklease bei Multipler Sklerose, und der von Professor Tourtellotte aus Los Angeles, über Gammaglobulindiffusion und Produktion im Liquorraum, die bedeutendsten waren.

Neue Ergebnisse stellte Professor Felgenhauer aus Göttingen über eine lokale Synthese eines embryonalen Antigens als Tumor-Marker der Zerebrospinalflüssigkeit vor. Dr. Linke aus Stadtroda berichtete über die Wertigkeit des alpha-1-sauren Glykoproteins im Nervenwasser und Dr. Karcher aus Antwerpen über einen Hemmfaktor der humoralen Immunität bei neurologischen Erkrankungen.

Zum Thema *„Verschiedener Zellaktivitäten des Nervenwassers"* sprach Professor Link aus Stockholm, über die Bewertung der B-Zellfunktionen in der Zerebrospinalflüssigkeit. Professor Meyer-Rienecker mit seinen Mitarbeitern aus Rostock berichtete über lymphokinsensitive Targetzellen sowie neue Ergebnisse über Adhärenz- und Phagozytose-Studien bei verschiedenen neurologischen Erkrankungen.

Zum Thema klinische Aspekte der Liquorzelldiagnostik referierte Professor Olischer über den Nachweis einer unspezifischen Esterase in Nervenwasserzellen bei verschiedenen neurologischen Erkrankungen. Dr. Bauer und Professor Olischer, Rostock, stellten Zellbefunde bei bösartigen Hirngeschwülsten vor. Dr. Müller berichtete über liquorzytologische Verlaufsbeobachtungen bei entzündlichen Erkrankungen des Nervensystems im Kindesalter. Dr. Brodkorb aus Zwickau interpretierte Besonderheiten der Liquorsyndrome bei eitriger Meningitis im Säuglingsalter. Dr. Osuch mit Mitarbeitern und Professor Kulczycki sowie Dr. Potemkowski aus Szeczin berichteten über Lipide in den Liquorzellen bei zerbrovaskulären Erkrankungen.

Zum Thema Enzymaktivitäten im Nervenwasser sprach Dr. Lehmitz, Rostock, über chromogene und immunchemische Bestimmungen einer Trypsin-Hemmungsfähigkeit im Nervenwasser bei verschiedenen neurologischen Erkrankungen und aus dem Liquorlaboratorium von Professor Schmidt, Halle, referierten Frau Ludewig und Frau Kuppe über LHD-Isoenzymveränderungen bei entzündlichen Erkrankungen des Nervensystems. Dr. Dauberschmidt und Bender aus Berlin berichteten über Veränderungen der Laktatkonzentration im Nervenwasser der Hirnkammern bei Patienten mit erheblichen Schädel-Hirn-Verletzungen. Über Ergebnisse von Lysozymbestimmungen als diagnostische Parameter zur Differenzierung von Hirnhautentzündungen im Kindesalter sprachen Dr. Hobusch, Dr. Peters und Mitarbeiter aus Rostock.

Im Rahmen freier Themen referierte Professor Olischer über die Standardisierungsbemühungen liquordiagnostischer Methoden in der DDR. Dr. Hitzschke und Professor Meyer-Rienecker stellten Korrelationen zwischen pathologisch-histologischen, klinisch neurologischen und Nervenwasserbefunden bei Multipler Sklerose dar. Über den aktuellen Stand und die Perspektiven der Nervenwasserdiagnostik bei entzündlichen Erkrankungen des Nervensystems sprachen Dr. Linke, Stadtroda; Dr. Krause, Berlin und Dr. Zimmermann, Dresden. Dr. Koschnicke, Schwerin, stellte eine neue Zentrifugationskammer zur schonenden Zellanreicherung aus dem Nervenwasser vor, ohne zu wissen, daß die Methode nicht neu war. Über Ergebnisse der Akriflavin-Feulgen-Reaktion an Zellen des Nervenwassers referierte Dr. Schedifka aus Lübben. Professor van der Helm aus Amsterdam berichtete über Ergebnisse von Thromboplastin-Bestimmungen im Nervenwasser. Über Veränderungen der Hämostase im Nervenwasser, in einer Abhängigkeit von der Blutschrankenfunktion, hatte Dr. Hindersin aus Erfurt seine Ergebnisse mitgeteilt.

Es war die letzte wissenschaftliche Veranstaltung während meiner Dienstzeit, über die Lowenthal in seiner Schlußrede zum Ausdruck brachte, daß es eine gebührende Anerkennung der Rostocker Bemühungen um die klinische Forschung der Zerebrospinalflüssigkeit, die Anwendung der Untersuchungsmethoden und der Bewertung der Ergebnisse sei.

Die zwei nachfolgenden von der Neurologie Rostock, deren Arbeitsgruppe Multiple Sklerose bzw. Neuroimmunologie veranstalteten Symposien betrafen die Thematik der Aktuellen Aspekte der Multiplen Sklerose *„Progress in MS Research"* im August 1987 sowie Mai 1989. Letzteres und das erste gesamtdeutsche Liquorsymposion vom 5.- 6. Oktober 1990 *„Klassische und moderne Methoden in der Liquordiagnostik"* der Deutschen Gesellschaft für Laboratoriumsmedizin und unserer DDR-Arbeitsgemeinschaft Liquordiagnostik und klinische Neurochemie der Gesellschaft für Psychiatrie und Neurologie erfolgte - nach der Wiedervereinigung, wo ich selbst bereits emeritiert war - unter der Leitung meines Nachfolgers.

Weltweit bedeutende Tagungen fanden in dem durch Professor Helmut-J. Bauer begründeten Zentrum der klinischen Nervenwasserforschung in Göttingen statt. 1978 war es das von ihm geleitete Symposion *„Progress in Multiple Sclerosis Research."* In 50 Vorträgen wurden die neuesten Ergebnisse aus der Klinik und aus der Forschung geboten und diskutiert. Im Mittelpunkt stand die Autoimmungenese als Ursache mit der Schädigung der Markscheiden der Nervenfasern, dem Myelin- (Fett-) Verlust und der dadurch bedingten Wucherung - eine Art Ersatz - der Glia- (Mantel- oder Hüll-) Zellen der Nervenzellen. Diese Wucherung wurde früher als Sklerose bezeichnet. Therapeutischerseits stand die Immunsuppression (Unterdrückung der Immunreaktion) im Vordergrund.

Hervorzuheben ist auch das Symposion zum 100jährigen Bestehen der Entdeckung der Lumbalpunktion durch den Professor für Innere Medizin H. I. Quincke 1891 in Kiel, geleitet von dem bekannten Blut/Liquor-Schrankenforscher Professor Klaus Felgenhauer, dem Nachfolger Professor Bauers. Zu dem Thema „CNS Barriers and Modern CSF Diagnostics", in einem Sammelband von 462 Seiten 1993 publiziert, wurden 60 Vorträge und Poster mit neuesten Ergebnissen aus der Nervenwasserforschung für die klinische Diagnostik und Therapie dargeboten und diskutiert. An beiden Tagungen nahm sowohl ich als auch Professor Meyer-Rienecker mit Beiträgen aktiv teil.

Zwei Vortragseinladungen bekam ich noch. Zu einem Vortrag über nozifensiv-reflektorische Reaktionen bei Läsionen ventrokaudaler und lateraler Areale des Thalamus unter Berücksichtigung sensibler, evozierter Potentiale, im Max-Planck-Institut für Psychiatrie in München, und zu einem Vortrag über neue Methoden der Zellsedimentation aus der Zerebrospinalflüssigkeit in der Neurologischen Klinik der Universität Heidelberg.

Da inzwischen das Genehmigungsverfahren vereinfacht worden war, konnte die Universität des Eingeladenen über die Genehmigung oder Ablehnung entscheiden und das nicht ohne die Auflage, das Fahrgeld bei Fahrten oder Flügen ins westliche Ausland, in der betreffenden Währung, zurückzuerstatten. Die Voraussetzung war also eine Fahrgelderstattung. Bei hochdotierten Veranstaltungen und finanziell hochgestellten Veranstaltern gab es im allgemeinen keine Probleme.

In München hatten Detlev von Cramon und Michael Scherg mit Hilfe speziell modifizierter Potentiale über eine Determinierung zentraler Hörstörungen und sensibler sowie nozifensiver Begleitreaktionen geforscht und demzufolge auch thalamische Potentiale beobachten können, die ich einleitend erwähnt und mit der Begründung der nozifensiven oder Meidreflexe, eine polysynaptische, nozifensive Rezeption erörtert hatte. Nach der Tabelle mit den Erkrankungen, den klinischen Symptomen zeigte ich auch die präzisen neuropathologischen Befunde, die der Leiter unseres Neuropathologischen Laboratoriums, Professor P. Schröter, erhoben hatte. Und ich zeigte den Film über den Schmerz-Reflex, wobei der mit Hilfe einer Trick-Kopie dargestellte Reflexweg einen unerwarteten Beifall bekam. Die anschließende Diskussion über den Schmerzbeugereflex war von thalamisch affizierten Ton- und Hörstörungen ausgegangen, die erfahrungsgemäß mit schmerzhaften Empfindungen kombiniert sein können. So lautete eine Frage, ob bei den Patienten mit kontralateralen Schmerzbeugereflexen auch eigentümlich geartete Hörstörungen aufgetreten waren. Ein Patient mit einer ausgedehnten Blutung im Bereich der Capsula interna, die an die ventrokaudalen Anteile des Thalamus heranreichte, hatte über „komische Schmerzen in der linken, gelähmten Hand und im Ellenbogen bei hohen Tönen" geklagt. Ich konnte aber nicht sagen, ob er Rechts- oder Linkshänder war. Auch ein Patient mit einer ausgedehnten Geschwulst in den ventrolateralen, caudalen und dorsalen Anteilen des Thalamus, den ich selbst untersucht hatte, klagte über kribbelnde Schmerzen bei quietschenden Geräuschen in den Fingergelenken und im Handgelenk des schwach paretisch gestörten rechten Armes, er war Rechtshänder und beklagte seine „vollkommen veränderte" Schrift.

Zu dem Vortrag in der Neurologischen Universitätsklinik Heidelberg lud Professor Gänshirt, der Direktor der Klinik ein. Zur Debatte standen die Probleme der Liquorzytologie, des Zellverlustes, der Zellschäden und Sedimentationsfehler der verschiedenen Zellanreicherungsmethoden. Sämtliche der zur Zeit gebräuchlichen Methoden und Geräte, der englischen Zytozentrifuge - eine Kombination von Zentrifuge und Sedimentierkammer, nach den Empfehlungen von Lumsden (1960), die amerikanische Wet-Film-Methode und Membranfilter-Methode von Seal (1956), die schwedische Saugkammer von Eneström (1963), die Sedimentierkammer (1954) und die Sorptionskammer (1979), hatte ich ausführlich dargelegt und die Vor- und Nachteile erläutert: Die Zytozentrifuge mit dem zeitsparenden Zentrifugieren und dem hohen Zellverlust mit den Zellmembranschäden und trotzdem ausreichender Zelldarstellung für die klinische Routine. Die Wet-Film-Methode hat die Nachteile des Zentrifugierens mit den bekannten Strukturschäden in den Zellkernen, den Mitochondrien und den Zellmembranen, desgleichen die Membran-Filter-Methode, jedoch in geringerem Maße infolge des hohen

Filtrationsdrucks, des Haftens der Zellen am Filter und auch des Verdunstens und Trocknens des Flüssigkeitsrestes. Die Saugkammer birgt die Nachteile der Zellveränderungen mit den Vakuolisierungen und dem Zellverlust. Die Sedimentierkammer hat zwar den Vorteil der optimalen Zelldarstellung, mitunter auch einem betonten cell spreading, aber den Nachteil des Zellverlustes durch den flow off im Fließpapier auf dem Objektträger und die lange Sedimentationszeit von 20 Minuten. In der Sorptionskammer ist der Zellverlust durch die vertikale kapilläre Aszension der Flüssigkeit mit 10 Prozent bedeutend geringer, dafür sind die Materialprobleme nach wie vor kaum überwindbar.

Ein weiteres Problem ist der sparsame Umgang mit dem Nervenwasser im klinischen Bemühen um eine den Patienten so gering als möglich belastende Punktion. Die Rückgewinnung des Wassers in der Shendon-Winkelkammer durch das einfache Abkippen des zentrifugierten Liquors über den schräg stehenden Teil der winkligen Kammer löste zwar das Problem, schaffte aber gleichzeitig eine Verschlimmerung des alten Problems mit einem erhöhten Zellverlust, nicht nur durch das Abkippen, vielmehr durch das anschließende Nach- oder Trocken-Zentrifugieren des übriggebliebenen Rückstandes mit den nicht fixierten, auf dem Objektträger nicht haftengebliebenen Zellen, also einer zusätzlichen Erhöhung des Zellverlustes und auch der Zellveränderungen durch das Nachzentrifugieren.

Seit zwei Jahrzehnten bemühen wir uns in Rostock um eine ideale Lösung der Probleme einer kurzzeitigen, optimalen und zellschonenden Zellanreicherung aus dem Nervenwasser mit einem so gering wie möglichen Zellverlust, aus einem kleinen, aber für eine umfangreiche, vollständige klinische Zytodiagnostik genügendem Liquorvolumen und um eine Wiedergewinnung der zell- und korpuskelfreien Flüssigkeit für die biochemische Diagnostik. Eine zufriedenstellende Lösung der Probleme ist uns bislang nicht gelungen.

Die Bilanz meiner 29jährigen Schaffensperiode läßt sich folgendermaßen zusammenfassen: Von 1962 bis 1989 wurden in der Klinik 84 Fachärzte auf dem Gebiet der Neurologie ausgebildet.

Im gleichen Zeitraum schufen wir - drei Professoren und drei Oberärzte - mit insgesamt 15 Mitarbeitern, sechs Stationsärzten auf fünf Stationen und in der Poliklinik in den sechs Arbeitsgruppen:
    der klinischen Nervenwasser-Forschung,
    der Neuroimmunologie (tlw. Tumorimnunologie),
    der Multiple Sklerose-Forschung,
    der speziellen klinischen Funktionsprüfungen,
    der elektroneurographischen Funktionsprüfungen,
    der Neuroonkologie mit Früherfassung und Behandlung
        der Hirngeschwülste,
insgesamt 515 wissenschaftliche Arbeiten, die veröffentlicht wurden. Darunter sind 2 Kapitel im größten internationalen *Handbook of Neurology*, 2 Kapitel in anderen Handbüchern, 5 Monographien zum Teil mit Koautoren, mehr als 8 Buchbeiträge und zwei Hochschulfilme. Die Forschungsgruppe *Neuroimmunologie* war über 15 Jahre mit einer Anzahl von Arbeitsthemen, überwiegend im Rahmen der Immunologie, später auch Tumorimmunologie des Ministeriums für Gesundheitswesen der DDR unter Einbeziehung einer Reihe von Naturwissenschaftlern tätig.

Neun ehrenwerte Schüler und lobenswerte Mitarbeiter haben spezielle Arbeitsgebiete bzw. Forschungsgruppen aufgebaut und sich in dieser Zeit habilitiert:

Claus Giercke	- Neuroradiologie
Rose-Marie Olischer	- Liquorologie, spezielle Zytologie
Hans-Joachim Meyer-Rienecker	- Neuroimmunologie
Klaus Ernst	- Neuroelektrodiagnostik
Beta Hitzschke	- Multiple Sklerose
Frank-Michael Loebe	- Klinische Funktionsdiagnostik
Hans-Joachim Kmietzyk	- Neuroelektrodiagnostik
Barbara Bauer	- Neuroonkologie
Alf Heidenreich	- Schmerzbehandlung

Der ebenso lobenswerte Till Bretschneider wurde bedauerlicherweise durch eine komplizierte, dann aber doch abgeheilte Erkrankung an seiner Habilitationsarbeit gehindert.

Fünf der Habilitierten - Giercke, Olischer, Meyer-Rienecker, Ernst und Loebe - wurden zu Professoren berufen. Vier von ihnen erhielten einen Lehrstuhl.

Professor Meyer-Rienecker wurde am 1.Oktober 1989 als Nachfolger auf meinen Lehrstuhl und dann zum C4-Professor berufen.

In Anlehnung an die von Jena ausgegangenen Fortbildungskurse der praktischen Liquorzytodiagnostik bemühten sich Professor Wieczorek, Jena und Dr. Linke, der Leiter des Laboratoriums des Landeskrankenhauses Stadtroda, nach Frau Professor Olischers und meiner Emeritierung um eine traditionelle Fortführung. Dr. Linke gelang es nach der Wiedervereinigung die Stadtrodaer Zytodiagnostik-Kurse kombiniert mit computergestützten Qualitätskontrollen zu einem beliebten Fortbildungsinstrumentarium zu gestalten.

Die Emeritierung und Verabschiedung durch den Rektor erlebte ich während eines Festaktes der Universität zum 40jährigen Bestehen der DDR und der feierlichen Immatrikulation der Studenten mit den Ernennungen und Berufungen der Professoren und Dozenten sowie den Auszeichnungen und Ehrungen. Die Eröffnungsansprache des ersten Prorektors mit den üblichen Lobpreisungen der sozialistischen Errungenschaften und der industriellen Entwicklung im „ersten Arbeiter und Bauernstaat auf deutschem Boden" fand wenig Beachtung. Die Festansprache des Rektors, dezent im Ton, rhetorisch stilvoll, wirkte feierlich, überzeugender, versehen mit nüchternen Bemerkungen zu den alltäglichen Problemen der universitären Lehre und Forschung, verbunden mit einer objektiven Einschätzung der gesellschaftlichen Entwicklung. Ohne eine Erwähnung der Impulse des sowjetischen Parteivorsitzenden aus Glasnost und Perestrojka zeugte sie von einem hohen Verständnis für die schwierigen, sogar gefahrvollen Probleme der Zukunft. Im krassen Gegensatz dazu schwang der FDJ-Sekretär primitiv-polternd, sicherlich an die Studenten gerichtet, den marxistisch-leninistischen Hammer und attackierte mit scharfen Sichelschnitten den Klassenfeind. Ich war erschrocken und sah es auch den Gesichtern in der Nachbarschaft an.

Die Entwicklung einer sich zuspitzenden Situation war schon länger zu spüren. Sie begann mit der Zunahme der Republikflucht. Das Schwelen eines kleinen Feuers wurde nun von verschiedenen Seiten angefacht. Im Mitarbeiterkreis sprachen wir schon längere Zeit von einer bevorstehenden Wende. Kleine Unruhen in den letzten Dienstwochen konnte ich ohne weiteres besänftigen. Wagemutige Kollegen in den Kliniken hatten die Feiern zum letzten Jahrestag der Republik einfach abgesagt. Von meiner Tochter Juliane hörte ich bereits in den Sommermonaten von Bekenntnis-Gottesdiensten in den Kirchen. Schließlich zündeten die Funken des Feuers der ersten Demonstration mit den signalwirksamen Rufen „Wir sind das Volk" und „Keine Gewalt" aus der Messestadt Leipzig mit der Universität, die den Namen des Begründers der kommunistischen Weltrevolution trägt, die in einem Teil der Welt möglicherweise zu früh kam und über Jahrzehnte zu ganz allmählichen, systematischen Fehlentwicklungen und letzten Endes zu einem katastrophalen Zusammenbruch geführt hatte.

Der noch aktive Emeritus

Zwei Wochen nach der ersten Demonstration in Leipzig waren auch wir etwas behäbigeren Rostocker auf die Straße gegangen. Die Impulse gingen von den Mitarbeiterinnen und Mitarbeitern des Rostocker Kirchenkreises unter Leitung des Pastors Gauck aus. Nach einem Gottesdienst mit dem gemeinsamen Gebet in der Petri-Kirche, zogen die Teilnehmer, unsere Enkelin Ruth und ihr Freund Albrecht waren von Anfang an dabei, mit dem Lied „Sonne der Gerechtigkeit" und den Sprechchorrufen „Wir sind das Volk" und „Keine Gewalt" durch die Lange Straße und die Innenstadt zum Gebäude der Staatssicherheit. Auf den Stufen davor wurden leuchtende Kerzen zum Zeichen der Erwartung aufgestellt, die nach der friedlichen Auflösung der Demonstration von den Staatssicherheitsdienern sofort gelöscht wurden.

Am folgenden Donnerstag waren auch Dora, meine Frau, und die Töchter Tavi und Juliane dabei. Zunächst war ich zu Hause geblieben, habe aber später mit meiner Frau zweimal teilgenommen und auch im Sprechchor „Wir sind das Volk" und „Keine Gewalt" gerufen. Im Demonstrationszug erkannte ich Kollegen, die Mitglieder in der Partei waren und mitriefen und mitsangen, wobei ich den Eindruck hatte, daß sie es ehrlich meinten. Stutzig machte mich die Bemerkung eines Kollegen, der ein Ehepaar, beide Mitglieder der Staatssicherheit, erkannt hatte, die etwas verhaltener mitmachten, anschließend aber um so lauter Bericht erstatten mußten. Alles in allem, es war eine friedliche und nicht wenig versprechende Demonstration.

Vom Dienst im klinischen Alltag befreit, konnte ich mich mit der völlig neuen Situation schwerlich abfinden. Nach wie vor war ich früh um halb sechs wach, fand einfach keine Ruhe, nicht einmal um zu dösen, dafür aber irgendeine Beschäftigung und wenn es auch lediglich das Ordnen der gestapelten literarischen Materialien und Notizblätter war, oder Arbeiten, die ich, wie ein Ackergaul ständig in den Sielen gehend, beiseite geschoben und gehofft hatte, doch noch einmal Zeit dafür zu finden. Ich stellte mich aber auch in die Küche und fand sogar Gefallen an der Küchenarbeit, über die sich Dora nicht immer freute, mittlerweile aber sogar damit rechnete, so daß meine Töchter und Enkel mich damit neckten. Es störte mich nicht. Ich nahm auch die Einkaufstasche und stellte mich in die Schlange und paßte auf, wenn es wieder einen raren Artikel zu ergattern gab.

Es war eine merkwürdige, gemischte Stimmung unter uns allen. Einerseits ein Bangen und Zweifeln, andererseits mitunter schon ein Aufatmen und Hoffen unter einer steigenden Spannung, die man förmlich knistern hören konnte.

Vier Wochen nach der DDR-Geburtstagsfeier, während der sich der Staatsratsvorsitzende in Langlebigkeitstiraden erging, war seine Herrschaft zu Ende gegangen. Er mußte schmählich abdanken. Sein etwas jüngerer Palladin, Egon Krenz, dem man nachsagte, er habe den Schießbefehl während der Großdemonstration in Leipzig entschärft, hatte das Staatsruder übernommen und versuchte das Boot aus dem Schlingern in seichteres Fahrwasser zu bringen, in dem sich das allmächtige Zentralkomitee der Sozialistischen Einheitspartei auflösen mußte. Es konnten die bangenden Menschen in der Republik aufatmen, als nach wenigen Stunden, der pressegewaltige Schabowski die Öffnung der stählernen Grenze zur Bundesrepublik bekanntgab, was in einen nicht enden wollenden Jubel übergegangen war. Berlin erlebte die längste jubelvolle Nacht und den längsten folgenden Tag seiner Geschichte. Die Menschen aus dem über vier Jahrzehnte getrennten deutschen Land, aus dem Osten und Westen, lagen sich in den Armen. Bekenntnisse und Beschwörungen gingen über die Lautsprecher.

Die Welt hatte über das friedliche Ereignis mit dem Jubel unter den verrufenen, im Angelsächsischen als Krauts bezeichneten Deutschen, aufgehorcht. Einer meiner Lehrer, dem ich zum 80. Geburtstag gratuliert hatte, meinte, daß es so etwas in der deutschen Geschichte noch nicht gegeben hatte. Von befreundeten Kollegen aus den USA, Südamerika, England, Frankreich, der Schweiz, Schweden und Japan kamen Glückwünsche mit

Bewunderungen über die fried- und freudvolle Wiedervereinigung.

Ein Jahr nach dem beispiellosen Ereignis, d. h. 4 Tage nach der Wiedervereinigung fand die erste gesamtdeutsche Tagung der Arbeitsgruppen für Nervenwasserdiagnostik und -Forschung, im Zentrum für Nervenheilkunde der Universität Marburg unter der Leitung des Neurochemikers Professor Kleine und meines Nachfolgers Professor Meyer-Rienecker mit einem großen Programm statt.

Bei der Gelegenheit hatte Dr. Schwarz aus dem Laboratorium des Hettich-Zentrifugen-Werkes, des Besitzers Herrn Günter Eberle in Tuttlingen, die erste Deutsche Zytozentrifuge, auch eine Kombination von Sedimentkammer und Zentrifuge, vorgestellt. Ich hatte Dr. Schwarz darauf hingewiesen, daß die Mikroaufnahmen zu wünschen übrigließen und erklärte ihm, wie die Mängel zustande gekommen seien. Dadurch war eine Verbindung zu dem Chef des Werkes geschaffen worden.

Der Prokurist, Herr Vogler, hatte zu einem Vortrag im November 1990 über Probleme der Kombination von Zentrifuge und Sedimentierkammer im Tuttlinger Werk eingeladen. Nach dem Vortrag übergab ich Herrn Eberle die Konstruktionsskizze für eine Sorptionsringkammer, in der aus einem geringen Nervenwasservolumen von 0,2 Milliliter genügend Zellen in einem Arbeitsgang bei kapillaraszensionsgestoppter, einfach zugeschraubter Kammer, 1 Minute zentrifugiert und nach geöffneter Kapillaraszension durch das einfache Aufschrauben, in einem zweiten Arbeitsgang, das Sediment trockenzentrifugiert wird, oder die zellfreie Flüssigkeit, extrem zellschonend für besonders empfindliche Untersuchungen, spontan innerhalb von 20 Minuten sorbiert werden kann.

Dem Prinzip nach war es die alte Sedimentierkammer-Methodologie, mit dem Unterschied, daß die Sorption der zellfreien Flüssigkeit nicht horizontal, mit dem nachteiligen Abfluß der Zellen, sondern vertikal, über drei mikrofeine Fließpapiersorptionsspitzen in einem vertikal, schräg liegenden Sorptionsring erfolgte und die nachteilige Flüssigkeitsbewegung am Boden der

Kammer mit dem Abfluß der Zellen auf ein Minimum reduziert war.

Einen heiklen Nachteil barg die Schräglage des Fließpapier-Sorptionsringes mit den empfindlichen Sorptionsspitzen, die der Scherdruckwirkung zumal durch das Zuschrauben für den Sorptionstopp, einer Verhinderung des Aufsaugens der Flüssigkeit, ausgesetzt waren. Dieser Druck, durch eine Schraubwirkung über einen Schraubdeckel erzeugt, wurde nach dem Zentrifugieren durch einfaches Aufschrauben gelöst und die Kapillaraszension, die Saugkraft der Fasern im Fließpapier, wiederhergestellt. Die Scherdruckwirkung war von den ersten Versuchen an die Achillesferse der Ringkammer. Bei sehr behutsamer und dadurch zeitaufwendiger Bedienung waren die Ergebnisse einwandfrei. Der Zellverlust lag bei durchaus tragbaren 10 Prozent. Große Sorgen machte aber die Bedienung in der Laborroutine. Durch brüskes Zuschrauben wurden die Fasern im Sorptionsring und am Übergang in die Spitzen so geschädigt, daß die Sorption nicht in Gang kam oder nach erfolgter Sorption das Nervenwasser wieder auf den Objektträger zurückfloß. Bei den Erprobungen in den Kliniken brachen sogar die Schraubdeckel. Die Sorptionsringkammer wurde zur Unglückskammer. Das Projekt mußte aufgegeben werden.

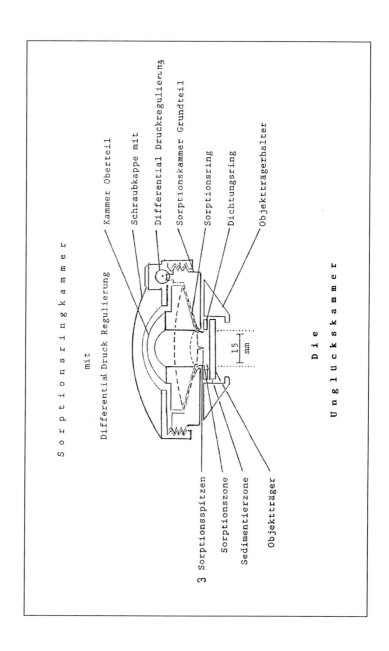

Ein Unglück kommt nicht selten allein. Eine Hiobsbotschaft hatte sich dazugesellt. Im Renten-Anpassungs- und Überleitungsgesetz wurden die Renten der Emeritierten um 1.500,-- bis 1.600,--DM gekürzt, sozusagen halbiert. Obwohl unsere Renten gegenüber unseren gleichaltrigen Kollegen aus den Altbundesländern ohnehin nicht einmal 50 Prozent betrugen. Mit dem Belassen auf der DDR-Höhe hatten wir für die uns vorgeworfene Staatsnähe und Leistungsschwäche ohnehin büßen müssen.

Der Rentenschock traf aber besonders unsere ehrenwerten, hochbetagten Lehrer. Vor mir liegt der handgeschriebene Brief eines meiner bedeutungsvollen Lehrer, der sich für meine tröstenden Glückwünsche zu seinem 85. Geburtstag bedankt hatte. Er muß ihn tränenden Auges geschrieben haben. Die Spuren sind noch immer deutlich zu erkennen. Ein anderer hochbetagter Lehrer, aus dem theoretischen Fachbereich, der nicht das Glück hatte, wie wir Kliniker, die sich einiges hinzuverdienen konnten, mußte mit seiner Frau in eine kleine, bescheidene Wohnung ziehen. Er wurde das Gefühl nicht los, etwas verbrochen haben zu müssen.

Glücklicherweise gab es in der Bundesrepublik Kollegen und Freunde, die an uns gedacht und uns ermutigten, so daß ich wieder dort anfing weiterzumachen, wo ich aufgehört hatte, mit einer gründlichen Revision der Sorptionsringkammer, der Unglückskammer.

Hinzu kam der Anstoß des Oxforder Zytologen Professor Spriggs, der kurz vor seinem Tod nach meiner nervenwasserspezifischen Sedimentationsambition gefragt hatte, wie weit meine letzten Kombinationsversuche gediehen seien. Er war auch der Meinung, daß ich die ursprünglichen Lumsden'schen Anregungen wieder aufnehmen und meine Konzeption des Zytozentrifugen-Containers weiterentwickeln sollte. Von administrativer Seite der medizinischen Laboratoriumstechnik hörte ich über die lauter werdenden Wünsche nach einer Rationalisierung der sprunghaft angestiegenen und ausgeweiteten und verzettelten Neuentwicklungen. Man hätte zwar nichts gegen Neuentwicklungen, bat aber darum, die Finanzierung dabei nicht zu vergessen.

Die Rationalisierungswünsche waren nicht neu. In den 80er Jahren hatte ich an einer Rationalisierungstagung teilgenommen und sogar Vorschläge gemacht. Nach den Mißerfolgen mit der Sorptionsringkammer trug ich mich mit dem Gedanken an die Konzeption eines polymodalen Zytozentrifugen-Containers, kombiniert mit entsprechend veränderter Sedimentierkammer-Konstruktion, wobei das Problem der alten Druckregulierung der Kapillaraszension des Fließpapiers umgangen werden mußte. In den Überlegungen kam ich wieder auf die alten Notizen aus dem Physik-Kolleg des Professor Hund zurück und ertüftelte mit der großzügigen Hilfe der Firma Schleicher & Schüll eine selbsttätige, die alte Druckregulierung entbehrende „Sorptions-Hülse" mit den bereits erwähnten mikrofeinen Sorptionsspitzen für die vertikale spontane oder zentrifugale Sorption der zellfreien Flüssigkeit. Für die Inkorporation des abkoppelbaren Containers, mit der zell- und korpuskelfreien Flüssigkeit nach dem Zentrifugieren, mußte die alte Sedimentierkammer umkonstruiert werden. Es war eine emsige und sehr geduldvolle Arbeit, die ich während meiner aktiven Dienstzeit nicht hätte schaffen können. Unwahrscheinlich zeitaufwendig waren die Erprobungen der Sorptionshülse, des Herzstück des neuen Gerätes. Die Vielfalt der Verwendungsfähigkeit besteht in folgenden Arbeitsgängen:
- Dem Zentrifugieren oder auch Spontan-Sedimentieren eines Flüssigkeitsvolumens von 0,2 bis 5 Milliliter im Container
- Dem Abkoppeln des Containers mit der zell- und korpuskelfreien Flüssigkeit für die biochemischen Untersuchungen
- Dem Trocken-Zentrifugieren des Objektträgers mit der Restflüssigkeit, nach dem Einfügen der Sorptionshülse in die veränderte, neue Sedimentierkammer, oder
- Dem spontanen Sorbieren der Restflüssigkeit in 20 Minuten, für besondere Zelluntersuchungen und Teste, beispielsweise mit einer Testbeschickung in der Kammer und einem anschließenden, erneuten Sorbieren
- Dem Öffnen des Kammerverschlusses und Entnehmen des Objektträgers

Das Patentverfahren für die Sorptionshülse und die Lizenz für den Zytozentrifugen-Container mit der veränderten Kammer hatte die Eppendorf-Netheler-Hinz GmbH in Hamburg übernommen. Bedauerlicherweise war die Frequenz der Punktionen und Nervenwasseruntersuchungen weiter zurückgegangen.

In den Mitteilungen der Deutschen Akademie der Naturforscher Leopoldina wurde der „Hundertste Geburtstag" des Physikers Professor Friedrich Hund angekündigt. Tief beeindruckt sann ich über das Beziehungsgeschehen nach. Mit Hilfe der Impulse aus seinem Physik-Kolleg 1947 in Jena war - auch in Jena - 1954 die Zell-Sedimentierkammer entstanden, die nun auch schon ein knappes halbes Jahrhundert alt ist. Die Zytozentrifuge hatte der Sedimentierkammer dazu verholfen, weiterzubestehen, am Leben zu bleiben. Und jetzt war wieder mit den alten Impulsen Friedrich Hunds eine Weiterentwicklung geglückt.

Im Nachdenken über die Zusammenhänge hatte ich zunächst gezögert, dem legendären Lehrer zu seinem ehrenvollen, säkulären Geburtstag zu gratulieren. Da ich aber noch mein Studienbuch fand, kopierte ich die Seite seiner Vorlesungen mit der Beglaubigung durch den Stempel der Jenaer Universitätsquästur und legte dem Briefbogen mit den Glückwünschen, auch noch einen alten Prospekt über die Zeiss-Sedimentierkammer und eine Kopie der ersten Seite des neuen Lizenzvertrages bei, in der Hoffnung, ihm mit der Erinnerung eine kleine Freude zu bereiten über einen winzigen Teil seiner Arbeit, die über Jahrzehnte hinaus wirksam zu bleiben vermochte. Die Freude darüber muß sehr groß gewesen sein.

Danach erhielt ich vom Präsidenten der Deutschen Akademie der Naturforscher Leopoldina in Halle eine Aufforderung mein Curriculum vitae für das Archiv der Akademie zu ergänzen, mit dem erwähnenswerten Nachsatz: „Besonders interessant und wichtig wäre es im Hinblick auf eine spätere wissenschaftliche Bearbeitung, wenn Sie Zeit fänden für eine ausführlichere biographische Studie, worin Sie auch auf die Sie bestimmenden Einflüsse, die Ihren wissenschaftlichen Weg und Ihre Arbeitsrichtung geprägt haben und auch auf Ihre akademischen Lehrer eingehen."

Ohne die wörtlich zitierte Anregung von so hoher Warte aus hätte ich nicht daran gedacht, eine Biographie zu verfassen. Dafür war der Beginn meines Werdegangs zu kümmerlich und zu sehr von Zufällen abhängig. Und auch später waren es Zufälle, freilich, gelegentlich auch besondere Leistungen, nicht ohne Kummer und Entbehrungen, die meine liebe Frau mitgetragen hatte. Selbst der Weg der Sedimentierkammer war bis auf den heutigen Tag mit Stolpersteinen gepflastert. Nun aber durch die Anregung beflügelt, habe ich mich bemüht, mehr oder weniger Markantes aus meinem Lebenslauf darzustellen.

Ausgewählte Urkunden und Dokumente

IN ANERKENNUNG SEINER HERVORRAGENDEN VERDIENSTE

UM DIE ZIELE

DER DEUTSCHEN GESELLSCHAFT FÜR NEUROLOGIE

ERNENNT IHR VORSTAND

Herrn

Prof. Dr. med. JOHANNES SAYK

IN ROSTOCK

ZUM

EHRENMITGLIED

Essen, den 25. September 1987

Prof. Dr. P. A. FISCHER
1. Vorsitzender

Prof. Dr. K. POECK
2. Vorsitzender

Prof. Dr. W. FIRNHABER
3. Vorsitzender

URKUNDE

Rektor und Wissenschaftlicher Rat verleihen

Herrn Prof. Dr. sc. med. Johannes Sayk

für hervorragende Leistungen die

EHRENNADEL

der Wilhelm-Pieck-Universität Rostock

Rostock, den 16. September 1989

Rektor

Prof. Dr. sc. techn. Plötner

DIE GESELLSCHAFT
FÜR PSYCHIATRIE UND NEUROLOGIE DER DDR
in der Gesellschaft für Klinische Medizin der DDR

verleiht

Herrn Professor Dr. sc. med. Johannes Sayk

in Anerkennung besonderer Verdienste um die Entwicklung
des Fachgebietes und der Fachgesellschaft

die

Karl-Bonhoeffer-Medaille

der

GESELLSCHAFT FÜR PSYCHIATRIE UND NEUROLOGIE
der Deutschen Demokratischen Republik

Berlin, den 28. September 1988

OMR Prof. Dr. sc. med. G.-E. Kühne · Vorsitzender

The Royal Society of Medicine

Pursuant to the powers vested in it by
Royal Charter
the Society has in general meeting
assembled this day elected

PROFESSOR JOHANNES SAYK MD

A Fellow of The Royal Society of Medicine
to be entitled to enjoy such privileges as shall be
in accordance with and subject to the By-Laws of the said Society

Executive Director Robert N. Thomson

5th November 1991

NUNQUAM OTIOSUS

Die im Jahre 1652 in Schweinfurt gegründete, im Jahre 1672 durch Kaiser Leopold I. zur Reichsakademie erhobene, 1677 als „Sacri Romani Imperii Academia Naturae Curiosorum" bestätigte und 1742 von Kaiser Karl VII. erneut privilegierte

DEUTSCHE AKADEMIE DER NATURFORSCHER LEOPOLDINA

ernennt hierdurch

Herrn Dr. Johannes Sayk
Professor der Neurologie, Gehlsdorf b. Rostock

in Anerkennung hervorragender wissenschaftlicher Leistungen zu ihrem Mitglied.

Das Bewußtsein der Ohnmacht des einzelnen gegenüber dem ungeheuren Forschungsgebiet der Naturwissenschaften und der Heilkunde, die Erkenntnis der Kraft, die dem einmütigen Zusammenwirken einer Gemeinschaft geistig tätiger Persönlichkeiten verliehen ist, die Überzeugung, daß ernste wissenschaftliche Arbeit den einzelnen veredelt und hebt, das Wohlergehen der Menschen fördert und ein Band des Friedens zwischen den Völkern knüpft, vereinigten die Stifter der Akademie zu einem festen Bunde.

Stolz auf die ausgezeichneten Namen, die in ihrer Matrikel geführt werden – Abbe, Abderhalden, Berzelius, Bohr, C.G. Carus, Curie-Skłodowska, Georges Cuvier, Darwin, Einstein, Faraday, Goethe, Haeckel, Sven Hedin, Hufeland, A. v. Humboldt, Liebig, Linné, Morgagni, Nansen, Pavlov, Planck, Purkyne, Rutherford, Virchow und Hunderte von anderen – und nicht minder stolz auf ihre hervorragenden lebenden Mitglieder begrüßt die Akademie Sie in der Sicherheit, daß Sie im Sinne ihrer Gründer weiterhin mit voller Schaffensfreude und aller Ihrer Kraft mitwirken werden,

DIE NATUR ZU ERFORSCHEN ZUM SEGEN DER MENSCHHEIT.

Halle, am 7. Dezember 1968

Präsident der Akademie

In Anerkennung
seiner hervorragenden Arbeiten
auf dem Gebiet der Diagnostik von
Störungen des zentralen Nervensystems und
für seine Monographie
„Cytologie der Cerebrospinalflüssigkeit"
und andere bedeutende Publikationen
verleihe ich

Herrn

PROF. DR. MED. HABIL JOHANNES SAYK

den

RUDOLF-VIRCHOW-PREIS

der Deutschen Demokratischen Republik

BERLIN, DEN 13. OKTOBER 1965   MINISTER FÜR GESUNDHEITSWESEN

Hochschule: Friedrich-Schiller-Universität
Stud.: Aloisius Prhuteur Pryk

Winter-Halbjahr 1946/47
5. tes Fachsemester

Lfd. Nr.	Name des Dozenten	Genaue Bezeichnung der Vorlesungen, Übungen und Seminare	Wochen-stunden-zahl	Unterrichts-geld ℛℳ	Zur und Abschreibung Anmeldung (Tag)	Abmeldung (Tag)	Bemerkungen
7	Körner	Topographische Anatomie	2	5.-	2.11.46	14.II.47	I f
6	"	Mikroskop. Festsetzungen	2	5.-	Körner	Körner	
15	Hund	Grundl. d. Quantentheorie	3	5.-	Hund 26.11.46	Hund 16.2.47	
59	Buchwald	Physik III.	3	7.50		Buchwald 15.2.47	
57	Hund	Theoret. Mechanik	5	12.50	Hund 25.11.46	Hund 11.2.47	65.-
51	Fulkrut	Einführung i. d. Experimentalphysik	4	5.-			21.- Wohlfahrtsgebühr 50.- Stud.gebühr Konz.gebühr 17.- RM erhalten 2. V. 10. Universitätsamt Kasse Buchhalter
65	Strauß	Hauptmerkungen i. Frühzeiten d. Neuzeit	2	5.-	Strauß 25.11.	Strauß	
93	Leisegang	Geschichte d. Philosophie	2	5.-			
50	Piehle	Einführung i.d. Philosophie	2	5.-	15.11.46	25.2.47	
54	Hannssen	Übersichtsvorlesung d. Philosophie	3	10.-			

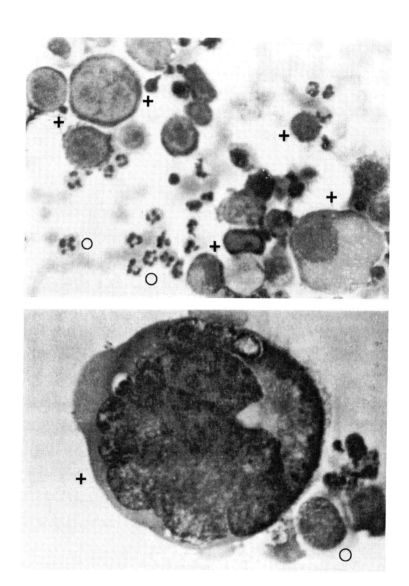

Mit der Sedimentierkammer gewonnene „Tumor Zellen" aus dem Nervenwasser

+ Tumor-Zellen
O Normale Zellen